KB040944

플라톤의

향연
파이드로스
리시스

플라톤의

향연
파이드로스
리시스

박종현 역주

서광사

이 책은 헬라스어 원전 역주서(譯註書)로서, Oxford Classical Texts(OCT) 중에서 J. Burnet이 교열 편찬한 *Platonis Opera*, 제2권(1901) 및 제3권 (1903)에 수록된 해당 대화편들을 기본 대본으로 삼고, 그 외 다수의 판본들을 참조하여 번역하고 주석을 단 것이다.

플라톤의

향연/파이드로스/리시스

플라톤 지음
박종현 역주

펴낸곳 · 도서출판 서광사
펴낸이 · 김신혁, 이숙
출판등록일 · 1977. 6. 30.
출판등록번호 · 제406-2006-000010호

(10881) 경기도 파주시 회동길 77-12 (문발동)
대표전화 · (031) 955-4331 / 팩시밀리 · (031) 955-4336
E-mail · phil6161@chol.com
http://www.seokwangsa.co.kr / http://www.seokwangsa.kr

제1판 제1쇄 펴낸날 · 2016년 12월 30일

ISBN 978-89-306-0638-7 93160

머리말

2014년 연말에 출판사 '아카넷'을 통해 저서 《적도(適度) 또는 중용의 사상》을 내고, 얼마 동안 쉬면서 어느 작업부터 착수할까 생각해 보았다. 내친김에 그동안 구상하고 있던 '플라톤 철학'에 대한 저술에 손을 댈까 하는 생각도 했다. 그러나 정작 그러자면 대화편들 하나하나를 다시 분석하면서 읽어야 하고, 인용할 원문들 중에서 아직 번역하지 않은 것들은 번역까지 해야 하는 수고를 해야만 할 것이라는 생각이 들었다. 그렇다면 플라톤의 원전들에 대한 최대한의 역주 작업을 우선적으로 하는 것이 정답이라는 판단을 했다.

그런 결정을 하고서야, 지난해 플라톤의 역주 작업에 다시 착수한 결과물이 이번의 이 세 대화편을 묶은 것이다. 이로써 플라톤 전집 전체 분량의 약 70%에 해당되는 대화편들을 내놓는 셈이다. 내년 안으로 낼 예정인 《고르기아스/메넥세노스》까지 합치면 전집의 75%가 넘는 분량에 해당될 것이다. 참으로 섭섭한 일이기는 하지만, 이 전집에 관한 한, 이제 더 이상 동료들의 동참 약속을 믿지 않고, 혼자서라도 이 일을 추진하기로 했다.

이 번역서의 일차적인 대본은 Oxford Classical Texts(OCT) 중에

5

서 J. Burnet이 교열 편찬한 Platonis Opera, 제2권(1901) 및 제3권
(1903)이고, 그 밖에도 참고 문헌 목록에서 밝힌 다른 판본들과 역주
서들의 읽기를 참조하여 번역하고 주석을 달았다. 그리고 함께 수록
된 대화편들 하나하나에 대한 해제는 각 대화편 첫머리에 따로 달았
으나, 참고 문헌들은 한꺼번에 수록해서 밝혔다.

끝으로, 오래전에 자신의 역주서 *Le Banquet*(향연)를 보내 주고, 그
의 주도하에 출간된 지 얼마 안 된 《플라톤 전집》(sous la direction de
Luc Brisson, *PLATON: ŒUVRES COMPLÈTES*, Flammarion, Paris,
2008)까지 보내 준 브리송 교수께 새삼 고마움을 표한다.

2016년 겨울
박종현

차 례

우리말 번역본과 관련된 일러두기

1. 본문에서 난외(欄外)에 나와 있는 172a, b, c, …, 228a, b, c, …, e와 같은 기호는 '스테파누스 쪽수(Stephanus pages)'라 부르는 것인데, 플라톤의 대화편들에서 어떤 부분을 인용할 때는 반드시 이 기호를 함께 표기하게 되어 있다. 그 유래는 이러하다. 종교적인 탄압을 피해 제네바에 망명해 있던 프랑스인 Henricus Stephanus(프랑스어 이름 Henri Étienne: 약 1528/31∼1598)가 1578년에 《플라톤 전집》(ΠΛΑΤΩΝΟΣ ΑΠΑΝΤΑ ΤΑ ΣΩΖΟΜΕΝΑ: PLATONIS opera quae extant omnia: 현존하는 플라톤의 모든 저술)을 세 권의 폴리오(folio) 판으로 편찬해 냈다. 그런데 이 책의 각 면(面)은 두 개의 난(欄)으로 나뉘고, 한쪽에는 헬라스어 원문이, 다른 한쪽에는 Ioannes Serranus의 라틴어 번역문이 인쇄되어 있으며, 각 면의 내용을 기계적으로 약 1/5씩 다섯 문단으로 나눈 다음, 이것들을 a, b, c, d, e의 기호들로 양쪽 난의 중앙에 표시했다. 따라서 이 역주서(譯註書)의 숫자는 이 책의 각 권에 표시된 쪽 번호이고, a∼e의 기호는 이 책의 쪽마다에 있는 각각의 문단을 가리키는 기호이다. 《향연》(*Symposion*) 편은 Stephanus(약자로는 St.) 판본 III권 곧 St. III. p. 172a에서 시작해

p. 223d로 끝난다. 그리고 《파이드로스》(*Phaidros*) 편은 St. III. pp. 227a~279c이고, 《리시스》(*Lysis*) 편은 St. II. pp. 203a~223b이다. 이 역주서의 기본 대본으로 삼은 Burnet의 옥스퍼드 판(OCT)도, 비록 권수(卷數)는 다를지라도, 쪽수와 문단 표시 기호는 그대로 따르고 있고, 이 역주서에서도 이를 따르기는 마찬가지로 하고 있다. 따라서 우리말 번역도 이들 쪽수와 a, b, c 등의 간격을 일탈하지 않도록 최대한으로 노력했다. 그러나 가끔은 한 행(行)이 쪼개어지거나 우리말의 어순(語順) 차이로 인해서 그 앞뒤의 어느 한쪽에 붙일 수밖에 없게될 경우에는, Les Belles Lettres(Budé) 판을 또한 대조해 가며 정했다.

2. ( )는 괄호 안의 말과 괄호 밖의 말이 같은 뜻임을, 또는 같은 헬라스 낱말을 선택적으로 달리 번역할 수도 있음을 표시하는 것이다. 더구나 중요한 헬라스어의 개념을 한 가지 뜻이나 표현으로만 옮기는 것이 무리일 수도 있겠기에, 달리 옮길 수도 있는 가능성을 열어 놓기위해서였다.

3. 번역문에서의 [ ]는 괄호 안의 말을 덧붙여 읽고서 그렇게 이해하는 것이 좋다고 생각했을 경우에 역자가 보충한 것임을 나타내거나, 또는 괄호 속에 있는 것을 함께 읽는 것이 본래 뜻에 더 충실한 것임을 표시하는 것이다.

4. 헬라스 문자는 불가피한 경우를 제외하고는 라틴 문자로 바꾸어 표기했다. 라틴 문자 ch로 표기한 것은 kh로, y로 표기한 것은 u로 바꾸어 표기하기도 하는 것이다. 여기에서는 헬라스 문자 χ를 훗날의 파생 서양 언어들의 어원을 쉽게 알아볼 수 있도록 하기 위해서 가급적 ch로 표기하는 것을 원칙으로 삼았으나, 발음을 잘못할 가능성이 있다고 판단될 경우에는 kh로 표기하기도 했다. 오늘날엔 많은 고전 학자가 일률적으로 kh로 표기하기도 한다. 그리고 원전 읽기를 Burnet

10

판이나 다른 판본들과 달리 했을 경우에는, 그리고 해당 구절을 원문을 갖고서 말할 수밖에 없는 경우에도 헬라스 문자들을 그냥 썼는데, 이는 헬라스 말을 읽을 수 있는 사람들을 위한 것이니, 다른 사람들은 그냥 넘기면 될 일이다.

  5. 헬라스 말을 우리말로 표기하는 경우에는 되도록 실용적이고 간편한 쪽을 택했다. 이를테면, 라틴 문자로 y(u)에 해당하는 υ는 '위' 아닌 '이'로 표기했다. 오늘날의 헬라스인들도 '이'로 발음하지만, 우리도 Pythagoras를 이왕에 '피타고라스'로, Dionysos를 '디오니소스'로 표기하고 있음을 고려해서다. 어차피 외래어 발음은 근사치에 근거한 것인 데다, 현대의 헬라스 사람들도 그렇게 발음하고 있다면, 무리가 없는 한, 우리말 표기의 편이성과 그들과의 의사소통의 편의성을 고려하는 편이 더 나을 것 같다. 더구나 이런 경우의 '이' 발음은 우리가 '위'로 표기하는 u[y]의 발음을 쓰고 있는 프랑스인들조차도 '이'(i)로 발음하고 있음에랴! 그런가 하면 외래어 표기법에 따라 Delphoi를 옛날에는 '델피'로 하던 걸 요즘엔 '델포이'로 더러 표기하는 모양인데, 이는 그다지 잘하는 일은 아닌 것 같다. 고대의 헬라스 사람들도 Delphikos(델피의)라는 말을 썼는데, 이는 Delphoi에서 끝의 -oi가 '이'에 가깝게 발음되었던 것임을 실증적으로 입증해 주고 있다. '델포이'는 결코 Delphoi의 정확하거나 원어에 더 가까운 표기도 아니다. 오늘날의 헬라스 사람들은 물론 세계의 다른 어느 나라 사람들도 그걸 '델피'로 알아들을 리가 없는 불편하고 억지스런 표기다. 헬라스 말의 우리말 표기는 관용과 실용성 및 편이성을 두루 고려해서 하는 게 더 나을 것 같다. 반면에 영어에서도 the many의 뜻으로 그대로 쓰고 있는 hoi polloi의 경우에는, 영어 발음도 그렇듯, '호이 폴로이'로 표기하는 것이 현대의 헬라스 사람들을 따라 '이 뽈리'로

표기하는 것보다는 더 순리를 따르는 것일 것 같다.

6. 연대는, 별다른 표기가 없는 한, '기원전'을 가리킨다.

7. 우리말 어법에는 맞지 않겠지만, 대화자들의 인용문 다음의 '라고'나 '하고'는, 되도록이면, 넣지 않는 쪽을 택했다. 너무 많이 반복되는 탓으로 어지러움을 덜기 위해서였다. 그리고 모든 대화편에서 '제우스께 맹세코' 따위의 강조 표현은 그냥 '맹세코', '단연코' 등으로 옮겼다.

원전 텍스트 읽기와 관련된 일러두기

  1. 원문의 텍스트에서 삽입 형태의 성격을 갖는 글 앞뒤에 있는 dash 성격의 짧은 선(lineola)들은 번역문에서는, 무리가 없는 한, 최대한 없애도록 했다. 그 대신 쉼표를 이용하여, 앞뒤 문장과 연결 짓거나, 한 문장으로 따로 옮겼다. 대화에서 이런 삽입구 형태의 표시를 많이 하는 건 그리 자연스럽지 않을 것이라 생각해서다.
  2. 헬라스어로 된 원문 텍스트에서 쓰이고 있는 기호들 및 그 의미들은 다음과 같은 것들인데, 이 책의 각주들에서도 이 기호들은 필요한 경우에는 썼다.

  [ ]는 이 괄호 안의 낱말들 또는 글자들이 버릴 것들임을 가리킨다. 그러나 텍스트에서의 이 괄호 표시와 이 책의 번역문에서의 그것은 다른 용도로 쓰이고 있으니, 앞의 일러두기에서 이를 다시 확인해 두는 게 좋겠다.
  〈 〉는 이 괄호 안의 낱말들 또는 글자들이 필사본 텍스트에 짐작으로 덧보태게 된 것들임을 가리킨다.
  ( )는 활자들이 마모되어 단축된 텍스트의 확충임을 가리킨다. 이

13

경우에도, 텍스트에서의 이 괄호 표시와 이 책의 번역문에서의 그것은 다른 용도로 쓰이고 있으니, 앞의 일러두기에서 이를 다시 확인해 두는 게 좋겠다.

†(십자가 표시 또는 단검 표시: crux)는 이 기호로 표시된 어휘나 이 기호로 앞뒤로 묶인 것들의 어휘들이 필사 과정에서 잘못 베꼈거나 잘못 고친 탓으로 원문이 훼손된 것(glossema corruptum)이어서, 그 정확한 읽기를 결정짓는 게 난감한 어구(locus desperatus)임을 가리킨다.

***(별표)는 원문 일부의 탈락(lacuna)을 가리킨다.

《향연》 편

《향연》 편(*Symposion*) 해제

 먼저 이 대화편의 우리말 번역어와 관련해서 언급하는 게 그 첫 순서여야 할 것 같다. 헬라스어로 symposia는 sym(함께)+posis(마심)의 행위 곧 '함께 마시기'를 뜻하는 복합어이고, 그런 '모임' 곧 '술 마시는 모임(drinking party)'을 symposion이라 했다. 그리고 플라톤의 이 대화편을 라틴어로 그대로 음역해서, 'Symposium'으로 했던 것이 영어로는 그 대화편 명칭으로만이 아니라, 보통 명사로까지 전용하게 된 것이다. 우리말 사전에도 있는 '회음(會飮)'이란 단어가, 비록 익숙하지는 않지만, 어쩌면 그것에 가장 가까운 번역어이겠는데, 아닌 게 아니라 중국인들이 그리들 번역하고 있는 것 같다. 나로서는 이 대화편을 참석자들의 순서에 따른 발언들을 고려해서 한동안 '연회'로 번역해 왔다. 그러나 플라톤의 이 대화편 제목이 우리에겐 오래도록 '향연'으로 굳어져 온 데다, 특정한 주제와 관련된 토론을 위한 모임이나 그런 논집(論集)까지도 서양인들이 symposium으로 일컫듯, 덩달아 우리도 그런 학술적 모임을 곧잘 무슨 '향연'이라는 식으로 표현하기까지 하게 된 터라, 그냥 따르기로 했다.

 '심포시온'은, 공적인 축제(heortē)와 달리, 사삿집 '남자들의 공

17

간(andrōn)'[1]인 너른 방에서 저 나름의 명목으로 갖는 사적인 모임이었다. 정방형 또는 장방형의 이 방에는 그 크기에 따라 문에서 안쪽으로 몇 개(7~15)의 침상(klinē)이 놓이고, 각각에는 한두 사람씩 자리 잡는다. 중앙 쪽으로는 각 침상 가까이에 나지막한 음식 탁자들이 놓인다. 그런데 우릴 어리둥절케 하는 것은 이 침상과 그 위에 참석자들이 자리 잡는 자세여서, 아무래도 이에 대한 설명이 필요할 것 같다. 영화를 통한 로마인들의 연회 장면에서 더러 보았을 것들이 그리고 이 책에 함께 수록된 그림도 우리의 이해를 도울 것 같다. 침대가 되기도 하고, 이처럼 침상이 되기도 하는 이 klinē(클리네)는 몸을 비스듬히 기대거나 눕힌다는 뜻의 klinō와 어원이 같다. 이 모임에 참석한 사람들이 일단 침상에 걸터앉으면, 노예들이 손발을 씻겨 주고 서야,[2] 침상에 올라 '모로 기대 눕기(kataklisis, kataklinein)'를 하는데, 이는 침상 머리맡에 얹은 쿠션에 왼쪽 팔꿈치를 괴고 모로 비스듬히 기대 눕는 걸 뜻한다. 심포시온에 초대된 사람들은 이 침상에서 이런 자세로 식사도 하고, 여흥도 즐기며 담론도 한다. 옆으로 비스듬히 기대 누운지라, 자유로운 오른손으로는 포도주 잔을 들거나 왼쪽 식탁의 음식을 집어 먹을 수 있다. 모두의 식사 곧 만찬(deipnon)이 끝나면, 176a에서 볼 수 있듯, 헌주를 하고선, 디오니소스 신을 찬미하기도 하고 또한 다른 관례적인 절차를 마치고서, 음주 차례로 들어간다. 포도주(oinos)는 방 가운데쯤에 놓인 '크라테르(kratēr=mixing bowl: 포도주 희석 용기)'에 물과 일정 비율로 희석된 상태로 있는데, 그 희석 비율과 마시는 정도는 그날의 연회 사회자(symposiarkhos)

---

1) 본문 176e에서 두 군데의 각주들을 참조할 것.
2) 본문 175b의 해당 각주 참조.

가 참석자들에게 제의해서 정하는 게 관례였던 것 같다. 기본 비율
은 3(물):1(포도주) 또는 3:2 정도였던 것 같은데, 보통 맥주의 도
수보다 약간씩 오르락내리락하는 걸로 생각하면 되겠다. 이 희석된
포도주를 국자(oinokhoē)로 떠서 노예 소년 또는 소녀가 잔에다 따
라 주는데, 이와 함께 여흥이 시작된다. 참석자들 자신들이 하는 여
흥으로는 포도주를 마신 뒤에 잔에 남은 포도주 찌꺼기를 금속 대야
에 던져 넣는 놀이(kottabos)가 가장 흔한 것이었다고 하며, 돌림노래
(skolion)[3]나 흥을 돋우는 시 암송 등이 있었다고도 한다. 물론 그날
의 모임에서는 음주와 함께 정해진 주제와 관련되어 저마다 발언들을
하게도 된다.

  이제 이들의 흥을 돋우기 위해 동원되는 사람들의 여흥이 실상 어
떤 것이었는지를 어느 정도 엿볼 수 있게 해 주는 것으로 플라톤
(427~347)과 거의 동년배인 크세노폰(Xenophōn: 약 428~약 354)
이 쓴《향연》(Symposion)의 경우를 보자. 이 책에서는 플라톤의 것과
제목도 같고, 소크라테스가 거기에 초대받은 것도 같다. 당대의 아테
네에서 으뜸가는 부자인 칼리아스(Kallias)가 이제 막 팡크라티온[4]에

---

3)《고르기아스》편 451e에 연회석에서 하는 돌림노래(skolion)들 가운데
   하나로 이런 것이 언급되고 있다. "건강한 것(hygiainein)이 제일 좋은 것
   이요, 둘째는 준수해지는 것(kalon genesthai)이고, 셋째는 정직하게 부
   유해지는 것(ploutein adolōs)이다."
4) 팡크라티온(pankration)은 권투와 레슬링이 혼합된 자유형 격투기로,
   이들 경기에서 허용되는 온갖 수단을 다(pan) 동원해서 힘을 쓰며(kra-
   tein) 겨루기를 하는 일종의 '다 걸기' 격투기였다. 물거나 손가락으로 눈
   알을 파는 행위를 제외하곤, 발로 차거나 목 조르기 그리고 사지 비틀기
   등은 허용되는 격렬한 경기였던 것 같으며, 상대가 위험을 느끼고 항복할
   때까지 진행되는 경기였다. 오늘날의 그리스에서도 동호인들끼리 이 경
   기를 부활시켜 수련하고 있다.

서 우승한 아우톨리코스(Autolykos)를 사랑하게 되어, 그의 아버지 동반 아래 함께 축제에서 경마 구경을 하고선, 피레우스에 있는 자기 집으로 함께 가다가, 소크라테스 일행을 만나게 되어 초청을 하지만, 소크라테스는 정중히 거절한다. 그러나 그가 몹시 불만인 표정이라, 마지못해 동행하게 된다. 크세노폰의 연회장에서는 재담으로 웃기는 사람을 위시해서 아울로스 취주 소녀, 춤추는 소녀, 춤도 추고 키타라도 탄주하는 소년, 열두 개의 후프를 공중으로 던지고 받으면서 춤을 추는 소녀, 촘촘히 칼날이 꽂힌 테 속으로 다이빙하듯 드나드는 소녀, 아울로스에 맞추어 리라를 탄주하는 소년이 등장해 흥을 돋운다. 그리고 마지막에는 저 전설 속의 괴물 미노타우로스(Minotauros)를 제거하고 미노스(Minos)의 궁을 탈출하는 데 결정적인 도움을 준 미노스의 딸 아리아드네(Ariadnē)와 함께 아테네로 돌아가던 테세우스(Thēseus)가 지금은 낙소스(Naxos)로 불리는 섬에다 버리고 가 버린 처녀로 분장한 신부를 디오니소스로 분장한 신랑이 만나, 격렬한 키스를 하며 안고서 그들의 침실로 드는 장면으로 모두의 박수와 환호 속에 여흥이 끝나면서 연회도 끝난다.

이 연회에 참석한 이들은 이런 여흥을 즐기는 가운데 저마다 자신이 자랑스러워하는 것에 대해 말하는 가벼운 담화를 나눈다. 당황스럽게도 소크라테스는 자신의 자랑거리로 뚜쟁이 노릇(mastropeia, proagōgeia)을 내세운다. 말뜻을 이해하지 못해 의아해하는 모두에게 그들 중의 한 사람인 안티스테네스(Antisthenēs)가 부자이지만 배움이 필요한 칼리아스와 돈이 필요한 소피스테스 프로디코스(Prodikos)를 연결해 주는 뚜쟁이 노릇을 한 사례를 들어 설명해 준다. 그래서 마지막 발언자로 나서는 소크라테스는 칼리아스로 하여금 자신이 사랑하게 된 아우톨리코스가 단순한 명예 추종자가 아니라 진정으로 용감한 자로서 친구들과 나라를 위해서 용맹을 떨치는 활동을 하게 함으로써 그를 훌륭하게 성장하게 도와주며, 칼리아스 스스로도 테미스토클레스나 페리클레스 그리고 솔론과 같은 사람들이 무슨 일들을 했는지 생각해 볼 것을 권유한다. 결국 사사로운 소년애나 하고 있을 것이 아니라, 둘 다가 친구들을 위하며 나라와 관련되는 일들에 마음 쓰도록 납득시킨다. 술자리에서 하는 말로는 진지한 편의 이야기였지만, 칼리아스는 흔쾌히 받아들인다. 이렇게 끝을 맺는 크세노폰은 이 책의 첫머리를 다음과 같이 적고 있다. "훌륭하디훌륭한 사람들의 행적들은 진지하게 행하여진 것들만이 언급될 가치가 있는 것들이 아니고, 오락들 가운데서 행하여진 것들도 그럴 가치가 있는 것으로 내게는 생각된다. 내가 접하게 되어 알게 된 것들을 나는 보여 주고 싶다." 아닌 게 아니라, 철학적 안목은 별로 없었지만, 소크라테스에 대한 추억만은 그 나름으로 많이 간직하고 있던 그였던지라, 할 만한 말이다.

반면에 플라톤의 이 대화편에서는 전날 아가톤의 비극 경연에서의 승리에 대한 축연이 있은 다음날의 만찬에 초대된 사람들이 전날의 축하연에서 마신 술의 숙취로 해서 힘들어한다는 핑계로 각자 즐거울 정도만큼 마시는 걸로 합의한다. 그리고선 아울로스 취주 소녀마저 내보냄으로써, 아무런 여흥도 갖지 않고서, 파이드로스의 원대로 바로 이날의 담론 주제를 '에로스'[5]로 정하고, 이에 대해 저마다 진지

---

5) 사실 파이드로스가 '에로스'를 주제로 택하도록 유도하지만, 그가 처음에 말하는 것은 신(theos) 또는 영(靈: daimōn)으로서의 '에로스(Erōs)'에 대한 예찬이고, 이는 자연스럽게 '사랑'으로서의 erōs에 대한 언급들로도 이어진다. 그러나 오늘날의 텍스트에서는 대문자로 시작하는 '에로스'와 소문자로 시작하는 '에로스'가 구분되지만, 고대의 헬라스에서는

한 발언을 차례로 하게 된다. 이처럼 크세노폰의 《향연》과는 아주 대비되는 그야말로 '학술적인 향연'의 대표적인 장에 독자들은 초대되는 셈이다.

훗날 사람들이 붙인 플라톤의 이 대화편의 부제(副題)는 〈에로스에 관하여〉이다. 흔히 말하는 중기(40세 무렵~60세 무렵) 대화편들 중의 하나이며, 《국가(정체)》편보다 그리고, 이 책에 함께 수록된 《파이드로스》편보다도 분명히 앞선 시기의 것이다. 그러나 사랑으로서의 '에로스'를 그 주제로 삼고 있다는 점에서는 역시 이를 그 첫 주제로 삼고 있는 《파이드로스》편과는 연관성이 깊다고 볼 수 있겠다. 그런데 여기에서 막상 '사랑'이라 말하기는 하지만, 그것은 오늘날의 우리가 생각하듯, 남녀 간의 사랑이라기보다도, 오히려 소년애(paiderastia) 쪽이다. 이는 사랑받는 상대(ta paidika=ho erōmenos=the beloved)인 잘생긴 소년(pais: 복수는 paides)과 그를 사랑하는 자(erastēs=the lover) 사이의 관계를 말한다.[6] 《아테나이오스》(Athēnaios), XIII. 602f를 보면, 소년애(paiderastia)의 풍습은 처음에 크레테에서 시작해서 헬라스 본토로 유입된 것으로 보는 견해가 있는가 하면, 올림피아 인근의 피사(Pisa) 왕의 아들들 중에 아주 잘생긴 크리시포스(Khrysippos)를 손님으로 와 있던 오이디푸스의 아버지 라이오스(Laios)가 제 전차에 태우고 납치해 간 게 소년애 풍습의 발단이었다는 견해도 있다고 한다. 그 유래는 어쨌건, 스파르타에서는 비밀 임무(krypteia) 수행을 위한 agōgē(지도, 훈련, 단련,

소문자가 없었고, 대문자만이 있었다. 따라서 그 구분은 문장들의 내용에 의해서 구분할 수밖에 없었던 일이겠다. 이와 관련해서는 본문 172b에서 해당 각주를 참조할 것.

6) 181c에서 해당 각주를 참조할 것.

훈육) 제도와 이 소년애가 연관되어 있었다 한다. 이 제도에 의한 그들의 공교육은 크게는 세 단계에 걸친 것이었는데, 7∼17세의 소년들(paides)을 상대로 한 것, 18∼19세의 성년기 소년들(청춘 소년들: paidiskoi)과 20∼29세의 청년들(hēbōntes)을 각기 상대로 한 것들이 있었다. 첫 단계는 엄격함과 복종 그리고 모의 전투를 연장자들에 의해 받는 훈련기였으며, 둘째 단계는 예비병으로서 훈련을 받는 시기였는데, 이 시기에는 성인이 된 선배와의 사이에 동성애적인 관계(paider-astia)가 제도적으로 허용되기도 했다고도 한다. 이들 가운데서 선발된 자들이 여기에서 말하는 '비밀 임무(krypteia)'에 참여하게 되었다고 한다. 낮에는 자신들을 숨기고 다니면서, 여기에서 말하는 그런 훈련을 하는데, 일설에는 이들의 일부가 메세니아(Messēnia) 등의 정복민들인 농노들(heilōtai) 중에서 지도급 인물들을 처치했던 것으로 전한다. 그리고 셋째 단계에서 공동 식사와 군영 생활을 하며, 결혼도 하고, 일부는 기병들이 되기도 했다.[7] 아테네의 경우에도 이는 그들 사회와 관련되어 있었다고 보아야 할 것이다. 자유민인 여자는 그 가정의 전용 공간(gynaikōn)에서 기거하며 아이들을 키우며 살림을 주관하지만, 외간 남자들과의 접촉은 상상할 수 없는 일이었다. 이는 딸자식의 경우도 마찬가지였다. 오늘날에도 여자가 남자와 교제하는 건 그 집 남자의 허락을 받아야만 허용되는 일이니, 아마도 이는 그 유습의 탓일 것이다. 그러니 당시의 사회생활이란 남자들끼리의 것일 수밖에 없었고, 청소년들도 저들끼리 사귈 수밖에 없었던 일이다. 소년애는 그런 풍토의 산물이었다고 할 것이다. 이 소년애와 관련되는 언

---

7) 참고 문헌. S. Hornblower and A. Spawforth(edd), *The Oxford Classical Dictionary*(3rd ed.), Oxford, 1999.

급들은 이 대화편 곳곳에서 하고 있거니와, 각주들(177d, 181c, d, 182c 등)에서도 언급했다.

　내가 곧잘 즐겨 인용하는 걸로 일찍이 헬라스인들이 남긴 옛말 하나가 있다. 그건 "주어진 것을 선용할지어다(to paron eu poiein)"라는 것이다. 우리에게, 인간에게, 나에게 '주어진 것(to paron)'들은 무엇들인가? 거창하게 말해서, 그것들은 우주와 세상 그리고 현실, 더 구체적으로는 그것들 안에 있는 유형 또는 무형의 온갖 것이다. 그 중에서도, 그 안에 태어난 우리 자신도, 더 구체적으로는 내 몸도 마음 또는 혼도, 아니 생명도 주어진 것이다. 더 나아가 나의 생명 또는 몸과 마음이 또한 그 안에 지니고 있는 온갖 것이 다 주어져 있는 것들이다. 이 옛말은 이 모든 걸 선용하라는 것이다. 그러기 위해서는 그것들 하나하나의 본성(physis) 또는 본질(ousia)과 있을 수 있는 그 능동적인 또는 수동적인 기능까지도 알아야만 한다. 우리에게 주어진 것들의 본성 또는 실상 읽기와 그것들을 선용하는 방법 제시가 플라톤 철학의 핵심이라고 나는 보고 있다. 헬라스인들의 그 격언에 대한 응답이 곧 플라톤 철학의 전부라고 나는 보고 있다. 그는 아테네라는 현실로 주어진 조국의 실상 읽기와 그 근본적 혁신의 방책으로 《국가(정체)》편과 《법률》편을 그 모델로 제시했고, 나라 다스림에서 정치가의 참 기능을 《정치가》편에서 보여 주었다. 그러나 이로써 끝났다면, 그는 고작해야 정치 사상가일 뿐일 것이다. 그는 그의 우주론이라 할 《티마이오스》편에서 우주가 어째서 '아름다운 질서 체계'로서의 '좋음(to agathon)'의 구현인 '코스모스(kosmos)'인지를 말했다. 그런가 하면, 《필레보스》편에서는 삶의 목표나 가치와 직접적으로 관련되는 즐거움(hēdonē)이 실은 '한정(한도) 지어지지 않은 것(to apeiron)'으로서 얼마나 다양하고 천차만별인지를 보여 줌으로써, 어

24

떤 즐거움을 선택하는가에 따라, 곧 그걸 어떻게 한정(한도) 짓는가에 따라 삶이 얼마든지 달라질 수 있음을 설파하려 한다. 이처럼 우주론이나 나라 경영 그리고 인생 설정에 이르기까지 그의 철학은 전방위적(全方位的)인 것이다. 이를 또한 이 대화편에서 우리는 확인할 수 있다. 우리가 막연하게 '소리(음성)이다'라고 말하는 것이 어떻게 해서 이를테면, 말로 그리고 문자로 만들어질 수 있는지를 생생하게 보여 주고 있다. 막연한 음성을 모음과 자음, 다시 모음을 단모음과 중모음, 자음은 입술소리나 혀끝소리 그리고 구개음과 마찰음이나 파열음 등등으로 나누며, 이것들을 묶어 주고 통합하는 등의 방식으로 이른바 언어 체계가 성립케 된다. 이 세상의 온갖 음악이 이루어지는 것도 단초에는 단순했을 소리를 높낮이에 따른 음정들과 박자 그리고 리듬 및 음계와 선법(旋法) 등에 의해 다양화함으로써 가능하게 된다. 이처럼 '소리'도 '즐거움'도 우리에게 주어져 있는 하고많은 비근한 것들 중의 일부일 뿐인 것들이지만, 이것들이 알고 보면, 우리의 선용 여부에 따라 얼마나 놀랍고 대단한 자산들일 수 있는지를 플라톤은 그 본보기들로 《필레보스》편에서 다루었던 것이다.

'사랑(erōs)'의 감정도 우리에게 주어져 있는 것이기는 마찬가지다. 누구에게나 원초적으로 주어져 있는 자산(ousia)이기도 한 이것을 어떻게 선용하는가는 각자의 몫이고, 그 방향과 결과에 따라 각자의 삶도 달라질 것이기 때문이다. 결론적으로 말해, 이 대화편에서 우리는 소크라테스가 '사랑'을 한 아름다운 대상에 대한 욕정에서 지혜 사랑으로, 마침내는 '아름다움 자체'의 직관으로 옮겨 가는 동력으로 선용하고 있음을 확인하게 된다. 이 연회에서 소크라테스에 앞서 신으로서의 에로스 또는 사랑에 대해 발언한 다섯 사람은 그 선용에 대해서보다는, 그 찬양이나 유래에 대해서 그들 나름으로 말한 셈이다. 그들의 에로스 또는 사랑에 대한 언급들의 요지는 목차로 어느 정도 정리되어 있는 셈이다. 따라서 이들의 발언에 대한 언급은 이 해제에서는 생략해도 무난할 것 같다. 다만 그들 중에서 두 번째 발언자인 파우사니아스의 발언이, 곧 천상의 아프로디테와 세속적인 아프로디테의 구분에 따른 발언이 조금은 소크라테스의 발언 맥락과 연결될 수 있는 것이겠다. 그리고 소크라테스는 그들 중에서 바로 직전에 아가톤이 한, 에로스에 대한 온갖 미사여구를 동원한 화려한 찬양은 근본적으로 잘못된 것임을 지적한다. 정작 '에로스가 부족해하고 지니고 있지도 않은 것'이 바로 아름다움인데도, 그걸 아름답다고 말함을 따갑게 꼬집고선, 만티네아의 여인 디오티마에게서 받은 가르침을 들려준다. 이제 하게 되는 소크라테스의 발언과 마지막에 들이닥친 알키비아데스가 소크라테스에 대해서 한 발언은 실상 이 대화편의 전체 분량 중에서 주변 이야기를 뺀 다섯 발언자들의 발언들보다도 그 분량에 있어서도 더 많기도 하지만, 그 중요성에 있어서는 압도적이고, 실은 그걸 말하기 위한 것이 이 대화편이다.

비록 이 대화편 첫머리(177d)에서 '에로스와 관련되는 것들(ta erōtika)' 이외에는 아무것도 모르는 무지자로 자처하는 소크라테스이지만, 이마저도 심도 있는 핵심적인 것들은 만티네아의 여인[8]에게서 배운 가르침의 형태로 말한다. 그러나 이 여인이 과연 실존 인물이었는지에 대해서는 달리 확인된 바가 없다. 그에 대한 최종적인 출전(出典)이 바로 《향연》 편이므로, 플라톤이 필요하면 곧잘 그랬듯, 무지자로 자처하는 소크라테스의 일관성 유지를 위해 설정된 가공의 인물일 것이라는 쪽에 아무래도 그 무게가 실리겠다. 그렇다면 이는 결

---

8) 201d에서 해당 각주를 참조할 것.

국 플라톤의 말이겠고, 이는 더 나아가 이 대화편의 말미에서 알키비아데스가 공개하는 소크라테스의 경지에서 체험할 수 있을 법한 것이겠다. 그야 어쨌든 그 가르침을 대강 짚어 보기로 하자. 에로스는 신과 죽게 마련인 인간 사이에 있는 중간자로서 영(靈, 신령: daimōn)이며, 그 출신 또한 풍요의 신(Poros)과 가난의 신(Penia) 사이의 소생이어서, 궁하지도 부유하지도 않으며 지혜와 무지의 중간에 있는 것이고, 아름다운 것을 사랑하며 지혜로움을 사랑하는 자이다. 그렇다면 그런 에로스 곧 사랑은 인간에게 그 쓰임(khreia)이, 곧 그 소용이 무엇이며 그 기능(ergon)은 무엇인가? "그것은 아름다운 것에, 신체적으로도 정신적으로도(몸과 혼에 있어서) 자식을 출산케 하는 것이다."(206b) 그것은 "아름다운 것 속의 생식과 출산이요," 더 나아가서는 '죽지 않음(불사: athanasia)'에 대한 욕구이다(206e~207a). 그 실현의 단계적 과정에 대한 비유로 디오티마의 가르침은 곧이어 사다리 오르기로 옮겨 간다. 그것은 정상의 '아름다움 자체(auto to kalon)'로 오르는 '사다리의 가로장들(epanabasmoi)'을 '사랑'의 힘 곧 그 추진력으로 한 단계씩 밟아 오르는 것이다. 한둘의 아름다운 몸에서 시작해서 "마치 사다리의 가로장들을 이용하듯, … 모든 아름다운 몸들로, 또 아름다운 몸들에서 아름다운 관행들로, 또 관행들에서 아름다운 배움들로, 그리고는 배움들에서 저 배움(mathēma)으로 끝을 맺는 것 말이에요. 이는 저 아름다움 자체(auto to kalon)의 배움 이외의 다른 것의 배움이 아니거니와, 마침내 아름다운 것 자체(auto ho esti kalon)를 알게 되는 거죠."(211c) 물론 여기서 말하고 있는 '아름다움 자체(auto to kalon=the beautiful itself)'나 '아름다운 것 자체(auto ho esti kalon)'는《파이돈》편이나《국가(정체)》편에서도 아름다움의 이데아 또는 형상으로 지칭되는 것에 대한 정형화(定型

化)된 표현 형식의 일환이기는 하다.[9] 《향연》 편이 시기적으로는 이들 두 대화편 사이의 것으로 추정되는데도, 그것들에서처럼, 이를 정작 전문 용어로서의 이데아나 형상(eidos)으로 이 대화편에서 지칭하는 일은 단 한 번도 없다. 이는 무엇보다도 이 날의 연회에 참석한 사람들이 평소의 소크라테스 또는 플라톤의 철학적 논의의 장 밖에서 활동하는 사람들이기 때문이라 보아야 할 것 같다. 그런 사람들에게 그런 전문 용어로 말을 할 수는 없는 일이겠기 때문이다. 이는 그가 211d~212a에서 '아름다움 자체'를 '마땅히 이용해야만 하는 기능으로 그걸 관상하는' 걸로만 말하고 있을 뿐, '지성(nous)'이나 또는 '혼(psykhē) 자체'와 같은 표현을 쓰지 않는 대목에서도 분명해진다. 그리고선 '소년 사랑하기(paiderastein)'도 궁극적으로는 이렇게 이끌어야만 하는 것임을 말해 주는 것을 여인은 잊지 않는다(211b).

이제 이 대화편은 갑자기 들이닥친 술꾼들과 함께 등장하는 알키비아데스의 발언으로 끝을 맺기에 이른다. 그는 자신이 직접 겪은 소크라테스의 범상치 않음(atopia)을 거침없이 공개한다. 우리는 이를 통해 소크라테스라는 한 철인의 놀라운 면모와 그가 이른 현자의 경지에 간접적으로나마 접하게 된다는 점에서도 이 대화편의 가치는 참으로 크다 할 것이다. 그의 특이하고 비범한 면모는 이 대화편의 시작 부분에서 이미 살짝 보였고, 알키비아데스의 공개적 발언으로 충격적인 장면으로 확인된다. 이날 연회에서의 발언들을 전하는 아리스토데모스는 본 대화의 첫머리를 이렇게 시작한다. "목욕을 하고 샌들까지 신은 소크라테스 님께서 저를 만나게 되셨는데, 이런 행색을 그분께서 하신 것은 드문 일이었죠."(174a) 이 옷차림과 220a~b에서 알

---

9) 이와 관련해서는 본문 211c의 해당 각주를 참조할 것.

키비아데스가 말하는 출정 중의 차림을 대비해 보자. "한번은 아주 지독한 서리가 있었을 때였죠. 모두가 안에서 밖으로 나가지 않거나, 혹시 누군가가 나가더라도, 그야말로 놀라울 만큼 옷을 두르고서, 신발을 신는 것도 발을 펠트와 양털가죽으로 감싸고서 나갔지만, 이런 상황에서 이분께서는 전에도 걸치고 다니시던 바로 그런 겉옷[10]을 입고 밖으로 나가셨죠. 신발도 신지 않고 얼음 위를, 신발을 신은 다른 사람들보다도 더 수월히, 헤치고 나아가셨습니다." 그런가 하면 아리스토데모스와 함께 아가톤의 초대를 받고 가던 그는 그 집 가까이에 이르러 갑자기 혼자 떨어져 생각에 잠겼다가 한참 뒤에 들어오는 장면이 나온다. "그분을 그냥 두세요. 이는 일종의 그분 버릇이니까요. 어디서고 가끔 혼자 떨어져서는 거기에 서 계시죠. 곧 오실 겁니다, …… 그러니 방해 마시고, 그냥 두세요."(174d~175c) 이 상황도 역시 그의 출정 중에 있는 일과 같은 맥락의 것이다. "그곳에서 새벽부터 뭔가를 골똘히 생각하시다가, 이를 계속해서 고찰하며 서 계셨습니다. 그러고도 당신께 진전이 없으니, 그만두시지도 않고 추구하며 서 계셨습니다. 그리고 어느덧 정오였고, 사람들이 알게 되어, 놀라서 서로들 말했죠. 소크라테스가 뭔가를 생각하며 마냥 서 있다고. 마침내 이오니아인들 중의 몇몇은, 이미 저녁때였으므로, 저녁을 먹고서 — 그땐 여름이기도 했으니까요 — 짚자리를 밖으로 내와 함께 서늘한 곳에서 자며, 동시에 밤새껏 서 있을 것인지 그를 지켜보았죠. 그러나 이분께서는 새벽이 되고 해가 뜰 때까지 서 계셨습니다. 그제야 해에

10) 소크라테스가 입은 이 겉옷(himation)은 특히 tribōn으로 지칭되는데, 이는 모직 털이 '해져서 실밥이 드러난 상태의 겉옷'을 가리키는 말이다. 게다가 그는 한겨울에도 '신발도 신지 않은(anypodetos)' 상태가 거의 일상이었던 것으로 전한다. 219b의 해당 각주를 참조할 것.

기원을 하고서, 그 자리를 떠났습니다."(220c~d) 그의 남다름은 술 마심에서도 드러난다. 이날의 연회에서 술 마심을 어떻게 할 것인지를 정하는데, 전날의 숙취로 해서 거의가 힘들어함을 고려해서 정하기로 하면서, 소크라테스의 경우는 어느 쪽으로 하든 상관없으니 논외로 하자는 말이 나온다. 그래서 즐거울 정도만큼 마시는 걸로 정한다(176c). 그런데 그의 음주와 관련해서도 알키비아데스는 증언한다. "술을 마시려 하지 않으시다가도, 어쩔 수 없이 마시지 않으실 수 없게 될 경우에는, 모두를 제압하셨죠. 그리고 무엇보다도 놀라운 것은 도대체 술 취한 소크라테스를 일찍이 아무도 본 적이 없다는 겁니다. 그러므로 이에 대한 시험은 당장이라도 있을 일이라 제게는 생각됩니다." 213e~214a에서는 그가 여덟 잔 이상을 담을 수 있는 냉각기에 포도주를 담아 오게 하고선 먼저 자신이 마시고서, 다음으로 소크라테스로 하여금 마시게 하는 장면이 나온다. 그러나 술과 관련된 소크라테스의 진짜 면모는 이 대화편의 끝(223c~d)에 가서 결국 확인된다. 아리스토데모스가 "날이 밝을 무렵에 깨어났더니, 벌써 닭이 울고 있었고, 깨어나서 보니, 다른 이들은 자고 있거나 가 버렸지만, 아가톤과 아리스토파네스 그리고 소크라테스 님만 여전히 깨어 있으면서 큰 술잔으로 포도주를 마시며 오른쪽으로 그걸 돌리고 있더랍니다. … 소크라테스 님께선 이들로 하여금 동일한 사람이 희극과 비극을 지을 줄 아는 사람일 수 있으며, 전문적인 비극 작가인 자는 희극 작가이기도 하다는 데 동의하도록 강요하고 있더라고 말했습니다. 물론 이에 대해 이들은 강요당하고 있으면서도 아주 승복하지는 않은 채로 졸고 있다가, 먼저 아리스토파네스가 잠이 들었고, 이미 날이 밝았을 때는 아가톤이 잠들었다고 합니다. 그래서 소크라테스 님은 그들을 자게끔 하시고선, 일어서서 떠나셨으며, [아리스토데모스] 자신은 늘 그랬듯 뒤따랐고, 그분께서는 리케이온으로 가서, 몸을 씻으시고선, 여느 때 하루를 보내시듯, 그처럼 보내시고선 저녁때 댁으로 쉬러 가셨다고 합니다."

알키비아데스는 그런 소크라테스가 미모의 자기를 사랑하는 것이 여느 소년애인 줄로만 알고 낌새를 노리다가, 오히려 저라서 몇 번이나 시도해 보려다가 실패하던 끝에, 마침내 기어코 일을 저지른다. "이분께 더 이상 무슨 말씀이든 하실 기회를 드리지 않고, 저의 겉옷으로 이분을 감싸고선, — 하긴 겨울이기도 했으니까요, — 이분의 닳아 헤진 겉옷 밑에 누워, 두 팔로 정말 다이몬 같으시며 놀라우신 이분을 껴안은 채로 온밤 동안 누워 있었습니다. 소크라테스 님, 이 또한 제가 거짓말을 하고 있다고는 않으실 겁니다. 그렇지만 제가 이러는 동안, 이분께서는 그만큼 저를 압도하시며 깔보시고선, 제 젊음의 꽃다움을 모욕하셨죠. 적어도 그것에 대해서는 제가 대단한 무엇이나 되는 것으로 저는 생각했죠, … 저는 아버지나 형과 함께 잤을 경우 이상으로 이상한 일은 아무것도 없이 자고 일어났습니다. … 그러니 그다음에 제가 무슨 생각을 했을 것으로 여러분께서는 생각하십니까? 경멸을 당했다고 생각하면서도, 이분의 성격과 절제 그리고 용기에 감탄했는데, 지혜와 참을성에 있어서 제가 결코 만난 적이 없는 것으로 생각되는 그런 사람을 제가 만났다는 겁니다. 그리하여 저는 어떻게도 화를 낼 수도 없었으며 이분과 함께 지내는 걸 그만둘 수도 없었고, 또한 어떤 식으로든 이분을 제 편으로 만들 방책도 찾지 못했습니다. 왜냐하면 적어도 재물로 해서 이분이 상처를 입는 일은 … 모든 면에서 … 없을 것이라는 사실을 저는 잘 알고 있었기 때문입니다. 그리고 단 한 가지 것에 의해서만 이분께서 굴복하게 될 것으로 제가 생각했던 그것[11])에

---

11) 앞에서 말한 미남인 알키비아데스의 '젊음의 꽃다움'을 뜻한다.

서도 저를 피해 버렸으니까요. 저는 그야말로 당혹해했죠. 일찍이 아무도 누구로 해서도 그런 일을 겪을 수 없었듯, 저는 이 어른에 사로잡혀 맴돌고 있었습니다. 이것들은 모두가 이전에 제게 일어났던 일들이고, 이후에도 우리에게는 함께한 포테이다이아로의 출정이 있었으며 거기에서 공동 식사도 했죠."(219b~e) 소크라테스에 대한 그런저런 체험들 때문에 알키비아데스는 또한 말한다. "그러므로 다른 많은 것을 그리고 놀라운 것들을 갖고 소크라테스 님을 누군가가 찬양할 수 있을 것입니다. 하지만 다른 활동들의 경우에는 아마도 다른 사람과 관련지어서도 그런 것들을 누군가가 말할 수 있겠지만, 옛날 사람들이든 요즘 사람들이든 이들 중의 누구와도 같지 않은 점, 이게 전적으로 놀랄 가치가 있는 것입니다. … 여기 계신 이분께서 그 범상치 않음에 있어서 어떤 분이신지는, 곧 당신 자신과 당신의 말씀들이 어떤지는 누군가가 가까이에서 찾은들 찾아낼 수 없을 것입니다. 오늘날의 사람들 중에서도 옛사람들 중에서도 말입니다. 누군가가 제가 말하는 자들과 비교하고자 하지 않는다면 말이에요. 이들은 인간들 중의 누구도 아니고, 실레노스들 및 사티로스들[12]과 이분 및 이분의 말씀들을 비교하지 않는 한은 말입니다. 그리고 이 또한 실은 처음 언급에서 제쳐 놓았던 것인데, 이분의 말씀들도 그 안이 열어젖혀진 실레노스 조상(彫像)들[13]과도 더할 수 없이 닮았다는 사실입니다. 가령 누군가가 소크라테스 님의 말씀을 듣고 싶어 할 경우, 처음에는 그것들이 아주 우스워 보일 테니까요. 이런 것들이 낱말들과 표현들을 겉으로 싸고 있는 게, 바로 장난질하는 사티로스의 외피 같죠. 왜

---

12) 215a에서 해당 각주를 참조할 것.
13) 215b를 참조할 것.

냐하면 이분께서는 짐 싣는 나귀들이나 대장장이들과 구두 만드는 사람들 그리고 무두장이들 같은 이들을 말씀하시며, 늘 같은 것들을 통해 같은 것들을 말씀하시는 걸로 보여,[14] 이에 대한 경험도 없고 몰지각한 사람은 모두가 이분의 말씀들에 대해 비웃을 테니까요. 그러나 누군가가 그 말씀들의 외피가 열어젖혀진 걸 보고서 그 안에 들어가게 되면, 처음으로 그 안에 지성을 갖춘 유일한 말씀들을 발견하게 될 것입니다. 그다음으로, 또한 그 말씀들이 더할 수 없이 신적인 것들이고, 그 속에는 [사람으로서의] 훌륭함(덕: aretē)의 상(像)들을 더할 수 없이 많이 갖고 있으며, 더할 수 없을 정도로 멀리까지 뻗는, 아니 그보다도 훌륭하디훌륭한 이로 되고자 하는 자로서 고찰하기에 적절한 모든 것으로 뻗는 것들입니다. 여러분, 이것들이 제가 소크라테스 님을 찬양해서 말하는 것들입니다. 그리고 아울러 저는 이분께서 저를 모욕하신 것들과 섞어서 여러분께 말씀드렸습니다. 하지만 이런 건 제게만 하신 것이 아니라, 글라우콘의 아들 카르미데스, 디오클레스의 아들 에우티데모스, 그리고 그 밖의 아주 많은 사람에게도 하셨는데, 사랑하는 사람(erastēs)으로서는 이들을 속이시고서, 스스로 사랑하는 사람 대신에 오히려 사랑받는 사람(paidika)이 된 것입니다."(221c~222b) 여기에서 우리는 《고르기아스》편(481d)에서 소크라테스가 스스로 하고 있는 말을 상기할 필요가 있을 것 같다. 그는 자신이 경험한 사랑으로 둘이 있는데, 그 하나는 알키비아데스에 대한 것이고 다른 하나는 지혜 사랑(철학)이라 했으며, 그 둘 중의 하나였던 알키비아데스에 대한 사랑이 어떤 것이었는지는 이 대화편을 통해서 밝혀졌다. 그러나 그에게 있어서 또 하나의, 아니 참으로 '사랑

---

14) 언제나 일상의 비근한 예들을 드는 걸 두고 하는 말이다.

한 것(ta paidika)'인 철학은 플라톤에게 인계되어 그의 철학으로 계
승되고 확장되어 갈 것임을 이 대화편에서 우리는 또한 확인하게 된
다. 아울러 이 대화편은 인류사에 기리 남을 성현들 중의 한 사람으로
꼽혀 온 소크라테스의 실감나는 면모들과 함께, 에로스와 관련해서도
'주어진 것의 선용'의 한 전범(典範: paradeigma)인 그를 우리로 하
여금 새삼 확인하게 하는 것 같다.

목 차

36

족한 것에 대한 것이고, 그게 '아름다움'이므로, 에로스 자신이
아름답거나 좋은 것은 아님을 자인케 함(198a~201c)

[2] 디오티마의 가르침(201d~212b)

1) 에로스는 누구이며 어떤 성격인지를 말함(201d~204c)

① 에로스는 중간자(ti mataxy) 성격의 것, 죽게 마련인 자와 불
멸의 것 사이의 것들인 영(靈: daimōn)들 중의 하나임을 말
함(201d~203a)

② 그 출생의 비밀: 풍요의 남신(Poros)과 가난의 여신(Penia)
사이에서 태어나, 궁하지도 부유하지도 않으며, 지혜와 무지
의 중간이며 아름다움과 추함의 중간, 특히 아름다운 것에 대
한 사랑의 영(靈)임을 말함(203b~204c)

2) 에로스가 인간들에게 무슨 소용인지를 말함: '아름다움 자체'를
인간의 혼이 마침내 볼 수 있도록, 사다리를 밟듯, 단계별로 인도
하는 조력자 구실을 하는 데 그 쓰임이나 기능이 있음을 말함
(204c~212b)

① 사랑은 아름다운 것, 좋은 것에 대한 것이고, 이것에서 심신 양
면에 걸친 생식과 출산을 함으로써 행복과 불사(不死)에 최대
한 관여코자 함(204c~209e)

② 완전한 최종적인 비교(밀교) 의식에 빗댄 '아름다움'과 관련
된 앎의 단계들과 그 최종 단계, 그 사닥다리(209e~212c)

11. 알키비아데스의 등장과 그의 발언(212d~222e)

1) 술꾼들과 함께 들이닥친 알키비아데스가 아가톤과 소크라테스가
있는 침상의 세 번째 자리에 기대 누움(212d~214d)

2) 순서대로 발언을 하게 된 그가 소크라테스에 대한 범상치 않은
진실을 기억나는 대로 털어놓음(214e~222e)

① 사람으로서 살 가치가 있는 삶을 끊임없이 일깨움(215a~216e)

② 잘생긴 소년에 대한 사랑으로 알았던 소크라테스의 그에 대한 관심의 진상이 밝혀짐(217a~219e)

③ 출정들에서 있은 일들(219e~221b)

④ 잘생긴 소년들에게서 오히려 사랑받는 자(paidika)가 된 소크라테스(221c~222e)

12. 열린 대문으로 들이닥친 술꾼들로 연회장은 난장판이 되어, 더러는 떠나고, 날이 밝을 무렵에도 아가톤과 아리스토파네스 그리고 소크라테스가 술잔을 돌리며 토론을 하다가, 결국 모두 잠들고, 소크라테스만 일상으로 돌아감(223a~d)

* 이 목차는 원전에 있는 것이 아니라, 논의 진행의 내용들을 미리 참고할 수 있도록, 편의상 순서에 따라 나열한 것일 뿐임.

아폴로도로스와 그의 벗

(본 대화 틀 밖의 인물들)

[본 대화 틀 밖의 인물들[1]]인 이들이 만나 이야기를 하게 되는 것은,

---

1) 이 대화편은 그 도입부가 아주 복잡해서, 적잖이 헷갈리게 하는 구조를 갖고 있다. 여기에서는 이 심포시온에 실제로 참여해서 대화를 한 사람들이 따로 있고, 이들의 대화 내용을 이야기해 주는 사람(아리스토데모스)에게서 들은 사람(아폴로도로스)이 이를 다시 다른 사람들에게 들려주게 되는 것으로 되어 있는 데다, 그 경위 설명이 복잡해서다. 이 대화편의 내용에 대해 이야기를 전하는 것이, 역시 이런 식으로 대화 내용과 관련된 이야기를 전하는 다른 대화편들과도 달리, 이 대화편은 한 다리를 더 건너게 한 데다 그간의 경위까지 복잡하게 얽혀 있는 터라 더욱 복잡하다. 이미 있었던 본 대화를 누군가에게 이야기해 주는 사람 곧 '내레이터'와 이를 듣는 사람이 있고, 본 대화를 나눈 사람들이 따로 있는 이런 구조를 갖는 플라톤의 대화편들로는 여러 편이 있다. 이를테면, 《파이돈》편에서는 고향으로 가던 길의 파이돈이 중도에서 만난 사람의 청으로 소크라테스의 최후와 관련해서 스스로 현장에 있었던 사람으로서 이야길 들려준다. 그런가 하면 《프로타고라스》편에서는 프로타고라스 등과 대화를 했던 소크라테스가 누군가를 만나, 그 경위와 대화 내용을 들려준다. 반면에 《테아이테토스》편에서는 소크라테스가 테오도로스 및 테아이테토스와 가졌던 대화를 에우클레이도스에게 들려주었는데, 이를 이 사람이 정확한 기록으로 갖고 싶어서, 기억을 더듬어 가며 그 내용을 일단 적은 뒤에, 수시로 소크라테스를 찾아가 묻고 또 묻기를 반복한 끝에, 마침내 책

아가톤이 아테네를 떠나 마케도니아의 왕(기원전 413~399) 아르켈라오스(Arkhelaos)의 왕궁으로 간 것이 407/6년(기원전) 이전이었던 걸로 미루어, 그 이후가 되겠다.]

아폴로도로스: 이 대화편 전체의 경위와 내용을 이야기해 주는 사람 곧 화자(내레이터)이기는 하지만, 이 '심포시온'의 본 대화와 관련되는 한, 간접적인 화자(내레이터)이다. 그는 소크라테스를 따라 이 '심포시온'에 참석하게 된 아리스토데모스(173b에서 언급됨)에게서 그날 있었던 대화들을 듣게 되었고, 이를 이름이 밝혀지지 않은 벗과 그 일행에게 다시 들려준다. 그는 소크라테스의 별나고 열렬한 추종자이다.《소크라테스의 변론》편(34a)에서는 플라톤 등과 함께 법정에 참석한 제자들 중의 한 사람으로 거명되고 있다.《파이돈》편에서는 소크라테스가 독배를 비우게 되어 있는 마지막 날에 옥중의 그를

자 형태로 완성해 갖게 되어서, 그 내용을 듣고 싶어 하는 테르프시온이라는 사람에게 바로 이 기록물을 글을 깨친 노예로 하여금 읽게 하고선 둘이 함께 듣는다. 그런가 하면,《파르메니데스》편에서는 케팔로스라는 인물이 플라톤의 두 형제를 만나, 재혼한 이들의 어머니가 낳은 아들인 안티폰을 만나게 해 달라는 부탁을 하는데, 안티폰은 제논의 친구인 피토도로스와 가깝게 지내는 사이여서, 이 사람이 소크라테스가 일찍이 제논 및 파르메니데스와 가졌던 대화 내용을 여러 번 안티폰에게 들려준 터라, 그걸 듣게 된다. 이런 대화편 구성은, 마치 그림이나 사진을 액틀 속에 넣듯, 본 대화를 하나의 틀 속에 넣은 꼴이 된다고 해서, 더러는 이를 액틀 또는 액자(frame[영], Rahmen[독], cadre[불]) 속 대화로 보기도 한다. 그럴 경우, 174a부터가 본격적인 그 대화 틀 속의 내용이고, 그 이전의 것은 그런 대화 틀 속의 대화 내용을 전하게 되는 경위를 설명하게 되는 부분, 곧 본 대화 틀 밖의 것이 된다. 앞에서 말했듯, 이 대화편은 유달리 헛갈리는 구조여서, 액틀 속과 액틀 밖을 더욱 명확히 구분해 둘 필요성을 느끼는 것이기도 하다.

찾아간 사람들이 모두 그의 죽음을 바로 앞두고 착잡한 심정으로 웃기도 하고 눈물을 흘리기도 했는데, 그중에서도 유별난 한 사람이 그였던 것으로 전하며, 그와 그의 행동 방식에 대해서는 많이들 알고 있었던 것으로 언급되고 있다(59a~b). 또한 이 대화편 117d에서는 소크라테스가 마침내 독약을 마시자, 그가 울부짖으며 통곡을 하면서 괴로워하매, 모두가 덩달아 통곡을 하게 되는 장면이 그려져 있다. 이처럼 그의 유별함은 주변 사람들에게 잘 알려져 있는 일임은 곧 이어지는 173d에서도 언급되고 있다.

그의 벗: 여기서 말하는 벗은 끝내 이름이 밝혀지지 않은 채로, 몇몇 사람과 함께 아폴로도로스가 전하는 이야길 듣고 있다.

본 대화에 참여한 인물들

[이 '심포시온'이 있었던 것은 이 대화편 173a에서 밝히고 있듯, '아가톤이 그의 첫 비극으로 우승을 하고서, 그 다음 날, 곧 그와 그의 합창 가무단이 제물을 바치고서 승리의 축하연을 베풀었을 때'였던 것으로 설정되어 있다. 그러니까 416년(기원전)이었고, 아폴로도로스와 글라우콘은 아직 아이들이었을 때였다.]

아리스토데모스(Aristodēmos): 그에 대한 언급은 173b에서 하고 있거니와 174a 이후 심포시온에서의 본 대화들에 대한 직접적인 '내레이터' 노릇을 한다. 따라서 그는 이 심포시온의 참관자이지, 실질적 대화자는 아니다.

아가톤(Agathōn): 173a에서 언급하고 있듯, 디오니소스 신을 기리는 레나이아 축제(ta Lēnaia)[2]에서 가진 그의 첫 비극 경연에서 우승을 한 다음 날 이를 자축하는 축하연을 베푸는 주인공이다. 그의 생존

---

2) 222d에서 디오니소스 제전에 대한 각주를 참조할 것.

연대는 정확치 않으나, 450년 이후에서 399년 이전까지로 추정된다. 에우리피데스(Euripidēs)가 그랬듯, 그도 407/6년경에 아테네와 각별한 협력 관계에 있던 마케도니아의 왕(기원전 413~399) 아르켈라오스(Arkhelaos)의 펠라(Pella) 왕궁으로 갔다가, 그곳에서 생을 마감했다. 헬라스의 이른바 3대 비극 시인들 이후로는 가장 이름난 비극 시인으로 알려져 오지만, 그의 작품으로 오늘날 남아 있는 것들은 토막글들뿐이다. 《프로타고라스》 편(315d~e)에서는 파우사니아스와 함께 있던 그를 '그 성정이 곱고 착하며, 외모도 잘생긴 것'으로 묘사하고 있으며, 또한 파우사니아스의 사랑받는 자(paidika)로 언급되고 있다.

파이드로스(Phaidros): 미리누스(Myrrhinous) 부락민으로, 출생은 450년경으로 추정되니, 이때는 34살쯤 된 셈이다. 그의 이름이 붙여진 대화편 《파이드로스》에서 소크라테스의 대화 상대역을 하고 있다. 《프로타고라스》 편(315c)에서는 소피스테스인 히피아스(Hippias)와 함께 있는 장면이 보인다.

파우사니아스(Pausanias): 달리 알려진 바는 없고, 앞에서 말한 아가톤과의 관계로 보아, 40대 후반에서 50세를 바라보는 나이로 설정해 볼 수 있겠다.

에릭시마코스(Eryximakhos): 아쿠메노스(Akoumenos)의 아들로서 의사로 언급되고 있으나, 달리 알려진 바는 없다. 《파이드로스》 편(268a)에서 파이드로스의 친구로 언급되고 있으며, 《프로타고라스》 편(315c)에서도 그와 함께 히피아스의 가르침을 받으려 하고 있던 장면이 보인다.

아리스토파네스(Aristophanēs): 그의 출생 연도는 445년경 또는 그 이전으로 그리고 사망 연도는 385년경인 것으로 추정되고 있다. 알렉산드로스 사후(323년) 무렵부터 263년경까지의 신희극 및 중간기 희극(약 400~약 323)과 대비되어 5세기(기원전) 아테네의 희극 작품들을 지칭하는 '고(古)희극' 최대의 시인이 바로 그다. 11편이 온전하게 전해지는 그의 작품들 중에서 5세기에 속하지 않는 것은《여인들의 민회》와《부의 신》뿐이다. 그의 작품들은 펠로폰네소스 전쟁(431~404)과 관련된 전쟁광들이나 소피스테스들이 내세우는 신교육 등에 대한 풍자가 주를 이룬다.《구름》에서는 '사색(思索)의 학원(phrontistērion)'에서 제자를 가르치는 소크라테스를 소피스테스로서 풍자하고 있다. 이《향연》편의 끝머리에는 이들 둘의 대화가 나온다. 416년에는 그가 서른 살쯤이었겠다.

소크라테스(Sōkratēs): 소크라테스의 생존 연대는 469~399년이므로, 416년은 53세였을 때이다. 이 심포시온에 참여한 사람들 중에서는 가장 연상인 것으로 추정된다.

알키비아데스(Alkibiadēs): 그의 생존 연대는 451/0년에서 404/3년 사이이다. 아버지 클레이니아스(Kleinias)가 446년에 보이오티아의 코로네이아(Korōneia)에서 전사한 뒤로는, 그의 외당숙이며 후견인인 페리클레스(Periklēs)의 집에서 형과 함께 자라며 훈육을 받았다. 성년이 되고서는 소크라테스의 제자가 되어 친밀한 관계에 있었다. 이들의 각별한 관계를 사람들은 그 흔한 소년애의 관계(paiderastia)로 오인했는데, 사랑하는 쪽은 오히려 그였다. 이는 이 대화편(215a~222c)에서 알키비아데스 자신의 입으로 실토되는 것이기도 하지만, 《프로타고라스》편 첫머리(309a~c)에서도 확인된다. 그는 처음으로 포티다이아(Potidaia) 포위 공격(432~430)에 참여했는데, 이 전투에는 소크라테스도 참전했다. 424년엔 델리온(Dēlion) 전투에 참전했거니와, 이 전투에서 아테네의 중장비 보병단이 보이오티아군에 최악의 참패를 당했다. 이런 전투 경험 덕에 그는 420년엔 그의 부족(phylē)을 대표하는 장군(stratēgos)으로 선출되었고, 이는 가장 이른 나이(30세 무렵)에 된 것이다. 펠로폰네소스 전쟁(기원전 431~404) 기간 중에 아테네와 스파르타 사이에는 423년에 1년간의 휴전이 합의되나, 이 휴전 기간이 끝나면서 422년에 아테네의 클레온(Klēon) 장군이 이끄는 군대는 스파르타의 명장 브라시다스(Brasidas)가 이끄는 군대에 암피폴리스(Amphipolis)에서 참패를 당하고 클레온도 전사하는데, 부상을 입은 브라시다스도 결국 사망한다. 그래서 421년에는 아테네의 니키아스(Nikias) 장군의 중재로 50년간의 평화 조약을 맺고, 그동안 빼앗은 상호 간의 영토들도 서로 반환하게 된다. 이것이 그의 이름을 딴 '니키아스 평화 조약'이다. 그러나 이 평화 조약을 파기케 하는 데 앞장선 사람이 바로 알키비아데스이다. 명예욕이 강하고 거침이 없던 귀족 혈통으로서, 제국의 위상을 누리는 아테네라는 민주주의 나라의 주역이 되고 싶어 안달이었던 그에게 기회가 왔다. 416/15년 겨울에 시켈리아(시칠리아) 섬의 서북 지역에 있던 세게스타(Segesta)에서 아테네의 지원을 요청해 왔다. 이 나라는 아테네와 동맹 관계에 있었는데, 시라쿠사이의 지원을 받던 남쪽의 셀리누스(Selinous)와 대립 관계에 있어서였다. 진작부터 시켈리아에서의 지배력 확대를 은근히 바라 왔던 아테네인들은 알키비아데스의 부추김을 받지만, 니키아스는 신중을 기할 것을 당부한다. 그러나 아테네인들은 대함대를 파견키로 의결하고, 지휘관들로 알키비아데스와 니키아스 그리고 라마코스(Lamakhos)를 임명한다. 415년 여름의 일이었다. 그런데 원정 함대가 출발하기 직전에 헤르메스(Hermēs) 흉상들(Hermai)이 파손되는 사건이 일어난 데다 엘레우시스 비교(秘教)와 관련된 신성 모독 혐의까지 불거졌다. 어쨌거나 일단 원정 함대는 떠났지만, 아테네인들은 알키비아데스를 소환하여 법정에 세우기로 결정한다. 그는 이에 불복하고, 스파르타로 가서 여러 가지로 조국에 치명적인 타격을 입히는 조언들을 하게 된다.

본 대화 틀 밖의 서두 대화

아폴로도로스: 제 생각으로는 당신들이 듣고자 하는 것들에 대해서   172a
제가 준비가 안 되어 있는 건 아닌 것 같습니다. 실은 전날 제가 팔레
론³⁾의 집에서 시내로 들어가고 있었죠. 그런데 제가 아는 사람들 중
의 한 사람이 멀찍이 뒤에서 저를 목격하고서 부르길, "아, 팔레론 사
람!" 하고 익살스레 호칭하더니만, "이 사람아, 아폴로도로스, 기다려
주지 않을 겐가?" 하고 말하더군요. 그래서 저는 멈춰 서서 기다렸죠.
그리고 그가 말했습니다. "아폴로도로스여! 실은 요즈막에 자넬 찾던
중이었네. 아가톤과 소크라테스, 알키비아데스 그리고 그 밖에도 그
때의 회식에 참석했던 분들의 대화에 대해서, 즉 사랑(erōs)⁴⁾과 관련   b

---

3) Phalēron은 아테네(Athēnai)로 통칭되는 아티케(Attkē) 지역의 170개
   가 넘는(174개?) 부락들(dēmoi: 단수는 dēmos) 중의 하나이다. 제1차
   페르시아 전쟁이 일어났던 해(기원전 490) 이전까진 이곳이 아테네의 외
   항 구실을 했으나, 함정들의 정박장이 항구 밖에 있는 데다 규모까지 작았
   다. 그래서 아테네는 테미스토클레스(Themistoklēs)의 주도 아래 이 전쟁
   직전에 그 서쪽에 피레우스(Peiraieus, Peiraeus) 항과 함께 성곽 축조까
   지 함으로써 함정들의 안전한 정박장을 확보하게 된다. 피레우스는 세 개
   의 항구를 갖고 있으며, 아테네 도심까지는 7~8킬로미터의 거리이다.

된 발언들이 어떤 것들이었는지 물어서 알아내고자 해서였네. 다른 누군가가 필리포스의 아들인 포이닉스[5]에게서 듣고서 내게 그 이야길 들려주고서는, 자네도 알고 있다고 말했기 때문일세. 하지만 실상 그는 아무것도 명확한 걸 말해 주지 못했네. 그러니 자네가 내게 이야기해 주게나. 자네가 친구분[6]의 말씀을 전해 주는 건 지당하겠기에 말일세." 그러고선 그가 이어 말했습니다. "먼저 말해 주게. 자넨 몸소 그 모임에 참석했는지 아니면 그러지는 않은 건지?" 그래서 제가 말했습니다. "자네에게 이야길 들려준 이가 전혀 명확한 걸 들려주지 않은 것 같아. 자네가 묻고 있는 그 모임이 최근에 일어난 일이어서, 나 또한 참석하게 된 걸로 자네가 묻고 있는 거라면 말일세." "물론 나야 그리 생각했지." 하고 그가 말했습니다. "어떻게 그럴 수 있겠는가, 글라우콘?[7] 자넨 아가톤이 여러 해째 이곳 집에 있지 않다는 걸 모르고 있는가? 그 이후이기는 하지만 난 소크라테스 님과 함께 지내거니와 날마다 그분께서 무엇을 말씀하시며 무엇을 하시는지 아는 걸

c

---

4) 텍스트에서 대문자로 시작하는 Erōs는 신으로서의 에로스를 뜻하므로 그냥 '에로스'로 옮기되, 소문자로 시작하는 erōs는 '사랑'으로 옮겼다. 그러나 고대의 헬라스인들은 실은 대문자로만 표기했고, 소문자(minuscules)가 쓰이기 시작한 것은 기원후 9세기 중엽에 서책 기록의 편의를 위해서였던 것으로 알려져 있다.
5) Phoinix 및 그의 아버지 Philippos에 대해서는 달리 알려진 바가 없다.
6) 소크라테스를 가리킨다.
7) 여기에 등장하는 Glaukōn은 플라톤의 둘째 형으로 짐작된다.《국가(정체)》편에도 큰형 아데이만토스(Adeimantos)와 함께 등장한다. 실은 플라톤의 외할아버지 이름이 또한 글라우콘인데, 그 친아들이 222b에서 언급되는 카르미데스(Charmidēs: 플라톤의 외숙)이다. 따라서 여기에 등장하는 글라우콘은 외할아버지의 이름을 딴 플라톤의 둘째 형으로 보는 게 옳을 것이다.

일과로 삼아 왔지만, 아직 삼 년이 채 되지 않아. 그 이전에야 내가 이 173a
리저리 쏘다니면서, [대단한] 뭐라도 하고 있기라도 한 것처럼 생각했
지. 지혜 사랑하기(철학함)[8] 말고는 모두 해야지 하는 생각을 하고서
그랬지만, 그 누구보다도 딱했다네. 지금의 자네 못지않았지." 그래서
그가 말했습니다. "날 놀리지 말고, 그 모임이 언제 있었는지 말해 주
기나 하게." 제가 또한 말했습니다. "우리가 아직 아이들이었을 때였
네. 아가톤이 그의 첫 비극으로 우승을 하고서, 다음 날, 곧 그와 그의
합창 가무 단원들[9]이 제물을 바치고서 승리의 축하연을 베풀었을 때
는 말일세.""그렇다면 아주 오래전인 것 같아 보이누먼. 하지만 누가
그 이야기를 자네에게 들려주었는가? 혹시 소크라테스께서 몸소?" 그
가 물었습니다. 제가 또한 대답했습니다. "맹세코[10] 아닐세. 포이닉스 b
에게 이야길 들려주었던 바로 그 사람일세. 키다테나이온[11] 부락민인

---

8) 원어는 philosophein이고, 바로 이어지는 c에서 말하게 되는 philoso-
   phia(지혜 사랑 곧 철학)의 동사형 부정법(不定法: infinitive)이다. 영어
   로는 to philosophize, 불어로는 philosopher, 독일어로는 Philosophieren
   에 해당된다. 우리가 '철학'으로 번역하는 philosophia의 원래 뜻은 '지
   혜 사랑(愛智: philo+sophia)'인데, '지혜를 사랑하는 학문적 활동'을
   마침내 그런 학문으로 지칭하게 된 것이다. 이 시대는 '지혜 사랑'과 학
   문으로서의 '철학'을 굳이 구별할 이유가 없던 때였다고 보아도 되는 시
   기였다. 사실상 인간의 지적 활동 전체가 '지혜 사랑'으로 불리던 시기였
   으니까.
9) 원어는 choreutai이다. '합창 가무단'은 choros라 한다. 비극 또는 희극
   공연에서의 이들의 합창 가무(choreia)를 위한 의상이나 훈련 등에 소요
   되는 비용을 지원해 주는 부호를 나라에서 지정해 주었는데, 이런 사람을
   chorēgos라 했다.
10) 원문은 '제우스에 맹세코'이다. 이하에서 이런 경우에는 그냥 '맹세
    코'로 옮긴다.
11) Kydathēnaion은 아테네의 한 부락(dēmos) 이름이다.

아리스토데모스라는 사람이었는데, 작달막하고 늘 맨발이었지.[12] 그
가 그 모임에 참석했었는데, 그는 소크라테스 님을 사랑하는 사람이
었고, 내가 보기엔 당시의 사람들 중에서도 가장 그랬던 사람들에 포
함되는 이인 것 같아. 그러기도 했지만, 내가 그에게서 들은 것들 중
에서 몇 가지는 나중에 소크라테스 님께 여쭤 보기도 했더니, 그가 들
려주었던 대로 내게 동의해 주시기도 했네." "그렇다면 왜 내게 들려
주지 않는 겐가? 어쨌거나 시내로 들어가는 길은 가면서 이야길 하고
듣기에는 아주 안성맞춤일세." 그가 말했습니다.

　바로 이렇게 되어서, 저희는 같이 가면서 이에 대한 이야길 했는데,
c　처음에 말했던 대로, 그 결과로 저로선 준비가 안 된 상태는 아닙니
다.[13] 그러니, 만약에 제가 당신들에게도 그 이야길 들려 드려야만 한
다면, 저는 그리해야만 합니다. 왜냐하면 저로서는 그렇지 않아도, 지
혜 사랑(철학)과 관련된 어떤 말들을 제 자신이 하거나 또는 다른 사
람들이 하는 걸 들을 때에는, 제가 이롭게 될 것이라는 생각을 하게
되는 걸 떠나서, 저는 엄청 기뻐하니까요. 그러나 다른 어떤 말들을,
특히 부자들이며 돈벌이를 하는 당신들의 말들을 저는 따분해하기도
하고 또한 친구들인 당신들을 불쌍히 여기기도 합니다.[14] 아무것도
하지 않으면서 [대단한] 무엇이나 하는 듯이 생각들 하고 있으니까요.
d　그리고 아마도 당신들은 당신들대로 저를 불행한 사람으로 여길 텐
데, 저는 당신들이 진실로 그리 생각하고 있는 걸로 생각합니다. 하지
만 저는 당신들을 불쌍히 여기는 게 아니라, 실제로 그러하다는 걸 익

---

12) Aristodēmos에 대한 이런 묘사는 그가 추종하는 소크라테스를 바로
　연상케 한다.
13) 172a의 첫 문장 참조.
14) 함께 이야기를 듣게 될 일행이 부자들이며 상인들임이 시사되고 있다.

52

히 알고 있습니다.

그의 벗: 아폴로도로스, 자네는 언제나 마찬가지야. 자신도 남들도 늘 나쁘게 말하니까 말일세. 그리고 자넨, 소크라테스 님을 빼고는, 자신을 비롯해서 모두를 아주 딱한 사람들로 여기는 것으로 내게는 보이니까. 또한 도대체 자네가 어디서 '광적인 사람(감상적인 사람)'[15]이라 불리는 그 별명을 얻게 되었는지 나로선 모르겠네. 자넨 대화할 때는 늘 그런 사람이니까. 소크라테스 님 말고는 자신에게도 남들에게도 거칠게 대하지.

아폴로도로스: 더없이 친애하는 벗이여! 그리고 내 마음 상태가 이   e
러해서, 내 자신에 대해서도 당신들에 대해서도 내가 광적이며 정신나간 상태라는 점이야말로 어쨌든 명백하지.

벗: 아폴로도로스여, 지금은 그것들에 대해서 말다툼을 할 계제가 아닐세. 하지만 내가 자네에게 청한 바는, 마다하지 말고, 그 이야기들이 어떤 것들이었는지 들려주게나.

아폴로도로스: 그러니까 그것들은 이런 것들이었습니다. 아리스토데모스가 들려준 대로 저도 아예 시작부터 당신들에게 들려 드리도록   174a
해 보겠습니다.

---

15) 173d8에서 텍스트 읽기는 manikos(광적인 사람)로 읽는 쪽(Vicaire, Brisson, Bury, Lamb 등)과 malakos(감상적인 사람)로 읽는 쪽(Burnet, Dover, Robin, Rowe 등)으로 나뉜다. 소크라테스와 관련된 아폴로도로스의 행태에 대해서는 '광적'이라는 표현도 '감상적'이라는 표현도 똑같이 적용될 수 있겠으나, 그다음의 e2에서 "내가 광적이며(mainomai) 정신 나간 상태라고(parapaiō)" 말하는 대목을 보면, '광적인 사람'이라는 쪽이 더 일관성이 있는 걸로 볼 수 있겠다.

본 대화

아리스토데모스가 말했습니다.[16] 목욕을 하고 샌들까지 신은 소크   174a
라테스 님께서 저를 만나게 되셨는데, 이런 행색을 그분께서 하신 것
은 드문 일이었죠.[17] 그래서 그분께서 이처럼 고운 차림새를 하시고
서 어딜 가시려는지 여쭈어 보았습니다.

그래 그분께서 말씀하셨습니다. "아가톤의 집으로 만찬에지. 어저
께는 승리의 축연에서의 그를 내가 피했는데, 사람들의 북적거림이
겁나서였어. 하지만 오늘은 참석할 것에 동의했네. 바로 이 일로 해서
치장을 했지. 고운 사람[18] 옆에 고운 차림으로 가느라 해서네. 하지만
자네가 초대를 받지 않았더라도, 만찬에 가 보도록 하는 건 어떤가?"
하고 물으셨습니다.   b

"선생님께서 하라고 하시는 대로 그리하죠." 하고 제가 대답했죠.

---

16) 이후의 본 대화는 기본적으로 아리스토데모스가 화자(내레이터)로서
　　아폴로도로스에게 들려주는 것이다.

17) 소크라테스의 평소의 행색 곧 그 옷차림과 맨발에 대해서는 219b의
　　본문 및 각주 그리고 220b의 본문 및 해당 각주를 참조할 것.

18) 아가톤(Agathōn)은 잘생긴 준수한 청년이기에 하는 말이다.

"그럼 따라오게나. 그 속담도 바꿔 훼손해 놓게 말일세. 그러니까 '훌륭한 이들의[19] 잔치에 훌륭한 이들이 스스로들 간다.'고. 왜냐하면 호메로스는 이 속담에 훼손뿐만 아니라, 모독까지 한 것 같으니까.

c   아가멤논은 전쟁에 있어서 유달리 빼어난 것으로 만들되, 메넬라오스는 '심약한 창수'로 만들어 놓고선, 아가멤논이 제례를 올리고 잔치를 베풀게 되었을 때에는, 초대받지 못한 메넬라오스를, 곧 한결 못난 자를 한결 잘난 자의 잔치에 오게 했으니 말이지."[20]

이 말씀을 듣고서 그가 말했답니다. "그렇지만 소크라테스 님, 어쩌면 저 또한, 선생님께서 말씀하시듯 한 것이 아니라, 호메로스의 표현대로 변변찮은 사람이 재주 있는 사람의 잔치에 초대도 받지 않고서 가려는 꼴이 될 것만 같습니다. 그러니 저를 데리고 가시면서 뭐라 변명하실지 대비하시죠. 저는 초대를 받지 않고 왔다는 데 동의하지는 않을

d   것이고, 선생님의 초대를 받고서 온 것이라고 할 테니까요."라고.

"길을 '둘이 함께 가면서'[21] 우리가 뭐라 말할지를 숙의 결정하게

---

19) 텍스트 읽기에서 Agathōn으로 읽지 않고, agathōn으로 읽었다. 곧 아가톤 아닌 '훌륭한 이들의' 뜻으로 읽은 것이다. 이 문장은 아가톤의 이름에 빗댄 농언이기도 하다.

20) 메넬라오스를 '심약한 창수'로 말한 것은《일리아스》17. 587~588에서며, 아가멤논이 제례를 올린 다음에 잔치를 베풀게 되었을 때, 메넬라오스가 스스로 거기로 온 장면은 같은 책 402~408에 보인다.

21) '둘이 함께 가니'는 호메로스의《일리아스》10. 224에 나오는 구절의 일부이다. 이는《프로타고라스》편 348d에서도 인용되고 있는데, 이 구절의 전후가 포함된 3행(224~226)은 다음과 같다.

   둘이 함께 갈라치면, 한쪽이 다른 쪽보다 먼저 알게 된다오,
   어떻게 이득이 될지는. 혼자서는 설령 알게 되더라도,
   그 생각 짧고, 그 꾀 얄팍하다오.

될 걸세. 자, 가기나 하세." 그분께서 말씀하셨습니다.

이런 대화를 하면서 그들이 갔답니다. 그런데 소크라테스 님께서는 어떻게 해선지 혼자 생각에 잠겨, 가던 길에서 뒤쳐지셔서, 그분을 기다렸더니, 계속해서 가라고 일렀답니다. 한데, 그가 아가톤의 집에 이르렀더니, 대문이 열려 있는 걸 목격하게 되었고, 이곳에서 우스운 일 을 겪게 되었답니다. 안에 있던 노예들 중에서 하나가 곧장 와서 자기를 맞아서는, 다른 사람들이 모로 기대 누워 있는[22] 데로 인도했는데, 이미 그들이 만찬을 들려던 참인 걸 목격했기 때문이란 겁니다. 그야 어쨌든, 아가톤이 자기를 목격하자마자 말하더랍니다. "아, 아리스토데모스, 마침 함께 만찬을 드실 수 있게 오셨습니다. 혹시 다른 일 때문에 오셨다면, 다른 때로 미루세요. 어저께도 당신을 초대하고자 해서 찾고 있었지만, 뵐 수가 없었습니다. 한데, 소크라테스 님은 어째서 우리에게로 모시고 오시지 않으신 건지?[23]"

역시 돌아보았지만, 어디에서도 소크라테스 님은 볼 수 없었답니다. 그래서 그가 대답했다는군요. "제 자신도 소크라테스 님과 함께 도착하려 했는데. 여기 만찬에는 그분의 초청을 받았고요."

"아무튼 잘하셨습니다. 하지만 이분이 어디에 계신 건지?" 그가 말

---

22) 이 '모로 기대 눕기(kataklisis, kataklinein)'는 침상(klinē) 머리맡에 얹은 쿠션에 왼쪽 팔꿈치를 괴고 모로 비스듬히 기대 눕는 걸 말한다. 심포시온에 초대된 사람들은 이 침상에서 이런 자세로 식사를 한 뒤에, 역시 이 자세로 포도주를 마시며 여흥을 즐기거나 담론을 하는데, 옆으로 비스듬히 기대 누운지라, 자유로운 오른손으로 포도주 잔을 들거나 왼쪽 식탁의 음식을 집어 먹을 수 있다. 책 끝 쪽에 수록된 심포시온의 장면을 참조할 것.

23) 이로 미루어 두 사람이 아주 가까운 사제 간임은 익히 알려진 일임을 짐작할 수 있겠다.

했습니다.

"방금 제 뒤에서 들어오고 계셨습니다. 어디에 계시는 건지 저도 의아스럽군요."

"이봐[24], 소크라테스 님을 찾아서 안으로 모셔 오지 않고?" 하고 말하더니, 아가톤이 또한 말했습니다. "아리스토데모스, 당신은 에릭시마코스 옆자리에 모로 기대 누우십시오." 하고.

그리고선 그를 노예가 씻겨 주었다는데,[25] 모로 기대 누워 자리를 잡게 하느라 해서였습니다. 또한 노예들 중의 다른 하나가 와서는 보고했답니다. "그분 소크라테스 님께서는 이웃집 문 앞으로 물러나셔서 서 계셨는데, 제가 불렀지만, 들어오시려 하지 않으십니다."

"아무튼 이상한 말을 하는구나. 어쨌거나 그분을 오시도록 부를 일이지, 그냥 계시게 두지는 않는 거고?" 하고 아가톤이 다짐했습니다.

그래서 그가 말했다는군요. "그러시지 마시고, 그분을 그냥 두세요. 이는 일종의 그분 버릇이니까요. 어디서고 가끔 혼자 떨어져서는 거기에 서 계시죠. 곧 오실 겁니다, 제가 그리 생각하듯이. 그러니 방해 마시고, 그냥 두세요."

"그리 생각되신다면, 그야 그래야지요." 하고 아가톤이 말했다는군요. "하지만 여보게들! 다른 분들 대접을 하게나. 전적으로 자네들 하고 싶은 대로 접대하게. 누구도 자네들을 감독하지 않는 때 하듯이 말

---

24) pais를 부르는 것인데, pais는 원래 '소년' 또는 '아이'를 뜻하는 말이지만, 남녀노소를 막론한 '노예'를 지칭하는 말이기도 하다. 그래서 부를 때는 '이봐' 또는 '여보게들' 하는 식으로 부르는 걸로 처리하되, 지칭은 '노예' 또는 '노예들 중의 하나' 등으로 한다.

25) 여기서 씻기는(aponizein) 것은 손발이다. 손을 씻기는 것은 음식을 먹기 때문이겠고, 발을 씻기는 것은 흙먼지가 묻은 상태로 침상에 오르는 일이 없게끔 하느라 해서일 것이다.

c

일세. 나야 그런 적이라곤 없지. 그러니까 지금은, 나도 그리고 여기
계신 다른 분들도 만찬에 자네들의 초대를 받은 걸로 여기고서, 대접
을 하게나. 우리가 꼭 자네들을 칭찬할 수 있게끔 말일세."

그 뒤에 그들은 만찬을 들었지만, 소크라테스 님은 들어오시지 않
았답니다. 그래서 아가톤이 여러 번이나 소크라테스 님을 모셔 오도
록 일렀지만, 그가 말렸다는군요. 그러고서, 그분께서 늘 하시던 대로
긴 시간은 보내시지 않고서 오셨는데, 그들이 한창 식사를 하고 있던
중이었습니다. 그래서 아가톤이 마지막 자리에 모로 기대 누워 있었
기 때문에 말했답니다. "소크라테스 님, 이리로 제 옆자리에 모로 기
대 누우십시오.[26] 선생님과 접촉함으로써, 그 문 앞에서 머리에 떠올
랐을 그 지혜의 덕도 제가 볼 수 있게 말입니다. 그걸 찾아서 가지신   d
건 명백할 테니까요. 그 전에 선생님께서 자리를 뜨시지는 않았을 것
이기 때문입니다."

소크라테스 님께서 앉으시더니[27] 말씀하셨답니다. "좋은 일일 것이

---

26) 장방형의 홀 입구 쪽에서부터 침상들이 시계 반대 방향으로 차례로
빙 둘러 배치되었고, 각 침상(klinē)에는 두 사람씩이 자리를 잡는데, 같
은 침상의 둘째 사람은 훨씬 아래쪽으로 쳐져서 자리를 잡는다. 첫 자리
는 파이드로스가 잡았고 주인인 아가톤은 맨 마지막 침상에 혼자 있었는
데, 소크라테스가 이제 같은 침상의 마지막 자리를 차지하게 된다. 그러
나 213a~b에서는 뒤늦게 술 취한 상태로 들이닥친 알키비아데스가 이들
사이에 자리를 잡으며, 같은 침상에 세 사람이 자릴 잡게 되는 장면이 나
온다. 앞서 175a의 각주에서도 언급했듯, 모두가 왼쪽 팔꿈치로 쿠션을
괴고, 옆으로 비스듬히 기대 누운지라, 자유로운 오른손으로 포도주 잔을
들거나 왼쪽 식탁의 음식을 집어 먹을 수도 있으며, 같은 침상의 아래쪽
사람에게 다음 발언 차례를 알릴 수도 있겠다.
27) 여기에서 kathizestai는 침상에 모로 기대 눕는 게 아니라, 그냥 '앉음'
을 뜻하므로, 브리송이 말하듯, 아마 그러기 전에 침상 가에 걸터앉아서
손을 씻고 발을 씻길 자세로 있는 걸로 보는 게 옳을 것 같다.

오, 아가톤! 만약에 지혜가 그런 것이어서, 우리가 서로 접촉할 경우에, 우리 중에서 더 차 있는 쪽에서 더 비어 있는 쪽으로 흘러들어간다면 말이오. 마치 잔들에 있는 물이 털실을 통해 더 차 있는 잔에서 더 비어 있는 잔으로 흘러들어가는 것처럼. 왜냐하면 지혜 또한 이러

e 하다면, 그대 옆자리에 모로 기대 누움을 내가 아주 높이 사겠기 때문이오. 그대의 많은 훌륭한 지혜로 해서 내가 채워질 것으로 생각하니까요. 내 쪽 것이야 실은 하찮은 종류의 것이거나, 마치 꿈이 그렇듯, 의문스럽기까지 한 것일 것이오. 반면에 그대 쪽 것은 눈부시고 크게 성장할 것이어서, 이것이야말로 젊은 그대로 해서 이처럼 강하게 빛을 발했으며, 전날 3만이 넘는 헬라스인들의 증인들이 있는 데서 명백해졌소."[28]

"농담이 심하신 분[29]이시네요, 소크라테스 님!" 하고 아가톤이 말했답니다. "이에 대해서야 잠시 뒤면 저와 선생님께서 그 지혜에 대한 판결을 내릴 것입니다. 디오니소스를 판관으로 삼고서요.[30] 하지만

---

28) 세 차례에 걸친 페르시아와의 전쟁이 끝나고(479년) 펠로폰네소스 전쟁이 터지기(431년)까지의 이른바 '50년간의 기간(Pentēkontaetia)'은 아테네의 번영기였고, 이 시기에 인구도 팽창해 갔다. 페리클레스 시대인 전성기 431년의 아테네의 성인 남성이 5만 정도였다고 한다. 이에 4를 곱하면, 20만 정도의 자유민 인구가 된다. 이에 2만 5천 정도의 거류민(metoikoi=metics)과 10만의 노예들(douloi)까지 합쳐서 32만 5천 내지 35만 정도가 아테네의 총 인구다. 429년의 역병으로 아테네 인구는 1/4이 감소했고, 플라톤이 두 살이었을 때의 인구수는 이보다는 좀 더 늘어, 431년보다는 10만 정도가 작았다 한다. 따라서 여기에서는 관객들을 '아테네인들'로 국한하지 않고, '헬라스인들'로 확장해서 말하고 있으니, 그날의 관객들 속엔 거류민들과 다른 나라들의 방문객들이 많았을 것으로 볼 수 있겠다.

29) 원어는 hybristēs인데, '장난이 심한 자'나 '방자한 자'를 뜻한다. 곧 hybris(방자함, 교만, 오만 무례 등)를 저지르는 자를 가리킨다.

지금은 뭣보다도 먼저 만찬부터 드시도록 하시죠."

그런 다음, 소크라테스 님께서 모로 기대 눕고서, 그분도 다른 사람 176a
들도 만찬을 들었으며, 또한 그들은 헌주를 하고선, 그 신[31])을 찬미
하기도 하고 또한 다른 관례적인 절차를 마치고서, 음주 차례로 들어
갔다고 합니다. 그래서 파우사니아스가 이런 말로 말문을 열었다는군
요. "자, 여러분! 어떤 식으로 하는 게 가장 편할까요? 그럼 제가 여러
분께 말씀드리죠. 실은 어저께의 음주로 해서 저는 아주 힘든 상태여
서, 어떤 형태의 회복이 필요한 상태라는 걸 말입니다. 여러분 중에서
도 다수가 그러실 거라 저는 생각합니다. 어저께 거기에 참석들 하셨
으니까요. 그러니까 우리가 어떤 식으로 음주를 하는 게 최대한 편할
지 생각들 해 보십시오."   b

그래서 아리스토파네스가 말했답니다. "그건 참으로 옳은 말씀입니
다, 파우사니아스 님! 어떤 편한 방식의 음주를 위한 모든 대책을 강
구한다는 것은 말씀입니다. 제 자신도 어저께 만취했던 사람들 속에
포함되니까요."

그러니까 이들이 말하는 걸 아쿠메노스의 아들인 에릭시마코스가
듣고서는 말했다는군요. "훌륭한 말씀들입니다. 그리고 여러분 중의
한 사람이 아직도 술 마실 기력과 관련해서 어떤 상태인지 들어 보아
야겠네요. 아가톤 말입니다."

"없고말고요. 저도 그럴 기력이 없습니다." 하고 그가 말했답니다.

그래서 에릭시마코스가 말했답니다. "우리에겐 천행인 것 같습니   c

---

30) Dionysos는 포도주의 신이기 때문이다. 만찬이 끝나면, 모두들 포도
   주를 마시며 대화를 하게 될 것이기에 하는 말이기도 하다.
31) ton theon은 단수 정관사로 표시되었으므로, 여기에서는 디오니소스
   를 지칭하는 것으로 보는 게 옳겠다.

다. 저와 아리스토데모스, 파이드로스 그리고 여기 계신 이런 분들, 곧 술 마시는 데는 제일 세지만 지금은 포기하신 분들에게는 말입니다. 저희야 언제나 술 마시는 덴 맥을 못 쓰니까요. 소크라테스 님은 논외로 합니다. 선생님께서야 양쪽 다를 감당하실 분이시어서, 우리가 어느 쪽으로 하든, 선생님께는 흡족하실 테니까요. 따라서 여기 계신 분들 중에서는 아무도 많은 포도주를 마시는 것에 대해서 열의를 보이지 않으시는 것으로 제게는 생각되기에, 술에 취하는 것이 어떤 것인지에 대해서 제가 진실을 말하더라도 덜 불쾌하실 것입니다. 이

d 점이야말로, 곧 술 취함은 인간들에게 해롭다는 점이 의술로 해서 이미 명백해진 걸로 제게는 생각되니까요. 그리고 제 자신이 자진해서 술을 마시고 싶은 마음은 전혀 없기도 하고, 다른 사람에게 권할 마음도 전혀 없습니다. 특히 전날의 술 취함으로 해서 아직도 두통이 있는 분에게는."

그렇지만 미리누스 부락민인 파이드로스가 끼어들어서는 말했답니다. "저로서는 늘 당신 말을 따르지요. 특히 의술에 관련해서 당신이 무엇이든 말하는 경우에는. 지금은, 만약에 잘만 협의한다면, 다른 분들도 따를 것입니다." 하고. 이 말을 듣고서는 당장의 모임을 술 취함

e 으로써 진행할 것이 아니라, 즐거울 정도만큼 마시는 걸로 모두가 합의했다는군요.

에릭시마코스가 또한 말했답니다. "그러면 이렇게 하는 것이, 곧 각자가 원하는 만큼은 마시되, 아무런 강제도 없기로 결정되었으니, 다음으로 방금 입장한 아울로스 취주 소녀[32]를 내보내고서, 스스로를

---

32) 아울로스(aulos)는 헬라스인들의 대표적인 목관 악기로서, 몸체의 재질은 뽕나무의 일종이고, 갈대 취관(吹管)을 가졌다. 대개 두 개를 함께

위해 그걸 불거나, 원한다면 안쪽 여자분들[33]을 위해 불도록 하고, 오늘은 우리끼리 서로 대화를 하면서 함께할 것을 제의합니다. 아울러 어떤 대화로 그럴 것인지도, 바라신다면, 제가 여러분께 제의하고 싶습니다." 하고.

그래서 모두들 그가 그러길 바랄 뿐만 아니라, 그로 하여금 제안까지 할 것을 지시했답니다. 따라서 에릭시마코스가 말했다는군요. "제 말의 시작은 에우리피데스의 멜라니페[34]에 따른 것입니다. 제가 말

부는데, 이 경우에 좌우 양손으로 하나씩 쥐고 불기 편리하도록 가죽끈 (phorbeia)으로 악기와 입, 뺨 그리고 머리통에 고정되도록 연결했는데, 이렇게 함으로써 아마도 볼이 불룩해지는 것도 동시에 막아 주는 효과가 있었던 것 같다. 이 악기가 흔히 플루트로 잘못 불렸는데, 오히려 '오보에'나 '클라리넷'과 비슷한 악기로 보는 게 옳다고 한다. 원어 그대로 '아울로스'라 옮긴 것도 그 때문이다. 역자의 《플라톤의 국가(정체)》의 끝에 수록된 그림을 참조할 것. 아울로스 취주자로는 남자(aulētēs)도 여자(aulētris)도 있는데, 여자가 남자들만의 공간인 그 집 연회장(andrōn) 에 들어간다는 것은 자유민의 경우에는 당시로서는 상상할 수 없는 일이었다. 따라서 그런 여자는 노예였으며, 때로는 성적 환락의 상대자이기도 했다.

33) 남자들만의 공간인 그 집 연회장(andrōn, andrōnitis)과는 반대인 여자들만의 공간(gynaikōn, gynaikōnitis)이 따로 있었다.

34) 토막글 상태로만 전하는 에우리피데스(Euripidēs: 약 485~406)의 비극 《슬기로운 멜라니페》(Melanippē hē sophē)의 첫째 줄이 "내 이야기가 아니라, 어머니가 한 것입니다."이다. 앞서 인물 소개에서 아가톤에 대한 언급을 하는 중에 곁들여 말했듯, 그는 마케도니아의 아르켈라오스 왕궁으로 408년에 가서 그곳에서 죽었다. 그는 이른바 아테네의 3대 비극 시인들 중에서 막내인 셈인데, 고독한 성격의 소유자였던 것 같다. 일설엔 살라미스(Salamis) 섬의 한 동굴에서 작품들을 썼다고 한다. 그가 아테네를 떠나 마케도니아의 펠라 궁으로 간 것도 자신의 인기 없음에 크게 상심해서였던 것이라 한다. 그가 지었다는 92편의 작품들 중에서 19편이 전해 온다.

하려는 이야긴 제 것이 아니라, 여기 있는 파이드로스의 것이니까요. 왜냐하면 파이드로스는 매번 저를 상대로 불평하면서 말합니다. '에릭시마코스여, 다른 신들에 대해서는 시인들이 지은 찬가들[35]과 송가들[36]이 있지만, 에로스(Erōs)[37]에 대해서는, 그처럼 오래고 그처럼 위대한 신에 대해서는 그처럼 많은 과거의 시인 중에서 그 누구도 일찍이 아무런 찬양의 노래(enkōmion)도 지은 게 없다는 것은 놀랍지

b 않소? 반면에 훌륭한 소피스테스들을 생각해 볼라치면, 이들은 헤라클레스 및 그 밖의 다른 이들에 대해서도 찬사들을 산문으로 썼죠. 더없이 훌륭한 프로디코스[38]가 했듯이 말이오. 또한 이건 그만큼은 놀

---

35) '찬가'로 옮긴 것의 원어는 hymnos(복수는 hymnoi)로서 신들과 영웅들을 찬양하는 노래를 지칭한다.

36) 원어는 paiōn 또는 paian(복수는 paiōnes 또는 paianes)이다. 고유 명사로서의 Paian 또는 Paiōn은 병을 치료해 주는 신을 지칭했으나, 나중에는 아폴론과 의신 아스클레피오스(Asklēpios)를 주로 지칭했다. 노래로서의 '파이온' 또는 '파이안'은 이들 신들에 대해 바쳐진 노래이다. 질병이나 역병 등의 나쁜 일들에서 구원해 주고 무사하게 된 데 대해 특히 아폴론에게 감사하는 노래이다. 물론 그 대상이 되는 신은 아폴론만은 아니다. 이를테면, 지진에서 살아남은 뒤에 포세이돈(Poseidōn)에게 감사하는 경우다.

37) 172b에서 해당 각주를 참조할 것.

38) Prodikos는 키클라데스 군도(群島)(Kyklades nēsoi) 중에서는 아테네에 가장 가까운 섬인 케오스(Keos) 출신이다. 여러 차례에 걸쳐 아테네에 사절로 왔던 탓으로, 아테네에서 소피스테스로서 명성을 얻을 기회를 가질 수 있었다. 그는 기원전 5세기 후반에 소피스테스로 활동했다. 특히 '낱말들의 정확성(orthothēs onomatōn)'을, 곧 비슷한 낱말들의 의미를 엄격히 구분하여 정확히 사용할 것을 강조했던 것으로 알려져 있다. 그는 가르침의 대가로 고액의 사례금을 받은 것으로도 유명하다. 그는 《프로타고라스》편에서는 실제 대화자로 등장하고, 그 밖의 대화편들에서 여러 번 언급된다. 《라케스》편 197d에는 낱말들의 정확한 구별과 관련된 언급이 보이며, 《크라틸로스》편 384b에서는 소크라테스가 프

라운 것은 아니지만, 이미 내가 똑똑한 자의 어떤 책에 접한 적이 있
는데, 거기엔 소금이 그 유용성과 관련해서 받고 있는 놀라운 찬사가
있었으며, 그 밖에도 이런 유의 많은 것이 찬사를 받고 있음을 그대는　　c
볼 것이오. 그러니까 이런 것들에 대해서는 대단한 진지함을 보이면
서도, 어느 누구도 이날까지 에로스에 상응하게 찬가를 부르려 들지
않았다는 거죠. 그처럼 위대한 신이 이처럼 푸대접을 받아 온 거요.'
그래서 제게는 파이드로스가 이런 말을 하는 것은 잘하는 것이라 생
각됩니다. 따라서 저는 이 사람에게 찬조도 하고 성원도 하고자 합니
다만, 아울러 여기 있는 우리로선 당장에 그 신을 영예롭게 하는 것이
적절한 것으로 생각됩니다. 그러니 여러분께서도 같은 생각이시라면,
우리가 담론으로 시간 보내기에는 족할 것입니다. 우리 각자가 [왼쪽　　d
에서] 오른쪽으로³⁹⁾ 돌아가면서, 할 수 있는 한, 에로스에 대한 가장

로디코스의 50드라크메짜리 강연은 듣지 못하고, 1드라크메짜리 강연만
들어서 아쉬워했던 것 같은 말을 하고 있다. 헤라클레스에 대한 그의 글
은 크세노폰(Xenophōn)의 《소크라테스 언행록》(*Apomnēmoneumata*:
Memorabilia), II. 1. 21~34에 요약되어 있는데, 그 우화(寓話)의 요지는
이런 것이다. 헤라클레스가 성년이 되어, 인생의 행로를 aretē(goodness,
virtue: [사람으로서의] 훌륭함, 덕)를 통한 길로 잡을 것인지 아니면
kakia(badness, vice: [사람으로서의] 나쁨, 악덕)를 통한 길로 잡을 것인
지 자문하고 있는 그에게로 신격화된 Aretē와 Kakia가 다가와 저마다 자
기가 제시하는 길로 갈 것을 권한다. '카키아'는 가장 즐겁고 편한 길이
면서 행복으로 인도하는 길을 제시하나, '아레테'는 아름답고 좋은 것들
은 그 어떤 것도 노고와 노심초사 없이는 인간들에게 주어지지 않도록 신
들이 정했음을 말해 주는데, '노역을 마다하지 않음으로써 가장 축복받
는 행복을 얻는 길'을 그는 택한다.
39) '오른쪽으로'는 입구 쪽에서 타원형으로 배치된 침상들의 시작점 첫
자리에서 시계 반대 방향으로 돌아가게 됨을, 곧 왼쪽에서 시작해서 오른
쪽으로 도는 걸 말한다. 왼쪽 팔을 괴고 침상에 기대 누운 사람이 다음 순

아름다운 찬양의 말을 해야만 하되, 시작은 파이드로스가 맨 먼저여야만 할 것으로 제게는 생각되는군요. 자리를 잡은 것도 맨 먼저인 데다 이 논의의 장본인이기도 하니까요."

"에릭시마코스여, 아무도 그대에게 반대표를 던지지 않을 것이오."[40] 하고 소크라테스 님께서 말씀하셨답니다. "나 또한 분명히 거부하고 싶지가 않기 때문이오. 나야 사랑(erōs)과 관련되는 것들(ta erōtika) 이외에는 다른 아무것도 알지 못한다고 주장하는 터라서.[41] 아가톤도 파우사니아스도 분명히 그러지 않을 것이며,[42] 아리스토파

e 네스 또한 확실히 그러지 않을 것이오. 이 사람에게 있어서는 이야기

서를 자연스럽게 알릴 경우에는 여전히 오른손 방향이 될 것이다.

40) 176e부터 여기까지 이 심포시온의 진행 및 담론의 주제와 관련된 합의 도출의 과정은 아테네의 협의회(boulē) 및 민회(ekklēsia)에서의 민주적 의사(議事) 진행 과정과 똑같은 방식으로 진행되었으며, 그 용어들도 똑같다.

41) 소크라테스가 늘 무지자로 자처하면서도, '사랑과 관련된 것들'에 대해서만은 아는 것으로 말하는 것은 어떤 의미에서일까? 이런 생각을 해볼 수는 있겠다. 첫째로, 그의 지혜 사랑(philosophia) 곧 철학에 대한 사랑이 각별했음을 말할 수 있겠다. 《고르기아스》편(482a)에서는 그가 '나의 애인인 철학(tēn philosophian, ta ema paidika)'이란 말까지 하고 있으니 하는 말이다. 둘째로, 그의 지혜 사랑은 그만의 것으로 그치지 않고, 많은 꽃다운 나이의 젊은이들과 밤낮을 가리지 않고 어울림으로써 그들로 하여금 지혜 사랑으로 이끌려고 한 데서 그 실마리를 찾을 수 있겠다. 그러나 보통 사람들은 이를 자신보다 어린 나이의 잘생긴 젊은이들과의 동성애적 관계(paiderastia: 소년애)로 오해하기 십상이었다. 오랜 세월이 지나가고서야 이것이 사제지간의 관계로 이해된 것이다. 이를 잘 보여주는 것이 이 대화편의 212c에 등장하는 알키비아데스의 고백일 것이다. 셋째로는, 이 대화편에서 털어놓게 되는 디오티마(Diotima)라는 여인의 가르침을 이미 받았다고 해서겠다.

42) 앞서 등장인물들에 대한 소개에서 아가톤과 파우사니아스의 관계에 대해서는 이미 언급했다.

거리가 온통 디오니소스 그리고 아프로디테와 관련된 것이죠.[43] 또한 내가 보고 있는 이분들 중의 다른 누구도 거부하지 않을 것이오. 비록 마지막 자리에 기대 누워 있는 우리에게는 공평치 않게 되기는 하겠지만. 하지만 만약에 앞서 말씀하시는 분들이 충분히 그리고 훌륭히 말씀하신다면, 우리로서는 만족할 것입니다. 그럼 행운과 함께 파이드로스가 시작하여 에로스를 칭송케 하죠."

따라서 이를 모두가 동의했고, 소크라테스 님께서 말씀하신 대로 지시했답니다. 각자가 말한 것들 모두를 실은 아리스토데모스가 완전 178a 히 기억하고 있지는 못했고, 저는 저대로 그가 말한 것들 모두를 기억하지는 못합니다. 그러나 그가 가장 잘 기억하고 있었으며 그중에서도 제가 생각하기에 언급할 가치가 있는 것들로 여겨지는 것들로, 각자의 말을 제가 여러분께 말씀드리죠.

제가 말씀드리듯, 맨 먼저 파이드로스가 이 대목 어딘가부터 말하기 시작했다더군요. 에로스(Erōs)는 위대한 신이며 인간들 사이에서도 신들 사이에서도 경이롭고, 여러 면에서 특히 그 출생으로 봐서는 조금도 못지않게 그렇다는 데서부터 말입니다. "이 신은 가장 오래된 신들 중에 포함되기에 명예로운데, 그 증거는 이렇습니다. 에로스의 b 어버이는 없거니와 보통 사람이건 시인이건 어느 누구도 그 어버이를 말하는 이는 없고, 헤시오도스가 맨 먼저 카오스[44]가 생긴 걸로 말합니다.

---

43) 디오니소스와 아프로디테는 각기 포도주와 사랑을 관장하는 신들이다. 희극 작가에게는 술과 사랑 곧 성은 언제나 다루게 되는 이야기거리이겠기 때문에 하는 말이겠다.
44) Chaos는 '혼돈'을 뜻한다.

그러나 다음으로는

가슴이 넓은 가이아[45]가, 언제나 모든 것의 안전한 터전인 것이,

…

그리고서 에로스가 … [46]

아쿠실레오스[47]도 카오스 다음에 이들 두 신 곧 가이아[48]와 에로스가 생겼다는 데 헤시오도스와 동의하고 있죠. 그런가 하면 파르메니데스는 그 기원을 말합니다.

모든 신들 가운데서도 태초의 것으로 에로스를 생각해 냈다.[49]고.

c 이처럼 여러 군데서 에로스가 가장 오래된 신들 중에 포함된다는 데 의견의 일치를 보이고 있습니다. 가장 오래되었기에 우리에게 있어서 가장 좋은 것들의 원인이 되기도 합니다. 젊어서는 저를 사랑

---

45) Gaia는 '대지(땅: Earth)'를 뜻한다.

46) 헤시오도스의 《신들의 계보》(*Theogonia*) 116~120의 일부.

47) Akousileōs 또는 Akousilaos는 기원전 5세기 초의 아르고스 출신으로, 헤시오도스의 것들을 기반으로 신들이나 전설적 인물들에 대한 계보를 편찬하였지만, 토막글로만 전한다. Diels-Kranz, *Die Fragmente der Vorsokrater*, I, 9. B. Fragmente. Weidmann, 1951.

48) 원어는 Gē이지만, 앞서의 Gaia와 같기 때문에, '게'라는 발음이 주는 혼란을 피하는 게 좋을 것 같아 '가이아'로 통일했다.

49) 여기에서 '생각해 냈다(mētisato)'의 주어가 불명하다. 파르메니데스의 토막글 13에서는 플루타르코스(Ploutarchos)가 그걸 '아프로디테'로 말하는가 하면, 토막글 12에서는 심플리키오스(Simplikios)가 그걸 만물을 조종하는 '여신'으로 말하고 있는데, 이를 195c3에서 언급하고 있듯, '필연의 여신(Anankē)'으로 볼 수도 있겠다. Diels-Kranz, 앞에서 밝힌 책, 같은 권, 242~243쪽 참조.

해 주는 선량한 자 이상으로, 그리고 사랑하는 자에게는 사랑받는 착한 소년 이상으로 좋은 것이 무엇인지 저로서는 말할 수가 없으니까요. 일생동안 훌륭하게 살고자 하는 사람들을 이끌어야만 할 것, 이것을 훌륭하게 [마음속에] 심어 주는 것으로는 사랑(erōs)만한 것이 없으니, 친족도 명예도 부도 그리고 다른 어떤 것도 그러지는 못하기 때문입니다. 그렇다면 제가 이것으로 무얼 말하겠습니까? 부끄러운 것들에 대해 창피해함과 아름다운 것들에 대한 명예욕입니다. 이것들 없이는 나라도 개인도 크고 아름다운 일들을 해낼 수가 없을 테니까요. 그러니까 제가 주장하는 건 이겁니다. 그가 누구든 사랑을 하는 자가 가령 부끄러운 어떤 짓을 한 것이 발각된다거나 또는 누군가에게 부끄러운 일을 당하고서도 비겁함으로 해서 자신을 방어하지 못하는 것이 발각될 경우에, 이게 아버지에게 목격되는 것도, 또는 친구들에게 목격되는 것도, 또는 다른 누구에게 목격되는 것도 그의 사랑받는 자에게 목격되는 것만큼 괴로움을 느끼지는 않을 것이라는 겁니다. 그런데 이와 똑같은 걸 사랑받는 자의 경우에도 우리는 목격할 것이니, 그를 사랑하는 자가 어떤 부끄러운 상황에 처하여 있는 것이 목격되었을 때, 그에 대해서 특히 창피해한다는 걸 말입니다. 따라서 만약에 사랑하는 자들과 사랑받는 자들의 나라나 군대가 생기도록 하는 어떤 방책이 생긴다면,[50] 일체의 부끄러운 일들을 멀리하며 서로

d

e

---

50) 용맹한 전사들로 말하면, 그 모범적인 것이 스파르타의 군대일 것이다. 스파르타 사람들은 7세부터 29세까지는 각종 단계의 군사 조직 속에서 살다가, 30세가 되어서야 민회에 참여해서 투표도 하고 공동 식사(syssition)에도 참여하게 되었다. 그런데 18~19세의 성년기 청소년들은 선후배 사이에서 동성애적인 관계(paiderastia)가 제도적으로 허용되는 시기였다. 이들 가운데 선발된 자들이 이른바 '비밀 업무(krypteia)'에 참여하게 되었다. 이들의 초인적인 단련에 대해서는 《법률》편(633b~c)

열성을 다하는 것 이상으로 자신들의 나라를 더 잘 경영할 방도는 없을 것입니다. 또한 그런 사람들이 다른 사람들과 함께 힘을 합쳐 싸우게 되면, 비록 소수일지라도, 실상 모든 사람을 상대로도 이길 것입니다. 사랑하는 자가 대열을 이탈하거나 무기를 버리는 것이 사랑받는 자에게 목격되는 것을, 다른 모든 사람에게 목격되는 것보다도 더 받아들이지 못할 것이라는 건 명백할 것이며, 그보다는 몇 번이고 죽는 쪽을 택하려 하겠기 때문입니다. 그렇지만 사랑받는 자가 곤경에 처해 있는데도 그냥 내버려 둔다거나 위험에 처했는데도 도와주지 않을 만큼, 그처럼 비겁한(kakos)[51) 자는 아무도 없을 것인즉, 에로스

에서도 상당히 자세하게 언급되어 있다. 비록 시기적으로는 훨씬 훗날의 일이기는 하지만, 이런 혹독한 시련의 훈련 과정을 거친 스파르타의 군대와 맞붙어 헬라스의 주도권을 두고 싸우지 않을 수 없게 된 테베(Thēbai)는 이들에 맞설 군대 조직으로 '신성(神聖) 부대(hieros lokhos)'를 378년에 창설한다. 이 부대는 귀족 가문 출신들인 150쌍, 곧 서로 사랑하는 사이인 300명의 용맹한 중무장 보병들(hoplitai)로 이루어진 것으로서, 바로 본문에서 말하고 있는 그런 군대가 실제로 훗날 조직되어 그 위력을 보여 준 경우가 되겠다. 이들 이른바 '신성 부대'는 마케도니아의 필리포스 II세와 맞선 아테네와 테베의 연합군 전투(338년)에서 최후까지 버티다 전멸한다.

51) 여기에서 '비겁한'으로 옮긴 kakos는 일반적으로 '나쁜(bad)'을 뜻하는 말인데, 싸움터에서의 남자와 관련될 때는 '못난', '비겁한'의 뜻으로 쓰인다. 호메로스의 작품 속에서의 영웅 시대에는 특히 그러했다. 따라서 kakos와 반대되는 뜻으로 쓰이는 agathos도 일반적으로는 '좋은(good)'을 뜻하지만, 전장에서의 남자다움과 관련될 때는 '용감한(brave)'을 뜻한다. 본문 속에서 '가장 용감한(bravest)'으로 옮긴 aristos는 agathos의 최상급이다. 이 agathos의 명사 형태가 aretē이니, 이는, 180b에서 보듯, 일반적으로는 어떤 종류의 '훌륭함(goodness)' 또는 '빼어남(excellence)'을 뜻하며, 앞서 말한 그런 경우의 '용기'나 그런 '행위들' 또는 '공훈들'을 뜻한다.

(Erōs) 스스로가 누구든 용기(aretē)와 관련해서 천성으로 가장 용감한(aristos) 자와 같아질 만큼 신들린[52] 상태로 만들어 주지 않는 일은 없을 것입니다. 호메로스가 말한 바로 그대로, 신이 몇몇 영웅에게 기를 불어넣는 일[53], 이 일을 에로스는 자기로 해서 사랑하는 자들에게 생기게끔 해 줍니다."

"게다가 누군가를 위해 죽는 것도 사랑하는 자들만이 그러고자 할 것이니, 이는 남자들은 물론 여인들 또한 그럴 것입니다. 이에 대해서는 펠리아스의 딸 알케스티스[54]도 헬라스인들을 향한 이 주장의 충분한 증거를 제공할 것이니, 그만이 제 남편을 위해 기꺼이 죽고자 했습

---

52) 원어 entheos는 문자 그대로 theos(신)가 누군가에게 씌듯 그 안(en)에 들어가 있는 상태를 뜻한다. 발음상 entheos의 단축 형태가 enthous인데, 이의 명사 형태가 enthousia 또는 enthousiasmos이고, '열광'을 뜻하는 영어 enthusiasm은 이에서 유래한다.

53) 원어는 menos empneusai이다. 호메로스의 《일리아스》 10. 482에서는 아테나 여신이 디오메데스에게 '기를 불어넣었다(empneuse menos)'는 표현이 나오며, 같은 책 15. 262에서는 아폴론이 헥토르에게 '큰 기를 불어넣었다'는 표현이 보인다.

54) 헬라스 설화에 의하면 Alkēstis는 테살리아 지역 페라이(Pherai)의 왕인 아드메토스(Admētos)의 아내였다. 아드메토스는 장년에 죽을 운명이었는데, 아폴론의 도움으로 그를 대신해서 누군가가 죽으면, 더 살 수 있는 특전을 얻게 된다. 이 신이 그에게 그런 도움을 준 것은 아드메토스가 그에게 호의를 베풀었기 때문이다. 아폴론이 외눈박이 키클롭스(Kyklōps)들을 살해한 데 대한 또는 델피의 샘을 지키던 큰 뱀 피톤(Python)을 죽인 데 대한 벌로 아드메토스의 농노 노릇을 하게 되었을 때, 이 신을 그가 잘 돌보아 준 데 보답이었다. 그러나 알케스티스만이 그를 대신해서 선뜻 죽으려 한다. 에우리피데스의 비극 《알케스티스》에서는 헤라클레스가 죽음의 신(Thanatos)과 격투 끝에 그를 구해 내, 아드메토스에게로 돌아가게 한다. 그런가 하면 다른 설화에서는 그런 알케스티스의 사랑에 감복한 페르세포네(Persephonē: Korē)가 그를 저승에서 돌려보냈다고 한다.

c 니다. 남편에겐 아버지도 어머니도 있었지만, 아들에게 이들은 남이 고 명목상으로만 근친인 것으로 보일 정도로, 그만큼 사랑(erōs)으로 해서 그 애정(philia)[55]에 있어서 그들을 능가했던 것입니다. 또한 그 가 이 행위를 한 것은 인간들에게만이 아니라 신들에게까지도 아름다운 것으로 여겨졌는데, 그건 이러할 만큼의 것이었습니다. 많은 아름다운 일들을 한 여러 사람들 중에서도 신들은 좋이 셀 수 있을 정도의 소수에게나 이 특전을, 곧 그 혼을 저승[56]에서 다시 올려 보내는 특전을 주었는데, 그 행위에 감탄하여 그의 혼을 올려 보낼 정도였던

d 겁니다. 이처럼 신들조차도 사랑과 관련된 열의와 용기(aretē)[57]를 특히 존중합니다. 반면에 신들은 오이아그로스의 아들인 오르페우스[58]

---

55) 여기에선 '애정'으로 옮긴 philia는 대개는 친구 간의 '우정'이나 동료 간의 '우애' 가족 간의 '사랑' 또는 일반적인 '친애'나 '좋아함'을 뜻한다. 《리시스》편은 이를 다루고 있다.

56) 원어는 Haidēs 또는 Aïdēs(서사시에서)이다. 하데스는 제우스와 형제 간으로 지하 세계를 관장하는 신인데, 나중에는 지하 세계 자체, 즉 저승을 의미하게도 되었다. 그래서 '보이지 않는(a-idēs)'이라는 말과 연관해서 생각하기도 한다.

57) 여기에서도, 앞서의 경우(179a)처럼, aretē가 '용기'의 뜻으로 쓰이고 있다.

58) 설화에 의하면, 그는 트라케(Thrakē) 사람(또는 트라케의 河神) Oiagros의 아들이라고도 하고, 아폴론과 무사(Mousa) 여신들(Mousai =Muses) 중의 하나인 칼리오페(Kalliopē: '아름다운 음성'의 뜻) 사이 에 태어난 아들이라고도 한다. 그는 한때 디오니소스의 추종자였으며, 오르페우스 비교(秘敎)의 창시자이다. 그는 다음에서 언급하는 키타라 또는 리라 탄주와 함께 이에 맞추어 노래하는 가인(歌人: lyraoidos)으로도 유명한데, 이는 그가 남긴 것으로 전해지는 오르페우스의 교리(敎理)가 담긴 시들을 통해서도 확인된다. 그의 아내 에우리디케(Eurydikē)는 참나무의 요정(dryas)이기도 한데, 그를 짝사랑하게 된 아리스타이오스 (Aristaios)에게 쫓기다가 뱀을 밟아 물려서 그 독으로 죽게 된다. 이에

를 뜻을 이루지 못한 상태로 보내 버렸습니다. 그가 찾아간 아내의 환
영을 보여 주었을 뿐, 아내는 넘겨주지 않은 것입니다. 키타라 탄주
가[59]여서, 심약한 것으로 여겨진 데다, 알케스티스처럼 사랑을 위해
서 죽는 모험을 하려 들지도 않고, 산 채로 저승으로 들어가려고 꾀했
기 때문이죠. 실은 바로 이 때문에 신들이 그에게 벌을 내렸으며, 여
인들에 의해 그의 죽음을 맞게 했습니다. 테티스의 아들인 아킬레우 e
스를 그들이 영예롭게 하고 축복받은 자들의 섬[60]으로 보낸 것과는
딴판이죠. 그는 자기가 헥토르를 죽이게 되면 자신이 죽게 될 것이나,
그러지 않으면 집으로 돌아가 늙어서야 죽게 될 것임을 어머니에게서
듣고 알게 되었지만, 자기를 사랑한 자(erastēs)인 파트로클로스를 돕
는 쪽으로 선택하는 걸 감행하였습니다. 그래서 복수를 함으로써 그 180a
를 위해 죽었을 뿐만 아니라 죽은 자를 뒤따라 죽는 선택을 한 것입니
다. 바로 이 때문에 신들도 몹시 감탄해서 각별히 그를 영예롭도록 했
는데, 그를 사랑한 자를 그처럼 소중히 여겼다 해서죠. 그러나 아이스
킬로스는 아킬레우스가 파트로클로스를 사랑한 것으로 말함으로써
어리석은 소리를 하고 있습니다. 그가 파트로클로스뿐만 아니라 모든

오르페우스는 지하 세계로 가서, 노래로 하데스와 페르세포네의 마음을
움직여 다시 아내를 데리고 나오는 걸 허락받는다. 그러나 지상으로 나
올 때까지는 아내 쪽을 뒤돌아보지 않는다는 조건을 달았는데, 이를 참지
못하고 뒤돌아본 탓으로 영영 아내를 잃게 되었다. 이후로 그는 아폴론
만 경배하고, 디오니소스를 공경하지 않은 탓으로 디오니소스 광신도들
(Mainades)에 의해 사지가 찢기는 죽임을 당한다.

59) 원어는 kitharōidos이다. 키타라(kithara)를 탄주하면서, 이에 맞추어
노래를 부르는 이 곧 가인(aoidos)을 뜻한다.

60) 원어는 makarōn nēsoi인데, 특히 전설적인 영웅들의 혼들이 사후에
겨울도 없는 이 섬들에서 아무런 근심 걱정 없이 살게 된다고 헬라스인들
이 믿은 일종의 극락 군도(極樂群島)이다.

영웅들보다도 더 잘생긴 데다, 아직도 수염이 없고, 게다가 호메로스가 말하듯 훨씬 젊었다는 겁니다.[61] 하지만 신들은 사랑과 관련된 이 용기(aretē)를 실은 진실로 지극히 존중합니다. 사랑하는 자가 사랑받는

b 자를 좋아하는 경우보다는 사랑받는 자가 사랑하는 자를 좋아하는 경우에 신들이 참으로 더 놀라워하며 감탄하고 더 잘해 주죠. 사랑하는 자가 사랑받는 자보다도 더 신성하기 때문입니다. 신들린 상태[62]이니까요. 이 때문에 신들은 아킬레우스도, 알케스티스보다 더 존중해서, 축복받은 자들의 섬들로 보냈던 것입니다."

"바로 이렇게 저로서는 주장합니다. 에로스가 신들 중에서도 가장 오래되고 가장 존경스러우며, 사람들에게는, 살아 있는 동안이건 죽어서건, [사람으로서의] 훌륭함(덕: aretē)[63]과 행복의 누림에 있어서

---

61) 《일리아스》 24. 1~140에서는 파트로클로스의 죽음에 대한 보복으로 헥토르의 시신을 끌고 그 무덤을 몇 번이고 돌 뿐, 그 시신을 부왕 프리아모스에게 돌려주려 하지 않는 아킬레우스 때문에 9일 동안이나 신들 사이에 시비가 벌어져, 이에 보다 못한 제우스의 개입과 그 어머니 테티스의 설득으로 겨우 진정되어 시신을 돌려주는 장면이 그려져 있다. 친형제나 아들을 잃은 다른 사람들의 슬픔도 그의 슬픔만큼 크지 않았다고 한다 (46~47). 이들 두 영웅 간의 이런 강렬한 정은 도대체 무슨 감정으로 이해할 성질의 것일까? 아킬레우스보다도 나이도 많고 더 지혜로워 그 아버지가 아들의 멘토로 되어 줄 것을 부탁하기까지 한 파트로클로스였다. 고향에서의 기간은 제쳐 두고라도, 트로이 원정 기간 동안 고락을 함께 한 그들 사이의 정은 영웅들 간의 우정과 형제애 그리고 존경과 애틋한 보살핌의 마음 등이 복합된 것이었을 것이다. 그러나 훗날 사람들은 여기에서처럼 소년애의 도식에서 이런 시비를 하고 있다. 그래서 David M. Halperin은 그의 *One Hundred Years of Homosexuality and Other Essays on Greek Love* (New York & London: Routledge, 1990), 제4장에서 이 문제를 다루고 있다.

62) 179a에서 해당 각주를 참조할 것.

가장 주도적인 영향력을 행사하는 것이라고 말입니다."

파이드로스가 말한 것은 대강 이런 것이었지만, 파이드로스 다음   c
으로 다른 [몇몇 사람의][64] 발언들이 있었기는 하나, 이에 대해서는
그[65]가 전혀 또렷하게 기억하지 못한다고 하더군요. 이들 발언들은
제쳐 두고, 그는 파우사니아스의 발언을 들려주었습니다. 파우사니아
스는 이런 말을 했다더군요. "파이드로스여, 내 생각엔 우리에게 담
론 주제가 옳게 제의된 것이 아닌 것 같소. 이처럼 에로스(Erōs)를 단
순히 찬양하도록 지시된 것이 말씀이오. 왜냐하면 만약에 에로스가
하나라면, 그야 괜찮겠지만, 실은 그게 하나가 아니기 때문이오. 그
게 하나가 아니니까, 어떤 에로스를 찬양해야만 할 것인지를 먼저 말
해 두는 것이 더 옳소.[66] 따라서 저는 이를 바로잡도록 힘쓰겠습니다.   d
첫째로, 찬양해야만 하는 에로스를 말하도록 하겠고, 다음으로는 그
신에 알맞은 찬양을 하도록 하겠습니다. 우리 모두는 에로스 없는 아
프로디테는 없다는 걸 알고 있기 때문입니다.[67] 그러니까 만약에 여

---

63) 여기에서는 aretē가, 앞서 179d 등 그리고 바로 앞(180a 끝 쪽)에서
의 경우처럼, '용기'의 뜻으로 쓰이지 않고, '[사람으로서의] 훌륭함', 곧
'덕'의 의미로 쓰이고 있다.

64) [ ] 안의 내용은 텍스트에는 명시되지 않은 것이지만, 이렇게 보완해서
읽는 것이 좋을 것 같다. 따라서 이는 밝혀지지 않은 다른 발언자들이 있
었음을 암시하는 부분이기도 하다.

65) 물론, 본 대화 첫머리(174a)에서 밝혔듯, 본 대화의 내레이터는 아리
스토데모스이고, 그가 전한 이야기를 아폴로도로스가 들은 대로 다시 들
려주고 있다는 것을 새삼 환기할 필요가 있겠다.

66) 여기까지는 자신보다 나이가 한참 어린 파이드로스를 상대로 한 말이
라 보아 말투를 그에 맞게 했으나, 이후는 전체를 상대로 하는 말이라 보
아서 경어를 쓰는 것으로 말투를 바꿨다.

신이 하나라면, 에로스도 하나일 것입니다.[68] 그렇지만 여신은 분명히 둘이므로, 에로스 또한 둘인 게 필연적입니다. 여신들이 어찌 둘이 아니겠습니까? 그 하나는 말하자면 아마도 더 나이 들고 우라노스(Ouranos)의 어미 없는 딸로서, 바로 이를 우리가 천상의 아프로디테로도 일컫습니다.[69] 반면에, 다른 하나는 제우스와 디오네(Diōnē)의

e   젊은 딸로서, 바로 이를 세속적인 아프로디테로 우리는 일컫죠.[70] 그

---

67) 에로스는 아프로디테의 아들이며 동반자이기 때문이다.

68) 아프로디테는 여신이지만, 신으로서의 에로스는 남성이고, 사랑으로서의 에로스도 문법상으로는 남성이다.

69) 여기에서 말하는 천상의 아프로디테([hē] Ourania Aphroditē)의 출생과 관련해서는 헤시오도스의 《신들의 계보》 154~206에서 언급되고 있다. 우라노스(Ouranos)는 원래 하늘을 뜻하는 말이기도 한데, 이의 신격화이다. 역시 땅 곧 대지가 신격화된 것이 가이아(Gaia)이다. 그런데 신화에서는 가이아가 대등하게 자신을 온전히 덮어 주도록 우라노스를 탄생시킨 다음, 자신이 그의 짝이 되어 숱한 자식들을 갖는다. 다채로운 자식들을 낳기도 했지만, 더할 수 없이 무서운 아이들이 자꾸 태어남에, 이를 싫어한 우라노스는 이들을 가이아의 깊은 곳에 숨겨 놓고선 햇빛을 볼 수 없도록 하고, 이를 즐긴다. 이에 속이 점점 답답해 오고 더 이상 견딜 수 없게 된 가이아가 꾀를 내어 이들 자식들에게 아비인 우라노스의 처치를 부탁한다. 다들 무서워 마다하지만, 막내 크로노스(Kronos)만 선뜻 나선다. 크로노스가 매복해 있다가, 우라노스가 가이아와 교접하려고 할 때, 큰 낫으로 그 생식기를 잘라 버린다는 것이다. 그 계략대로 잘린 생식기는 멀리 던져졌는데, 거기에서 흐르는 피가 땅에 떨어진 데서는 해가 차, 복수의 여신들(Erinyes)과 거인족(Gigantes) 그리고 요정들 등이 태어난다. 그러나 잘린 그것은 결국 바다에 떨어져 오래도록 난바다를 떠다니는데, 그 둘레에 흰 거품이 일고 그 속에서 한 소녀가 자라고 있었다. 이 거품 속의 소녀는 키테라(Kythera) 섬 쪽으로 갔다가, 나중에는 키프로스(Kypros)로 가서, 마침내 거기에서 존경스럽고 아름다운 여신이 걸어 나온다. 이 여신은 '거품(aphros)'에서 태어났다 해서 아프로디테로 불리는가 하면, 키테라에서 연유하는 키테레이아(Kythereia) 그리고 키프로스에서 연유하는 키프리스(Kypris)라는 별칭을 얻게도 되었다.

러니 뒤의 것과 공조하는 에로스는 세속적인 에로스로 불리는 것이
옳겠으나, 앞 것은 천상의 에로스로 불리는 것이 옳을 것은 필연적입
니다. 그러니까 모든 신은 찬양해야 하겠지만, 지금으로선 이들 두 신
각각이 관장하게 된 것들의 영역[71]이 무엇인지를 말하도록 해 보아야
만 합니다. 모든 행위는 이러하기 때문입니다. 행위는 행하여지는 것
그 자체로는 아름답지도(훌륭하지도) 추하지도(부끄럽지도) 않습니
다.[72] 이를테면, 지금 우리가 하고 있는 행위, 곧 마시거나 노래하거
나 대화하는 것, 이것들 가운데 어느 것도 그 자체로 아름답지는 못하

70) 여기에서 말하는 세속적인 아프로디테([hē] Pandēmos Aphroditē)와
관련해서는 호메로스의 《일리아스》 5. 370~417에서 언급되고 있다. 트
로이아의 한 왕자인 안키세스(Ankhisēs)와 아프로디테 사이의 아들인 아
이네이아스(Aineias, Aineas)가 디오메데스(Diomēdēs)의 공격을 받아
죽을 고비를 맞게 되어, 이를 막아 주다가 손목을 창에 찔린 아프로디테
가 어머니 디오네(Diōnē)에게로 가니, 어머니가 딸의 상처를 수습하고
위로해 주는 장면이 나온다. 이 디오네와 제우스 사이에서 난 딸이 아프
로디테이다.

71) 올림포스 신들 사이에도 분한(分限) 그리고 무엇보다도 후견 및 수호
와 관련되는 관할 영역이 있다. 이 영역은 공간적인 것일 수도 있고, 분야
에 따른 것일 수도 있다. 이를테면, 천둥이나 비 등의 하늘의 일들은 제우
스의 소관이지만, 지하 세계는 하데스가 관할하고, 바다는 포세이돈이 관
할한다. 전쟁은 아레스가, 불 그리고 이와 관련되는 기술은 헤파이스토스
가 각기 관할하고, 아프로디테는 사랑을 관장한다. 이처럼 신들은 저마
다 제 몫의 영역들을 추첨하듯 할당받았는데, 이런 뜻의 동사가 lankhanō
이다. '각각이 관장하게 된 것들의 영역(ha … hekateros eilēkhe)'이라는
문장에서 동사 eilēkhe는 바로 lankhanō의 완료형 삼인칭 단수이고, ha는
관장하는 일들 곧 그 영역을 가리키는 관계 대명사(중성 복수)이다.

72) 물론 이는 행위가 행하여지는 방식에 따라 그 좋고 나쁨이, 아름답거
나 추함 그리고 유익하거나 무익함 등이 달라질 수 있는 것들 모두에 대
해서, 그 단초에는 가치 중립적인 것이라는 뜻에서 하는 말이겠다. 그렇
지만 도둑질이나 살인 행위 등은 그 자체가 나쁘다.

고, 그 행위에 있어서 그것이 행하여지는 방식 그대로가 그런 것으로 됩니다. 아름답게 그리고 옳게 행하여지면 아름다운 것이 되지만, 옳게 행하여지지 않으면 추한 것이 되니까요. 사랑함도 바로 이러하거니와 에로스가 모두 아름다운 것도 아니며 칭송받을 가치가 있는 것도 아니고, 훌륭하게 사랑하도록 독려하는 에로스가 그런 것입니다."

"그래서 세속적인 아프로디테의 에로스는 정말로 세속적(pandēmos)
b 이며, 무엇이든 닥치는 대로 합니다. 또한 이것이 보통 사람들이 사랑하는 사랑(erōs)입니다. 첫째로, 이런 사람들은 소년들 못지않게 여인들도 사랑하며, 둘째로는 자신들이 사랑하는 사람들에 대해서도 그 혼들보다는 그 몸들을 더 사랑하고, 셋째로는 가능하다면 가장 덜 지적인 자들을 사랑합니다. 오로지 자신들의 목적 달성73)에만 유념할 뿐, 그 방식이 훌륭한지 또는 그렇지 않은지는 개의치 않습니다. 바로 이 때문에 무엇이건 닥치는 대로 이를 행하는 일이 이들에게 일어나는데, 그게 좋은 것이어도 마찬가지고, 그 반대의 것이어도 마찬가지
c 입니다. 또한 다른 쪽보다 훨씬 더 젊기도 한 데다, 출생에서도 남성과 여성 양쪽74) 다에 연관되는 여신에게서 비롯되기도 하니까요. 반면에 천상의 아프로디테의 에로스는 첫째로, 여성과는 무관하고 오로지 남성에만 관여하며, 이는 소년들에 대한 에로스이기도 하죠. 둘째로, 이것은 더 오래된 것이며, 음탕함(hybris)75)은 찾아볼 수 없는 것이기도 합니다. 바로 이 때문에 이 에로스로 해서 영감을 얻은 사람들은 남성으로 향하는데, 그 성향상 더 강하며 더 지성을 갖춘 쪽76)

---

73) 곧 '성적인 만족'을 뜻한다.
74) 곧 그 출생이 디오네와 제우스의 결합으로 인한 것이었다 해서 하는 말이다.
75) 이 경우의 hybris는 '음탕함'으로 해석하는 게 옳겠다.

을 더 좋아해섭니다. 그리고 바로 이 소년애(paiderastia)[77]에 있어서
도 이 에로스로 해서 순수하게 추동된 사람들을 어떤 이는 알아볼 것
입니다. 왜냐하면 이들은 소년들을 사랑하는 게 아니라, 언제고 이미   d

---

76) 파우사니아스를 비롯해서 당시의 일반적인 남성 우월 사상을 엿볼 수
있게 하는 발언이기도 하다.

77) 이 대화편에서는 이 낱말이 여기에서 처음으로 나온다. 소년애(愛) 또
는 소년 사랑은 pais(소년: 소유격은 paidos)에 대한 사랑(erōs)인데, 이
에는 두 부류가 있음을 이 대목이 잘 보여 주고 있다. 따라서 이를 흔히
우리가 알고 있는 남색(男色) 관계로 단일화해서 볼 것은 아니다. 이 소
년애(paiderastia)의 관계에 있어서 사랑하는 자를 erastēs(=lover)라 하
는 반면, 사랑받는 자(ho erōmenos)는 대개 소년이어서 paidika 또는 복
수 정관사를 붙여 ta paidika라 한다. 이 낱말은 관용상 복수 아닌 단수로
쓰이지만, 경우에 따라서는 복수로도 쓰인다(178e 참조). 본문에서도 보
듯, 주로 수염이 나기 시작하고 지성을 갖추기 시작할 나이의 장래가 기
대되는 소년이거나 또는 단지 한창 나이의 철없는 미동(美童)이거나, 이
들 두 부류가 그 대상들이겠다. 앞의 경우라면, 플라톤이 아카데미아를
설립하여, 바로 그런 나이의 준재들을 제도적으로 불러 모아 헬라스를 위
한 인재들로 양성한 것이 그 좋은 본보기가 되겠다. 오늘날의 대학이 서
양에서는 그렇게 시작된 것이라 할 것이다. 아리스토텔레스도 소년기의
17세에 이 학원에 입문하여, 플라톤이 사망하기까지, 20년 동안 그 올리
브 숲 속에서 장년기까지를 보냈다. 그리고 《파르메니데스》 편(127b)을
보면, 판아테나이아 대축제에 아테네를 방문한 65세의 파르메니데스를
40세 무렵의 제논이 수행했는데, 여기에서 그를 "paidika tou Parmeni-
dou gegonenai"라 말하고 있다. gegonenai('되었다' 또는 '되어 있다')
는 완료형으로 과거에서 현재까지의 지속을 나타내는 것으로서, 이는 그
가 이전부터 그때까지 파르메니데스의 '애제자'였음을 뜻하는 표현이다.
그런가 하면, 《고르기아스》 편(482a)에서는 소크라테스가 철학을 '나의
애인(ta ema paidika)' 곧 '내가 사랑하는 것'으로 표현하고 있다. 그런
가 하면, Dover는 이 동성애적 관계가 교육적 측면과 성적인 측면의 분
리할 수 없는 양면성을 갖는 것으로 말하고 있다(*Greek Homosexuality*,
pp. 202~203).

소년들이 지성을 갖추기 시작할 때 그러는 것이니, 이는 턱수염이 나기 시작할 시기가 가까워지고 있기 때문입니다.[78] 이때부터 사랑하기 시작하는 사람들은 온 생애를 통해 함께하며 함께 살아갈 사람들로서 사랑할 준비가 되어 있는 사람들이라 저는 생각하니까요.[79] 철없는 상태의 젊은이로 취하였다가, 비웃고서 다른 젊은이에게로 훌쩍 달아나 버리는 식으로 기만하는 일은 없을 것이고요. 소년들을 사랑하는

e 걸 금하는 준칙(nomos)[80] 또한 있어야만 합니다. 불확실한 것에 많은 열의를 쏟는 일이 없도록 하려면요. 소년들의 끝은 불확실하기 때문입니다. 이들이 혼 및 몸과 관련해서 나쁨(kakia)과 훌륭함(aretē)의 어디쯤에 귀착할 것인지는 말입니다. 그러므로 훌륭한 사람들은 이 준칙을 스스로 자신들을 위해서 자발적으로 정하겠지만, 이들 세속적인 사랑을 하는 사람들도 이런 걸 하지 않을 수 없도록 해야만 합니다. 마치 자유민들인 여인들 또한 이들이 사랑하는 일은 없도록, 할

182a 수 있는 한, 우리가 제재하듯 말입니다.[81] 비난받을 짓을 저지른 것도

---

78) 여기에선 pais(복수는 paides)가 일반적 의미의 어린 소년과 턱수염이 나오기 시작하며 지성의 면모를 갖추기 시작할 무렵의 소년을 똑같이 지칭하는 것으로 혼용되고 있는데, 이는 문맥을 통해서 구별할 수밖에 없는 일이겠다. 《프로타고라스》편의 첫머리 309a~d를 보면, 턱수염이 나기 시작한 알키비아데스와 소크라테스의 관계를 통속적인 소년애의 관점에서 말하는 한 친구를 소크라테스가 상대하고 있는 장면이 나온다. 이들의 대화에서 우리는 소크라테스의 지적인 관심과 이 친구의 성적인 관심 사이에 얼마나 큰 간극이 있는지를 어느 정도 짐작할 수 있다.

79) 말하자면 유망한 젊은이와 애정을 갖고 일생 동안 그 후견인 노릇을 하며 지내는 사람과의 관계를 말하고 있다.

80) nomos에는 관습, 관례, 준칙, 법 등의 뜻이 있지만, 이 경우에는 '법'보다는 '준칙' 정도로 말하는 게 무난할 것 같다.

81) 헬라스에서는 자유민인 여자가 외간 남자와 사귀려면, 아버지의 허락을 받아야만 한다. 아버지가 없으면, 오빠 등의 순서로 가장 연장인 남자

이들이어서, 그런 사랑을 하는 사람들에게 성적으로 응해 주는 것을
부끄러운 걸로 어떤 사람들은 말하게까지 되기 때문입니다. 사람들
이 그리 말하는 것은 이들을 주시하게 되어섭니다. 이들의 부적절함
(akairia)[82]과 올바르지 못함(adikia)을 목격해서겠는데, 그게 무엇이
건 절도 있게 그리고 준칙대로 행하여졌는데도 질책을 받는다는 것은
정당치 않을 게 명백할 테니까요."

"특히 사랑과 관련된 준칙은 다른 나라들의 경우에는 이해하기가 쉬
운데, 이는 단순하게 규정되어 있기 때문입니다. 그러나 여기서는[83]
그리고 스파르타에서는[84] 그게 복잡합니다. 엘리스[85]에서 그리고 보   b
이오티아[86]에서는, 또한 사람들이 언변에 능숙하지 않은 곳에서는 성
적으로 응해 주는 것이 예쁜 일로 그냥 관례화되어 있어서, 젊은이건
나이 든 이건 아무도 그걸 부끄러운 일로 말하지 않을 겁니다. 이들
은 말을 제대로 하지 못하는 터라, 젊은이들을 말로 설득하느라 골머

의 허락을 받아야만 한다. 이는 오늘날에도 지켜지는 풍습이다.

82) 여기에서 '부적절함'으로 옮긴 akairia는 kairos(적절함, 제때, 적
기)에 부정을 나타내는 접두어(a-)가 붙은 꼴이다. Dover는 무언가
를 잘못된 때에, 잘못된 정도(범위)로 그리고 잘못된 방식으로 하는 걸
akairia라고 주석을 달았다. 《파이드로스》편(272a)에는 kairos, akairia,
eukairia(제때)가 한 문장 속에 다 나온다.

83) 곧 아테네를 가리킨다.

84) '그리고 스파르타에서는(kai en Lakedaimoni)'을 버릴 것임을 뜻하
는 [ ]로 묶거나, 바로 다음의 '엘리스에서 그리고 보이오티아에서' 다음
에 이어지는 것으로 읽는 텍스트들도 있으나, 그냥 그대로 두었다.

85) Elis는 펠로폰네소스 반도의 북서쪽 평야 지대에 있는 나라로, 올림피
아도 이 평야 지대에 있다.

86) Boiōtia는 아테네의 아티케(Attikē) 지역과 북서쪽으로 경계를 맞대고
있던 지역으로, 곡창 지대를 갖고 있었다. 이 지역에선 테베(Thēbai)와
오르코메노스(Orkhomenos)가 주된 나라들이었다.

리를 잃지 않아도 되어서라고 저는 생각합니다. 반면에 이오니아[87]
나 다른 여러 곳에서도 이는 부끄러운 일로 간주되었는데, 이곳 사
람들은 이방인들[88]의 지배 아래 살고 있죠. 이방인들에게는 참주 정
체들[89] 때문에 이것이 그리고 지혜 사랑(philosophia)과 체육 사랑

c (philogymnastia)도 부끄러운 일이니까요. 제가 생각하기로 통치자
들에게는 다스림을 받는 사람들의 큰 야심이 이는 것도, 강한 우정
(philia)이나 연대감(koinōnia)이 생기는 것도 이롭지가 않은데, 바
로 이를, 다른 것들[90]도 모두 그러겠지만, 특히 사랑이 곧잘 그걸 생
기게끔 하니까요. 한데, 실제로 이는 이곳의 참주들[91]도 터득했죠. 아
리스토게이톤의 사랑(erōs)과 하르모디오스의 애정(philia)[92]이 굳

---

87) Iōnia는 헬라스의 이오니아 부족이 기원전 1천 년경부터 소아시아 서
쪽(오늘날의 터키) 해안 지대에 이주해서 살고 있던 지역을 가리킨다. 대
체로 남쪽의 밀레토스(Milētos)로부터 북쪽으로는 스미르나(Smyrna)에
이르는 지역과 인근 섬나라들을 아우르는 지역을 지칭한다.

88) 원어는 [hoi] barbaroi인데, 이는 헬라스 말을 쓰지 않는 '이방인들'
곧 '비헬라스인들'을 가리킨다. 헬라스인들([hoi] Hellēnes)이 말하는
'이방인들'은 주로 페르시아인들을 가리킨다. 이 대화편의 배경이 되는
시기인 416년에는 이오니아 지역의 육지에 있는 나라들이 사실상의 제국
이었던 아테네의 영향권 아래 있었지만, 실제로 이 대화편이 쓴 시기 무
렵인 387/6년에 페르시아의 아르타크세르크세스(Artaxerxes) 왕이 제시
한 평화 조약으로 해서, 도서 지역과는 달리, 이 지역의 나라들은 페르시
아의 지배를 받게 되었다. 따라서 파우사니아스는 시기적으로 일치하지
않는 말(anachronism)을 하고 있는 셈이다.

89) tyrannis는 헬라스의 경우에 '참주 정체'로 번역하지만, 페르시아의
경우에는 전제 군주의 '독재 정치'로 이해하면 되겠다. 그런데도 그냥 참
주 정체로 옮긴 것은 바로 다음에 아테네의 참주와 관련된 언급이 나오기
때문이다.

90) 바로 앞서 말한 지혜 사랑과 체육 사랑을 가리킨다.

91) 참주의 복수 형태(hoi tyrannoi)여서, '참주 일가'로 이해해도 되겠다.

건해져서 참주들의 통치를 무너뜨렸기 때문입니다.[93] 이처럼 사랑하
는 자들에게 성적으로 응해 주는 것을 부끄러운 걸로 규정하는 곳에
서는 그리 규정한 자들의 나쁨에 의해서, 곧 다스리는 자들의 권력 강   d
화(pleonexia)와 다스림을 받는 자들의 비겁함에 의해서 그리된 거
죠. 그런데 그게 단순히 예쁜 일로 규정되어 있는 곳에서는 그리 규정
한 자들의 혼의 게으름으로 해섭니다. 그러나 이곳에서는 그것들보
다는 한결 더 훌륭하게 관례화되어 있거니와, 제가 말씀드렸듯, 이해
하기도 쉽지가 않습니다. 실상 이런 걸 생각하게 되는 이로선 말입니
다. 즉, 은밀히 사랑하는 것보다는 공개적으로 사랑하는 것이 더 아
름답다고 한다거나, 특히 가장 고상하며 가장 훌륭한 자들을 사랑하
는 것이, 설령 이들이 다른 사람들보다도 더 못났는데도 그러는 것이

---

92) philia는 바로 앞에서도 '우정'으로 옮겼지만, 일반적으로도 '우정' 또
는 '우애'로 옮기는 것이 옳다. 그러나 소년 사랑의 경우에 사랑받는 자
([ta] paidika, ho erōmenos)가 갖는 감정은 '우정'이나 '우애'보다는
'애정'이라고 표현이 더 어울리는 것 같다. 다른 번역본들에서도 앞의 경
우와는 달리 이 경우에는 affection으로 옮긴 것들이 많다.

93) Aristogeitōn과 Harmodios는 소년애로 맺어진 사이였다. 그런데 아테
네의 참주 페이시스트라토스(Peisistratos: 약 600~527) 사후에 사실상
참주 지위를 승계한 히피아스(Hippias)의 동생인 히파르코스(Hippark-
hos)가 하르모디오스를 짝사랑했다. 하르모디오스에게 접근했다가 거절
을 당한 히파르코스는 하르모디오스의 누이에게 공개적인 모욕을 준다.
그래서 두 사람은 참주 형제를 살해함으로써 아테네의 참주 체제를 전복
하기로 모의한다. 그러나 514년의 판아테나이아(Panathēnaia) 축제에서
히파르코스만 살해하고, 실권자인 히피아스의 살해에는 실패하여, 처형
된다. 결국 510년에 히피아스가 추방되어, 참주 정치가 종식되니, 아테네
인들은 그들이 뜻대로 성공한 것처럼 아고라에 그들의 상들을 세우고 영
웅들로서 그 공적을 기렸다. 두 사람의 소년애(paiderastia) 관계와 관련
해서는《투키디데스》VI. 54~59에서 언급하고 있다.

더 그러하다고 한다는 걸 생각하게 되는 이로서는. 또한 사랑하는 자에게 모두가 보내는 격려가 놀라운데, 이는 부끄러운 짓을 하는 사람에 대해서 하는 것이 아니며, 또한 구하는 바를 취하게 된 자에게 그것은 아름다운 것으로 간주되나 취하지 못하게 된 자에게는 그게 부

e 끄러운 것으로 간주되며, 놀라운 일들을 해내는 사랑하는 자에게, 그가 취하려 하는 것과 관련해서, 관례는 재량권을 주고 칭찬받게 해 준다는 생각을 하게 되는 이로선 말입니다. 이것들은 만약에 누군가가

183a 다른 무언가를 추구하느라 그리고 이것 이외의 것을 성취하고자 해서 하려 든다면,[94] 그는 더할 수 없이 큰 비난을 사게 될 것입니다. 만약에 누군가에게서 돈을 얻거나 또는 관직을 맡거나 또는 그 밖의 다른 어떤 힘을 얻고자 해서, 사랑하는 자들이 사랑하는 소년들에게 하는 바로 그런 짓들을 한다면, 말하자면, 요구들을 하면서 탄원이나 간청을 한다거나, 맹세도 하며, 문간에서 잠도 자며, 노예조차도 아무도 하지 않을 그런 노예짓거리를 하고자 한다면, 그런 식의 행위를 하

b 지 못하도록 친구들한테서도 적들한테서도 방해를 받을 것이기 때문입니다. 한쪽은 아첨과 비굴함을 비난할 것이나, 다른 쪽은 자신들을 위해서 충고도 하고 창피해하면서 말입니다. 그러나 사랑하는 자에겐 이 모든 짓을 하는 데 대해 호의가 뒤따르며, 관례에 의해서 비난을 받는 일 없이, 오히려 아주 훌륭한 무슨 일이라도 수행하게 되는 것처럼, 허용됩니다. 한데 가장 이상한 것은, 어쨌든 많은 사람이 말하듯, 맹세를 한 자일지라도 맹세를 어긴 자에 대한 신들 쪽의 용서인데, 사

---

94) 텍스트 읽기에서 바로 다음의 [philosophias]는 불필요한 것이어서 삭제했다. Burnet는 이 단어 앞에 십자 표시(또는 단검 표시)를 했는데, 어느 쪽이나 이를 본문 속에 포함시켜 읽지 않는 쪽을 나타내는 표시이다. 이런 비난은 비단 철학 쪽에서만 나올 성질의 것이 아니겠기 때문이다.

랑의 맹세는 맹세가 아니라고들 말하기 때문입니다.[95] 이처럼 신들   c
도 인간들도 사랑하는 자에겐 모든 재량권을 주었죠. 이곳의 관례가
말해 주고 있듯이 말입니다. 이렇듯 이 나라에서는 사랑함과 사랑하
는 자들에게 애정을 보이게 되는 것이 아주 아름다운 일로 간주되고
있는 걸로 누군가는 생각하게 될지도 모르겠군요. 그러나 아버지들이
사랑받을 나이의 아들들에게 학동 수행자들[96]을 수행케 함으로써 그
들을 사랑하는 자들과 대화하는 걸 못하게 할 때, 이는 학동 수행자에
게 지시한 바이기도 합니다만, 정작 그런 어떤 일이 일어나는 걸 동
갑내기들과 친구들이 목격하게 되면, 이들은 비난을 해 댑니다. 그리
고 이들 비난을 해 대는 자들을 연장자들 또한 말리지도 않고, 옳지   d
않은 말을 한다고 나무라지도 않으니, 이런 일들을 목격하게 된 어떤
이는 이번에는 다시 그런 일이 이곳에서는 더할 수 없이 부끄러운 일
로 간주되고 있다는 생각을 할 것입니다. 하지만 실은 그게 이러하다
고 저는 생각합니다. 그게 단순한 것이 아니고, 처음에 말했듯,[97] 그
것은 그것 자체로는 아름다운 것도 아니며 부끄러운 것도 아니고, 아
름답게 행하여지면 아름다운 것이지만, 부끄럽게 행하여지면 부끄러

95) 사랑의 맹세(aphrodisios orkos)와 관련된 이런 언급은 《필레보스》 편
(65c)에도 보인다.
96) 여기서 '학동 수행자(學童隨行者)들'로 옮긴 말은 소년들이 학관
(學館)이나 김나시온(체력 단련장) 등에 오갈 때 수행하는 노예들
(paidagōgoi: 단수는 paidagōgos)을 가리킨다. 이어지는 문장에서 보듯,
오가는 길에 소년의 행동도 단속하고, 집에서는 소년의 교육과 관련된 일
들을 챙긴 것 같다. 헬라스어로 '아이' 또는 '소년'을 pais(소유격은 pai-
dos, 복수는 paides)라 하고, agōgos는 '인도자'를 뜻하니, 이의 복합어
가 paidagōgos이다. 영어에서 '교육자'를 뜻하는 p[a]edagogue는 이에서
유래한다.
97) 아마도 180e~181a에서 말했던 바를 두고 하는 말인 것 같다.

운 것입니다. 그러므로 고약한 자에게 고약한 방식으로 호의를 보이게 된 것은 부끄럽게 행한 것이지만, 선량한 자에게 아름다운 방식으로 호의를 보이게 된 것은 아름답게 행한 것이죠. 고약한 자는 저 세속적인 사랑을 하는 자, 곧 혼을 사랑하기보다는 몸을 더 사랑하는 자입니다. 지속적인 것도 아닌 것을 사랑하기에 그는 지속적이지도 않으니까요. 그가 사랑하던 것인 몸의 꽃다움이 시들어짐과 동시에 '날듯이 달아나 버리니'[98], 많은 말들과 약속들이 창피스런 것들로 되었기 때문입니다. 그러나 선량한 성품을 지닌 사랑하는 자는 평생토록 머무는데, 지속적인 것과 밀착되어 있기 때문이죠. 바로 이들[99]을 우리의 관례가 잘 그리고 훌륭히 시험하려 할 것이니, 한쪽에 대해서는 호의를 보이도록 할 것이나, 다른 쪽은 피하도록 할 것입니다. 따라서 이 때문에 한쪽에 대해서는 추구함을 격려하게 되겠지만, 다른 쪽에 대해서는 도망하도록 권고하게 될 것입니다. 경합도 시키고, 또한 사랑하는 자가 도대체 어느 부류에 속하며 사랑받는 자는 또 어느 부류에 속하는지 시험도 하면서 말입니다. 바로 이처럼 이런 이유로, 첫째로는, 빨리 붙잡히는 것은 부끄러운 것으로 간주합니다. 이는 시간이 걸리게끔 하자는 것인데, 시간이야말로 많은 것을 훌륭하게 시험하는 것으로 생각되죠. 다음으로는, 돈으로 해서 그리고 정치적인 힘으로 해서 붙들리는 것도 부끄러운 것으로 간주합니다. 만약에 고약하게 당하고서 움츠리고는 버티어 내지 못한다면, 또는 돈이나 정치적인 성취의 혜택을 입으며 이를 경멸하지 못한다면 말입니다. 이것

---

98) 《일리아스》 2. 71에 있는 표현이다. 꾸던 꿈이 사라지는 것에 대한 표현이다.

99) 두 부류의 사랑하는 자들 곧 양쪽 다를 가리킨다.

들 중의 어느 것도 확고하지도 지속적이지도 않으니까요. 이것들로 해서는 진솔한 애정은 생겨나지도 않는다는 걸 떠나서 말입니다. 따라서 사랑하는 자에게 사랑받는 자가 아름다운 방식으로 호의를 보이게 되려면, 우리의 준칙에는 한 가지 길만 남습니다. 우리에게 있어서의 준칙으로는, 사랑하는 자들에게 있어서 사랑받는 자들에게 자진해서 종노릇을 하는 것은, 그게 어떤 종노릇이든, 아부도 아니며 비난할 것도 아니듯, 바로 이처럼 또 다른 유일하게 비난받지 않을 자발적인 종노릇이 남아 있다는 것입니다. 한데, 이것은 [사람으로서의] 훌륭함 (덕: aretē)과 관련된 종노릇입니다. 만약에 누군가가 어떤 사람을 보살피길, 그가 자기를 통해서 어떤 지혜와 관련해서 또는 [사람으로서의] 훌륭함의 다른 어떤 부분과 관련해서 더 나아질 것이라 믿고서, 그러고 싶어 한다면, 이 자발적인 종노릇 또한 부끄러운 것도 아니며 아부도 아닌 걸로 물론 우리에게는 간주될 것이기 때문입니다. 그러니까 이들 두 준칙은, 곧 소년애와 관련된 것과 지혜 사랑 및 그 밖의 [사람으로서의] 훌륭함과 관련된 것은 동일한 것으로 합쳐져야만 합니다. 사랑하는 자에게 사랑받는 자가 호의를 보이게 되는 것이 아름다운 것으로 되려면 말입니다. 사랑하는 자와 사랑받는 자가, 각기 준칙을 갖고서, 같은 데서 만날 때, 한쪽은 호의를 보여 주는 사랑받는 자에게 봉사하기를 무엇이든 올바르게 봉사하는 반면, 다른 쪽은 자신을 지혜롭고 훌륭하도록 만들어 주는 자를 [따르길] 무엇이든 올바르게 따라 줄[100] 때, 또한 한쪽은 지혜 및 다른 훌륭함에 기여할 수 있는 반면,

---

100) 텍스트 읽기에서 d7의 hypourgōn 〈hypourgein〉을 앞(d5)의 hypērtōn … hypērtein의 구조와 일치시키려면, hypourgōn … hypourgein의 구조로 되어야 하겠지만, ho … poiōnti 다음의 auton … agathon의 긴 형용구 때문에 hypourgōn을 삽입할 구조가 될 수 없게 된 셈이다. 그렇다면

다른 쪽은 교육과 그 밖의 지혜의 획득이 필요할 때, 바로 그때에 이들 두 준칙들이 같은 데로 합류하게 되면, 오직 여기에서만 사랑받는 자가 사랑하는 자에게 호의를 보이는 것이 아름다운 것일 수 있게 되지, 다른 식으로는 그리되지 않을 것이기 때문입니다. 이 조건에서는 속는다 할지라도 전혀 부끄러울 것이 아닙니다. 반면에 그 밖의 다른 모든 조건에서는 속은 자에게도 속지 않은 자에게도 부끄러움을 안겨

줍니다. 가령 누군가가 [저를] 사랑하는 자가 부자라서 그 부 때문에 호의를 보였는데, 속아서 돈도 얻지 못하고, 그를 사랑한 자가 가난뱅이로 판명될 경우, 이는 못지않게 부끄러울 일이니까요. 왜냐하면 그런 사람은 어쨌든 자신의 사람됨을, 곧 돈을 위해서라면 누구에게든 무슨 짓이든 협조할 것이라는 걸 보여 준 것으로 생각되는데, 이는 아름답지 못하기 때문입니다. 바로 같은 이치로, 비록 누군가가 저를 사랑하는 자가 좋은 사람이라 해서, 또한 저 자신도 그의 애정으로 해서 더 나은 사람으로 될 것이라 해서 호의를 보이고서는 속았더라도,

b

그가 나쁜 사람이며 [사람으로서의] 훌륭함(덕) 또한 갖추지 못한 걸로 판명되더라도, 그렇더라도 이 속음은 아름다운 것입니다. 이 사람으로서도 자신의 실상을 드러내 보여 준 것으로 여겨지니까요. 곧 [사람으로서의] 훌륭함(덕)을 위해서라면 그리고 더 나아짐을 위해서는 전심전력으로 열의를 쏟는다는 사실을 말입니다. 이 또한 무엇보다도 아름다운 것입니다. 이처럼 [사람으로서의] 훌륭함(덕)을 위해 호의를 보인다는 것은 어쨌든 모두 전적으로 아름답습니다. 이것이 천상

---

hypourgōn을 생략하는 대신, 〈hypourgein〉의 괄호를 풀고서 읽는 게 더 이치에 맞을 것이다. 번역문에서는 우리말 구조상 둘 다를 살려서 읽어도 전혀 무리가 없어서, 한쪽마저 보완해서 [ ]의 형태로 읽었다.

의 신의 사랑이며 천상의 것이요, 나라에도 개인에게도 큰 가치가 있
는 것입니다. 사랑하는 자 자신도 사랑받는 자도 [사람으로서의] 훌륭
함(덕)에 대해 많이 마음을 쓰지 않을 수 없도록 함으로써 말입니다.   c
다른 사랑들은 모두가 다른 여신, 곧 세속적인 여신에 속하는 것들입
니다. 파이드로스여, 이것이 당장으로서는 내가 에로스와 관련해서
그대를 위해 기여하는 발언이오." 하고 그가 말했답니다.

   파우사니아스가 말을 마쳤을 때, — 말하는 데 이처럼 재주가 있는
이들이 제게 닮은 표현들을 말하는 걸 가르쳐 주어섭니다만,[101] — 아
리스토데모스가 전하는 말로는, 아리스토파네스가 말했어야만 할 차
례였지만, 그에게 딸꾹질 사태가 일어났답니다. 포식으로 인해선지
아니면 다른 어떤 것으로 인해선지 그게 덮쳐, 발언은 할 수 없게 되
었지만, 그가 말했다는군요. — [이는] 그다음 침상에 의사인 에릭시   d
마코스가 모로 기대 누워 있었기 때문이었답니다.[102] — "아, 에릭시
마코스! 당신은 내 딸꾹질을 멈추게 하거나, 아니면 내가 딸꾹질을 멈
추게 될 때까지, 나를 위해서 발언을 해 주는 게 옳소." 그래서 에릭시
마코스가 말했답니다. "하지만 양쪽 다를 할 것이오. 내가 당신 차례

---

101) 이 삽입구는 '파우사니아스가 말을 마쳤을 때'라는 어구인 원어
Pausaniou … pausamenou라는 표현을 아폴로도로스가 스스로 말해 놓
고서는, 이것이 발음상 유사음(類似音)인 데다 음절 수 또한 같은 표현을
하는 재주를 부리게 된 데 대해 스스로 대견해하면서, 그게 변론가들에게
서 배운 덕임을 말하고 있는 셈이다.

102) 175a를 보면, 아리스토파네스의 다음 침상에 에릭시마코스와 그 옆
에 아리스토데모스가 자리 잡게 되는 걸로 언급되고 있다. 그러니까 아리
스토파네스가 기대 누운 침상에는 그 앞쪽에 이름이 밝혀지지 않은 누군
가가 함께 기대 누워 있는 걸로 추정된다.

에 발언을 하겠지만, 당신이 딸꾹질을 멈추게 되면, 내 차례에 당신이 발언을 하시죠. 내가 발언을 하는 동안, 한참 동안 숨을 멈추게 되면, 딸꾹질이 멈추게 될 것이오. 그러고도 안 되면, 물로 목구멍 가심을

e 하시오. 그래도 아주 심하다면, 뭔가를 집어서 코를 간질어서, 재채기를 하시오. 그리고 이걸 한두 번 하게 되면, 비록 아주 심한 경우에도, 멈추게 될 것이오."

"어서 말씀을 하시죠. 나야 말씀대로 할 것이오." 하고 아리스토파네스는 말했고요.

그래서 에릭시마코스가 말했답니다. "그러니까, 파우사니아스께서는 발언의 시작은 훌륭하게 하셨습니다만, 족히 끝을 맺지는 못하셨

186a 기에, 그 발언에 대한 끝마무리는 제가 해 보도록 해야만 할 것으로 생각됩니다. 에로스가 이중적인 것이라고 나누신 것은 훌륭한 것이라 제겐 생각되니까요. 하지만 에로스는 비단 아름다운 사람들을 향한 인간들의 혼들에만 있는 게 아니라, 그 밖의 다른 많은 것을 향한 다른 것들에도, 모든 동물의 몸에도, 땅에서 자라는 것들 안에도, 말하자면 존재하는 것들 모두 안에 있다는 걸 우리의 기술인 의술[103]로 해

---

103) 여기에서 '우리의 기술인 의술'이란 표현을 에릭시마코스가 쓰고 있는 것은 그가 의사이기 때문인데, 당시의 의사들은 스스로들 아스클레피오스(Asklēpios)의 후예들(Asklēpiadai)이라 했다. 히포크라테스도 그들 중의 한 사람이었다. 설화에 따르면, 아스클레피오스는 아폴론과 인간인 코로니스(Koronis) 사이에서 난 영웅적 인물로서, 아폴론이 전수했다는 의술에 능하여 의술의 신으로 신격화되었으며, 의학의 창립자이다. 그는 환자의 치료에 신앙과 정상적인 의술을 함께 썼던 것으로 알려져 있다. 이 신에 대한 숭배의 중심지는 펠레폰네소스 반도의 에피다우로스(Epidauros)였으며, 이곳에는 의술 학교가 있었다. 지금도 여름이면 헬라스의

서 보게 된 것으로 제게는 생각됩니다. 그 신이 얼마나 위대하며 놀라 b
운지, 또한 모든 것에, 곧 인간과 신들의 일들과 관련해서도 그 힘이
얼마나 미치고 있는지를 말입니다. 그럼 의술에서부터 제 발언을 시
작하겠습니다. 이 기술을 우리가 또한 숭상할 수 있게 되기 위해섭니
다. 몸의 본성은 실은 이 이중적인 에로스를 지니고 있죠. 몸의 건강
함과 질병 상태는, 공히 인정하듯, 다르며 같지 않지만, 같지 않은 것
은 같지 않은 것들을 욕구하며 사랑하기 때문입니다. 따라서 건강한
몸에 있는 사랑과 병약한 몸에 있는 사랑은 각기 다릅니다. 방금 파우
사니아스께서 말씀하셨듯이,[104] 훌륭한 자들에게 호의를 보이는 것은
물론 아름다운 것이지만, 무절제한 자들에 그러는 것은 부끄러운 일
입니다. 이처럼 몸들 자체의 경우에 있어서도 몸 각각의 훌륭하고 건 c
강한 것들에 좋게 응해 주는 것은 아름다운 것이며 또한 그리 응해 주
어야만 하거니와, 의술에 능통하다는 표현은 이에 대한 것이니, 나쁘
고 병약한 것들에 대해 그리 응하는 것은 부끄러운 것이며, 만약에 누
군가가 의술의 전문가가 되려면, 좋게 응해 주지도 않아야만 합니다.
왜냐하면 의술은 요컨대 채움 및 비움과 관련된 몸의 에로스적인 작용
들에 대한 앎이며, 이것들에 있어서 아름답거나 부끄러운 사랑을 판 d
별하는 사람, 이 사람이 의술에 가장 밝은 사람이기 때문입니다. 그는

고대 연극이 공연되고 있는 에피다우로스 극장으로 들어가는 길의 입구
와 인접한 상당히 넓은 지역에 아스클레피오스 신을 숭배하던 신전 유적
지가 있다. 420년경에는 아테네에도 이 신의 성소(聖所)가 바로 디오니소
스 극장 위쪽의 아크로폴리스의 비탈에 마련되었는데, 그 유적지는 지금
도 남아 있다. 히포크라테스도 훗날 그의 고향인 Kōs 섬에 의술 학교를
세우는데, 이곳에도 아스클레피오스 신전이 있었고, 역시 그 유적은 아직
도 남아 있다.
104) 183d 참조.

변화를 일으키는 자로서 어떤 한 사랑 대신에 다른 사랑을 갖도록 해주며, 그 안에 있어야만 할 사랑이 있지 않은 것들에는 생기도록 하고, 그 안에 있는 것은 빼내 줄 줄 아는 자가 훌륭한 전문가[105]일 것입니다.[106] 물론 그는 몸에 있어서 가장 적대적인 것들을 우호적인 것들로 만들 수도 있으며 서로 사랑하게끔 만들 수도 있어야만 하니까요. 가장 대립적인 것들이 가장 적대적인데, 이를테면 찬 것은 뜨거운 것에 대해, 쓴 것은 단 것에 대해, 건조한 것은 습한 것에 대해 그러한데,

e 이런 것들 모두가 그러하죠. 우리의 조상이신 아스클레피오스께서는 이것들에 사랑과 화합을 생기게 할 줄을 아셔서, 우리 기술을 확립하셨습니다. 여기 이 시인들이 말하듯[107] 그리고 제가 믿고 있듯이 말입니다. 따라서 의술은, 제가 말하듯, 그 전부가 이 신[108]을 통해서 지배되거니와, 체육 및 농사 또한 마찬가지입니다.[109] 한데, 음악[110] 또한

187a

---

105) 여기에서 '전문가'로 옮긴 원어는 dēmiourgos인데, dēmos(사람들 =공동체의 구성원들)를 위해 일하거나 또는 그들에게 필요한 것들을 만들어 주는 공장(工匠)이나 장인(匠人) 또는 여기와 187d에서 보듯, 어떤 분야의 전문가를 뜻한다. 그런가 하면 《국가(정체)》편(500d)에서 보듯, 어떤 가치의 '구현자'나 《티마이오스》편에서 보듯, 우주의 창조자를 지칭할 때도 이 낱말을 쓰기도 한다.

106) 물론 몸에 생기게 하거나 빼내야 할 에로스는 몸 상태의 건강 여부와 관련해서 하는 말이다. 바로 이어지는 대목에서 밝히고 있듯, 몸 안에 있는 여러 요소들 간의 잘된 결합 관계나 잘못된 결합 관계에 따라 건강 여부가 좌우되겠는데, 이들 요소들 간의 관계를 여기서는 에로스에 빗대어 언급하고 있다.

107) 186a 각주에서 언급했듯, 설화에서는 아스클레피오스를 아폴론의 자식이라 주장한다. 이런 설화를 사실처럼 말하는 사람들이 시인들인데, 아가톤은 비극 시인이고 아리스토파네스는 희극 시인이기에 하는 말이다.

108) 에로스 신을 가리킨다.

109) Dover도 말하듯, 체육은 인간의 몸과 관련된 건강 증진을 도모하는

이것들과 마찬가지라는 점은 조금이라도 주의를 기울이는 자라면 그 누구에게나 명백합니다. 아마도 헤라클레이토스 또한 말하고자 했듯이 말입니다. 비록 실제 표현상으로는 어쨌든 그가 훌륭히 말하진 못했지만요. 그는 말하길, 하나의 것(to hen)은 '그것 자체와 불화하면서도 화합하는데,' 이는 '마치 활 및 리라의 조화(harmonia)와도 같다'고 하니 말입니다.[111] 한데, 조화가 불화 상태에 있다거나 아직 불화 상태에 있는 것들로 이루어진다고 말하는 것은 굉장히 불합리합니다. 하지만 그가 말하고자 했던 것은 아마도 이런 것이었을 것입니다. 곧, 앞서는 높은음과 낮은음이 불화 상태에 있다가 나중에야 음악 기술에 의해서 어울리게 된 것이라고 말입니다. 왜냐하면 높은음과 낮   b

---

것이고, 농사는 곡물과 가축들의 건강을 보살피겠기 때문이다.

110) 여기서는 그냥 '음악'으로만 지칭했지만, mousikē는, 많은 경우에 '시가'를 뜻하기도 한다. 이는 이 대화편에서도 마찬가지다. 196e에서는 시가를 뜻한다. 원래 무사(Mousa) 여신들(Mousai＝Muses)이 관장하는 기술이라는 뜻이다.

111) 에릭시마코스가 인용하고 있는 이 구절들과 가장 비슷한 내용의 것은 헤라클레이토스(약 540~약 480)의 토막글 51이다. 그러나 이 둘 사이에는 약간의 차이가 있다. 이 토막글의 내용은 이러하다. "사람들은 어떻게 해서 저 자신과 갈라지던 것이 화합하는지를 모르니라. 마치 활과 리라 같은 되돌려 놓는 조화를." 그러니까 활을 이루는 것이 시위와 그 몸체이겠는데, 이 둘은 사용하지 않을 때에도 서로 대립하듯 팽팽함을 유지하는 긴장 관계에 있다. 정작 화살을 멀리 쏠 때는, 둘은 다시 최대한 거리를 두도록 떨어지며 극도로 대립하는 긴장 관계에 있게 되고, 마침내 화살이 발사되는 건 그 긴장 관계의 정점에서요, 이때 활은 제 구실을 한 뒤에, 다시 원래 상태로 돌아간다. 일곱 현을 갖는 리라(lyra)라는 현악기가 팽팽한 상태로 조여져 있는 현들을 탄주함으로써 아름다운 음들이 울리게 되는 것도 같은 이치일 것이다. 헤라클레이토스는 에페소스의 왕족 출신이었으나, 그런 특권을 포기한 철학자였다. 그는 수수께끼나 신탁 투의 경구 같은 토막글들을 남겼다.

은음이 여전히 불화 상태에 있고서는 이것들에서 화음(harmonia)[112]
이 나오지는 않기 때문입니다. 화음은 협화음(어울림음: symphōnia)
이고, 협화음은 일종의 어울림(homologia)이니까요. 불화 상태의 것
들이 불화 상태에 있는 한, 그것들에서 어울림이 있기는 불가능합니
다. 불화 상태에 있어서 어울리지 못하고서는 조화됨이 이번에는 불

c 가능하죠. 바로 리듬 또한 빠름과 느림에서 비롯되듯 말입니다. 앞서
는 불화 상태에 있던 것들이었지만, 나중에 이것들이 어울림으로써
생긴 것이죠. 이것들 모두에 있어서 어울림을, 마치 앞서 말한 의술
의 경우처럼,[113] 이 경우에 있어서도 음악이 넣어 줍니다. 사랑과 서
로 간의 어울림을 생기게 함으로써 말입니다. 또한 이번에 음악은 화
음 및 리듬과 관련해서 사랑과 관련되는 것들에 대한 앎입니다. 다
시 말해서, 화음 및 리듬의 구조 자체에서 사랑과 관련되는 것들(ta
erōtika)을 판별해 낸다는 것도, 또한 여기에 이중적인 에로스가 있다
는 걸 판별해 내는 것도 전혀 어려운 게 아닙니다. 하지만 바로 노랫

d 가락 짓기라 일컫는 작곡을 함으로써, 또는 바로 교육으로 불리는 바
인 지어진 노랫가락들과 운율의 바른 이용으로써, 인간들에 대해 리
듬과 화음을 적용해야만 할 경우에, 여기에야말로 어려움이 있으며 또
한 훌륭한 전문가가 요구됩니다. 실은 다시 같은 주장으로 돌아왔습니
다. 절도 있는 자들에게는, 그리고 아직 절도 있는 자들이 아닌 자들
은 더 절도 있는 자들로 될 수 있는 방식으로, 호의를 보이고 이들의
사랑에 마음을 써야만 한다는 것입니다. 그리고 이것이 아름다운 사

112) 헬라스어 harmonia는 일반적으로는 '조화'를 뜻하나, 음악에서는
'조율', '조율의 방식', 더 나아가서는 헬라스 음악 특유의 '선법(旋法: musical mode)'을 뜻한다.
113) 186c 참조.

정

랑이며, 천상의 사랑이요, 우라니아 무사[114)에 속하는 사랑입니다. 반면에 폴리므니아 무사[115)에 속하는 세속적인 사랑을 누구에게고 행사할 경우에는 조심해서 해야만 하는데, 그 즐거움은 즐기되 그 어떤 무절제도 생기게 해서는 안 되도록 해야만 할 것입니다. 우리의 전문 분야[116)에 있어서 큰 일의 하나는 요리 분야와 관련된 욕구들을 잘 다룸으로써 질병 없이 즐거움을 누리도록 하는 것이듯 말입니다. 바로 음악 그리고 의술에 있어서도, 또한 그 밖의 다른 모든 것, 그게 인간적인 것들이건 신적인 것들이건 간에, 이것들에 있어서, 허용되는 한, 그 각각의 에로스에 대해 주목해야만 합니다. 그것들 안에는 이들 두 에로스가 있으니까요. 해마다의 계절들의 구성도 이들 두 에로스로 가득 차 있기에, 그리고 방금 제가 말했던 것들,[117) 곧 따뜻한 것들과 찬 것들 그리고 건조한 것들과 습한 것들이 절도 있는 에로스를 만나서로 간의 조화와 적절한 혼합[118)을 맞게 될 경우에는, 인간들 및 다른 동물들에게도 그리고 식물들에도 번성함[119)과 건강을 가져다주게

---

114) 아홉 자매인 무사들(Mousai) 중에 하나가 Ourania이고, 바로 이어서 언급하게 되는 Polymnia가 다른 하나이다. 이는 Polyhymnia로도 불리는데, 이 복합어 명칭은 '많은 찬가(poly+hymnoi)'의 뜻을 갖고 있다. 헤시오도스의 《신들의 계보》75~79 참조.

115) 바로 앞의 각주 끝 쪽을 참조할 것.

116) 곧 의술을 가리킨다.

117) 186d 끝부분에서 말한 대립되는 것들에 대한 언급을 가리킨다.

118) '적절한 혼합(krasis sōphrōn)'은 결국 혼화(混和)를 뜻하는데, 경우에 따라서는 혼합(krasis)의 결과가 훌륭하게 되었을 때, 이것 자체를 '혼화'로서의 krasis로 지칭하는 경우들도 있다. 이를테면, 《필레보스》편 47c, 50d, 64a 등 및 《국가(정체)》편 412a, 441e에서다. 그리고 사실 기후는 온·냉·건·습의 혼합 상태의 산물이다. 이 혼합(krasis)이 잘(eu) 이루어진 상태 곧 eukrasia(에우크라시아)가 좋은 기후 및 좋은 기온을 뜻하는데, 그들은 좋은 계절의 지중해성 기후를 그렇게 일컬었다.

되어, 아무런 해도 끼치지 않게 되죠. 그러나 방자함을 동반하는 에로
스가 한 해의 계절들에 대해 더 우세하게 될 때에는, 많은 것을 망가
b 뜨리며 해칩니다. 이런 것들에서 역병들이 곧잘 생기기도 하고, 많은
이색적인 질병이 짐승들과 식물들에도 생기기도 하니까요. 실은 흰
서리와 싸락눈 그리고 녹병은 이런 에로스와 연관된 것들의 상호 관
계에서의 지나침과 무질서에서 생기게 되는데, 별들의 운행과 해마다
의 계절들과 관련된 이것들에 대한 앎이 천문학으로 불리죠. 따라서
더 나아가 제물을 바치는 모든 의식과 예언술이 관장하는 것들, — 이
c 것들은 신들 및 인간들과 관련된 상호 교섭이겠는데, — 이것들은 에
로스의 지켜 줌과 치유[120])와 관련된 것 이외의 다른 어떤 것과 관련
된 것도 아닙니다. 모든 불경은 절도 있는 에로스에 대해 호의를 보이
지 않거나 이 신을 공경하거나 모든 일에서 숭상하지도 않고, 다른 에
로스에 대해 그럴 경우에 곧잘 생기니까요. 또한 이는 살아 계신 또는
돌아가신 부모 그리고 신들과 관련해서도 마찬가지입니다. 사랑하는
사람들이 사랑하는 바로 이것들[121])을 살피고 치유하는 것이 예언술에
d 부과되어 있거니와, 예언술은 또한 신들과 인간들 간의 우의를 조성
해 내는 것이니, 이는 인간들과 관련되어 율법과 경건함으로 지향하는
사랑과 관련된 것들을 앎으로 해섭니다."

"이처럼 다대한, 아니 그보다도 요컨대 일체 에로스는 모든 힘을 갖

---

119) '번성함'으로 옮긴 euetēria의 어원적 의미는 한 해 중에서도 열매를
맺기에 '좋은 계절'이다.

120) 브리송의 주석 그대로, 이는 좋은 것의 지켜 줌과 나쁜 것의 치유를
뜻할 것이다.

121) 텍스트 읽기에서 tous erōntas를 더러는 tous erōtas로 읽지만, 그냥
읽기로 했다.

고 있습니다. 절제 및 올바름과 함께, 우리와 신들에게 있어서도 좋은 것들과 관련되어, 실현되었을 때의 그것은 막강한 힘을 가지며 우리에게 온 행복을 가져다주고, 서로 어울리며 친구들이 될 수 있게, 또한 우리보다도 더 강한 신들과도 그리될 수 있게 해 줍니다. 사실 아마도 저 또한 에로스를 찬양하면서 많은 걸 남겨 놓았을 것입니다만, e 그렇더라도 일부러 그런 건 어쨌든 아닙니다. 하지만 만약에 제가 뭔가 남겨 놓은 게 있다면, 아리스토파네스여, 그걸 채우는 것은 당신의 일이오. 혹시 그 신을 달리 찬양할 의향이 있다면, 그리하시오. 딸꾹질도 멈추었으니까요."

따라서 아리스토파네스가 차례를 넘겨받아 말했다더군요. "멈추다 189a 마다요. 실은 그것에 대해 재채기를 적용하고서야 그리된 겁니다. 그래서 그게 저를 놀라게 하네요. 몸의 정상적인 상태가 재채기와 같은 것인 이런 유의 요란스러움과 간지럼을 욕구하는 건가 해서요. 그것에 재채기를 적용하니까, 아주 직방으로 그쳤기 때문입니다."

그러니까 에릭시마코스가 말했답니다. "여보시오, 아리스토파네스! 당신이 무슨 짓을 하는지 보시오. 당신이 발언을 시작하려면서 익살을 부려서, 당신이 나로 하여금 당신 발언의 지킴이로 되지 않을 수 없게 하고 있어요. 당신이 평화롭게 발언을 할 수 있게 되어, 우스갯 b 소리를 할 경우에는 말이오."

그러니까 아리스토파네스가 웃으면서 말했다더군요. "에릭시마코스여, 잘 말씀하셨소. 그리고 내가 한 말은 안 한 걸로 해 주시오. 하지만 나를 지키고 있지는 마시오. 내가 말하게 될 것들에 대해 두려워하는 것은 내가 우스운 것들을 말하지 않을까 하는 게 아니라, ─ 이는 우리 무사(Mousa)의 영역에서도 이득일 테니까, ─ 웃음거리가 되는 것들을 말하지 않을까 하는 것이니까요."

"아리스토파네스여, 내던지기만 하면, 벗어나게 될 것이라 생각하시는군요. 그러나 조심해요. 석명을 할 것임[122]을 전제로 말씀하시오.
c 하지만 내게 가하다고 판단되면, 당신을 놓아 줄[123] 것이오." 하고 에릭시마코스가 말했답니다.

"하지만 에릭시마코스여, 나는 당신과 파우사니아스께서 말씀하신 바와는 다른 어떤 식으로 말할 생각입니다." 하고 아리스토파네스가 말했다고 하더군요. "제게는 인간들이 에로스의 힘을 전적으로 실감하지 못하고 있는 것으로 생각되기 때문입니다. 그들이 실감하고 있다면야, 에로스의 신전들과 제단들을 가장 크게 지어 갖고서, 가장 큰 제물들을 올릴 것으로 생각되니까요. 오늘날 이 신과 관련되어서는 이런 것들 중의 어떤 일도 일어나지 않고 있듯, 하지는 않을 테죠. 무엇보다도 일어나 마땅한 일들인데도 말입니다. 왜냐하면 에로스는 신
d 들 중에서도 인간에 대한 사랑이 가장 크며, 인간들의 조력자이고 치유해 주는 자이기 때문인데, 그 질환들이 치유됨으로서 인류에게 가장 큰 행복이 있게 되겠죠. 그러면 제가 여러분께 에로스의 힘을 설명해 드리도록 하겠는데, 여러분은 다른 이들의 선생님들이 되어 주십시오.[124] 첫째로, 여러분께서는 인간 본성과 그 처지들에 대해 배워야

---

122) '석명을 한다(logon didonai)'는 것은 《국가(정체)》편 534b4~5에서 보듯 '합리적인 설명을 한다'는 뜻이다. 그러나 일반적으로는, 아테네의 공직자들이 그 공직 기간이 끝나면, 감사(euthyna)를 받게 되는데, 그 감사에서 답변 또는 해명을 하는 걸 뜻한다.
123) 바로 앞에서 말한 합리적인 설명의 책무나 감사에서 벗어나게 됨을 뜻하는 표현이다. 공직자에 대한 감사 등과 관련해서는 《법률》편 946d 및 947e에 적잖은 언급이 보인다.

만 합니다. 우리의 옛 본성은 지금의 것과 같은 것이 아니라 다른 것
이었기 때문입니다. 처음에는 인간들의 부류가 셋이었으니까요. 지금
처럼 남녀 두 부류가 아니라, 이들 양쪽을 함께 가진 것인 셋째 것이   e
추가로 있었는데, 그 이름은 지금도 남아 있으나, 그것 자체는 사라
졌죠. 그때의 그 하나는 실은 남녀추니[125]였고, 그 형태도 이름도 남
성과 여성 양쪽을 함께 가진 것이었지만, 지금은 없고 모멸을 나타내
는 지칭으로만 남아 있을 뿐이니까요. 다음으로, 각 인간의 형태는 전
체적으로 둥근 형태이며, 등과 옆은 원형을 이루고, 네 개의 손을 가
졌고, 다리도 손과 같은 수이며, 원통 모양의 목 위에는 두 개의 완전
히 닮은 얼굴을 가졌었죠. 서로 반대 방향으로 자리 잡은 양쪽 얼굴   190a
들 위에는 하나의 머리가, 그리고 네 개의 귀와 두 개의 생식기 그리
고 그 밖의 다른 모든 것은 이것들로 미루어 짐작하겠듯 갖고요. 나아
갈 때는 지금처럼 직립 자세로 갔는데, 양방향 어느 쪽으로든 원하는
대로 갔죠. 그리고 빨리 내닫게 될 때는, 마치 재주넘기 곡예를 하는
사람들처럼 다리를 곧추하고 회전하면서 원형으로 재주넘기를 하는
데, 그때는 여덟인 팔다리들에 의존해서 빠르게 구르는 식으로 이동
했죠. 그런데 세 부류의 이런 것들은 이런 까닭으로 해서였는데, 처음   b
엔 남성은 태양의 소산이었고, 여성은 지구의 소산이었으며, 이들 양
성을 함께 갖게 된 것은 달의 소산이었는데, 달 또한 양쪽에 관여하고
있기 때문입니다.[126] 그런데 이것들 자체도 둥근 모양이지만 이것들

---

124) 희극 작가다운 익살을 부리는 이런 농조의 발언은 계속된다.
125) 원어는 androgynos인데, 이는 남자를 뜻하는 anēr의 소유격인 andros
　　와 여성을 뜻하는 gynē의 합성어이다. 그런 부류는 to androgynon genos
　　가 되겠다.
126) 헬라스어로 태양(hēlios)의 문법상의 성은 남성이고, 지구(gē)의

의 진행도 그러한데, 이는 그 어버이들과의 닮음으로 해섭니다. 따라서 그 체력과 힘은 무서웠고, 큰 야심도 가져서, 신들에게 덤비려고도 했습니다. 이는 호메로스가 에피알테스 그리고 오토스와 관련해서 이야기하고 있는 것이기도 하죠.[127] 그들에 대해 전하는 이야기는 그들이 신들을 공격하기 위해서 하늘로 오르는 시도를 했다는 것입니다.

c 따라서 제우스 및 다른 신들은 이들을 어떻게 해야 할지 숙의를 했고, 당혹스러워했습니다. 왜냐하면 이들을 어떻게도 죽일 수도 없었고, 마치 거인들에게 벼락을 내리쳐서 그 종족을 사라지게 했듯,[128] 할 수도 없었기 때문입니다. — 그야 그들에 대한 인간 쪽의 숭배도 제물도 사

그것은 여성이며, 달(selēnē)의 그것도 여성이다. 달의 여신은 셀레네 (Selēnē)이다.

127) Ephialtēs와 Ōtos 형제와 관련된 이야기는 호메로스의 《일리아스》(5. 385~391) 및 《오디세이아》(11. 305~320)에 보이는데, 그 대강은 이런 것이다. 이들 형제는 알로에우스(Alōeus)의 두 아들이라고도 하고, 그의 아내 이피메데이아(Iphimedeia)와 포세이돈(Poseidōn) 사이에서 난 자식들이라고도 한다. 앞의 책에서는 이들 형제가 전쟁의 신 아레스(Arēs)를 13개월 동안이나 사슬로 묶어 청동 항아리 속에 가두었다고 한다. 그리고 뒤의 것에서는 이들이 인간들 중에서는 가장 키가 컸고, 올림포스의 신들을 상대로 전쟁을 하겠다고 위협하며, 하늘에 오르기 위해 올림포스(Olympos) 산 위에 오사(Ossa) 산(1,978m)을 올려놓고, 다시 그 위에 펠리온(Pēlion) 산(1,615m)을 올려놓으려 했는데, 이들이 오래 살지 못해 그럴 수가 없었다고 한다. 펠리온 산은 테살리아 지역에 있고, 그 북쪽에 오사 산이, 다시 그 북쪽으로 마케도니아와 경계를 짓는 지역에 헬라스에서 가장 높고 신들의 보금자리였다는 올림포스 산이 있는데, 올림포스는 2,900미터가 넘는 산들이 연산을 이루고 있다.

128) 여기서 말하는 거인들([hoi] Gigantes)은 180d에서 천상의 아프로디테와 관련된 각주에 등장한다. 제우스를 주신(主神)으로 한 올림포스 신들과 이들에 도전한 거인족들 간의 싸움을 Gigantomakhia라 한다. 천둥벼락은 제우스의 주된 무기이다.

라질 테니까요. ─ 그렇다고 이들의 방자함을 어떻게도 용인할 수도 없었죠. 따라서 제우스가 고심 끝에 말했습니다. '내게 방도가 있는 걸로 생각되오. 인간들이 한결 더 약화됨으로써 이들이 존속도 하고, 방종함도 멈추게 되는 것이오. 이제 실은 내가 이들을 각각 둘로 쪼갤 것이오. 그와 동시에 이들은 한결 더 약화될 것이나, 동시에 그 수가 더 많아짐으로써 우리에게도 더 유용하게 될 것이오. 그리고 그들은 두 발로 직립 상태로 걸을 것이오. 그런데도 이들이 여전히 방자한 것으로 여겨지고, 조용히 지내고자 하지 않는다면, 이들을 또다시 둘로 쪼개어, 외다리로 깡충거리며 다닐 것이오.' 하고. 이런 말을 하고선, 그가 인간들을 둘로 짜개기 시작했습니다. 마치 아가목 열매를 잘라서 절이려는 사람들처럼, 또는 계란을 머리카락으로 자르는 자들처럼 말입니다. 그가 누구든 짜개 놓게 되는 자를 아폴론으로 하여금 그 얼굴을 돌려놓도록, 또한 목의 반도 짜개진 쪽으로 돌려놓도록 지시했는데, 이는 인간이 자신의 짜개진 부분을 보고서 한결 더 절제 있게 되도록 하느라 해서였습니다. 그리고선 다른 부분들의 치료도 지시했습니다. 아폴론이 그 얼굴을 돌려놓고선, 피부를 전 방향에서 지금은 배라 불리는 쪽으로, 마치 함께 잡아당겨진 주머니처럼, 함께 끌어당겨서는, 배 가운데에 구멍 모양의 것 하나를 만들어 묶었는데, 바로 이것을 배꼽이라 부릅니다. 그리고 다른 많은 주름을 보드랍게 만들고, 가슴도 갖추게 했습니다. 제화공들이 구두의 골 주변의 가죽 주름살을 보드랍게 하면서 쓰는 것과 같은 그런 도구를 갖고서 말입니다. 하지만 배 자체와 배꼽 주변의 주름들은 조금 남겨 두었는데, 옛날의 겪은 일에 대한 기념물이게 한 겁니다. 그래서 원래의 형태가 둘로 짜개졌으므로, 그 각각은 자신의 반쪽을 희구해서 함께 만나서는, 서로 팔로 껴안으며 엮이어, 합쳐지고자 했으니, 그들은 굶주림과 꼼

b 짝하지 않음으로 해서 죽어 갔습니다. 서로 떨어져서는 아무것도 하
려고 하지 않아서였습니다. 그리고 그 반쪽들 중에 어느 하나가 죽게
될 때는, 한쪽이 남게 되겠는데, 남은 쪽은 다른 반쪽을 찾아서 얽이
었습니다. 전체가 여성인 반쪽을 만나게 되었건, ─ 이를 지금은 우
리가 여자로 부르고 있거니와, ─ 또는 전체가 남성인 반쪽을 만나게
되었건 간에 말입니다.[129] 그리고 이들은 이런 식으로 소멸해 갔습니
다. 그러나 제우스가 이를 불쌍히 여겨, 다른 방책을 강구하게 되었으
니, 이들의 생식기들을 앞쪽으로 돌려놓은 것입니다. 그때까지는 이
c 것들 또한 바깥쪽에 갖고 있었으며,[130] 자식을 갖고 낳는 것도 서로의
속이 아닌 땅속에 했으니까요. 마치 매미들처럼[131] 말입니다. 그래서
그것들을 그들의 앞쪽으로 옮겨, 이것들을 통해 서로 안에서, 곧 남성
을 통해 여성 속에서 생식이 이루어지도록 했습니다. 이는 부분적으
로는 남성이 여성을 만나게 되면, 껴안는 교접을 통해 아이를 갖게 하
여 자손이 생기게끔 하느라 해서지만, 또한 부분적으로는 남성이 남
성을 만나게 되어, 어쨌든 교합의 충족이 이루어져 휴식을 취하고 일
들로 향하며 다른 삶에 마음을 쓰도록 하느라 해섭니다. 그런데 그때

129) 이성애와 동성애 그리고 양성애(兩性愛)의 기원에 대한 설명이 기발
하고 자못 흥미롭다.
130) 190d~e를 참조할 것. 얼굴은 돌려놓았지만, 아직 그대로 있던 생식
기도 같은 방향으로 돌려놓아, 이제는 반으로 짜개진 면에서 서로 얼굴을
마주하며 교접도 할 수 있게 되었다는 이야기를 하려는 것이다.
131) 매미를 헬라스어로는 tettix(pl. tettiges)라 하는데, 유충은 땅속에 살
지만, 산란은 식물 조직에 한다. 반면에 메뚜기는 대부분의 종이 산란관
을 땅속에 넣어 여러 개의 알을 한꺼번에 낳는다고 한다. 그래서 Dover
는 그의 주(p. 117)에서 플라톤이 메뚜기와 매미를 혼동하고 있는지도 모
르며, 메뚜기의 산란관을 음경으로 생각했을 수도 있다고 말하고 있다.

이래로 서로의 사랑은 인간들에게 타고난 것이며 원래의 형태를 결합   d
해 주는 것이고, 둘로 하나를 만들어 인간성을 치유해 주게 되는 것입
니다. 그러므로 우리 각자는 각 인간의 부신(符信)[132]입니다. 마치 가
자미 모양으로,[133] 하나에서 둘로 짜개졌으니까요. 따라서 각자는 제
부신을 늘 찾고 있죠. 그래서 남자들 중에서 양성을 함께 가졌던 부류
곧 그때는 남녀추니로 지칭되었던 부류의 짜개진 부분들인 것들은 여
성을 사랑하는 자들이거니와 간부(姦夫)들 중의 다수가 이 부류 출신
들입니다. 그런가 하면 이번에는 그런 여성으로서 남성을 사랑하는   e
자들과 간부(姦婦)들도 이 부류에서 생깁니다. 그러나 짜개진 부분들
이 전체가 여성인 부류의 것인 것들은 남자들에 대해선 전혀 관심이
없고, 오히려 여자들 쪽에 쏠리어 있거니와, 여성 동성애자들[134]은 이
부류에서 생깁니다. 반면에 남성의 짜개진 부분들인 자들은 남성들

---

132) 헬라스어로는 symbolon으로서, 외국인들 간에 또는 그 밖의 두 계약
당사자들 간에 그 계약의 신표로서 동물의 마디 뼈(astragalos)나 척추뼈
또는 기타의 물건을 반쪽씩 쪼개어 가졌다고 한다. 이 낱말은 또한 증표
또는 상징의 뜻으로도 쓰인다.

133) 아마도 가자미나 넙치의 두 눈과 함께 그 면상이 한쪽으로만 몰리어
있는 것이 마치 원래는 양면이었던 것이 반으로 잘린 모습을 연상케 하는
데 대한 비유가 아닌가 싶다.

134) 원어는 hetairistriai인데, 여성 동성애자들을 뜻한다. LSJ의 대사전
보유(補遺) 개정판(Revised Supplement)에서는 hetairistria를 lesbian이
라 했다. 여성 동성애자를 이렇게 부르게 된 것은 Lesbos 섬의 미티레네
(Mytilēnē) 출신 여류 시인 사포(Sapphō: 기원전 7세기 후반)에서 유래
한다. 그는 한때 정치적인 이유로 시켈리아(시칠리아)로 망명했다가 귀
향하였다. 그는 아프로디테와 무사 여신들을 숭배하는 모임을 통해 혼전
의 소녀들을 위한 일종의 교양 교육을 했던 것 같다. 그가 남긴 것들로 전
하는 단편적인 시들 중엔 사랑을 노래한 것들이 많은데, 아닌 게 아니라
그중에는 동성애를 연상케 하는 대목들이 적잖다.

을 좇거니와, 소년들인 동안은 남성의 부분들이므로, 남자들을 사랑하며 남자들과 함께 누워 껴안고 기뻐하거니와, 이들은 소년들 및 청년들[135] 중에서 최선인 자들인데, 천성으로 가장 용감한 자들이기 때문입니다. 그렇더라도 어떤 이들은 이들을 부끄러움을 모르는 자들이라고 말하는데, 거짓말을 하고 있는 것입니다. 왜냐하면 그들이 그러는 것은 부끄러움이 없어서가 아니라, 대담함과 용기 그리고 남자다움으로 해서이며, 자신들과의 닮음을 반겨섭니다. 큰 증거가 있습니다. 그러니까 어른이 되어 나랏일에 어울리는 것으로 판명되는 사람들은 오직 이런 사람들이기 때문입니다. 그러나 이들은 성년이 될 땐, 소

b 년들을 사랑하고, 혼인과 아이를 낳는 것에는 자연적으로 관심이 없지만, 관습으로 해서 강요당하죠.[136] 그러나 이들로서는 서로 혼인하지 않은 채로 살아가는 것에 만족해합니다. 그래서 이런 자는 전적으로 소년을 사랑하는 자(paiderastēs)와 [자기를] 사랑하는 자에게 애정을 갖는 자[137]가 되는데, 이는 언제나 같은 부류를 반겨섭니다. 그러므로 소년을 사랑하는 자가 그리고 그 밖의 모든 이가 바로 자신의 것인 저 반쪽을 만나게 될 때, 그땐 애정(philia)과 친근감 그리고

---

135) 헬라스어로 소년은 pais(pl. paides)이고, 여기서 청년으로 옮긴 것은 meirakion인데, 이는 14~21세의 청소년을 뜻하기도 한다. 그리고 청년 또는 젊은 남자를 neaniskos라고 하고, 성년이 된 남자(18세)를 ephēbos 라 했다. 따라서 이에 미달한 '미성년자'라는 뜻으로는 아테네의 경우에 hēbē라 했는데, 이는 특히 16세 곧 이팔청춘을 뜻했다.

136) 여기에서 '자연적으로(physei) … 관습으로 해서(hypo tou nomou)'는 어찌 보면 기원전 5~4세기에 걸친 '자연(physis) 대 관습 또는 법(nomos)'의 논쟁을 연상케 한다고 할 수 있겠다. 이 문제는 특히 법 또는 정의(올바름) 등이 인위적인 법 또는 관습에 근거한 것일 뿐인지 아니면 자연적인 것인지를 따져 묻기 시작한 데서 비롯된 것이다.

137) 원어는 philerastēs이며, 소년애의 대상이 되는 소년을 가리킨다.

사랑으로 해서 놀라우리만큼 넋을 잃게 되어서는, 이들은 실상 잠시 　c
도 서로 떨어지려 하지 않습니다. 또한 이들은 일생을 통해 계속해서
함께 지내는데, 이들은 자신들이 서로에게 정작 무엇을 기대하는지도
말로 표현할 수가 없을 겁니다. 왜냐하면 누구에게도 이게 성적인 교
접이라고 여겨지지는 않을 것이기 때문입니다. 그러니까 이를 위해서
한쪽이 다른 한쪽과 함께하면서 그처럼 열렬히 기뻐하는 것으로는 말
입니다. 그렇지가 않고 각자의 혼이 다른 무언가를 바라는 게 분명한
데, 이를 말로 표현할 수는 없지만, 자기가 바라는 걸 추측하게 되어, 　d
수수께끼처럼 말합니다. 그래서 이들이 같은 곳에 누워 있을 때, 가령
헤파이스토스가 도구를 갖고 그들 앞에 서서 묻는다고 하죠.[138] ‘인간
들이여, 그대들이 서로에게 기대하는 것이 무엇이오?’ 그리고선 당혹
스러워하는 이들에게 다시 또 묻는다고 해요. ‘그러니까 이게 그대들
이 욕구하는 건가요? 최대한 서로가 함께 있게 되어, 밤이고 낮이고
서로 떨어지지 않게 되는 것 말이오. 만약에 이게 정녕 그대들이 욕구
하는 것이라면, 내가 그대들을 동일한 것이게 접합하여 함께 자라게
해서, 둘인 그대들을 하나가 되게 하여, 살아 있는 동안은, 하나로서 　e
둘이 함께 살다가, 죽게 되면, 역시 저승(하데스)에 가서도 거기에서
둘 대신 하나로서 함께 죽어 있도록 해 주겠소. 하지만 그대들이 이를
사랑하고 있는지 그리고 이렇게 되면 그대들로선 충족한 것인지 보시

---

138) Hēphaistos는 불 및 특히 불과 관련되는 기술(대장 일)의 신이다. 신
　화에서는 제우스와 헤라 사이의 자식이라고도 하고 헤라 단독의 아들이
　라고도 한다. 그의 교묘하고 정교한 기술과 관련해서는 여러 가지 신화가
　전한다. 이를테면, 전쟁의 신 아레스(Arēs)와 눈이 맞아 바람난 아내 아
　프로디테를 정교한 그물을 만들어 그 안에 가둔 일이라든가, 아킬레우스
　의 갑옷, 흙으로 최초의 여인 판도라(Pandōra)를 만든 것도 그라고 한다.

오.' 하고. 이 말을 듣고서 이를 거부하거나 다른 어떤 걸 바라는 것으로 보이는 자는 아무도 없을 것이라는 걸 우리는 알고 있습니다. 그러니까 자기가 듣게 된 이것이 그야말로 오래전부터 욕구해 왔던 것이라는 걸, 곧 자기가 사랑하게 된 자와 만나 접합되어 둘이 하나로 되는 것이라는 생각을 할 것입니다. 이게 원인이니, 우리의 원래 형태가 이것이었으며 우리는 전체였기 때문입니다. 따라서 사랑(erōs)이란

이름은 전체에 대한 욕구와 그 추구에 대한 것입니다. 그리고 이 이전에는, 제가 말씀드리듯, 우리는 하나였지만, 지금은 그 옳지 못함으로 인해서 신에 의해 떨어져 살게 되었습니다. 마치 아르카디아 사람들이 스파르타 사람들에 의해 그리되었듯이 말입니다.[139] 따라서 두려움이 있습니다. 우리가 신들에 대해 공손하지 않을 경우에는, 또다시 짜개져서는, 마냥 돌아다니지나 않을까 하고요. 마치 묘비 석주들[140]에 얇게 부조된 인물들이 코를 따라 톱질당한 상태로,[141] 둘로 잘려

---

139) Arkadia는 펠로폰네소스 반도의 중북부 지역을 가리키는 명칭인데, 이 지역에서 스파르타에 의해 분산된 나라는 만티네이아(Mantineia)이다. 스파르타와의 싸움에서 성벽 안에서 버티던 만티네이아인들은 스파르타의 수공(水攻) 작전으로 결국 성벽이 무너지고 나서, 네 개의 거주 지역으로 분산된다(크세노폰의 《헬레니카》 V. 2. 5~7). 그런데 이 싸움은 387~386년에 있었던 것이지만, 이 대화편의 배경은 416년이니까, 시대적으로는 일치하지 않는다. 아마도 이 대화편이 정작 씌었을 무렵의 일을 자연스럽게 연상한 데 기인한 것일 것이다. 게다가 만티네이아는 아르카디아를 대표하는 아테네의 우호 세력이어서 그 안타까움은 특히 더했을 것이다.

140) 원어는 stēlē인데, 이 석주(石柱)는 법령이나 기념 내용 따위를 새긴 것이거나 묘비 또는 경계석 등으로 이용되었다.

141) 그러니까 원통형의 원래 인간이 반으로 짜개진 게 현실의 인간이라면, 이게 또다시 그 반으로 짜개지는 걸 뜻한다. 다시 말해, 양면에서 한 면으로 쪼개진 것이 다시 반면으로 쪼개진다는 뜻이다.

서로의 신표가 된 주사위 꼴이 되어서요. 그러나 이 때문에 모든 인간이 모든 면에서 신들에 대해 공경하는 마음을 갖도록 권유받는데, 이는 그런 처지는 면하는 한편으로, 에로스가 우리의 지도자로 지휘관으로 되었으면 해섭니다. 에로스에 대해서는 그 누구도 반하는 행동을 하지 않도록 하죠. 누구든 신들에게서 미움을 받는 자가 반하는 짓을 합니다. 그 신과 친구들이 되어 화해하게 되면, 우리 자신들의 사랑을 받는 자들을 발견하고 만나게도 될 것이기 때문인데, 이는 오늘날의 우리 중에서는 소수의 사람들이 하게 됩니다. 그리고 에릭시마코스는 내가 하는 말을 우스꽝스럽게 하는 말로, 곧 파우사니아스와 아가톤을 두고 말하고 있는 걸로 받아들이지 말아 주시오. 하기야 어쩌면 이분들도 실은 그런 분들이며 두 분 다 본성상 남자들이기도 하죠. 그야 어쨌든 저는 남자들이건 여자들이건 모두와 관련해서 말하고 있습니다. 이처럼 우리 [인간이라는] 종족이 행복해질 수 있는 것은 사랑을 이루고, 각자가 제 사랑하는 자를 만나 원래의 상태로 돌아갈 경우입니다. 만약에 이것이 최선의 것이라면, 현재의 처지에서 이것에 가장 가까운 것이 최선의 것일 게 필연적입니다. 이는 자신과 마음이 맞는 사랑받는 자를 만나는 것입니다. 바로 그 원인이 되는 신을 찬양함으로써, 우리는 에로스를 옳게 찬양할 것이니, 이 신이 현재로선 우리를 자신의 것으로 이끌고 감으로써 우리에게 이로움을 가장 크게 가져다주며, 장래에도 가장 큰 희망을 제시합니다. 우리가 신들에 대한 공경을 갖춤으로써 우리로 하여금 원래의 상태를 회복케 하고 치유받게 하여 축복받고 행복하도록 만들 것입니다."

"에릭시마코스여, 이것이 에로스에 대한 나의 발언이오. 당신의 것과는 다른 것이죠. 그러니까 내가 당신에게 요구했듯, 이를 우스꽝스

런 것으로 만들지는 마시오. 또한 남은 분들께서 각자 무슨 말씀을 하

실지, 아니 그보다도 두 분 중에서 각기 무슨 말씀을 하실지 우리가

e 듣기 위해서이기도 합니다. 아가톤과 소크라테스 님이 남아 있으니까

요.”[142] 아리스토파네스가 그리 말했답니다.

  “말씀하신 대로 할 것이오. 그리고 실은 하신 발언이 내게는 듣기

에 즐거웠고요. 또한 만약에 소크라테스 님과 아가톤이 사랑과 관련

된 것들에 대해 대단하신 분들이시라는 걸 제가 몰랐다면, 많은 갖가

지의 것들이 이미 언급된 터라, 말할 거리들이 궁하지[143] 않을까 하고

몹시 두려워했을 겁니다. 그렇더라도 지금 저는 확신합니다.” 하고 에

릭시마코스가 말했답니다.

194a 그래서 소크라테스 님께서 말씀하셨다더군요. “에릭시마코스, 그

대 자신도 훌륭하게 경합을 했소.[144] 하지만 그대가 지금 내가 처한

처지에 있게 된다면, 아니 그보다도 아가톤 또한 훌륭히 말할 경우에

는, 아마도 내가 처하게 될 처지에 그대가 있게 된다면, 그대 또한 몹

시 두려워할 것이며, 지금 내가 그렇듯, 큰 두려움에 처해 있을 것이

오.”

  “소크라테스 님, 선생님께서는 저를 호리실 참이시군요. 제가 훌륭

---

142) 175a에서 언급되었듯, 에릭시마코스 다음 자리에는 아리스토데모스
   가 자리 잡고 있었기에, 아리스토파네스의 딸꾹질로 그 순서가 바뀐 터
   라, 그다음 발언자일 수도 있었겠으나, 대화자로서의 그의 존재는 무시되
   고, 끝까지 대화 진행의 내용 전달자 구실만 맡게 된다.

143) aporeō에는 당혹해한다는 뜻도 있지만, 무엇인가가 부족하거나 궁함
   을 뜻하기도 한다. 여기에서는 어느 쪽 의미를 살려도 되겠지만, 바로 앞
   에서 “많은 갖가지의 것들이 이미 언급된 터라”의 의미도 살리고 그 뒤의
   logōn(말할 거리들)과도 연결 지어 이렇게 옮겼다.

144) 여기에서 하게 되는 에로스에 대한 각자의 찬양 발언을 마침 전날 있
   었던 비극 공연에서의 경연에 빗대어 하는 농언이다.

하게 말할 것으로 청중[145]이 큰 기대를 가질 것이라고 생각하게 됨으로써 제가 혼란스러워하게 말씀입니다." 하고 아가톤이 말했답니다.

"아가톤, 나야말로 잘 잊어 먹는 사람일 것이오. 그대가 배우들과 함께 단에 올라, 그처럼 많은 관중을 마주 바라보며, 바야흐로 극작 b 가로서의 할 말을 해 보이려 하면서,[146] 전혀 겁이라곤 먹지 않던 그대의 용기와 호기를 내가 보고서도, 만약에 지금 내가 소수의 사람들인 우리 때문에 그대가 혼란스러워할 것이라고 내가 생각한다면 말이오." 하고 소크라테스 님께서 말씀하셨다는군요.

"무슨 말씀이신지, 소크라테스 님? 제가 청중 수에 미혹해서, 지각 있는 자에게는 다수의 무분별한 자들보다는 소수의 사려 깊은 분들이 더 두렵다는 사실[147]도 제가 모를 정도라고는 생각하시지 않을 게 분명하겠죠?" 하고 아가톤이 말했다더군요.

"아가톤, 내가 그대에 대해 무슨 촌스런 생각이라도 한다면, 내가 c 잘못하고 있는 것일 것이오. 오히려 나는, 혹시 그대가 생각하기로 지혜로운 분들을 몇이라도 만나게 되면, 다중보다는 이들에 대해 그대가 더 마음을 쓸 것이라는 걸 잘 알고 있소. 하지만 우리는 아마도 그런 사람들이 못될 것이오. 왜냐하면 우리는 거기에 참석했으며 다중의 일부였기 때문이오. 그러나 만약에 그대가 실제로 다른 현명한 분

---

145) 원어 to theatron은 극장의 관중이나 청중을 뜻하는 말이겠는데, 이 심포시온에 모인 사람들을 이처럼 '청중'으로 지칭하는 과장된 표현을 쓰는 것은 극작가로서 하는 일종의 말버릇이겠다.

146) 아테네에서 극 경연 대회가 있는 축제 며칠 전에 시인들과 연출자들 및 배우들이 갖는 공개 행사를 proagōn이라 하는데, 이때 작가가 배우들과 함께 단에 올라 극 공연과 관련된 이런저런 발언을 했던 것 같다.

147) 이는 사실 소크라테스의 평소의 생각이며, 《크리톤》 편(48a)에서도 그가 강조했던 말이기도 하다.

들을 만나게 되었는데, 혹시라도 그대가 무언가 부끄러운 짓을 하고 있다는 생각을 한다면, 그대는 그들 앞에서 부끄러울 것이오. 아니면 어떻게 말하겠소?" 그분께서 말씀하셨답니다.

"참된 말씀입니다." 그가 말했답니다.

"하지만 다중 앞에서는, 설령 그대가 부끄러운 무슨 짓을 하고 있다는 생각을 하더라도, 그대는 부끄러워하지 않을 거고?"

d 그러자 파이드로스가 말허리를 잘라 말했다는군요. "아, 친애하는 아가톤, 만약에 당신이 소크라테스 님께 대답한다면, 그리고 선생님께서 누구든 대화할 상대만 있다면, 특히 상대가 잘생겼다면, 이곳의 무슨 일이 어떻게 되건, 선생님께는 전혀 상관이 없을 것이오.[148] 소크라테스 님께서 대화하시는 걸 저야 즐겁게 듣기는 하지만, 저로서는 에로스에 대한 찬양에 마음을 쓰고, 두 분 각각에게서 그 발언을 받아내야만 합니다. 따라서 두 분께서는 각자 신께 제를 올리시고서, 시원스레 대화를 진행토록 하시죠."

e "훌륭한 말씀이오, 파이드로스! 그리고 내가 발언을 하지 못하게 할 것은 아무것도 없소. 소크라테스 님께야 앞으로도 대화하실 기회

---

148) 《카르미데스》편 첫머리를 보면, 전날 저녁에 전선에서 돌아온 소크라테스가 그다음 날로 사람들을 만나, 그들과의 대화에 열심인 장면이 나온다. 이처럼 소크라테스는 허구한 날 사람들과의 대화로 소일한 셈인데, 이런 소크라테스의 일상을 잘 나타내는 헬라스어로 diatribē라는 것이 있다. 이 낱말은 '소일', '시간 보내기', '담론', '대화', '연구', '종사', '그런 곳' 등을 뜻한다. 그러니까 파이드로스는 그런 소크라테스이기에 당장의 주제인 에로스에 대한 언급에 집중하지 않고, 자칫 다른 이야기로까지 대화가 확장되지 않을까 걱정이 되어서 하는 말인 셈이다. 게다가 대화 상대자가 잘생긴 젊은이인 경우로는, 222b에서도 언급되고 있듯, 카르미데스나 에우티데모스, 지금의 아가톤 그리고 마지막에 등장하는 알키비아데스 등을 들 수 있겠다.

가 여러 번이실 테니까요." 아가톤이 말했답니다.

"그러면, 첫째로, 제가 어떻게 말해야만 하는지를 말하고, 그런 다음에 발언하고자 합니다. 왜냐하면 앞서 말씀하신 분들께서는 모두가 그 신은 찬양하시지 않고, 여러 가지 좋은 것들로 해서 인간들을 축복하시는 걸로 여겨지는데, 이 좋은 것들은 그 신 덕입니다. 그러나 이 신이 어떤 성격의 신이기에 그것들을 주었는지는 아무도 말씀하시지 않았습니다. 한데, 모든 것에 대한 모든 찬양에는 한 가지의 바른 방 식이 있는데, 이는 찬양하게 될 대상이 어떤 성격의 신이어서, 어떤 것들의 원인이 되는지를 상세하게 말하는 것입니다. 바로 이처럼 에로스를 우리 또한 찬양하는 것이 옳은데, 먼저 이 신이 어떤 성격의 신인지를, 그다음으로 그 선물들을 말하는 것입니다. 따라서 저는 주장합니다. 모든 행복한 신들 중에서도, 만약에 이런 말을 하는 게 합당하고 신의 노여움을 사지 않는다면, 에로스가 가장 행복하고 가장 아름다우며 가장 훌륭하다고요. 에로스는 이런 성격의 신이기에 가장 아름답습니다. 첫째로, 그는 신들 중에서도 가장 젊다오, 파이드로스! 이 주장에 대한 큰 증거를 그 자신이 제공해 주고 있습니다. 빠 른 게 분명한 노령을 잽싸게 피함으로써 말입니다. 어쨌든 노령은 필요 이상으로 더 빨리 우리에게 다가옵니다. 노령이야말로 에로스가 그 본성상 혐오하거니와 상당히 먼 거리를 두고서 접근하지도 않습니다. 그러나 젊은이들과는 늘 함께 있으며 또한 젊습니다. 옛말이 옳으니까요. 닮은 것이 닮은 것에 언제나 접근한다죠.[149] 제가 파이드로스

---

149) 원어로는 'hōs homoion homoiō̧ aei pelazei'인데, 이의 원형은 《오디세이아》 17. 218에 나오는 것이고, "언제나처럼 신은 닮은 자를

와는 다른 많은 것에 있어 동의하지만, 이에 대해서는 동의하지 않습
니다. 에로스가 크로노스 그리고 이아페토스[150]보다도 더 오래되었다
c 는 데 대해서는 말입니다. 하지만 저는 주장합니다. 에로스는 신들 중
에서도 가장 젊고 언제나 젊다고요. 헤시오도스와 파르메니데스[151]가

닮은 자에게로 데려다준다(hōs aiei ton homoion agei theos hōs ton
homoion)"는 것이다. 우리의 이 대화편에서는 이를 옛말로 말하고 있
고, 《고르기아스》편(510b)에서는 옛날의 지혜로운 사람들이 한 말이라
며 아주 간결한 표현으로 "닮은 사람이 닮은 사람에게(ho homoios tō
homoiō)" 최대의 친구라고 말하고 있다. 그리고 《리시스》편(214a~b)에
서는 '언제나처럼(hōs aiei)'을 '언제나 진실로(aiei toi)'로만 바꾼 채 그
대로 호메로스의 구절을 인용하고선, 현자들의 글에서 "닮은 것이 닮은
것과(to homoion tō homoiō) 언제나 우애롭기 마련이다"라는 말을 하고
있는데, 여기에선 남성 정관사(ho) 대신에 중성 정관사(to)가 대치되어
있다. 이렇게 되면, 이는 사람들 간의 관계에만 이 현상이 적용되는 게 아
니라, 사물들과의 관계에서도 성립되고 있는 현상 또는 원칙으로 이해될
수 있는 길을 트게 된다. 바로 이를 플라톤은 그의 인식 이론에도 적용하
고 있다. 이를테면, 《파이돈》편(79a~b)에서 '존재하는 것들(ta onta)'
의 두 종류로 가시적인 것(to horaton)과 비가시적인 것(to aides)을 구
별하고, 이들 각각에 더 닮은(homoioteron) 앎의 주체를 몸(sōma)과 혼
(psykhē), 더 구체적으로는 감각(aisthēsis)과 지성(nous)으로 대응시키
면서, 앎의 문제를 다루기 시작했다고 볼 수 있겠기 때문이다. 곧 '닮은
것이 닮은 것에' 알려진다는 것이다.

150) 저 이름난 프로메테우스(Promētheus)의 아버지인 Iapetos는 크로노
스와 함께 우라노스와 가이아의 여섯 아들과 여섯 딸들 중의 아들들이다.
이들은 이른바 12 올림포스 신들의 앞 세대로서, 티탄들(Titanes)로 불린
다. 이들을 이렇게 부른 것은 우라노스가 크로노스에 의해서 거세당하고
서 일종의 저주의 뜻을 담고 한 지칭인 것 같으나(헤시오도스의 《신들의
계보》 207~210), 그 정확한 뜻은 알 길이 없다. 제우스의 세대에 앞선 세
대이기 때문에, 아리스토파네스의 《구름》(929, 998~999)에서 보듯, 크로
노스나 이아페토스는 '낡은' 또는 '구닥다리'에 대한 지칭이기도 하다.

151) Parmenidēs가 이와 관련된 언급을 했다는 것은 확인할 길이 없고,

말하는 신들과 관련된 옛적 일들은 아낭케[152]에 의해서 생겼지 에로스에 의해서 생기지는 않았다는 겁니다. 그들이 진실을 말했다면 말입니다. 왜냐하면 만약에 그들 속에 에로스가 있었다면, 서로 간의 거세나 가둠 그리고 그 밖의 다른 많은 폭력적인 일들은 일어나지 않았을 테니까요.[153] 오히려 에로스가 신들을 다스리게 된 이래로, 지금처럼, 애정과 평화가 일었겠죠. 그러므로 그는 젊으며, 젊음에 더해 보드랍습니다. 그러나 그에게는 신의 보드라움을 표현하는 데 있어서 호메로스와 같았던 시인이 부족합니다. 호메로스는 아테[154]를 신이라   d

---

아낭케에 관련해서는 그의 토막글 8. 30에서 언급은 하고 있으나 역시 별로 상관없는 맥락에서다.

152) Ananke는 필연 또는 강제성을 뜻하는 말이지만, 신격화된 것이다.

153) 우라노스의 거세와 관련해서는 헤시오도스의 같은 책 147~210에 언급되고 있으며, 180d의 아프로디테와 관련된 각주에서 이미 대충 언급했다. 우라노스를 거세하고서, 한때 주신 노릇을 했던 크로노스도 제우스에 의해 실권당한다. 이 과정은 같은 책 453~506에 기술되어 있는데, 그 대강은 이러하다. 크로노스는 자기와 아내 레아(Rhea) 사이에서 난 자식이 언젠가는 자신의 주신(主神) 자리를 빼앗게 될 것이라는 예언을 듣고서, 레아가 아이를 낳아 품에 안으려는 족족 삼켜 버린다. 그러나 한 아이를 낳는 길로 몰래 크레테 섬의 아이가이온 산(oros Aigaion＝크레테의 Ida 산)의 동굴에 숨기고, 대신 배내옷으로 싼 돌을 삼키게 한다. 이렇게 해서 살아남게 된 제우스가 성장해서, 메티스(Mētis) 여신의 도움으로 얻은 약을 크로노스가 먹게 함으로써, 이전에 삼킨 아들딸들을 다 토해 내게 하여, 이들과 힘을 합해 크로노스와 그의 형들(Titanes. 이들 중에서 맏이인 Ōkeanos만이 동조하지 않음)을 내몰아, 지하 세계의 제일 밑바닥인 타르타로스(Tartaros)에 가두어 버린다. 십 년이 걸린 이 싸움이 이른바 '티탄들과의 싸움(Titanomakhia)'이다. 이 전쟁과 관련된 이야기는 같은 책 617~735에 나온다. 이리하여 제우스를 주신으로 삼는 올림포스 신들의 시대가 열린다.

154) Atē는 짓궂음, 무모함, 심술 등을 뜻하는 말이지만, 앞서 '아낭케'의 경우처럼, 신격화된 것이다.

고 그리고 부드럽다고 말하고 있으니까요. 어쨌든 여신의 두 발이 보드라운 걸로 말입니다. 그는 말합니다.

여신의 두 발은 보드랍소. 결코 땅에 가까이 내딛질 않고,
결국 사람들의 머리 위를 걸어 다니기 때문이오.[155]

그러니까 그는 여신의 부드러움을 훌륭한 증거로써 증명해 보인 걸로 제게는 생각됩니다. 여신은 딱딱한 것 위로는 걸어 다니질 않고,

부드러운 것 위로나 걸어 다닌다는 걸요. 바로 같은 걸 우리도 에로스가 부드럽다는 데 대한 증거로 이용하게 될 것입니다. 그는 땅 위로도 두개골 위로도 걸어 다니지 않는데, 이것들은 썩 부드럽지가 못합니다. 그건 가장 부드러운 것들 안에서 걸어 다니며 또한 기거합니다. 그는 신들과 인간들의 성품들과 혼들 안에 집을 짓되, 모든 혼에 잇대어 그러진 않고, 어떤 혼을 만나든, 그게 딱딱한 성품을 가진 것이면, 떠나 버리지만, 부드러운 걸 가진 것이면, 거기에 기거하니까요. 따라서 그는 언제나 가장 부드러운 것들 속에서도 가장 부드러운 것들을 두 발로 온갖 방식으로 붙잡기에, 가장 부드러운 것임은 필연입니다.

다. 그러니 그는 가장 젊고 부드러우며, 이것들에 더해 그 형태에 있어서 유연하죠. 왜냐하면, 만약에 그게 딱딱하다면, 모든 방향에서 똘똘 말린 상태로 모든 혼에 먼저 들어왔다가 모르는 사이에 나가 버리

---

155) 호메로스의 《일리아스》 19. 92~93. 이 인용구 전후(91~94)를 연결하면, 이 대목은 이러하다. "제우스의 당당한 딸인 아테는 모두를 속아 넘어가게 하며,/ 파멸케 한다오. 여신의 두 발은 보드랍다오. 결코 땅에/ 가까이 내딛질 않고, 사람들의 머리 위를 걸어 다니며,/ 사람들을 괴롭히죠. 이 사람 아니면 저 사람 걸려들게 하면서."

길 할 수는 없겠기 때문입니다. 그것의 균형 잡히고 유연한 형태에 대한 큰 증거는 그 우아함인데, 바로 이것을 특히 에로스가 지니고 있다는 것은 모두가 동의하는 밥니다. 꼴사나움과 에로스 사이는 서로 늘 전쟁이니까요. 이 신의 꽃들 속의 거주는 색깔의 아름다움을 보여 주죠. 꽃이 없거나 꽃이 져 버린 몸이나 혼 그리고 그 밖의 다른 어떤 것에도 에로스는 자리를 잡지 않지만, 꽃이 만발하고 향기 그윽한 곳이면, 거기에 자리 잡고 머무니까요." b

"그래서 이 신의 아름다움에 대해서는 이것들로도 충분하며 또한 아직도 많은 게 남아 있지만, 그다음으론 에로스의 훌륭함(덕: aretē)에 대해 말해야만 하겠습니다. 그중에서도 가장 큰 것이 에로스는 신도 인간도 해치지 않으며 이들에 의해 해침을 당하지도 않는다는 겁니다. 에로스는 뭔가 당하더라도, 강제로 당하지도 않기 때문입니다. 강제가 에로스를 붙잡지는 못하니까요. 뭔가를 하더라도, 강제로 하 c 지도 않죠. 모두가 에로스에게는 모든 걸 자발적으로 돕기 때문이죠. 서로가 자발적으로 동의하는 것들을 '나라의 왕들인 법률'[156]이 올바르다고 선언합니다. 한데, 에로스는 올바름(정의: dikaiosynē)에 더해 절제(sōphrosynē)에도 관여하고 있죠. 절제는 즐거움들과 욕구들을 지배함이지만, 그 어떤 즐거움(쾌락: hēdonē)도 에로스보다 더 강

---

156) 이 표현은 아리스토텔레스가 《변론술》 1406a18~23에서 4세기에 아테네에서 활동했던 변론가이며 소피스테스였던 알키다마스(Alkidamas)가 썼던 이른바 '써늘한 형용구들(ta psykhra)'의 한 예로 지적했던 것이다. 그냥 '땀'으로 하지 않고 '축축한 땀'이라든가, 그냥 '법률'로 하면 될 걸 굳이 이런 식으로 표현한다는 지적이다. 여기에서 '왕들'이라 복수를 쓴 것은 법률(nomoi)이 법(nomos)의 복수 형태이기 때문이다. 이처럼 아가톤의 발언은 첫머리부터 당시의 변론가들, 특히 고르기아스의 영향을 많이 받은 것으로 드러나고 있다.

하지는 못하다는 데는 동의를 얻고 있죠. 그것들이 더 약하다면, 에로스에 의해 지배받을 것이고, 이게 지배한다면, 즐거움들과 욕구들도 지배하겠기에, 에로스는 각별히 절제가 있을 것입니다. 더 나아가서는 용기(andreia)의 면에서도 에로스와는 '아레스도 맞서지 못할 것

d   입니다.'[157] 왜냐하면 아레스가 에로스를 갖는 것이 아니라, 에로스가 아레스를 가지니까요. 아프로디테의 이야기처럼[158] 말입니다. 소유하는 자가 소유당하는 자보다도 더 강하죠. 여타의 모두 가운데서도 가장 용감한 자를 지배하는 자는 가장 용감할 것입니다. 그래서 이 신의 올바름(정의)과 절제 그리고 용기와 관련해서는 언급되었지만, 지혜(sophia)와 관련해 언급할 일이 남게 되겠습니다.[159] 따라서 가능한 한, 부족함이 없도록 애써야만 합니다. 그러면 첫째로, 에릭시마코

---

157) 소포클레스의 토막글 235에 나오는 것인데, 거기에서는 에로스가 아닌 '아낭케(Ananke: 필연)'로 되어 있다고 한다.

158) Erōs가 곧 Aphroditē인 걸로 보고서, 아프로디테가 전쟁의 신 Arēs와 놀아난 이야길 말하고 있는 것이다. 호메로스의 《오디세이아》 8. 266~366에서는 다리를 쩔뚝이는 헤파이스토스의 아내인 아프로디테가 아레스와 바람을 피우다 들켜서 혼이 나는 장면을 가인(歌人)이 노래하고 있다. 이들의 밀애 사실을 귀띔받아 알게 된 헤파이스토스는 이들을 망신 주고 벌주기 위해 자기의 침대 주변에 누구의 눈에도 보이지 않게 정교하고 섬세한 사슬로 올가미를 쳐 놓았다. 그런 줄도 모르고, 헤파이스토스가 멀리 간 것만 반기며, 그의 침대에 들어간 둘은 꼼짝할 수 없이 갇히고, 그는 이들을 망신 주기 위해 신들을 불러 모은다. 여신들은 오지 않고, 남신들만 와서 이 장면을 구경하는데, 모두들 웃으며, 오히려 아레스를 부러워한다. 그래서 맥 빠지게 된 그는 벌금을 물리는 걸로 해결을 본다.

159) 여기에서 에로스가 갖고 있는 훌륭함들(덕들: aretai)로 언급되고 있는 올바름(정의), 절제, 용기 그리고 지혜는 《국가(정체)》편 제4권에서 나라의 구성원들이 종합적으로 갖추어야 할 이른바 네 가지 덕목들로 집중적으로 다루고 있는 것들이다. 그만큼 아테네인들에게는 익숙한 덕목들인 셈이다.

스가 자신의 것을 그랬듯,[160) 저 또한 우리 분야의 기예[161)를 영예롭 e
도록 하겠는데, 이 신은 지혜로운 시인이어서, 다른 사람을 또한 시인
으로 만들 수 있죠. 에로스가 접촉하게 되는 자는, '이전에는 시가를
모르는 자(amousos)였더라도',[162) 모두가 아무튼 시인이 됩니다. 바
로 이를 우리로서는 에로스가 요컨대 시가와 관련된 모든 시작(詩作:
poiēsis)에 있어서 훌륭한 시인이라는 데 대한 증거로 이용하는 것이
적절합니다. 누군가가 갖고 있지 않거나 알지 못하는 것들은 남에게
줄 수도 없고 가르칠 수도 없을 것이기 때문입니다. 또한 사실이지 모 197a
든 동물의 출산이 에로스의 지혜[로 해서]라는 데 대해, 곧 이로 해서
모든 동물이 생겨나고 태어난다는 데 대해 누가 반대를 하겠습니까?
하지만 기술들의 제작 솜씨에 있어서, 이 신이 그 스승으로 되어 주는
자는 존중받고 빛나게 되겠지만, 에로스가 붙잡지 않은 자는 어둠 속
에 묻힐 것이라 걸 우리는 알고 있지 않습니까? 아닌 게 아니라 아폴
론은 궁술과 의술 그리고 예언술을 발명했는데, 이는 욕구와 사랑이
이끌어서였으니[163), 이 신 또한 에로스의 제자일 것이며, 무사 여신들 b

---

160) 의사인 에릭시마코스가 자기의 전문 기술인 의술과 에로스를 관련지
어 말했던 걸 두고 하는 말이다.
161) 원어는 technē로, 전문 분야의 기술이나 지식, 기법 등을 뜻하는 말
인데, 시작(詩作) 기술 또는 기법(hē poiētikē [technē])도 그 일종이기는
마찬가지겠다.
162) 에우리피데스(Euripidēs)의 전해지지 않는 《스테네보이아》(Sthene-
boia)의 토막글 663. 아리스토파네스의 《말벌들》 1074에서도 인용하고
있다.
163) 여기에서 말하는 욕구(epithymia)는 곧 욕망, 갈망 등을 뜻하기도 하
기에, 사랑과 욕망을 뜻하는 '에로스'와 같은 계열의 것으로 일단 볼 수
있고, 이런 것들을 신들도 저마다 사랑하고 배우려 한다고 해서 하는 말
이다. 그래서 200a 첫머리에서 보듯, 이 '욕구'는 사랑(erōs)과 바로 직결

은 시가(mousikē)로, 헤파이스토스는 대장장이 기술로, 아테나는 직물 짜는 기술로 그리고 제우스는 신들과 인간들을 다스림에 있어서 그 제자일 것입니다. 바로 이래서 에로스가 그들 속에 탄생하고서야 신들의 일들이 확립되기도 했는데, 이는 분명히 아름다움(kallos)에 대한 사랑입니다. 추함에 대한 사랑은 없으니까요. 그 이전에는, 제가 처음에 말씀드렸듯[164], 많은 무시무시한 일들이 일어났습니다. 전해 오다시피, 아낭케(필연)의 지배력으로 해서였죠. 하지만 이 신이 탄생한 뒤엔, 아름다운 것들을 사랑함으로 해서 신들에게도 인간들에게도 모든 좋은 것들이 생겼습니다."

c   "파이드로스, 이처럼 에로스는 그 자신이 첫째로 가장 아름다우며 가장 훌륭하고, 다음으로는 남들에게도 이와 같은 그 밖의 것들의 원인이 되고 있는 걸로 내게는 생각되오. 한데, 문득 뭔가 운문으로 말할 게 생각나는군요. 이 신은 이런 일들이 있게 하는 이라고.

  인간들 사이에는 평화를, 난바다에는 평온과 잔잔함을,
  바람의 잠듦을, 슬픔 속에서도 수면이 깃드는 걸.[165]

d   이 신은 우리에게서 소원함은 없어지게 하되, 친근함은 채워 주는데, 축제들이나 합창 가무들 또는 제물을 바치는 의식들에서 주도를 하게 됨으로써, 이런 모든 회합에 서로들 모이게 하여서죠. 상냥함은

  되고 있다.
  164) 195b~c.
  165) 이 시구에 대해서 Dover는 그의 주석에서 아마도 아가톤 자신의 것으로 말하고 있는 것 같지만, 우리가 알지 못하는 전거에서 인용하고 있는 것일 수도 있다고 말하고 있다.

이끌어 내되, 사나움은 내몰아 내면서. 호의는 베풀기 좋아하되, 악의를 보이는 일 없다오. 자비롭도록[166] 선량하오[167]. 지혜로운 이들에겐 우러러보게 되는 것이며, 신들에겐 감탄하게 되는 것이오. 그에 관여하지 않는 자들에겐 탐내게 되는 것이나, 크게 관여하고 있는 자들에겐 바람직한 것이오. 섬세함, 정교함, 화사함, 우아함, 열망, 갈망 등의 아버지이오. 좋은 것들은 보살피되, 나쁜 것들은 신경도 쓰지 않소. 노고와 두려움, 열망, 언어에 있어서 조타수이며, 갑판 위의 전사 e이고, 옆에 선 전우이며, 최선의 구조자이고, 일체 신들과 인간들을 장식해 주는 자요, 더할 수 없이 훌륭한 안내자이니, 모든 사람이 그를 아름답게 찬양하면서 그를 따라야만 하오. 그가 부름으로써 모든 신들과 인간들의 마음을 매혹하는 그 노래에 참여함으로써 말이오."

"파이드로스, 나의 이 발언을 그 신께 바치는 것이게 하시오. 일부는 여흥 삼아서 한 것이지만, 일부는 적절한 정도의 진지함으로 한 것인데, 내가 할 수 있는 한 최선을 다한 것이오." 그가 말했습니다.

---

166) 여기에서 '자비로운'의 원어는 hileōs인데, 이는 이 낱말의 몇 가지 뜻 가운데 하나이다. 이 낱말에 대해서는《법률》편 792b~793a에서 하고 있는 언급이 좋은 설명을 우리에게 제공해 주고 있다. 신탁이 '신의 상태 (diathesis)'로 표현한 것이 바로 이것인데, 이 경우에는 굳이 우리말로 옮긴다면, '심기가 편한 상태'로 번역할 수 있겠다. 즐거움을 추구하지도 않고, 괴로움을 아주 피하려고도 하지 않는, 그래서 '바로 중용을 반기는' 그런 마음 상태라고 하는데, 임신부가 가져야 할 마음 상태도 이런 것이라 말하고 있다.《국가(정체)》편 427b에서는 망자들이 누리고 싶어 하는 상태가 그런 것이라고 말하고 있다.

167) 텍스트 읽기에서 Usener의 읽기를 따라, 더러(Dover, Rowe 등)는 agathos(=good)로 읽지 않고, aganos(=mild, gentle)로 읽었는데, 이 읽기는 '온화한, 온유한'을 뜻하는 이 말과 hileōs(=propitious, gracious)가, agathos보다는, 더 동어 반복성이 강한 것 같아, 그냥 Burnet의 읽기를 따랐다.

198a 　아가톤이 그리 말하니, 참석했던 사람들 모두가 치는 박수 소리로 요란했답니다. 그 젊은이가 자신에게도 그리고 신께도 어울리게 발언을 했다 해서요. 그래서 소크라테스 님께서 에릭시마코스를 바라보며 말씀하셨답니다. "그러니까, 아쿠메노스의 자제여! 내가 좀 전에 두려울 것이 없는 두려움을 두려워하는 걸로[168] 그대에겐 생각되었소? 내가 방금 말한 바[169]가 예언가처럼 말했던 걸로 생각되지 않았소? 아가톤의 발언이 놀랄 정도일 것이고, 나는 당혹스러워할 것이라고 한 것이 말이오." 하고 말씀하신 겁니다.

　"둘 중의 하나는, 곧 아가톤이 훌륭하게 발언할 것이라는 건 예언가처럼 말씀하신 걸로 제게 생각됩니다. 하지만 저는 선생님께서 당혹스러워하실 거라고는 생각지 않습니다." 하고 에릭시마코스가 말했답니다.

b 　"그리고 여보시게, 이처럼 아름답고 온갖 것을 언급한 발언 다음에 발언을 하려고 하면서, 난들 그리고 다른 누군들 어찌 당혹스러워하지 않겠소? 다른 것들이야 그다지 놀라운 것들이 아니었소. 그러나 끝에 말한 낱말들과 표현들의 아름다움의 부분을 듣고서야 누가 얼떨떨하지 않겠소? 나로서는, 내 자신이 그럴 수도 없고 그것들에 근접하는 그 어떤 아름다운 것도 말할 수 없을 것이라는 생각을 하게 되어, 창피해서, 어디고 도망갈 곳만 있었다면, 거의 도망갔을 지경이었

c 다오. 또한 그 발표는 나로 하여금 고르기아스[170]를 연상케 해서, 영

---

168) '두려울 것이 없는 두려움을 두려워하는 걸로'는 헬라스어 문장으로 adees … deos dedienai인데, 일종의 두운법(頭韻法)으로서, 우리말로도 맞아떨어지는 것 같다. 아가톤의 수사(修辭)에 맞장구를 치는 것일 것이다.
169) 194a에서.
170) 앞서 196c의 각주에서 고르기아스와 관련된 언급은 하면서도, 정작

락없이 호메로스가 말한 상태를 겪었기 때문이오.[171] 아가톤이 자신

그에 대해서는 별다른 설명을 달지 않았는데, 이어지는 소크라테스의 발언과 연관되는 터라, 좀 더 언급을 해 두는 게 좋겠다. 그는 시켈리아(시칠리아)의 레온티니(Leontini) 출신(약 485~약 380)으로 프로타고라스(Prōtagoras: 약 490/485~약 420/415)와 더불어 당시의 소피스테스들 중에서도 그 영향력이 가장 컸던 인물이었다. 427년에 사절로 아테네에 갔으며, 이후 변론술(rhētorikē)을 통해 많은 추종자를 길러 낸다. 당시 아테네의 민주 정치에서 지도자들에게 요구되는 설득의 능력을 보장해 주는 것이 곧 변론술이었으니, 이는 언변에 능한 사람으로 만드는 기술이다. 그는 또한 철학에도 관여하여,《있지 않는 것(to mē on), 또는 자연(본질적인 것: physis)에 관하여》라는 책을 썼는데, 이 책의 제목 자체가 당시의 자연철학적 탐구에 대해 다분히 도전적이며 냉소적인 것이다. 그는 이 책에서 자기가 증명할 세 가지를 말하고 있는데, 그것들은 다음과 같다. 첫째로, 아무것도 존재하지 않는다. 둘째로, 설사 존재한다 할지라도, 사람이 그걸 알 수는 없다. 셋째로, 설령 알 수 있다 할지라도, 그걸 이웃에 전할 수 없고 설명해 줄 수도 없다. 이 대화편 194e~197e에서 아가톤이 한 발언은 고르기아스의 문체에 대한 놀라운 패러디로 평가받고 있는데, 이에 대해 Dover는 그의 주(pp. 123~124)에서 긴 설명을 하고 있다.
171) 여기에서 이런 말을 하는 것은 Gorgias와 Gorgō(또는 Gorgōn)를 연관시켜서다.《오디세이아》제11권은 흔히 Nekyia로도 불리는데, 이는 하데스에 있는 망령들을 불러 올려 앞일에 대해 묻기 위한 마법 의식을 뜻하는 것이다. 11. 633~635에서는 오디세우스가 무서운 괴물 '고르고의 머리(Gorgeiē kephalē)'를 지하 세계(Hadēs)의 여왕인 페르세포네(Persephonē)가 하데스에서 자기에게 올려 보내지나 않을까 하여 겁에 질려 있는 장면이 나온다. 헤시오도스의《신들의 계보》274~281에는 고르고 자매가 셋이며, 스텐노(Sthennō), 에우리알레(Euryalē) 그리고 메두사(Medousa)가 그들이고, 이들 중에서 메두사만 인간처럼 언젠가는 죽게 되는 운명을 타고났다고 한다. 그리고 여기에는 페르세우스가 메두사의 머리를 베어 낸 이야기가 나온다. 또한 핀다로스의《피티아 우승 송가》(Pythionikai) 10. 44~48에도 페르세우스가 메두사의 머리를 베고, 다채로운 뱀 머리카락들을 가진 이 머리로 이를 본 사람들에게 '돌로 굳어 버리는 죽음(lithinos thanatos)'을 가져다주는 장면이 나온다. 그러니까 바로 이어지는 문장은 고르기아스에게서 변론술을 잘 익힌 아가톤이

의 발언에서 언변에 무서운 고르기아스의 머리를 바로 나의 발언에 대항토록 보내며 끝맺음으로써 내 자신을 말 못하는 돌로 만들어 버리는 게 아닐까 두려웠다오. 그러고 보니, 제가 여러분과 함께 차례로

d 에로스를 찬양하기로 여러분과 합의하고 또한 사랑과 관련된 것들에 있어서 스스로 대단한 걸로 말했을[172] 때, 그때 그게 가소로웠다는 걸 제가 알게 되었습니다. 그러니까 그 문제에 대해선, 곧 무엇이고 찬양을 함에는 어떻게 해야만 하는지도 제가 전혀 모르면서 말입니다. 어리석음으로 해서 저는 찬양을 받게 되는 각각의 것에 대해 진실을 말해야만 하고, 이것들이 그 기반이 되어야만 하지만, 이 가운데서도 가장 아름다운 것들을 가려내서, 이를 가장 적절하게 제시해야만 한다고 생각했기 때문입니다. 또한 저는 무엇이건 찬양함에 있어서 그 진실을 알고 있기에, 잘 말할 수 있을 것이라고 그야말로 아주 허황된 생각을 했었습니다. 그러나 실은 이것이 어떤 것이건 훌륭히 찬양하는 것이 아니라, 그 대상에 대해 최대한 위대하고 최대한 아름다운 걸

e 귀속시키는 것인 것 같습니다. 그게 사실로 그렇건 또는 그렇지 않건 간에 말입니다. 설령 그것들이 거짓일지라도, 아무런 문제도 아닐 것입니다. 왜냐하면 먼저 공표한 바는, 우리가 저마다 에로스를 찬양하는 걸로 보이는 것이었지, 실제로 찬양하게 되는 것은 아니었기 때문인 것 같아서요. 바로 이 때문에 여러분은 모든 말을 동원해서 에로스에 귀속시키고서, 그는 이런 것이라고 그리고 이처럼 많은 것의 원인

199a 이라고 주장하여, 그가 가장 아름답고 가장 훌륭한 것으로 보이게끔

마치 고르고의 머리 같은 무서운 힘으로 소크라테스를 말도 할 수 없는 돌처럼 굳어 버리게 하지나 않을까 두려웠다는 말을 하고 있는 것이다.
172) 177d에서.

하는 것입니다. 그야 모르는 사람들에겐 그 찬양이 훌륭하고 도도해 보일 게 명백하지만, 적어도 아는 자들에겐 실은 그렇지 않을 게 틀림없습니다. 그러고 보니 실은 제가 그 찬양의 방식을 알지 못하고 있었거니와, 그걸 알지도 못한 채로 스스로도 차례로 찬양하기로 여러분과 합의했던 겁니다. 그러니까 혀는 약속을 했지만, 마음은 그러지 않았던 것입니다.[173] 그야 개의치 맙시다. 여전히 그런 식으로 찬양하지는 않으니까요. 저는 그렇게 할 수도 없기 때문입니다. 그렇더라도, 여러분이 바라신다면, 진실을 제 방식대로 말하고 싶습니다. 제가 웃음거리가 되지 않기 위해서라도, 여러분의 발언들에 대응해서 발언하지는 않을 것입니다. 그러니까, 파이드로스, 혹시 어떤 점에서 이런 발언이라도, 곧 에로스에 대해 진실을 말하는 걸 듣길 원하는지 생각해 보오. 낱말들과 표현들의 배치에 있어서 그게 어떤 것이건 머리에 떠오르는 대로 말할 것이지만." 소크라테스 님께서 말씀하셨답니다.

그래서 파이드로스와 다른 이들도, 그분께서 어떤 식으로 말씀하셔야만 하겠다고 생각하시든, 그 방식대로 말씀하시라고 일렀다고 아리스토데모스가 말했습니다.

---

173) Dover는 이를 에우리피데스(Euripidēs)의 《히폴리토스》 612행 "혀는 맹세했지만, 마음은 맹세하지 않은 상태요."의 번안으로 말하고 있다. 아테네의 테세우스(Thēseus) 왕의 아들인 히폴리토스(Hippolytos)는 아르테미스(Artemis) 여신만 경배하고 아프로디테 여신을 경원했다. 이를 괘씸히 여긴 아프로디테는 에로스를 시켜 테세우스의 젊은 후처 파이드라(Phaidra)로 하여금 히폴리토스에 대한 상사병에 걸리게 한다. 이에 유모가 뚜쟁이 노릇을 하려 나섰는데, 이에 히폴리토스는 노발대발하지만, 이 사실을 부왕에게 고해바치는 짓만은 않기로 한다. 인용문은 이와 관련된 것이다.

"그러면, 파이드로스, 내가 아가톤에게 사소한 몇 가지를 더 질문하는 걸 허용해 주오. 그에게서 동의를 얻는 대로 바로 내 발언을 할 수 있도록 말이오." 하고 그분께서 말씀하셨답니다.

c   "허용합니다. 자, 질문하시죠." 하고 파이드로스가 말했답니다. 바로 이어서 소크라테스 님께서 이런 내용으로 발언을 시작했다고 아리스토데모스가 말했습니다.

"그렇지만, 친애하는 아가톤, 그대가 처음에 에로스가 어떤 성격의 신인지를, 그다음에 그가 하는 일들을 적시해야만 한다고 말하고선, 그대의 발언을 시작했던 것은[174] 훌륭했다고 내겐 생각되었소. 그 시작을 나는 몹시 찬탄하고 있소. 자, 그러면 에로스에 대해서, 그가 어떤 성격의 신인지를 다른 점들에서는 훌륭하게 그리고 당당하게 서술

d 했으니, 이것 또한 말해 주오. 에로스([ho] Erōs)는 이런 것, 곧 어떤 것(아무개)의 사랑(erōs)인가요 아니면 아무것도 아닌 것(아무도 아닌 자)의 사랑[175]인가요? 그게 어떤 어머니나 아버지의 것인지를 내가 묻고 있는 게 아니오. 에로스가 어머니의 사랑인지 또는 아버지의 사랑인지를 묻는 질문은 우스운 것이겠기 때문이오. 가령 내가 아버지를 그 자체로 물을 경우에, 아버지는 누군가의 아버지이겠소 아니겠소? 아마도 그대는, 만약에 그대가 제대로 대답하고자 한다면, 아버지는 어쨌든 아들이나 딸의 아버지라고 내게 말할 게 틀림없소. 그렇지 않소?"

---

174) 194e~195a에서.
175) 괄호 밖에는 사물을, 괄호 안에는 사람을 가리키는 것으로 처리한 것은 헬라스어 원문 tinos ē oudenos가 양쪽 다를 지칭하는 대명사들이기 때문이다.

"물론입니다." 하고 아가톤이 대답했답니다.

"그렇다면 어머니의 경우도 마찬가지겠고?" 그것 또한 그가 동의했답니다.

"그러면 몇 가지만 좀 더 대답해 주오. 내가 뜻하는 바를 그대가 더 e
잘 파악하게 하기 위해서요. 가령 내가 묻는다고 해요. '어때요? 형제
인 것 자체는 누군가의 형제인지 아닌지?' 하고." 소크라테스 님께서
말씀하셨답니다. 그렇다고 그가 대답했다더군요.

"그러니까 형제나 누이의?" 그가 동의했다더군요.

"그러면 사랑에 대해서도 말해 보도록 하오. 에로스([ho] Erōs)는
아무것도 아닌 것(아무도 아닌 자)의 사랑(erōs)인가요 아니면 어떤
것(아무개)의 사랑인가요?" 그분께서 물으셨답니다.

"분명히 뒤의 것입니다."

"이제 그럼 그대 곁에 이를, 곧 무엇의 사랑인지를 기억하고 간직하 200a
오. 이마저도 대답해 주오. 에로스는 사랑의 대상인 그것을 욕구하는
지 또는 그게 아닌지?" 소크라테스 님께서 물으셨답니다.

"물론 그렇니다." 그가 대답했다더군요.

"그가 욕구하고 사랑하는 것을 갖고 있으면서, 욕구하고 사랑하는
건가요 아니면 갖고 있지는 않고서, 그러는 건가요?"

"개연성으로는, 갖고 있지 않을 때인 것 같습니다." 그가 대답했답
니다.

"그럼, 생각해 보오. 개연성 대신에 필연성으로 보아, 이런 것인지.
욕구함은 부족한 것에 대해 욕구하는 것인지, 또는 부족하지 않으면,
욕구하지 않는 것인지? 아가톤, 내게는 그게 당연히 필연적이라 여겨 b
지네요. 한데, 그대에겐 어떠하오?" 소크라테스 님께서 물으셨답니다.

"제게도 그리 여겨집니다." 하고 그가 대답했다더군요.

"잘 말했소. 그러면 누군가가 키가 큰데도 키가 크기를, 또는 힘이 센데도 힘이 세기를 바라겠는지?"

"합의된 바로는 그럴 수 없습니다."

"이미 그 상태에 있는 자는 아마도 그것들이 부족하지 않을 것이기 때문이겠소."

"정말입니다."

또한 소크라테스 님께서 말씀하셨답니다. "만약에 힘이 센데도 힘이 세기를, 빠른데도 빠르기를, 건강한데도 건강하기를 바란다면, ─ 아마도 누군가는 이 경우들을 그리고 이런 모든 경우를, 그런 사람들이면서 그런 사람이길 그리고 자신들이 갖고 있는 바로 그것들을 갖고 있으면서 욕구하는 것이라 생각하겠기에, 우리가 오도되지 않기 위해서 말하고 있소만, ─ 아가톤, 그대가 생각을 해 본다면, 이들에게 있어서 이는 필연이오. 곧 자신들이 갖고 있는 이것들 각각을, 자신들이 바라건 바라지 않건 간에, 현재 갖고 있다는 것은. 그리고 어쨌든 이걸 누가 설마하니 욕구하겠소? 그런데도 누군가가 나는 건강한데 또한 건강하기를 바라고, 부유한데 또한 부유하기를 바라며, 내가 갖고 있는 것들, 바로 이것들을 또한 바란다고 말한다면, 우린 이 사람에게 말해 줄 수 있을 것이오. '여보시오, 당신은 부도 건강도 힘도 갖고 있는데, 앞으로도 이것들을 갖고 있기를 바라는 것이오. 당신이 바라건 또는 바라지 않건, 지금 현재는 당신이 갖고 있기 때문이오.' 하고. 그러니 생각해 보오. 그대가 '나는 지금 내게 있는 것들을 욕구하고 있다'고 말할 경우, 그대는 다름 아닌 이 말을, 곧 '나는 현재 내게 있는 것들이 앞으로도 있기를 바란다.' 고 하고 있는 게 아닌지 말이오. 그대 생각인들 다르겠소?" 아가톤이 동의했다고 하더군요.

그래서 소크라테스 님께서 물으셨답니다. "그러니까 이건 아직 자신에게 갖추어 있지도 않고 아직 갖고 있지도 않은 그것을 사랑함이니, 이는 장차 이것들이 자신에게 있게 되고 보존되어 있을 것이오?"

"물론입니다." 그가 대답했답니다.   e

"그러니까 이 사람도 그리고 욕구하는 그 밖의 모든 사람도 아직 갖추어져 있지 않은 것과 현재 [자신에게] 있지 않은 것을 욕구하거니와, 자기가 갖고 있지 않은 것과 자기 자신이 아닌 것 그리고 부족한 것, 이런 것들이 욕구와 사랑의 대상들이겠소?"

"물론입니다." 그가 대답했다더군요.

"자, 그러면 말한 것들을 요약해 보죠. 첫째로, 에로스는 어떤 것들에 대한 것이며, 그다음으로는 현재 자신에게 부족한 것들에 대한 것이지, 다른 것이겠소?" 소크라테스 님께서 말씀하셨답니다.

"그렇습니다." 그가 대답했답니다.   201a

"이것들을 전제로, 그대의 발언에서 에로스를 무엇들에 대한 것이라 했는지 기억해 보오. 원한다면, 내가 그대에게 상기시켜 주겠소. 나는 그대가 대충 이렇게 말한 걸로 생각하니까. 신들에게 있어서의 일들이 확립된 것은 아름다운 것들에 대한 사랑으로 해서라라고. 추한 것들에 대한 사랑은 없기 때문이라고.[176] 대충 이렇게 말하지 않았소?"

"실상 그렇게 말했죠." 아가톤이 말했답니다.

"어쨌든 온당한 말이기도 하오, 친구여! 그리고 이게 만약에 이러하다면, 에로스는 아름다움에 대한 사랑이지, 추함에 대한 것은 아니지 않겠소?" 소크라테스 님께서 말씀하셨고, 아가톤이 동의했답니다.

"그런데 부족한 것 그리고 갖고 있지 않은 것, 이것을 사랑한다고   b

---

176) 197b에서.

동의하지 않았소?"

"네." 그가 대답했답니다.

"그러면 에로스가 부족해하고 지니고 있지도 않은 것은 아름다움이오."

"필연입니다." 그가 대답했다더군요.

"그러면, 이는 어떻소? 아름다움이 부족하고 아름다움을 어떤 식으로도 갖지 못한 것을 그래 그대는 아름답다고 말하오?"

"분명히 그러지 않습니다."

"그런데도, 그대는 에로스가 아름답다는 데 동의하오? 이게 이러할진대 말이오."

그래서 아가톤이 말했다더군요. "소크라테스 님, 제가 그때 말했던 것들 중에서 제가 아무것도 알지 못하는 것 같군요."

c "그렇더라도 훌륭히 말했소, 아가톤! 하지만 사소한 것 한 가질 더 대답해 주오. 좋은 것들은 또한 아름다운 것들이라고[177] 그대에겐 생

---

177) 여기서와 다음 문장에서 아름다운 것들(ta kala: 단수는 to kalon)이 좋은 것들(ta agatha: 단수는 to agathon)과 동류의 것들로 언급되면서도, 좋은 것이 아름다운 것에 포함되는 것인 듯이 언급되고 있다. 그런가 하면, Dover도 지적하고 있듯, 204e에서는 이 둘은 바로 교체될 수 있는 것들로 다루어지고 있다. kalos의 그 기본적인 쓰임은 aiskhros와 반대어로서의 것인데, 이는 외관상으로 '추한', 도덕적으로 '부끄러운', '비천한' 또는 '불명예스런' 등을 뜻한다. 따라서 kalos는 '아름다운', '잘생긴', '준수한', '훌륭한', '멋진', '고상한' 등이 그 기본 뜻들이다. 이에 비해 agathos는 특히 호메로스 작품들의 배경이 되는 시대에는 귀족처럼 '출신이 좋은' 또는 지도자로서 '용기 있는', '유능한', '훌륭한', '좋은', '선한', '이로운' 등을 뜻한다. 경우에 따라, 이 둘을 아우르는 하나의 우리말은 '훌륭한' '훌륭하다'이다. 따라서 이 뜻으로 쓰인 경우에는, 둘 다 '훌륭한'으로 이해하고 그리 옮길 수밖에 없는 일일 것이다. 이와 관련해서는 K. J. Dover의 *Greek Popular Morality/ In the Time of Plato and Aristotle* (University of

각되지 않소?" 그분께서 물으셨답니다.

"제게는 그리 생각됩니다."

"만약에 에로스가 정녕 아름다운 것들이 부족한 상태에 있고, 좋은 것들은 아름답다면, 그건 좋은 것들이 또한 부족한 상태에 있을 게요."

"아, 소크라테스 님! 제가 선생님께 반박을 할 수 없겠네요. 선생님께서 말씀하시는 그대로인 걸로 하죠."

"실은 진리에 대해 그대가 반박할 수 없는 것이오, 사랑받는[178] 아가톤! 소크라테스에게 그러는 것이야 전혀 어려울 게 없소." 그분께서 말씀하셨답니다.

"그리고 이젠 그댈 놓아줄 것이오. 그러나 에로스에 관한 [나의] 발언은 언젠가 내가 만티네아 여인 디오티마에게서 들은 것입니다.[179]   d

---

California, 1974), pp. 69~73을 참조하는 게 도움이 되겠다.

178) 199c에서 말했듯이 '친애하는 아가톤!(ō phile Agathōn)'이라 하지 않고, 여기에서 이런 표현(ō philoumene Agathōn)을 쓴 것은, Dover의 지적처럼, 파우사니아스와의 관계를 염두에 두고서 하는 말일 수도 있고, 앞에서 했던 아가톤의 발언이 무색하게 된 데 대한 위로 겸 체면을 살리기 위한 인사치례로 비극 작가로서의 그의 인기와 미모를 연상케 하기 위한 표현일 수도 있겠다.

179) Mantinea(또는 Mantineia)는 펠로폰네소스 반도의 아르카디아(Arkadia) 지역에서 동부 쪽, 오늘날의 트리폴리스(Tripolis) 북쪽 고원지대(해발 630미터)에 있던 나라였다. 이곳 출신의 여인이라는 디오티마(Diotima)의 실존 여부와 관련해서는 설들이 분분하지만, 이 여인에 대한 전거는 오히려 이 대화편이다. 어쨌든 분명한 것은 일생을 통해 무지자로 자처하는 소크라테스가 갑자기 아는 자로서 에로스에 대해 이런저런 언급을 하게 할 수는 없다는 점이 이 가상 여인을 등장시켰을 것이라는 점이다. 말하자면 필요에 의한 그럼직한 허구의 동원은 플라톤이 효과

이 여인은 이것들에 있어서도 지혜롭고 다른 많은 것에 있어서도 그

적인 의사 전달을 위해 곧잘 쓰는 수법이고, 이 또한 그런 경우일 것이라는 것이다. 그리고 Mantinea의 여인은 mantis를 연상케 하는데, 이는 예언자나 델피의 무녀를 뜻하는 말이고, manteia는 예언의 능력이나 신탁을, 그리고 manteion은 신탁의 대답을 뜻한다. 그리고 Diotima라는 이름 자체도 어원상으로는 예사로운 게 아니라 할 것이다. 제우스의 소유격이 Dios인데, 여기에 timē(존경, 존중, 숭배)가 합성된 것이 이 이름이라는 것이다. 여기에는 '제우스를 숭배하는' 또는 '제우스가 존중해 주는' 그런 뜻이 담겨 있다. '디오티마' 라는 여인의 이런 종교적이고 예언자적인 면모는 본문에서 바로 이어지는 문장에서 언급되는 아테네의 역병 사건과도 관련지어지며 그 신비스러움을 한층 고조시킨다. 그런데 '사랑과 관련된 것들(ta erōtika)'에 있어서 소크라테스의 스승으로 여인을 등장시킨 것과 관련해서는 Dover가 흥미로운 견해를 피력하고 있다. 그의 견해와 연관 지어 가면서 말한다면, 대개 이런 것이 되겠다. 소크라테스의 철학적 담론은, 194d의 각주에서 언급한 바 있듯, 많은 경우에 출중한 젊은이들과의 소일(diatribē)을 통해 이루어진다. 이는 지혜 사랑과 관련된 논의이며 담론이고 그런 활동에의 종사이다. 마찬가지로 플라톤의 아카데미아에서도 젊은이들과의 그런 '소일'이 그 주요 일과들 중의 하나일 것이다. 그 때문에 온 헬라스에서 준수하고 뜻 있는 젊은이들이 이 학원에 입문한다. 그런 동료들과 '함께하기' 위해 그리고 스승들과 '함께하기(synousia)' 위해서다. 이는 동료들끼리는 대화이며 교류이고, 스승과는 강론 참석을 통한 수강이요, 사사함이며, 사제지간의 교류이다. 이는 오늘날 도처의 대학들에서 무제한으로 목격되고 있는 '함께하기'이다. 그러나 이는 당시로서는 아직은 생소했던 일이었다. 이 '함께하기(synousia)'는 여전히 '성관계', 특히 소년애의 관계를 연상케 하는 낱말이었고, 현대의 그리스에서도 오로지 '성관계'의 뜻으로만 쓰이는 낱말이다. 그러니 일생을 독신으로 지낸 플라톤이나 젊은이들과 허구한 날들을 함께 보내는 소크라테스로서는 이런 선입견에서 당시로서는 완전히 벗어나 있었다고 장담할 수는 없는 일이었을 것이다. 따라서 에로스와 관련된 전문가로서 디오티마라는 여성을 등장시킨 것은 그런 소년애에 얽힌 에로스의 부정적인 시선에서 벗어나 혼의 지적인 사랑으로의 이행을 좀 더 쉽게 받아들일 수 있게 하는 처방일 수도 있겠다. 그리고 플라톤이 지혜 사랑으로 가장 명망이 높았던 소크라테스가 디오티마라는 여인을 통해

랬습니다. 또한 이 여인은 그 역병 전에 제물을 바치는 아테네인들에게 한때 그 병을 십년이나 늦추어 주었죠.[180] 바로 이 여인이 제게 또한 사랑과 관련된 것들을 가르쳐 주었습니다. 그러면 그 여인이 해 준 설명을 저와 아가톤이 합의를 본 것들에서부터 시작해서 여러분께 자세히 말씀드리도록 해 볼 것입니다. 가능한 한, 저 혼자서 말입니다. 물론, 아가톤, 그대가 했듯, 에로스를 자세히 말해야만 하겠죠. 먼저, 에로스가 누구이며 어떤 성격인지를, 다음으로는 그가 하는 일들을 말   e 입니다. 따라서 언젠가 그 여자 손님이 제게 캐물으며 진행했던 것처

에로스의 알파와 오메가를 배우게 한 것은, 또한 그가《메넥세노스》편을 통해 아스파시아(Aspasia)라는 지성적인 여성을 당대의 민중을 언변으로 '홀렸다' 는 페리클레스의 변론 스승으로 내세우는 것과 같은 맥락에서 이해할 일이라고도 할 수 있겠다. 남성 위주의 사회에서 탁월한 여성들의 능력을 입증해 보이려는 이런 시도는 무제한의 자유와 평등을 내세우면서도, 여자와 관계되는 한, 이를 철저하게 외면한 아테네의 반쪽짜리 자유와 평등에 대해 맹공을 가한 플라톤의 소신의 반영일 수도 있다. 여자를 더 이상 여자로만 보지 말고, 같은 자격을 갖는 인간으로 대하며, 개인적 자질에 있어서도, 곧 이성 또는 지성의 면에서도 결코 차별할 수 없음을 실증적으로 보여 주려는 의도도 작용하고 있다고도 볼 수 있을 것 같다. 이런 남녀 양성의 평등에 대한 플라톤의 강조는《법률》편(781a~b, 804d~806c)과《국가(정체)》편(453c~466e)에서 확인할 수 있다.

180) 아테네에 큰 역병(loimos)이 돌았던 것은 430년의 일인데, 10년을 늦추었다면, 440년에 그랬다는 이야기인데, 그때 그런 위험이 감지되었다는 것은 역시 허구일 것이다. 비슷한 허구를 우리는《법률》편(642d~e)에서 만날 수 있다. 이는 크레테의 예언가 에피메니데스(Epimenidēs)가 예언에 따라 아테네로 와서 페르시아 전쟁(490~479) 10년 전에 제물을 바치고, 10년 안에는 침공을 하지 않겠지만, 10년 뒤에 침공하더라도 오히려 그들이 당할 것이라고 예언했다는 것이다. 아테네의 역병과 관련된 기록은 투키디데스의《펠로폰네소스 전쟁사》II, 47~57에 상세히 수록되어 있다.

럼, 그렇게 이야길 해 가는 것이 제게는 가장 쉬울 것으로 여겨집니다.

실은 저 또한 방금 아가톤이 그 밖에도 제게 했던 것들과 거의 같은 그

런 것들을 그 여인에게 말하고 있었으니까요. 에로스는 위대한 신이

라든가, 아름다운 것들을 대상으로 삼는 신이라고 말입니다. 그러니까

제가 이 사람을 논박하면서 했던 그런 주장들로 저를 논박한 겁니다.

에로스는 아름답지도 않고 좋지도 않다는 제 말대로 말입니다."181)

그래서 제가 말했죠. "어찌 하시는 말씀인지, 디오티마 님? 그럼,

에로스는 추하고 나쁜가요?" 하고.

그리고 그 여인이 말했습니다. "조용조용 말씀하시지182) 않으시겠

어요? 혹시, 무엇이건 아름답지 못한 것이면, 이건 추한 것인 게 필연

적이라고 생각하시나요?"

"그야 물론입니다."

"또한 지혜롭지 않으면, 무지한 걸로 생각하시고요? 혹시 지혜

(sophia)와 무지(amathia) 사이에 무언가가 있다는 걸 감지하지 못하

셨나요?"

"그게 뭔가요?"

---

181) 이후 212c3까지의 대화에서도 물론 아리스토데모스가 화자로서 아
폴로도로스에게 들려주는 형태를 취하고 있다. 그러나 이 부분은 반복될
간접 전달의 번잡한 대화 틀을 버리고 직접적인 대화의 분위기를 살린다
는 뜻에서, 바로 소크라테스가 디오티마와 대화를 했다고 말하는 그대로
의 형태를 취하게 했다.

182) 원어는 euphēmēseis이다. 종교적으로 흉한 말은 삼가고, 길한 말을
하는 걸 euphēmeō라 하되, 그런 분위기가 아닐 경우, '쉿!' 하고 경고하
는데, 그때 euphēmei(단수) 또는 euphēmeite(복수) 라는 명령 형태로 말
한다. 여기에선 에로스 신에 대해 소크라테스가 함부로 말하는 투가 되어
서 삼가는 게 좋겠다는 뜻에서 하는 말이겠다.

"옳은 판단을 하는 것(바른 의견들을 갖는 것)[183]이면서도 그 논거를 댈 수는 없는 것은 아는 것도 아니고, ─ 합리적인 설명을 하지 못하는[184] 것이 어떻게 앎(epistēmē)일 수 있겠습니까? ─ 무지도 아니나, ─ 사실인 것(to on)[185]에 적중하는 것이 어떻게 무지일 수 있겠습니까? ─ 지혜(phronēsis)[186]와 무지 사이에 있는 옳은 판단(바른 의

---

183) 원어는 to ortha doxazein인데, 이는 부정법(不定法) 명사이다. 따라서 이 문장의 끝 쪽에 나오는 '옳은 판단(바른 의견: orthē doxa)'을 갖고서 설명하는 것이 좋겠다. 이 문장에서 보듯, 판단 또는 의견(doxa)이 사실에 부합하는 것일 경우, 이는 물론 옳은 또는 바른 것이다. 그러나 그게 왜 그런지 그 근거 내지 논거(logos) 또는 이유나 원인(aitia)를 밝히지 못하는 것이면, 이치에 맞는 이른바 합리적인 설명하기(logon didonai)를 못하는 것이고, 따라서 진정한 뜻에서 '앎'일 수는 없다. 이와 관련해서는《메논》편 97a~98a에서 설명이 잘 되어 있거니와, 역자의《국가(정체)》편 402a의 본문 및 해당 각주를 참조하는 것도 도움이 되겠다.

184) 여기에서 '합리적인 설명을 하지 못하는'으로 옮긴 것의 원어는 alogon이다. 이는 바로 앞의 각주에서 말한 '합리적인 설명하기'에 이르지 못한 것이기 때문이다.

185) 여기에서 '사실인 것(to on)'으로 옮긴 것은 곧 '진실인 것'을 뜻한다. 철학사에서 '있는 것', '존재', '실재' 등으로 흔히 심각하게 다루어지는 to on을 사실적 판단과 결부하여 플라톤이 언급한 것을 우리는 그의《소피스테스》편(263a~b)에서 접하게 된다.

186) 202a 전체에서 보듯, sophia, epistēmē, phronēsis 셋 다가 amathia(무지: ignorance)와 반대되는 것들로 언급되고 있다. 지혜(sophia = wisdom), 앎(지식, 인식: epistēmē=knowledge), phronēsis(지혜, 슬기, 사려 분별: wisdom, prudence)가 이처럼 교체적으로 amathia와 반대되는 뜻의 것들로 쓰이는 것은, 비록 낱말들 자체는 다르지만, 그 기본 뜻은 같다는 것을 의미한다. 플라톤이 이들 낱말들을 기본적으로는 같은 뜻의 것들로 교체적으로 쓰고 있는 데는 물론 그 나름의 이유가 있다. 그의 경우에 지혜 사랑이 추구하는 참된 앎은 그냥 아는 것으로 그치는 게 아니라, 그 앎을 깨친 자의 인격과 함께 행위로 드러나게 되고, 그 영향은 개인의 처신에서 더 나아가 그가 속하는 공동체에 실제로 참여하지 않을 수 없게

견: orthē doxa)이 그런 것인 게 틀림없습니다." 여인이 말했습니다.

"참된 말씀입니다." 제가 말했고요.

b "그러니 아름답지 못한 것은 반드시 추하다고도, 좋지 않은 것은 반드시 나쁘다고도 주장하지 마세요. 마찬가지로 에로스 또한 좋은 것이 아니며 아름다운 것도 아니라는 데 당신 스스로 동의하고 있다고 해서, 에로스가 추하며 나쁨에 틀림없는 것으로 조금이라도 더 생각지는 마시되, 이들 둘 사이의 어떤 것(ti metaxy)이라 생각하세요." 여인이 말했습니다.

"그렇지만 그는 모든 이한테서 위대한 신이라고 동의를 받았습니다." 제가 말했습니다.

"식자들이 아닌 모든 이를 말씀하시는 건가요 아니면 식자들이기도 한 모든 이를 말씀하시는 건가요?" 그 여인이 물었습니다.

"그야 그 모든 이죠."

그리고선 여인이 웃으면서 말했습니다. "한데, 아, 소크라테스 님!
c 에로스를 전혀 신이 아니라고 말하는 이 사람들에게서 어떻게 위대한 신이라는 동의를 얻게 될 수 있겠는지요?"

"이들이 누군가요?" 제가 물었습니다.

"선생이 한 분이시고, 저 또한 한 사람입니다." 여인이 말했습니다.

제가 또 말했습니다. "무슨 뜻으로 그 말씀을 하시는 건지?" 하고.

또한 여인이 말했습니다. "그야 쉽지요. 제게 말씀해 주세요. 모든 신은 행복하고 아름답다고 선생은 말씀하시지 않나요? 혹시 선생은

됨으로써 확산되게 마련이라는 확고한 신념과 연계되어 있다. 그리고 그의 이 신념은 바로 스승인 소크라테스에게서 연유한다. 그런 예를 우리는 《국가(정체)》편 제4권(428e~429a, 433b~c)에서도 쉽게 확인할 수 있다.

신들 중에서 어떤 신은 아름답지도 행복하지도 않다고 감히 말씀하시겠어요?"

"맹세코, 저로선 못합니다." 제가 말했습니다.

"그런데 좋은 것들과 아름다운 것들을 갖추어 가진 자들을 행복한 이들로 말씀하시지 않나요?"

"물론입니다."

"그렇지만 선생은 에로스가 좋은 것들과 아름다운 것들의 부족으로 d
해서 부족한 바로 이것들을 욕구하고 있다는 데 동의하셨어요."

"실상 동의했죠."

"그런데 적어도 아름다운 것들과 좋은 것들에 관여하지 않는 자가 어떻게 신이겠어요?"

"결코 아닐 것 같습니다."

"그러니까 선생 또한 에로스를 신으로 믿지 않으신다는 것을 아시겠어요?" 여인이 말했습니다.

"그럼 에로스는 뭣일까요? 죽게 마련인 자일까요?" 제가 물었습니다.

"전혀 아니에요."

"그럼 뭐죠?"

"앞서의 경우처럼, 죽게 마련인 것과 불사의 것 사이의 것이에요." 여인이 말했습니다.

"그렇다면 뭣이죠, 디오티마 님?"

"위대한 영(靈, 신령: daimōn)[187]이죠, 소크라테스 님! 그리고 모

---

187) 호메로스의 경우에는 '다이몬(복수는 daimones)'은 신(theos)과 동의어로 쓰였다(《일리아스》 제1권 222, 《오디세이아》 제15권 261 등등).

e 든 영적인 것(to daimonion)은 신과 죽게 마련인 것의 사이에 있으니
까요."

"무슨 능력(기능: dynamis)을 가진 것인가요?" 제가 물었습니다.

"신들에겐 인간들 쪽의 것들을 그리고 인간들에겐 신들 쪽의 것들
을 해석해 주고 전달하는 것인데, 인간들의 탄원 및 제물 그리고 신들
의 지시 및 제물과의 교환, 이들 사이에서 중간에 있으면서 양쪽의 간
격을 메워 주어, 전체가 그 자체로 함께 묶이게 되도록 하죠. 이 영적
인 것을 통해서 일체의 예언술이 작동하며 제관들의 기술 그리고 곧
제례 의식이나 입교(入敎) 의식[188], 주문, 일체의 예언[189] 및 마법과

그런가 하면, 헤시오도스의《일과 역일》109~123에서는 크로노스가 다
스리던 시기에 태어난 최초의 인류가 황금족인데, 이들이 땅 밑에 덮이게
된 뒤에, 이들이 지상에 머무는 '순수한 영들(daimones hagnoi)'로 되어,
사멸하는 인간들의 수호자들(phylakes) 곧 수호신들이 된 것으로 말하고
있다.《소크라테스의 변론》편 27b~e에서도 이와 관련된 언급을 하고 있
다. 또한《국가(정체)》편 617e에서는 각자가 선택하는 삶과 관련되어 혼
을 지키는 수호신으로 언급되고 있다. 그리고 '영적인 것'으로 옮긴 to dai-
monion은 daimōn의 형용사에 중성 정관사 to가 결합되어, 명사화된 것
이다. 이와 관련해서는《파이드로스》편 242b의 해당 각주를 참조할 것.
188) 헬라스 사회에서 큰 영향력을 미친 비교(秘敎) 또는 밀교(密敎)로서
는 디오니소스교 또는 오르페우스(Orpheus)교나 엘레우시스(Eleusis)교
가 있었는데, 이들 종교 단체는 그들만의 비밀스런 밀교 의식을 가졌다. 이
를 헬라스어로는 mystēria(ta mystēria=the mysteries)라 한다. 그리고 이
종교에 입교(入敎: myēsis, 영어로는 initiation이라 함)하는 사람을 위한
의식이 이른바 입교 의식(入敎儀式: teletai, 단수로는 teletē)이다.
189) 바로 앞에서 예언술(mantikē)이 나왔는데, 여기에서 예언(manteia)
이 다시 언급되는 것은 뒤의 경우는 정식 제관(hiereus)을 통한 신탁
(manteion) 형태의 것인 데 비해, 앞의 경우에는 개인 자격의 점술가나
예언가의 기술을 두고 하는 말이겠다. 그리고 hiereus에는 제관 이외에도
제물을 바치는 사람 및 예언가의 뜻도 있다.

관련되는 기술이 작동합니다. 그러나 신은 인간과 직접적으로 섞이지
않고, 신들과 인간들의 일체의 교류와 대화는, 깨어 있을 때나 잠들어
있을 때나,[190] 이것을 통해서 있지요. 그리고 이런 것들에 밝은 사람
이 영적인 사람(daimonios anēr)이죠. 다른 것에 있어서 곧 어떤 전문
적 기술들이나 수공예에 밝은 사람은 직인이고요. 바로 이들 영들은
여럿이며 온갖 종류의 것들이 있는데, 이들 중의 하나가 또한 에로스
입니다."

"그 아버지와 어머니는 누구인가요?" 제가 물었습니다.

여인이 말했습니다. "이야길 하자면 꽤 긴 편이에요. 그렇더라도 선   b
생께 말씀드리죠. 아프로디테[191]가 태어났을 때, 신들이 잔치를 했는
데, 다른 신들도 있었지만 그들 중에는 메티스의 아들 포로스[192]도 있
었어요. 한데, 만찬이 끝났을 때, 잔치가 있을 때 그러듯, 페니아[193]가

---

190) 잠들어 있을 때의 교류는 꿈을 통해서겠다.

191) 여기서 말하는 아프로디테는 디오네와 제우스 사이에서 난 딸, 곧 세
    속적인 아프로디테이다. 이와 관련해서는 180d의 본문 및 해당 각주들을
    참조할 것.

192) Mētis는 지혜, 재주, 꾀 등을 의미하는 말의 신격화인데, 제우스의
    첫째 아내이다. 헤시오도스의 《신들의 계보》 886~900에 따르면, 제우스
    는 메티스가 임신했을 때, 그를 삼켜 버렸는데, 이는 제 아내가 아테나를
    낳은 다음에, 자신의 자리를 빼앗을 아이를 또한 낳을 것임을 알고 있어
    서였다고 한다. Poros는 '통로', 어떤 것을 이루거나 성취하는 '방도'나
    '수단', '획득', '마련함' 등을 의미하니, 곧 이런 것이 '풍부함'을 뜻한
    다. 이런 것이 없는 상태를 aporia라 한다. 그리고 복수 poroi는 '방도'와
    '수단', '방편' 내지 '방책', '자원'이나 '자산' 등을 의미하는데, 이를
    신격화한 것이 Poros이다. 따라서 신격화한 그는 '부유' 또는 '풍부함'의
    신이다.

193) Penia는 가난, 궁핍, 결핍 등의 신격화 곧 '가난'의 신이다. poros의
    반대되는 의미이다.

구걸을 하며 왔는데, 문간에 와 있은 겁니다. 어쨌든 포로스는 넥타르[194]에 취해, — 아직 포도주가 없었기 때문이죠. — 제우스의 정원으로 들어가 축 늘어져서 잠들어 있었고요. 그래서 페니아는 자신의 궁한 처지로 해서 포로스에게서 아이를 가질 궁리를 하고서는, 그 옆에 눕게 되어 에로스를 잉태하게 되었어요. 바로 이 때문에 에로스는 아프로디테의 수행자 및 시중드는 자가 되었는데, 여신의 생일잔치에서 태어나게 된 데다, 또한 천성으로 아름다운 것에 대해 사랑하는 자이며 아프로디테 또한 아름다워서죠. 어쨌거나 에로스는 포로스와 페니아의 아들이어서, 이와 같은 운명에 처하게 되었죠. 첫째로, 그는 늘 가난하며, 많은 이가 생각하듯, 부드러움과 아름다움에는 한참 미치지 못하고, 경직되어 있고 지저분하며 맨발이고 집도 없으며 언제나 땅바닥에 눕고 덮지도 못하고 문간에서 그리고 길 위의 한데서 잠자는데, 어머니의 천성을 지니고 있어서 언제나 모자람과 동거하고 있죠. 또한 아버지를 따라 아름다운 것들과 좋은 것들에 대해 책동을 하는 자이고, 용감하며 저돌적이고 맹렬하며, 약삭빠른 사냥꾼이며, 언제나 어떤 방책들을 짜내고, 지혜를 욕구하는 자이고 강구하며, 일생을 통해서 지혜 사랑을 하며, 유능한 마술사이며 마법사요 소피스테스입니다. 또한 그는 불사하는 자로 태어나지도 않았으며 사멸하는

---

194) nektar는 신들이 마시는 술, 곧 신주이다. 아마도 아직은 인간을 위한 포도주(oinon) 제조 기술이 발명되지 않았을 때이기도 하지만, 바로 그다음의 삽입구는 어쩌면 포도주가 넥타르보다도 더 강한 것이라는 뜻으로 하는 말일 수도 있겠다. 또한 신들은 인간들이 먹는 밀빵(sitos)을 먹지 않고 암브로시아(ambrosia: 신찬)를 먹음으로써, 역시 불사성(不死性: ambrosia, athanasia)을 지니며, 신들 곧 불사의 존재들(hoi athanatoi)에는 죽게 마련인 존재들(thnētoi)의 피(haima)와는 본질적으로 다른 영액(ikhōr)이 흐른다고 헬라스인들은 생각했다.

자로 태어나지도 않았고, 때로는 같은 날에도, 번창할 때는, 활기차고
살아 있다가도, 때로는 죽어 있다가도, 아버지의 성향으로 해서 다시
소생하는데, 마련해서 갖추게 된 것은 언제나 사라져 가서, 에로스는
결코 궁하지도 않고 부유하지도 않으며, 지혜와 무지의 중간에 있죠.
사실은 이러하기 때문입니다. 신들 중의 아무도 지혜 사랑을 하지 않
으며, 지혜로워지려고 욕구하지도 않아요. 이미 지혜롭기 때문이죠.
그들 이외의 다른 누군가가 지혜롭다면, 그도 지혜 사랑을 하지 않겠
고요. 또한 무지한 자들도 지혜 사랑을 하지 않으며 지혜로워지려고
도 하지 않아요. 바로 이 점에서 고약한 것이 무지이기 때문인데,[195]
훌륭하디훌륭하지도[196] 지혜롭지도 않으면서 스스로는 족한 것으로

---

195) 소크라테스는 무지자로 자처한 사람이다. 그런데도 그를 따르던 카
이레폰(Chairephōn)은 델피의 신탁을 통해서 당대에 그보다도 더 지혜
로운 자는 없다는 대답을 듣고, 이 신탁의 대답을 그에게 전했다. 그는 그
럴 리가 없다고 생각하고, 자기보다 현명한 자를 찾아냄으로써 신탁에 대
한 반증을 꾀한다. 그러나 당대의 이른바 각계 전문가들을 찾아 그들과
의 대화를 통한 현자 찾기의 캐물음(exetasis) 작업은 그들의 무지의 확인
으로 끝난다. 그들은 자신들이 결국 무지하다는 것도 모르고 있더라는 것
이다. 반면에 자신은 참된 앎에 대해 무지하다는 사실만은 알고 있다는 사
실을 확인하며, 그런 점에서 그들보다는 낫다는 것이다(《소크라테스의 변
론》편 20e~22e). 무지에 대한 무지의 경우와는 달리, 무지의 자각은 앎
에 대한 강한 욕구를 불러일으킨다. 그래서 그는 참된 앎을 찾기 위한 작
업에 나서는데, 이게 그의 이른바 '디아트리베'(194d의 각주 및 201d의
각주 참조)요, 방법으로서의 문답법(dialektikē)이다. 이 문답법은 결코
진정한 의미에서 앎(epistēmē)일 수 없는 개인적 의견 또는 판단(doxa)
을 참된 앎으로 잘못 알고 있다는 것을 자각케 하는 논박(elenkhos)과 저
마다가 가진 이성(logos)의 능력을 최대한 활용함으로써 참된 앎을 낳는
산파술(maieutikē)의 두 과정을 거치게 하는 것이다. 그래서 그의 대화
(dialogos)는 참된 앎을 얻기 위한 공동 탐구(syzētēsis)의 성격을 갖는다.
196) 원어 kalos kàgathos는 kai agathos를 모음 축합(母音縮合: crasis)하

여기는 것이죠. 그러니까 부족하다고 생각지 않는 자가 스스로 부족하다고 여기지 않는 것을 욕구하지는 않을 테니까요."

"그러면 지혜 사랑을 하는 자들은 누구인가요, 디오티마 님? 그들이 지혜로운 자들도 아니고 무지한 자들도 아니라면 말입니다." 제가 물었습니다.

b "그건 이제 아이한테도 아주 명백합니다. 이들 양쪽 무리 사이에 있는 자들인데, 에로스도 이들 속에 포함됩니다. 그야 가장 아름다운 것들 속에 지혜(sophia)가 포함되기 때문이지만, 에로스(Erōs)는 아름다운 것에 대한 사랑(erōs)이어서, 에로스는 필연적으로 지혜를 사랑하는 자(philosophos)이며,[197] 지혜를 사랑하는 자이기에 지혜로운 자와 무지한 자 사이에 있는 게 필연적이에요. 그에게 있어서는 그 출생이 그 원인이고요. 지혜롭고 풍부한 아버지와 지혜롭지도 못하며

여 kalos와 합성한 관용어이다. 헬라스어로 kalos(beautiful, fine)는 '아름다운', '훌륭한' 등을 뜻하고, agathos(good)는 '좋은', '훌륭한'을 뜻하며, kai는 영어 and에 해당되는 접속사다. 이 두 낱말과 관련해서는 이미 201c의 해당 각주에서 부분적으로 언급했다. 경우에 따라, 이 둘을 아우르는 하나의 우리말은 '훌륭한', '훌륭하다'라고 말했다. 이런 형태의 합성어는 '훌륭한'을 강조하는 형태로 볼 수 있겠고, 이를 우리말로는 '훌륭하디훌륭한'으로 옮기는 게 좋다고 역자는 평소에 생각해 온 터라 그리 번역한다.

197) 본문에서 괄호 속에 원어들을 연속적으로 노출시킨 것은 발언 진행의 맥락에 대한 이해를 돕기 위해서다. 관련어들을 정리하면 이렇다. sophia(wisdom: 지혜), sophos(wise: 지혜로운, 현명한), ho sophos (a wise person: 현자, 지혜로운 자), philosophos(philosopher: 지혜를 사랑하는 자, 철학자), philosophia(philosophy: 지혜 사랑, 철학), philosophein(to philosophize: 지혜 사랑하기, 철학함) 등. 바로 앞의 소크라테스의 물음 중에서 '지혜 사랑을 하는 자'은 [hoi] philosophountes이다.

궁한 어머니 사이의 출생 말이에요. 그러니까, 친애하는 소크라테스 님, 이게 그 영(靈: daimōn)의 본성입니다. 선생께서 에로스라 생각하신 것엔 전혀 놀라울 게 없어요. 선생께서 말씀하시는 것들을 근거 c로 판단하는 제게는 선생께서 생각하시는 에로스는 사랑받는 것이지, 사랑하는 쪽인 것은 아닌 것으로 여겨지네요. 이 때문에 선생께는 에로스가 아주 아름다운 것으로 보였던 것이라 저는 생각해요. 아닌 게 아니라 사랑스런 것은 참으로 아름답고 우아하며 완전하고 축복받는 것이니까요. 하지만 사랑을 하는 쪽인 것은, 제가 말했던 그런 다른 성격을 갖고 있습니다." 여인이 말했습니다.

제가 또한 말했습니다. "좋습니다, 손님! 실상 훌륭한 말씀입니다. 에로스가 그런 것이면, 에로스는 인간들에게 무슨 소용[198]인가요?"

여인이 말했습니다. "소크라테스 님! 다음으로, 바로 그걸 제가 선 d생께 가르쳐 드리도록 할 것입니다. 에로스는 물론 그런 것이며 출생이 그런 것이기에, 선생께서 말씀하시듯, 아름다운 것들에 대한 것이죠. 하지만 가령 누군가가 우리에게 묻는다고 해요. '왜 에로스는 아름다운 것들에 대한 것인가요, 소크라테스 그리고 디오티마? 더 자세히는 이렇게 되겠네요. 사랑하는 자는 아름다운 것들을 사랑합니다. 왜 그것들을 그가 사랑하죠?' 하고요."

그리고 제가 말했습니다. "그것들이 자기에게 생기게 되었으면 해서죠."

---

198) 원어는 khreia인데, 이 경우에 이는 그 '쓰임', '소용' 또는 '하는 일' 이나 '기능'이 되겠다. 이 물음에 대한 대답을 212b까지에 걸쳐서 디오티마가 하게 된다. 곧 에로스가 '아름다움 자체'를 인간의 혼이 마침내 볼 수 있도록 사다리를 밟듯 단계별로 인도하는 '조력자(synergos)' 구실을 하는 데 그 쓰임이나 기능이 있다는 설명을 하게 되는 것이다.

"그러나 그 대답은 아직도 다음과 같은 질문을 요구해요. '아름다운 것들이 그에게 생기게 될 경우, 그에게는 무엇이 있게 되나요?' 라는 질문을요." 여인이 말했습니다.

그 질문에 대해 저는 아직 곧바로 대답을 할 수 있는 상황이 전혀 아니라고 말했습니다.

e "하지만 가령 누군가가 아름다운 것 대신에 좋은 것을 이용해서[199] 묻는다고 해 보세요. '자, 소크라테스 님! 사랑하는 사람은 좋은 것들을 사랑합니다. 왜 그는 그것들을 사랑하죠?'" 여인이 물었습니다.

"자신에게 그것들이 생겼으면 해서죠." 제가 대답했습니다.

"그리고 좋은 것들이 그에게 생기면, 무엇이 그에게 있게 될까요?"

"그건 더 쉽게 대답할 수 있겠습니다. 그가 행복해질 것이라고요." 제가 말했습니다.

205a "행복한 사람들이 행복한 것은 실은 좋은 것들의 소유로 해서이며, 더 이상 더 물을 필요가 없지요. '행복하기를 원하는 사람이 무엇을 위해서 그리되기를 원하나요?' 하고 말이에요. 선생의 대답은 그것으로 종결된 걸로[200] 여겨지네요." 여인이 말했습니다.

"참된 말씀입니다." 제가 말했습니다.

"그러면 이 원함과 이 사랑은 모든 인간에게 공통된 것이라고, 그리고 모두가 좋은 것들이 자신들에게 늘 있기를 원하는 걸로 선생께선 생각하시는지 아니면 어떻게 말씀하시겠는지?"

"말씀하시는 대로죠. 모두에게 공통된 것입니다." 제가 대답했습

---

199) 201c에서 본문 및 해당 각주 참조.
200) 원어는 telos ekhein인데, telos는, 영어의 end나 라틴어 finis도 그렇듯, '끝'과 '목적' 양쪽 다를 뜻한다. 그리고 telos에는 '완성'의 뜻도 있다.

니다.

"그럼 왜죠, 소크라테스 님? 모두가 사랑한다고는 우리가 말하지 않는 것은요. 정녕 모두가 같은 것들을 사랑하고 그것도 늘 그런다면, 어떤 이들은 사랑하고, 어떤 이들은 그러지 않는다고 우리가 말하는 것은요?" 여인이 물었습니다.   b

"저 자신도 놀라워하고 있습니다." 제가 말했습니다.

"하지만 놀라워하시진 마세요. 확실히 우리는 사랑에서 어떤 한 종류를 떼어 내서, 이에다 그 전체의 이름을 적용해서, 사랑으로 일컫되, 다른 것들엔 다른 이름들을 쓰고 있으니까요." 여인이 말했습니다.

"이를테면 무엇과 같은 경우인가요?" 제가 물었습니다.

"마치 이와 같은 거예요. 선생께선 제작(만듦: poiēsis)²⁰¹⁾이 여러 가지 것이라는 사실을 알고 계십니다. 그건 실은 무엇이건 있지 않은 것에서 있는 것으로 이행해 가는 것에 대한 일체의 원인(aitia)이어서, 일체의 기술들에 의한 생산들도 제작들이며, 이것들의 장인(丈人: dēmiourgos)들도 모두가 제작자(poiētēs)들이죠."   c

"참된 말씀입니다."

"그런데도 그들은 제작자들(poiētai)로 불리지 않고, 다른 이름들을 갖는다는 걸 선생께서 알고 계시죠. 일체의 제작에서 한 부분을 분리해서 시가(mousikē) 및 운문(ta metra)과 관련되는 부분을 전체의

---

201) poiēsis의 일반적 의미는 '만듦(making)', '제작(fabrication)' 등이지만, 전문 용어로는 시를 짓는 행위 곧 '시작(詩作: poesy, art of poetry)'을 뜻한다. 따라서 이런 만듦의 결과물을 지칭하는 poiēma에도 '시(poem)'가 포함되는 것은 당연하겠다. 또한 같은 이치로 일반적 의미의 '제작자'를 뜻하는 poiētēs(maker)가 전문 용어로서는 '시인(poet)'을 뜻한다. 여기에서는 이를 갖고서 이런 얽힌 이야길 하고 있는 것이다.

이름으로 일컫게 된 거죠. 이것만 '포이에시스(poēsis: 詩作)'로 불리고, 제작의 이 부분에 관여하는 자들이 시인들(제작자들)로 불리니까요." 여인이 말했습니다.

"참된 말씀입니다." 제가 말했습니다.

d "그러니까, 사랑의 경우 또한 그런 겁니다. 요컨대, 좋은 것들과 행복함에 대한 일체의 욕구가 모두에게 있어서 '최고의 것이며 속아 넘어가게 하는[202] 사랑'이죠. 그러나 여러 가지 다른 길로 사랑으로 향하는 사람들을, 곧 돈벌이를 따라 또는 체육 사랑을 따라 또는 지혜 사랑을 따라 그러는 사람들을 '사랑을 하고 있다'고도 '사랑하는 사람들'이라고도 말하지는 않죠. 하지만 어떤 하나의 종류를 따라가며 열성을 쏟는 자들이 그 전체의 이름을 갖게 되는데, '사랑'과 '사랑함' 그리고 '사랑하는 사람들'이 그것이죠."

"참된 말씀을 하시는 것 같습니다." 제가 말했습니다.

"또한 이런 이야기도 하고 있죠. 자신들의 반쪽을 찾고 있는 자들,
e 이들이 사랑을 하고 있는 것이라고 말입니다.[203] 그러나 제 이야긴 사랑은 반쪽에 대한 것도 전체에 대한 것도 아니라는 겁니다. 어쨌든 그것이 확실히 좋은 것이 아닌 한은 말이에요, 친구시여! 실은 사람들이 자신들의 손발조차도, 자신의 것들인 이것들이 나쁜 상태의 것들인 걸로 자신들에게 여겨질 경우에는, 잘라 내고 싶어 하니까요. 왜냐하면 사람들이 저마다 자신들의 것이라 해서 반기는 것으로는 제가 생

---

202) 좋은 것인 줄 알고 욕구하지만, 잘못 판단해서 선택한 것일 수도 있다는 뜻으로 하는 말이다. 그리고 이 인용구는 출처가 분명치 않은 시구(詩句)인 것 같다.

203) 앞서 189e~193d에서 한 아리스토파네스의 발언에 대한 반론인 셈이기도 하다.

각지 않기 때문이에요. 누군가가 좋은 것은 자신에 속하는 자신의 것이라 하되, 나쁜 것은 남의 것이라 하는 게 아니라면 말이에요. 사람들이 사랑하는 것은 좋은 것 이외의 다른 어떤 것도 아닌 까닭에서죠. 혹시 선생께는 사람들이 다른 걸 사랑하는 걸로 생각되시나요?" 여인이 말했습니다.

"단연코, 제겐 그리 생각되지 않습니다." 제가 대답했습니다.

"그렇다면 사람들은 좋은 것을 사랑한다고 이처럼 단순히[204] 말할 수 있는 것인가요?" 여인이 물었습니다.

"네." 제가 대답했습니다.

"어떤가요? 좋은 것이 또한 자신들에게 있게 되는 걸 사랑한다고 덧붙여야만 하지 않겠어요?" 여인이 물었습니다.

"덧붙여야만 합니다."

"그러니까 또한 있게 되는 것만이 아니라, 언제나 있게 되는 것이겠죠?" 여인이 물었습니다.

"그것 또한 덧붙여야만 합니다."

"그러면 요컨대 사랑은 좋은 것이 자신에게 언제나 있게 되는 것에 대한 것이네요." 여인이 말했습니다.

"더할 수 없이 참된 말씀입니다." 제가 말했습니다.

"이런 게 언제나 사랑이므로, 무슨 방식으로 그리고 무슨 행위에 있b어서 이를 추구하는 자들의 열의와 진력이 사랑으로 불릴 수 있을까요? 이 기능(ergon)은 무엇인가요? 말씀하실 수 있으신지?" 여인이

---

204) 여기에서 '단순히'로 옮긴 haploun은, 그다음 문장에서 보듯, 추가적으로 다른 말이나 조건을 달지 않고, 그것으로 끝내는 말에 대해 하는 표현이다.

물었습니다.

"그럴 수만 있다면야, 디오티마 님, 제가 선생의 지혜에 대해 놀라워하며 바로 이것들을 배우고자 선생을 찾아뵙지는[205] 않았겠죠." 제가 말했습니다.

"그럼 제가 선생께 말씀드리죠. 그건[206] 아름다운 것에, 신체적으로도 정신적으로도(혼과 몸에 있어서), 자식을 출산케 하는 것이니까요."[207] 여인이 말했습니다.

"도대체 무슨 말씀을 하시는 건지 예언의 능력이 필요하군요. 이해도 못하겠고요." 제가 말했습니다.

---

205) 이의 헬라스어 원형은 phoitaō인데, 어딘가로 자주 찾아가는 걸 뜻하는 말이다. 배움과 관련되는 경우에, 이는 선생을 찾아가거나 학교로 가는 걸 뜻한다. 그래서 그러는 사람 곧 학생을 phoitētēs라 하는데, 오늘날에도 이 말은 그대로 쓰이지만, 특히 대학생을 뜻하며 현대식 발음은 '피티티스'이다.

206) 바로 앞에서 말한 '기능'을 가리킨다.

207) 여기에서 보듯, 아름다운(kalon) 것과 추한(부끄러운: aiskhron) 것의 구별은 몸과 관련된 외관에 국한된 것이 아니다. aiskhron은 오히려 도덕적으로 또는 인격적으로 부끄럽거나 추한 그리고 창피하거나 불명예스런 경우에 더 많이 두루 쓰인 말이다. '몸(sōma)의 아름다움(kallos sōmatos)'보다 더 귀히 여긴 것이 '혼(psykhē)의 아름다움(kallos psykhēs)'이니, [사람으로서의] 훌륭함(덕: aretē)이 바로 그런 것이다. 신들 사이에서 헤파이스토스는 대표적으로 외형상 절뚝거리는 못난 신으로 묘사되지만 사랑의 여신 아프로디테의 남편이며, 복수의 여신들인 에리니스들(Erinyes)도 흉한 모습들로 그려져 있지만 엄연한 신들이다. 더구나 디오티마의 대화 상대인 소크라테스 또한, 뒤(215a 이후)에서 알키비아데스가 말하고 있듯, 외모에 있어서는 아름다운(준수한) 인물과는 한참 거리가 멀지만, 많은 준수한 젊은이의 사랑을 받는다. 이후 디오티마가 들려주는 '아름다움'에의 긴 여정도 최종적으로는 개별적인 아름다움 아닌 '아름다움 자체'에 이르는 것이다.

"그럼 제가 더 자세히 말하죠. 소크라테스 님, 모든 사람은 신체적   c
으로도 그리고 정신적으로도 잉태를 하거니와, 일정한 나이에 이르게
되면, 우리의 본성은 자식 낳기를 하고자 욕구하니까요. 하지만 추한
것에 자식 낳기를 할 수는 없고, 아름다운 것에나 그럴 수 있지요. 실
은 남녀의 교합이 자식 낳음이죠. 이는 신적인 일이며, 이는 또한 죽
게 마련인 동물에 불사의 것으로서 그 안에 있으니, 그건 잉태와 출산
이에요.[208) 이는 조화롭지 못한 것에 있어서는 일어날 수 없어요. 추
한 것은 모든 신적인 것(to theion)과는 조화되지 못하나, 아름다운   d
것이 그것과 조화하죠. 따라서 아름다움의 여신(Kallonē)[209)이 아기
출생에서는 운명의 여신(Moira)[210)이며 분만의 여신(Eileithyia)[211)이

---

208) 여기에서 말하고 있는 잉태(kyēsis), 출산(gennēsis) 그리고 자식 낳
음, 더 엄격히는 자식 얻음(새끼, 자식: tokos) 등에 대해서는 부연적
인 설명이 필요한 것 같다. 이들 명사의 동사형 부정사(不定詞)는 kyein,
gennan, tiktein이다. 그런데 문제는 이 낱말들이 오늘날의 우리가 쓰고
있는 용어처럼 그 사용법이 명확치는 않다는 데 있는데, 이는 생식과 관
련된 당시의 생리학적 이해가 정확치 않은 데 기인한다. 게다가 디오티
마는 생리적 잉태와 출산을 혼에 있어서의 정신적 잉태 및 출산과 대비
해 가면서 언급하고 있다. 당시에는 배란 개념이 명확치 않았고, 남녀가
오르가슴에서 공히 사정을 하는 걸로 생각했던 것 같기도 하다. 그리고
gennan, tiktein은 둘 다 명확한 구분 없이 '출산'의 뜻으로 쓰이고 있지
만, 엄격히 말해서 tiktein은 '자식 얻음'일 것이다.
209) 이는 kallos(아름다움)와 같은 뜻으로 드물게 쓰이는 말이지만, 여기
에서는 신격화된 것이다.
210) 보통 명사로서의 '모이라(moira)'는 그냥 '운명'이지만, 고유 명사로
서는 '운명의 여신(Moira)'을 뜻한다. 운명의 여신들(Moirai)을 셋으로 말
하기 시작한 것은 헤시오도스가 그의 《신들의 계보》 904~906에서다. 라케
시스(Lachesis)는 태어나는 인간들 개개인에게 운명의 '제비'를, 곧 운명
의 실감개 대를 나눠 주는 여신이고, 클로토(Klōthō)는 각자에게 운명의
실을 뽑아 또는 자아 이 실감개에 감아 주는 여신이며, 아트로포스(Atro-

에요. 이런 까닭에, 잉태한 자가 아름다운 것에 접근하게 되면, 심기가 편한 상태가 되고 기뻐하게 되어 누그러져서는 자식을 보니, 출산을 하게 되는 거죠. 그러나 추한 것에 접근하게 되면, 뚱해져서는 괴로워하며 움칠하여, 외면하고선 움츠러들어 출산을 하지 못하고서, 잉태한 것을 가진 상태로 힘들어하게 되죠. 바로 이 때문에 잉태하여 이미 만삭이 된 자로서는 아름다운 것에 대한 흥분이 대단한데, 이것

e 이 이걸 가진 자를 큰 진통에서 벗어나게 해 주기 때문이에요. 소크라테스 님, 사랑은, 선생께서 생각하시듯, 아름다운 것에 대한 것이 아니니까요." 여인이 말했습니다.

"그럼 뭔가요?"

"아름다운 것 속의 생식과 출산이에요."

"됐습니다." 제가 말했습니다.

"분명히 그래요. 그럼 왜 생식인가요? 생식은 영속적인 것이고 죽게 마련인 자에게 있어서는 불사(不死)의 것이기 때문이에요. 합의 본

207a 바에 따라,[212] 좋은 것과 함께 죽지 않음(不死: athanasia)[213]을 욕구

---

pos)는 감긴 운명의 실을 일정한 길이에서 뚝 잘라 버려 더 이상 변경이 불가능한 상태로 굳히는 여신인 셈이다. 《국가(정체)》편(614b~621d)에는 이들 여신들과 혼들의 운명 선택에 얽힌 저승 이야기를 전하는 에르 신화가 있다.

211) 분만의 여신(Eileithyia, 크레테에서는 Eileithia로 표기함)은 분만을 관장하는 여신으로, 원래는 미노아 문명기의 크레테에서 섬기기 시작했다.

212) 206a의 끝부분에서.

213) athanasia의 영어 번역은 immortality이다. 문제는 이 영어 단어를 영한사전들에서 '불멸', '영원성', '불후성' 등으로 번역하면서도, 그 생소함 때문에 불사(不死)로는 번역하고 있지 않다는 데 있다. 그래서 '불사'의 생소함을 고려해서, '죽지 않음'으로 옮겨 보았다. 헬라스 말로 thanatos(라틴어는 mors)는 '죽음'이라는 명사이고, 이의 반대어가

하는 건 필연적인 것이에요. 정녕 좋은 것이 언제나 자신에게 있음에 대한 것이 사랑일진대 말이에요. 이 주장에 따를진대, 사랑은 죽지 않음에 대한 것이기도 함에 틀림없어요." 여인이 말했습니다.

그러니까 이 모든 것을 디오티마께서 제게 가르쳐 주었습니다. 사랑과 관련된 것들에 대해 말할 때 말입니다.[214] 또한 언젠가는 제게 물었습니다. "소크라테스 님, 선생께선 이 사랑과 욕구의 원인이 무엇이라 생각하시나요? 혹시 선생께선 모든 짐승이 생식 욕구를 갖게 될 때는 얼마나 놀라운 상태에 있게 되는지 감지하지 못하세요? 걸어 다니는 짐승이건 날개 달린 것들이건, 모두가 앓으면서 사랑에 빠진 상태가 되는데,[215] 처음에는 서로 교접하는 것과 관련해서, 다음으로는 낳은 새끼의 양육과 관련해서죠. 또한 새끼들을 위해서는 가장 약한 것들이 가장 강한 것들과 끝까지 싸우다가 그것들을 위해 죽을 준비가 되어 있으며, 그것들을 길러 내기 위해서 자신들은 굶주림으로 해서 뻗어 버리게 되기까지 하며, 그 밖의 온갖 짓을 다하죠." 여인은 또한 말했습니다. "사람들이 이런 일들을 하는 것은 헤아림[216]으로 해서 하는 걸로 누군가는 생각할 수도 있겠네요. 하지만 무슨 원인이 짐승들로 하여금 이처럼 사랑에 빠진 상태로 되게 할까요? 말씀하실 수

b

---

athanasia(라틴어는 immortalitas)이며, 이의 형용사가 athanaton(불사의, 불사하는: immortalis＝deathless)이다. 또한 신들은 불사의 존재들이라 해서 [hoi] athanatoi([the] immortals)라 하고, 인간들은 죽게 마련인 존재들이라 해서 thnētoi(mortals)라 한다.

214) 그러니까, 206b의 각주에서도 언급했듯, 디오티마가 소크라테스와 대화를 한 것은 한 번이 아니었다는 이야기다.

215) 아마도 발정 상태가 된 걸 말하는 것 같다.

216) 원어는 logismos로, 계산·추론 등을 뜻하는데, 이 둘을 다 아우르는 일상어는 헤아림일 것이다.

c 있겠어요?"

또한 저는 이번에도 모른다고 말했습니다. "그래, 이것들을 모르시면서, 사랑에 관련된 것들에 있어서 언젠가는 대단한 사람이 될 것이라고 선생께서는 생각하시나요?" 여인이 물었습니다.

"하지만, 디오티마 님, 방금 말한 바지만,[217] 실은 그 때문에 선생에게로 제가 온 겁니다. 제겐 선생님들이 필요하다는 걸 알고서죠. 이것들의 원인을 그리고 사랑과 관련된 그 밖의 다른 것들의 원인도 제게 말씀해 주십시오."

여인이 말했습니다. "그러니까, 만약에 선생께서 사랑이 본성적으로 우리가 여러 번 동의한 바 있는 그것에 대한 것임을 믿으신다면,
d 놀라실 게 없어요. 동물의 경우에도 인간의 경우와 같은 이치로, 죽음을 면치 못하는 성질의 것은 가능한 한 언제까지나 존속하며 죽지 않음을 추구하기 때문이에요. 이것, 곧 생식 또는 생성(genesis)[218]에 의해서만이 오래된 것 대신에 새로운 다른 것을 언제나 남기게 되는 것이 가능하죠. 개개의 생물들 각각이 살아 있으면서 같은 것(to auto)으로서 불리는 동안에도 그러니까요. 이를테면, 어린아이일 때부터 노인이 될 때까지 같은 이(ho autos)로 말하게 되죠. 그렇지만 이 사람은 자신 안에 결코 같은 것들을 갖고 있지 않은데도 같은 이로 불립니다. 그러나 그는 늘 새로워지고 있으며, 다른 것들은 사라지고 있으니,
e 니, 머리카락과 살, 뼈와 피 그리고 몸 전체가 그럽니다.[219] 또한 몸의

---

217) 206b에서도 비슷한 뜻의 말을 하고 있다.

218) 여기에서 '생식 또는 생성'으로 옮긴 것은, 원문의 genesis를 이 경우에는 그중의 어느 하나로 옮기는 것보다는, 이제까지의 논의와 이후의 것을 고려할 때, 양쪽 다를 가리키는 것으로 보아야 하겠기 때문이다.

219) 《크라틸로스》편 402a를 보면, 헤라클레이토스가 비슷한 말을 한 것

경우에 있어서만 그렇다고 할 것이 아니라, 혼의 경우에 있어서도 그 성향들과 성품들, 의견들, 욕구들, 즐거움들, 괴로움들, 두려움들, 이것들 각각도 결코 각자에게 있어서 같은 것으로 있지 않고, 일부는 생겨나고 일부는 소멸하죠. 한데, 이보다도 한결 더 이상한 것은 앎(지식: epistēmē)들조차도 우리에게 있어서 일부는 생겨나고 일부는 소 208a 멸한다는 사실만이 아니라, 우리가 앎들과의 관계에 있어서조차도 같은 사람들이 결코 아닐뿐더러, 각각의 앎들 하나하나도 똑같은 사태를 겪고 있다는 것이에요. 왜냐하면 공부한다고 하는 것은 앎이 [우리에게서] 나가 버리는 일이 있어서예요. 망각(lēthē)은 앎(지식)의 나가 버림이지만, 공부(학습: meletē)는 떠나는 기억 대신에 새로운 기억을 다시 생기게 해서 앎(지식)을 보존함으로써, 이게 같은 것으로 여겨지게끔 하니까요. 실상 이 방식으로 모든 사멸하는 것이 보존되는데, 이는, 마치 신적인 것처럼, 언제나 전적으로 똑같은 것임으로써가 아니라, 떠나는 그리고 쇠퇴해 가는 것이 이전의 자기와 같은 그 b 런 것을 안에 남김으로써 하는 것이죠." 여인은 말했습니다. "소크라테스 님, 사멸하는 것은 이 방책에 의해 죽지 않음(不死)에 관여하는데,[220] 몸도 그 밖의 모든 게 그래요. 그러나 불사의 것은 다른 방식으로 그러죠. 그러니 모든 것이 그 본성상 자신의 새순을 귀히 여기더라도 놀라지 마세요. 이 열의와 사랑이 모든 것에 뒤따르는 것은 실로 죽지 않음을 위해서예요."

으로 언급되고 있는데, 그 원문은 이러하다. "아마도 헤라클레이토스는 이런 주장을 하고 있죠. '모든 것은 움직이며 그 어떤 것도 머물러 있지 않소.' 또한 그는 사물들을 강의 흐름에 빗대어 이렇게 말하고 있죠. '그 대는 같은 강에 두 번 들어가지는 못할 것이오.'"

220) 207a의 해당 각주 참조.

그리고 저는 그 말을 듣고서 놀라워하며 말했습니다. "좋습니다, 더할 수 없이 지혜로우신 디오티마 님, 이게 정말로 이러합니까?" 제가 말한 겁니다.

c 또한 여인이, 마치 세련된 소피스테스들처럼, 말했습니다. "잘 알아 두세요,[221] 소크라테스 님! 만약에 선생께서 또한 사람들의 명예욕을 보신다면, 그 불합리성에 대해 실로 놀라실 테니까요. 유명해지는 것과 '영원토록 불사하는 명성을 쌓는 것'[222]에 대한 사람들의 사랑으로 해서 그들이 얼마나 놀라운 상태에 있게 되는지를 잘 생각해보고서, 제가 말한 것들에 대해 유념하지 않으신다면 말이에요. 사람들은 제 자식들보다도 오히려 더 그걸 위해서 온갖 위험을 무릅쓸 준

d 비가 되어 있으니, 돈을 쓰고 그 어떤 고난도 감내하며 그걸 위해 죽을 준비도 하고 있죠." 여인은 말했습니다. "선생께선 알케스티스가 아드메토스를 위해[223] 죽은 걸로, 또는 아킬레우스가 파트로클로스를 위해[224] 죽은 걸로, 또는 당신들의 코드로스[225]가 제 아들들의 왕국을

---

221) 원문은 Eu isthi인데, Dover에 따르면, 이 표현은 소피스테스들이 질문에 대한 대답을 할 때 곧잘 쓴 표현이라 한다. 《에우티데모스》편 274a, 《대 히피아스》편 287c에도 보인다.

222) 출처 불명의 시구이다.

223) 179b~d 참조.

224) 179e~180a 참조.

225) Kodros는 전설로 전하는 아테네의 마지막 왕이다. 펠로폰네소스 반도의 남서쪽 메세니아(Messenia)가 도리스 부족(Dōrieis)의 침공을 받았을 때, 그 왕족의 일원이었던 코드로스는 아테네로 가서 왕이 되었다 한다. 그런데 도리스 족이 11세기경에 마침내 아테네가 있는 아티케(Attikē) 지역까지 침공해 왔을 때, 그들이 아테네의 왕을 살려 주면, 아테네를 차지하게 될 것이나, 왕이 그들의 손에 죽게 되면, 아테네가 구원될 것이라는 신탁의 대답이 있었다 한다. 왕은 이를 듣고서, 스스로 변장을 하고서 그들의 진영으로 가서 싸움을 걸어 살해당함으로써 나라를 구

위해서 죽은 걸로 생각하실 테죠? 용기[226]와 관련해서, 우리가 오늘날 갖고 있는, 그들 자신들에 대한 불멸의 기억은 그들이 생각하지 않고서 말이에요." "어쨌든 그것과는 거리가 멀어요." 하면서 여인이 말했습니다. "하지만 불멸의 훌륭함(덕)[227]과 이와 같은 영광스런 명성

했다 한다. 이후에 아테네는 왕정 대신에 집정관을 선출하여, 통치하기 시작했으니, 이것이 아테네의 훗날 통치 체제로 변모되는 실마리가 되었다 할 것이다.

226) 원어는 aretē인데, 여기에서는 문맥으로 보아, '[사람으로서의] 훌륭함(덕)' 보다는, 세 인물들의 행각과 관련되므로 '용기'로 옮겼다.

227) 바로 앞에서는 '용기'로 번역했던 aretē이지만, 여기서는 '덕' 또는 '[사람으로서의] 훌륭함'으로 옮기는 것이 옳다. 모든 사람이 추구하고 행하는 것이 사람으로서의 전반적인 훌륭함 또는 덕이지, 용기에 국한되는 것일 수는 없겠기 때문이다. aretē와 관련해서는 최근의 졸저 《적도(適度) 또는 중용의 사상》 53~58쪽에서 충분히 설명한 바 있어서, 가급적 이를 참조하는 것을 권한다. 그러나 당장 그럴 수 없는 경우를 생각해서, 가급적 간명하게 정리해 두겠다. 이를테면, 호메로스의 『일리아스』에서 '아레테'는 우선 온갖 '빼어남(excellence)'을 뜻한다. 다음으로 그것은 전쟁 영웅들의 '용기'(8. 535, 13. 237, 20. 242)를 뜻한다. 그래서 훗날 사람들이 '용기'의 뜻으로 쓰게 되는 andreia라는 말을 그에게서는 따로 찾아볼 수 없다. 시대가 바뀌면서 그것은 사람의 경우에는 '사람다움' 곧 사람으로서의 '훌륭함(goodness)'을 더 많이 뜻하게 되었고, 이를 우리는 곧잘 '덕(virtue)'으로 일컫기도 한다. 그 반대는 '나쁨(나쁜 상태: kakia=badness)'이다. 그런데 온갖 도구를 비롯한 인위적인 것들이나 생물 등을 포함한 자연적인 것들에도 그리고 인간의 행위나 직업에 따라서도 그 기능(ergon)이 있고, 이에 따른 '훌륭함'이 있다. 칼이나 침상, 아울로스(aulos) 따위의 악기 또는 공동체, 눈이나 귀, 몸, 군인 등, 심지어는 토양 따위에도 그 기능과 연관된 '아레테'는 있게 마련이다. 따라서 원칙적으로 '아레테'는 독립적인 것이 아니라, 반드시 '[…]의] 훌륭한 상태' 또는 '[…(으)로서의] 훌륭함'이라는 말의 기본 틀에서 벗어나지 않는 범위의 것이므로, 사람의 경우에는 이에 '사람'을 대입시켜 '[사람의] 훌륭한 상태' 또는 '[사람으로서의] 훌륭함'이라 함이 논의의 보편성에

e 을 위해서 모두가 모든 걸 한다고 저는 생각해요. 훌륭한 사람들일수록 그만큼 더 그러는 것으로 말이에요. 불사의 것을 그들이 사랑하기 때문이에요." 여인은 말했습니다. "따라서 신체적으로 잉태하는 자들은 여인들 쪽으로 더 향하며, 이런 쪽으로 사랑하는 상태가 되죠. 이들은 아이들 낳기를 통해 자신들을 위한 불사와 기억 그리고 행복을 이후 영원토록 갖추게 될 것이라 믿는 거죠." "반면에 정신적으로[228] 잉

209a 태하는 자들이 — 그러니까 몸들 안보다는 혼들 안에 오히려 더 잉태하는 자들이 있으니까요."라고 하면서 여인은 말했습니다. "그런 것들은 혼이 잉태하여 낳는 것이 적절하죠. 그러면 무엇이 적절할까요? 지혜 그리고 그 밖의 [사람으로서의] 훌륭함(덕: aretē)이죠.[229] 시인들도 모두가 바로 이것들을 낳는 자들이며 장인들 중에서도 발명의 재간이 있는 걸로 말하는 자들도 그런 자들이에요." 또한 말했습니다. "그러나 지혜 가운데서도 더할 수 없이 위대하고 더할 수 없이 훌륭한 것은 나랏일들과 가정사들의 통할과 관련된 것인데, 바로 이것에 대한 지칭이 절제와 올바름(정의)이죠.[230] 한데, 이것들을 누군가가 젊

b 어서부터 혼에 잉태하고 있는데, 아직 미혼 상태[231]인 성년이 되어서,

부합하는 것이 되겠다. 물론 사람에게 적용되는 '아레테'를 우리말로 번역할 경우에, 의미 전달의 편리함을 위해서라면, 우리에게 익숙한 '덕'으로 옮기는 것이 좋겠으나, 의미 전달의 정확성과 보편성을 위해서는, 그것이 모든 종류의 사물에 두루 적용되는 것임을 고려해서, 적어도 헬라스 사상의 경우에는 '[…의] 훌륭한 상태' 또는 '[…으로서의] 훌륭함'으로 옮기는 것이 옳다.

228) 여기에서 '정신적으로'로 옮긴 것의 원어는 kata tēn psykhēn인데, 이를 우리말로 익숙한 표현에 따라 그리 옮긴 것이다. 이 경우의 '정신'은 원어로는 psykhē 곧 '혼'이다.

229) 209a4의 삽입구 기호(—)는 생략하고, 구두점 형태로 옮겼다.

230) 209a8의 삽입구 기호(—)도 생략하고, 역시 구두점 형태로 옮겼다.

이제 아이를 낳는 출산을 하고자 욕구할 경우에, 그는 그 안에 출산하게 될 아름다운 것을 찾아 돌아다닐 것으로 저는 생각해요. 추한 것 안에는 결코 출산을 하지 않을 것이기 때문이죠. 따라서 그는 추한 몸들보다는 아름다운 몸들을 더 반기는데, 잉태를 하고 있어서예요. 게다가 아름답고 고상하며 훌륭한 성향을 지닌 혼을 만나게 되면, 양쪽 다를 겸비한 것을 그야말로 아주 반기게 될 것이니, 이 사람에게 곧바로 [사람으로서의] 훌륭함(덕)과 관련해서 그리고 훌륭한 사람이 어떠해야만 하며 무슨 일들에 종사해야만 하는지와 관련해서 들려줄 말들을 충분히 갖게 되어, 그를 교육하려 하죠. 그 아름다움과 접촉하며   c 그와 가까이하게 됨으로써, 오래도록 잉태하여 있던 것들을 자식으로 얻어 낳아서는,[232] 곁에 있건 또는 떨어져 있건, 기억하여, 그 태어난 것을 그와 공동으로 함께 양육하죠. 그리하여 이런 사람들은 여느 자식들에 대한 경우보다도 서로 간에 훨씬 더 강한 공유 관계와 더 굳건한 애정을 갖습니다. 더 아름답고 더 불멸하는 자식들을 공유하니까요. 또한 모두가 인간인 자식들보다도 그와 같은 자식들이 자신에게 생기는 쪽을 더 받아들이려 하겠거니와, 호메로스와 헤시오도스 그리   d 고 그 밖의 훌륭한 시인들을 바라보면서 부러워합니다. 그것들 자체가 불멸의 것들로서 그들에게 불멸의 영예와 기억을 제공해 주는 것들을 자신들의 자식들로 남겨서죠." 또한 여인이 말했습니다. "예를 더 바라신다면, 이런 것들이에요. 리쿠르고스는 스파르타의 그리고 사실상 헬라스의 구원자들인 자식들을 뒤에 남겼죠.[233] 여러분에게는

---

231) '미혼 상태'로 번역한 ēitheos를 Brisson이나 Rowe같은 이들은 theios(신적인)로 읽고 있다.

232) 206c에서 해당 각주를 참조할 것.

233) Lykourgos는 스파르타(라케다이몬)가 '훌륭한 법 질서(eunomia)'

솔론[234])이 또한 법률의 출산을 통해서 명예를 누리며, 다른 곳에서는

e 다른 사람들이 여러 곳에서, 헬라스인들 사이에서도 이방인들 사이에

서도 그러죠. 많은 아름다운 행적들을 보여 주고, 온갖 훌륭함(덕)을

구현해 보여 줌으로써[235] 말이에요. 이것들에 대해서는 많은 성소(聖

所)가 이미 세워졌는데, 이는 그런 자식과도 같은 업적들로 해서지,

그 누구의 인간인 자식들로 해서도 아니에요."

를 갖추게 했다는 전설적 인물이다. 일설에는 스파르타의 모든 법률과 군
사 및 정치 제도가 그에 의해서 크레테에서 도입된 것으로 전하고 있는가
하면, 또한 일설에는 그가 제정한 법조문들은 델피의 아폴론에게서 신탁
을 통해서 받은 것들과 그가 크레테에서 도입한 것들을 통합해서 아폴론
의 재가를 받은 것이라 한다. 그야 어쨌거나 스파르타의 법률 그리고 이
에 준한 제도들은 그의 소산, 곧 그의 정신적인 자식들(paides)로 여기에
서는 언급되고 있으며, 이에 따라 교육받고 단련된 스파르타의 용사들은
페르시아와의 전쟁에서 큰 기여를 했다고 해서 이런 말을 하고 있다고 보
아야겠다.

234) Solōn(약 640~561 이후)은 귀족 출신이었지만, 아테네의 민주화에
크게 기여한 정치가였으며 유명한 시인이기도 했다. 594/3년에는 집정관
(arkhōn)으로 있으면서, 아테네의 여러 가지 정치적인 개혁들을 새로운
법 제정을 통해서 단행했다. 그중의 하나는 당시의 농경 사회에서 거의
노예 상태로 전락해 버린 가난한 농부들에게 일체의 빚 탕감(seisakhthe-
ia) 조처를 단행했다. 이로 해서 이들은 빚으로 잡힌 농토를 다시 자기 것
으로 갖게 됨으로써, 이른바 육일조(1/6租)로 곡물 생산을 바치던 질곡에
서 벗어나 떳떳한 시민으로 살아갈 수 있게도 되었다. 또한 이때까지는
관직들을 귀족 명문 출신들([hoi] Eupatridai)이 장악하고 있었지만, 이제
는 곡물의 수입 단위를 기준으로 세금 납부의 의무를 지게 하는 한편, 관
직들에도 이에 상응하여 일정 수준 참여할 기회를 갖도록 했다. 그것은
곡물의 수입 단위를 기준으로 한 과세 기준 재산(timēma)에 따라 네 계
층으로 나눈 것이었다.

235) 여기에서 '구현해 보여 줌으로써'로 옮긴 것은 원어로는 '출산함으
로써'이다.

"그러니까, 소크라테스 님, 어쩌면 선생께서도 사랑과 관련된 것들
에는 입문(입교)할 수 있으셨겠네요. 하지만 완전한 최종적인 비교   210a
(밀교) 의식,[236] 이를 위한 것이 또한 그것들[237]이에요. 만약에 누군

---

236) 여기서는 사랑과 관련된 것들에 입문하게 됨을 비교(秘敎) 또는 밀
  교(密敎)에 입교(入敎: myēsis, myein)하는 것에다 비유해서 말하고 있
  다. 헬라스 사회에서 큰 영향력을 미친 밀교로서는 디오니소스교 또
  는 오르페우스(Orpheus)교나 엘레우시스(Eleusis)교가 있었는데, 이
  들 종교는 자체의 비밀스런 밀교 의식을 가졌다. 이를 헬라스어로는
  mystēria(ta mystēria=the mysteries)라 한다. 그리고 이 종교에 입교
  (myēsis=initiation)하는 사람을 위한 의식이 이른바 입교 의식(入敎儀
  式: teletai, 단수로는 teletē)이다. 특히 엘레우시스 비교의 경우, 많은 사
  람에게 허용되는 이 입교 의식과 달리, 극히 소수의 사람에게 허용되는
  '완전한 최종적인 비교 의식(ta telea kai epoptika)'이 있는데, 이를 통
  해 이 비교의 비전(秘傳: epopteia)에 접하게 되며, 이 비전에 접한 사람
  을 epoptēs라 한다. 그 뜻은 이 비교가 간직하고 있는 비밀을 접하게 된
  자 곧 그걸 본 사람을 뜻한다. 플라톤은 《파이돈》편(69c~d)에서 지혜
  사랑 곧 철학하는 것 자체를 '입교(入敎)'하는 것에다 비유하고 있다. 그
  리고 그 최종적인 '비전'을 철학적 인식에 비유하는 대목이 《파이드로
  스》편(249c 끝 쪽)에 또한 보인다. 왜 그랬을까? 이런 추정을 해 볼 수
  있을 것 같다. 당시의 아테네 사람들은 대개 일생에 한 번은 엘레우시스
  비교에 입교했다. 이 종교 체험은 일상을 벗어난 것에 대한 체험이며, 그
  런 언어에 접하는 기회였다고 할 것이다. 플라톤은 일상적인 감각적 지
  각(aisthēsis)에만 머물러 있으면, 우리는 참된 앎에 이를 수 없다고 말한
  다. 이를테면, 물에 대해 아는 것은 감각적 측면에서 접하는 것으로는 불
  충분하다. 그 분자 구조와 기능적 측면에 대한 이해가 그것에 대한 앎에
  있어서 불가결한데, 이는 감각의 영역에서 찾을 게 아니다. 순수하게 혼
  에 의해서, 또는 이성이나 지성에 의해서 접하는 영역 또는 그런 단계에
  서 접하게 되는 것들이 있다는 이야기다. 그럴 수 있기 위해서 선행되어
  야 하는 것으로 역시 종교 용어를 빌려, 혼의 정화(淨化: katharsis)를 말
  하는데, 이는 철학적으로는 인식 주관의 순수화이다(《파이돈》편 69b~c
  참조). 이처럼 그런 영역의 것들을 말하는 데 있어서 플라톤은 사람들에
  게 기왕에 익숙한 그런 종교적 언어를 빌려다 쓰게 된 것이다. 이는 무엇

가가 옳게 따라간다면 말씀입니다. 선생께서 그러실 수 있을 것인지는 제가 모르겠네요. 그러면 제가 말하리다. 열의를 다할 거예요." 하면서 여인은 말했습니다. "하실 수 있는 한, 선생께서도 따라오시도록 해 보세요. 실상, 이 일에 옳게 나아가는 자는 젊어서는 아름다운 몸들로 향해 가는 것에서 시작해야 하죠. 그래서 인도자가 옳게 인도할 경우에, 그는 처음에는 한 몸을 사랑하여 그것에 아름다운 말들을 낳고, 다음으로 그는 어떤 몸에 있는 아름다움도 다른 몸에 있는 아름다움과 동류의 것임을 알게 되어야겠죠. 또한 만약에 그가 외관상의 아름다움[238]을 추구해야만 했는데도, 모든 몸에 있어서의 아름다움이 동일한 것[239]이라는 생각을 그가 하지 못한다는 것은 큰 어리석음이에요. 이를 깨닫게 됨으로써 그는 모든 아름다운 몸을 사랑하는

보다도 당대의 사람들을 상대로 구사할 수 있는 철학 용어가 너무나 빈약한 탓이었다. 이를테면, 《테아이테토스》 편(182a)에서는 어린애들도 이해할 '어떤 성질의(poion)'라는 말의 명사형 질(質: poiotēs=quality)을 말하면서 그 생소함(allokoton)을 말하고 있다. 질과 양은 최소한 오늘날의 중학생이면 거의 다 이해할 용어들이지만, 이런 낱말들조차도 당대의 사람들에게는 생소한 개념이었다. 이제 디오티마의 이야기는 아름다움과 관련해서 우리의 앎의 단계들이 감각의 단계에서 시작하여 최종적으로 어느 단계에까지 이르게 되는지를 212a까지에 걸쳐 보여 줄 것이다.

237) 앞에서 말한 디오티마의 가르침을 뜻한다.

238) '외관상의 아름다움'의 원어는 to ep' eidei kalon이다. 여기에서 '외관'으로 옮긴 것의 원어 eidos는 idea와 마찬가지로 일상어로는 '외관', '외모', '모양', '모습', '형태', '성질', '특성', '종류' 등을 뜻하는 말이지만, 나중에는 철학적 전문 용어로 '형상'을 뜻하게도 된다. 그러나 이 대화편에서는 그런 뜻으로 쓰이진 않고 있다.

239) 여기서 말하는 '동일한 것(hen te kai tauton)'이란 동일성을 유지하는 특이한 것을 뜻하는 것이 아니라, 같은 종류의 것들이 보이는 동일한 특성을 가리키는 것이다.

자가 되어야 할 것이니, 이는 하나의 아름다운 몸에 대한 열정을 이완
시켜야 할 거예요. 그걸 경멸하며 작은 것이라 여기고서 말이에요. 그
러나 그다음으로 그는 혼들에 있어서의 아름다움을 몸에 있어서의 아
름다움보다도 더 값진 것으로 생각하게 되어, 누군가가 비록 꽃다움
은 보잘것없을지라도 혼에 있어서는 올곧다면, 그에 대해서 만족하고   c
사랑하며 보살피고, 젊은이들을 더 훌륭하게 만들 그런 말들이[240] 태
어나게 할 거예요. 이에 그는 다시 관행들과 법률에 있어서의 아름다
움을 알아보게 되어, 이 모두가 그 자체와 동류라는[241] 이 사실을 확
인하지 않을 수 없게 되어야 하겠고요. 이제야 몸과 관련된 아름다움
은 하찮은 것이라 생각하게 되는 거죠. 관행들 다음에는 학문들로 이
끌어서, 여기에서 다시 학문들의 아름다움을 보게 되어, 이미 훨씬 더
한 아름다움을 바라보게 된 터라, 더 이상 하나의 것에 있어서의 아름   d
다움을, 곧 소년의 아름다움이나 어떤 한 사람이나 한 관행의 아름다
움에, 마치 가노처럼, 연연하며 미천하고 좀스러운 노예 노릇을 하지
않고, 아름다움의 난바다로 향하여 그걸 관상하며, 무제한의 지혜 사
랑 속에서 많은 아름답고 고매한 말들과 생각들을 태어나게 하죠. 이
에서 힘이 세지고 성장해서 다음과 같은 하나의 어떤 앎(epistēmē)을
직관하게 되겠는데, 이는 이제 말하려는 이런 아름다움에 대한 것이
에요. "그럼, 되도록 최대한 주의해 주세요." 하면서 여인이 말했습   e
니다. "실인즉, 여기까지 사랑과 관련된 것들로 인도되어 온 자는, 아
름다운 것들을 차례로 옳게 보았기에, 이미 사랑과 관련된 것들의 최

---

240) 텍스트 읽기에서 210c2의 kai zētein은 군더더기라 여겨, 삭제하고서
읽었다.
241) 곧 그것들 모두에서의 아름다움이 궁극적으로 동일한 하나의 것임을
확인하게 됨을 말하고 있다.

종 목표에 이르러서, 갑작스레 그 본성에 있어서 놀라운 아름다운 어
떤 것을 명확히 보게(직관하게) 되는데, 소크라테스 님, 이게 그것,
곧 바로 그것 때문에 이전의 모든 노고가 있었던 것이기도 한 것이에

요. 첫째로, 그것은 언제까지나 있으며 생성되지도 않고 소멸되지도
않으며, 성장하지도 않고 쇠잔해지지도 않으며, 다음으로는, 이런 면
에서는 아름다우나 저런 면에서는 추하지도 않고, 어느 때는 아름다
우나 다른 때는 그렇지 않은 일도 없으며, 어느 것과 관련해서는 아름
다우나 다른 어느 것과 관련해서는 추하지도 않으며, 여기서는 아름
다우나 저기서는 추하지도 않죠. 어떤 이들에게는 아름답지만, 어떤
이들에게는 추하듯이 말이에요. 또한 그에게는 아름다움이 얼굴이나
손 또는 몸이 관여하는 그 밖의 어떤 것의 그런 것으로도 보이지 않을
것입니다. 또한 어떤 말이나 어떤 앎으로도 보이지 않을 것이며, 다른
어떤 것 안 어딘가에 있는 것, 이를테면 동물이나 땅 또는 하늘이나
그 밖의 다른 것에 있는 것으로서도 보이지 않을 거예요. 하지만 그것

b   은 그 자체로 자체의 힘으로(auto kath' hauto meta hautou) 언제나
한 가지 보임새(단일한 모습)인 것(monoeides aei on)[242]이지만, 다
른 모든 아름다운 것들은 그것에 이런 어떤 방식으로 관여하죠.[243] 이

---

242) '언제나 한 가지 보임새(단일한 모습)인 것(monoeides aei on)'
이란 《파이돈》 편 이후에 플라톤이 본격적으로 이데아(*idea*) 또는 형상
(eidos)으로 언급하는 것에 대해 설명할 때 동원되는 표현들 중의 하나이
다. 《파이돈》 편(78d)에는 '그 자체로는 한 가지 보임새인 것(monoeides
on auto kath' hauto)'이란 표현이 보인다. 이에 반해, 감각에 지각되
는 사물들은 시시각각으로 변하고 생성 소멸하기 때문에 '여러 모습인
(polyeides)'(《파이돈》 80b) 것이라 해서다.

243) 원어는 methekhonta인데, 아름다운 사물들이 아름다운 것은 다음의
c에서 언급하는 '아름다움 자체' 또는 '아름다운 것 자체'에 어떤 형태로

를테면, 다른 것들은 생성되고 소멸하지만, 그것은 어떤 면에서도 전혀 증감되지 않으며 그 어떤 일도 겪는 일이 없어요. 그래서 누군가가 소년 사랑하기(paiderastein)를 옳게 함으로써 그런 것들에서 위로 올라가 저 아름다움(ekeino to kalon)을 보기 시작하게 되어, 목표에 거의 근접하게 되겠죠. 바로 이게 사랑에 관련된 것들로 나아가거나 다른 사람에 의해 인도받기를 옳게 하는 것이니까요. 이들 아름다운 것   c
들에서 시작하여 저 아름다움 때문에 언제나 위로 올라가는 것, 마치 사다리의 가로장들을 이용하듯, 하나에서 둘로, 또 둘에서 모든 아름다운 몸들로, 또 아름다운 몸들에서 아름다운 관행들로, 또 관행들에서 아름다운 배움들로, 그리고는 배움들에서 저 배움(mathēma)으로 끝을 맺는 것 말이에요. 이는 저 아름다움 자체(auto to kalon)의 배움 이외의 다른 것의 배움이 아니거니와, 마침내 아름다운 것 자체(auto ho esti kalon)[244]를 알게 되는 거죠." "인생의 도정에서, 만약에 그런   d

---

든 관여하기 때문이라고 해서 하는 표현이다. 이런 관계에 대해《파이돈》편(100c~d)에는 '관여(methexis=participation)' 라는 표현 이외에도 '아름다움 자체가 사물들에 나타나 있게 됨(parousia=presence)' 또는 양방향적인 '관계 맺음(결합: koinōnia=communion, association)' 이란 표현을 일단 쓰고선, '또는 그것이 어떤 방식으로 어떻게 이루어지건 간에' 라는 단서를 붙이고 있는데, 이는 양쪽의 관계 맺음(koinōnia)에 대해 단언적으로 말할 수 없어서일 것이다.

244) '아름다움 자체(auto to kalon=the beautiful itself)' 나 '아름다운 것 자체(auto ho esti kalon)' 는《파이돈》편 이후 아름다움의 이데아 또는 형상으로 지칭되는 것에 대한 정형화(定型化)된 형식의 일환이다. 이를 테면, to kalon은 중성 정관사(to=the)+형용사(kalon=beautiful)=추상 명사(the beautiful=beauty)의 꼴인데, 이는 추상 명사 kallos(아름다움)와 같다. 여기에 '자체(auto=itself)' 라는 강조어가 가세해서 여느 아름다운 사물이나 현상과는 근본적으로 구분됨을 나타내고 있는 것이다. 따라서 이 표현 형식에서 kalon 대신에 ison을 대입하면, '같음 자체',

161

데가 있다면, 이 대목에서야말로, 친애하는 소크라테스 님, 사람에게
살 가치가 있죠. 아름다움 자체를 본 사람에겐 말이에요." 하며 만티
네아 여자 손님은 말했습니다. "이것을 만약에 선생께서 보신다면, 그
건 황금이나 옷, 아름다운 아이들이나 젊은이들과 같은 그런 차원의
것이라고는 선생께 생각되시지 않을 거예요. 지금은 이들을 보시게
되면, 넋을 잃게 해서, 선생도 다른 많은 이도 사랑하는 소년들을 보
며 이들과 언제나 함께 있으면서, 그럴 수만 있다면, 먹지도 마시지도

---

agathon을 대입하면, '좋음 자체'가 된다. auto to kalon의 형식에 비
해 '아름다운 것 자체(auto ho esti kalon)'의 경우에는 ho esti kalon(아
름다운 것)이 절(節)이고 이에 auto(자체)가 덧붙여졌다. 이 경우에도
kalon은 대입 가능한 '각각(hekaston)'의 것의 한 예이고, 이 각각의 것
에는 갖가지의 형용사 또는 일반 명사가 대입될 수 있다. 이를 정형화한
것이 《파이돈》편(78d4) 및 《국가(정체)》편(490b)에 보이는 auto hekas-
ton ho estin(각각인 것 자체)이다. 여기에서 이 '각각'은 그 자체로 형상
(形相: eidos=form)은 아니지만, 이 '각각(hekaston)'이 무엇인가로 일
단 대입되면, 바로 형상을 가리키게는 되므로, 편의상 영어로 해당 '형상
(form)'을 지칭하는 F로 표시하면, 이는 auto ho esti F 곧 'F인 것 자체'
가 되겠다. 이를테면, '올바른 것 자체'의 경우는 '각각'에 해당하는 것
이 형용사이지만, 북 자체나 식탁 자체, 침상 자체의 경우에는 명사이다.
그리고 'ho esti'는 '…인 것'이라는 뜻이다. 이를 영어로 설명한다면,
'ho'는 관계사 what(that which의 결합)에, 'esti'는 'is'에 각각 해당된
다. 그런데 이 대화편에서 실상 내용상으로는 '이데아' 또는 '형상'을 말
하고 있으면서도, 정작 플라톤 특유의 이들 용어 사용은 삼가고 있다. 이
런 인식 대상에 대한 철학적 표현을 삼가는 것과 마찬가지로 인식 주관
에 대해서도 철학적 표현을 아직은 삼가고 있기는 마찬가지다. 시기적으
로 같은 중기의 대화편이고 그 선후를 확정짓기도 힘든 《파이돈》편의 경
우와는 달리 말이다. 이는 아마도 디오티마의 입을 빌려 그런 내용을 말
하고는 있지만, 그 특유의 것을 자신의 대변자인 소크라테스의 입이 아닌
이 여인의 입으로 바로 말하게 할 수는 없었기 때문일 것이다. 210b에서
해당 각주를 참조할 것.

않고, 바라보기만 하며 함께 있을 준비가 되어 있을 테지만." "그렇
다면 우리는 무슨 생각을 할까요?" 하면서 여인이 물었습니다. "만약
에 누군가에게 아름다움 자체를 순수하고 깨끗하며 섞인 것이라곤 없 e
는 것으로 보게 되는 일이 일어난다면, 인간의 살이나 색깔 그리고 그
밖의 다른 많은 사멸하는 어리석은 것들로 오염되지 않고, 신적인 아
름다움 자체를 한 가지 보임새(단일한 모습)로 볼 수 있다면요?²⁴⁵⁾"
"그래, 선생께선 그리로 향해 바라보는 사람의 삶이, 곧 마땅히 이용 212a
해야만 하는 기능²⁴⁶⁾으로 그걸 관상하며 그것과 함께하는 사람의 삶
이 하찮은 것일 거라 여기시나요?" 여인은 또한 물었습니다. "혹시 선
생은 이런 상태에서만 이 사람에게, 곧 그 기능에 의해서만 볼 수 있
는 아름다움을 보는 자에게 [사람으로서의] 훌륭함(덕: aretē)의 영상
들(eidōla)이 아닌, 참된 그걸 낳게 될 것이라는 걸 알아차리지 못하
시나요. 영상에 접하는 게 아니라 참된 것에 접하게 되는 자일 것이기
때문이죠. 참된 훌륭함(덕)을 낳아, 이를 기른 자는 신의 사랑을 받을
수 있게 될 것이며, 만약에 인간들 중에서 누군가가 불사할 수 있게
된다면, 그 또한 그럴 수 있게 되겠죠?"

"파이드로스 그리고 다른 분들 여러분, 바로 이것들이 디오티마가 b
말한 것인데, 저로서는 설득됐습니다. 저는 설득된 터라, 다른 분들도

---

245) 여기에서 '본다'는 말은 katidein인데, 이런 것을 보는 것은 우리
의 육안이 아닌 혼(psykhē)의 눈, 곧 혼 자체나 이성(logos) 자체 또
는 지성(nous)에 의해서 보는 것을 뜻한다. 앞에서 이런 뜻으로 보는
것을 여러 가지 낱말로 표현했다. 210c부터 여기 동원된 것들을 정리
한다면, 이렇다. theasasthai, idein(210c), theōrein, katidein(210d),
katopsetai(210e), kathoran(211b), theōmenos(211d), idein(211e)이 그
것들이다.
246) 바로 앞의 각주 및 《국가(정체)》편 490a~b를 참조할 것.

163

설득하도록 애써 볼 것입니다. 인간성이 이를 얻어 갖는 데에는 에로스보다 더 나은 협력자를 쉽게 얻을 수는 없을 것이라는 걸 말입니다. 바로 이 때문에 저는 모든 사람이 에로스를 영예롭게 해야 한다고 주장하며, 제 스스로도 사랑과 관련된 것들을 존중하며 각별히 수련도 하고, 남들에게도 권고하며, 지금도 늘 에로스의 능력과 용기를, 제가

c   할 수 있는 한, 찬양하고 있습니다. 그러니 파이드로스여, 그대가 원한다면, 이 발언을 에로스에 대한 찬양으로 말하게 된 것이라 생각하게나. 하지만 그대가 이를 무엇이라 그리고 어떻게 일컫기를 좋아하건, 그리 일컫게나."

소크라테스 님께서 이런 걸 말하고 나니, 다른 분들은 칭찬을 했습니다만, 아리스토파네스가 뭔가 말하려 했는데, 이는 소크라테스 님께서 말씀하시면서 그의 발언과 관련해서 그를 언급했기 때문이었답니다.[247] 갑자기 뜰 쪽의 문을 몹시 시끄럽게 두드리는 소리가 났는데, 떠들썩하니 흥청거리는 술꾼들[248]이 일으키는 것 같았으며, 아울로스 취주 소녀의 소리를 들었다더군요. 그래서 아가톤이 말했답니

d   다. "여보게들, 알아보지 않고서? 가까운 친구들 중의 누군가이면, 불러들이게나. 아니거들랑, 우린 술을 마시고 있는 게 아니고, 이미 잠자리에 들었다고 말하게나."

그리고선 오래지 않아 뜰에서 알키비아데스의 목소리가 들렸다더군요. 몹시 술에 취해서 큰 소리를 질러 대며, 아가톤이 어디 있는지

---

247) 다시 본 대화 틀 속의 내레이터 아리스토데모스가 들려준 이야기를 들은 아폴로도로스가 그의 벗과 그 일행들에게 들려주는 형식이다.

248) '떠들썩하니 흥청거리는 술꾼들'의 원어는 kōmastai(단수는 kōmastēs)이며, 그런 행위는 kōmos이다.

물으며, 아가톤에게로 인도하도록 요구하고 있었답니다. 그래서 그를 붙들어 주는 아울로스 취주 소녀와 그의 수행자들[249] 몇이 그를 그들 곁으로 데리고 왔고, 그는 문에서 멈춰 서서는, 담쟁이와 제비꽃의 두툼한 화관[250]을 두르고서, 머리에는 아주 많은 띠[251]를 두른 상태로 말했답니다. "여러분, 반갑습니다. 술 취한 사람을, 아주 몹시 취한 사람을 함께 마시는 사람으로서 여러분께서 받아 주실 것인지, 아니면 아가톤에게 화관만 씌어 주고 우리가 떠날까요? 그것 때문에 우리가 온 것인데요?" 그가 또한 말했답니다. "실은 어저껜 제가 올 수가 없었지만, 지금은 머리에 띠들을 두르고서 왔는데, 제 머리에서, 제가 굳이 말한다면, 가장 지혜롭고 가장 아름다운 자의 머리에 옮겨 씌어 주기 위해섭니다. 그래서 여러분께서는 저를 술 취한 자로 비웃으시겠습니까? 하지만 저는, 설사 여러분께서 비웃으실지라도, 그렇더라도 제가 진실을 말하고 있다는 걸 저는 잘 알고 있습니다. 하지만 당장 제게 말씀해 주세요. 제가 조건부로 들어가요 말아요? 함께 마시실 건지 안 마시실 건지요?"

그래서 모두 크게 박수갈채를 보내며 들어와서 침상에 자리를 잡으라고 했으며, 아가톤이 그를 불렀다더군요. 그는 사람들에 의해 이

---

249) 그를 뒷바라지하는 노예들이겠다.

250) 담쟁이덩굴 관(kittou stephanos)은 원래 주신 디오니소스에게 바치는 것이기도 했다. 비극 공연은 디오니소스를 기리는 행사의 일환이니까, 이 경연에서 승리한 사람에게 담쟁이덩굴과 함께 제철 꽃인 제비꽃(바이올렛)을 이용해 만든 화관을 씌어 주는 것은 관례였을 것이다. 에우리피데스의 《박코스 여신도들》(Bakkhai) 81~82를 보면, 티르소스(thyrsos) 지팡이를 흔들며 담쟁이덩굴 관을 쓴 박코스(=디오니소스) 여신도의 모습이 묘사되어 있다.

251) 요즘식으로 말하면, '리본'이다.

끌리어 가면서, 동시에 머리띠를 씌어 주기 위해서 그걸 벗겨 내느라, 그게 눈앞을 가린 상태가 되어, 소크라테스를 보지 못했지만, 아가톤

b 옆에 소크라테스와 그 사이에 앉게 되었답니다. 소크라테스는 그를 보자, 자리를 비켜 주었다더군요. 그는 앉더니만, 아가톤을 껴안았다가 그걸 씌어 주었답니다.

그러자 아가톤이 말했답니다. "여보게들, 알키비아데스의 신발을 벗겨 드리게나. 세 번째 사람으로 침상에 앉게끔[252] 말일세."

"좋아요. 하지만 우리와 함께 마실 세 번째 분은 뉘시지?" 하면서, 동시에 그가 몸을 돌리다가, 소크라테스를 보았는데, 그를 보자, 펄쩍 뛰더니, 말하더랍니다. "아유 깜짝이야![253] 무슨 일이람? 이분은 소크라테스 님이시잖아? 이곳에 또 매복 상태로 저를 기다리신 거예요?

c 늘 그러셨듯이, 선생님께서 계시리라고는 제가 조금도 생각지 못했던 곳에 선생님께서는 불쑥 나타나셨죠. 지금은 또 왜 오신 거예요? 게다가 여긴 왜 모로 기대 누워 계셨던 건가요? 아리스토파네스[254] 옆도 아니고, 누군가 우스운 사람이면서 스스로 그리되고자 하는 자가 있다면, 그런 사람 옆도 아니고, 이 안에 계신 분들 중에서도 가장 잘생긴 사람 옆에 자릴 잡도록 꾀하셨으니.[255]"

그리고 소크라테스 님께서 말씀하셨답니다. "아가톤, 나를 도와줄

---

252) 그러니까 주인인 아가톤과 마지막에 도착했던 소크라테스 그리고 이제 막 들어온 알키비아데스가 한 침상을 이용하게 된 것이다. 둘씩 자리 잡을 수 있는 다른 침상들과는 달리 아마도 주인이 이용하는 것이어서, 셋이 함께 이용할 수도 있을 만큼 큰 것으로 볼 수 있겠다.

253) 원문은 O Hērakleis인데, 이는 놀람·화남·싫음 등을 나타내는 외침이다. 함께 수록된 《리시스》편 208e에도 보인다.

254) 아리스토파네스가 희극 작가이기 때문에 하는 말일 것이다.

255) 물론 아가톤이 미남이라 해서 하는 농담이다.

방도를 찾아보오. 내게 있어서 이 사람에 대한 사랑은 예사로운 게 아니어서요. 이 사람을 내가 사랑하게 된 그때부터 잘생긴 단 한 사람에 [d] 게도 눈길을 주거나 그와 대화하는 게 내게 더는 허용되지 않거니와, 그게 아니면 이 사람은 나에 대해 질투를 하며 원망을 하고, 놀랄 짓들을 하며 욕을 해 대는데, 손찌검도 가까스로 자제하게 되기 때문이오. 그러니 지금도 무슨 짓을 하지 못하게 지켜봐 주되, 우리가 타협토록 해 주어요. 혹시라도 그가 폭력을 쓰려고 할 경우에는, 막아 주고요. 나는 이 사람의 광기와 사랑하는 사람에 대한 애착이 몹시 무서워서요."

"선생님과 저 사이에는 타협이란 없죠." 하고 알키비아데스가 말했답니다. "하지만 이에 대해서는 나중에 선생님께 보복을 할 것입니다. 그러나 지금은, 아가톤, 그 띠를 좀 나눠 줘요. 이분의 이 놀라운 머리 [e] 에도 둘러 드리어서, 선생님께는 둘러 드리지 않았다고 나를 나무라지 않으시도록 하느라 해서요. 당신께서는 대화에서 모든 사람을 이기셨는데, 그대처럼 비단 그저께만이 아니라,[256] 늘 그러셨는데도, 아직껏 그걸 둘러 드리지 않았다고 말이오." 이 사람이 말함과 동시에 몇 가닥의 띠를 쥐고서는 소크라테스 님께 둘러 드리고선 침상에 모로 기대 누웠답니다.

그가 기대 누운 다음에 말했다는군요. "좋습니다, 여러분! 실은 여러분께서는 술 취하지 않으신 것으로 제겐 보이는군요. 그러니 여러분께 맡겨 두어서는 안 되겠고, 마셔야죠. 우리에게 있어서 이는 합의를 보았으니까요.[257] 따라서 여러분께서 충분히 마실 때까진, 음주를

---

256) 아가톤이 경연에서 이긴 걸 가리켜 하는 말이다.
257) 213a 첫머리에서 함께 마실 것인지 말 것인지를 물었는데, 모두가 박수갈채로 그를 환영했으니 하는 말이다.

주관하는 자[258]로 제 자신을 선출합니다. 가져오게 해요, 아가톤! 큰 술잔이 있으면요. 그보다도 그건 필요 없고, 애야, 저 포도주 냉각기[259]를 가져오렴." 하고 말했는데, 여덟 잔[260] 이상을 담을 걸 본 터라더

214a 군요. 이것이 채워지니 그가 첫째로 싹 비워 버렸고, 다음으로 소크라테스 님을 위해 거기에 부어 넣도록 지시함과 동시에 그가 말했다더군요. "여러분, 소크라테스 님을 상대로는 저의 꾀가 아무 소용이 없어요. 누가 아무리 마시게 해도, 그걸 다 마셔 버리시고도, 조금도 더 취하시는 일이라곤 결코 없으니까요."

그래서 노예가 그 냉각기를 채우니, 소크라테스 님께서 마셨다는군요.[261] 그런데 에릭시마코스가 말했답니다. "그러니까, 알키비아데스,

b 우리가 어쩌고 있는 거죠? 이처럼 술잔[262]을 들고 아무 말도 하지 않

---

258) 곧 연회(symposion)에서의 사회자(symposiarkhos)를 뜻한다.

259) 원어는 psyktēr(wine cooler)인데, 미지근한 상태의 포도주를 이 용기에 일단 넣어 시원한 상태로 만든 다음에, 혼합 용기(kratēr)에다 물과 함께 일정 비율로 희석해서 마시는 게 정상적인 술 마심이다. 그러나 알키비아데스가 지금 하려는 짓은 그런 과정을 거치지 않고, 포도주 냉각기를 다만 여덟 잔이 넘는 양의 포도주를 채워, 그걸 한꺼번에 마시는 데 이용하고 있을 뿐이다. 따라서 포도주도 물과 희석하지 않고, 그냥 순포도주로 마시는 것이라 보는 게 옳을 것 같다.

260) 원어는 kotylē로서, 그냥 '작은 잔'을 뜻한다. 그러나 이게 술잔으로 쓰이는 것은 아니고, 포도주 잔으로는 kylix(밑받침이 있는 넓적한 잔으로 양쪽으로 귀가 둘 달린 것), 밑받침 없는 작은 kylix, 그리고 skyphos(위쪽은 좀 넓으나 아래쪽은 좁은 mug잔 모양에 양쪽 귀가 달린 잔) 등이 있다.

261) 여기에서는 그냥 '마시는 것(pinein)'과 '잔을 싹 비우거나 단숨에 마셔 버리는 것(ekpiein)'을 구별해서 말하고 있다. 차근히 마시는 소크라테스와 벌컥벌컥 마셔 버리는 알키비아데스가 대비되고 있다.

262) 214a의 각주에서 언급한 kylix 잔이다.

으며 아무 노래도 하지 않고, 영락없이 갈증 난 사람들처럼, 마시기나 할 건가요?"

그러자 알키비아데스가 말했답니다. "아, 에릭시마코스, 더할 수 없이 훌륭하시고 지각 있으신 부친의 더할 수 없이 훌륭한 자제시여, 안녕하세요!"

"그대에게도! 하지만 우리가 뭘 하죠?" 하고 에릭시마코스가 물었답니다.

"그대가 분부하는 것이면 무엇이든. 그대에겐 따라야만 하니까. '의사는 다른 많은 사람과 맞먹는 사람이기 때문이죠.'[263] 그러니 원하는 것이면, 무엇이든 지시해요."

"그럼, 들으시오." 하고 에릭시마코스가 말했답니다. "그대가 이곳으로 들어오기 전에, 우리는 [왼쪽에서] 오른쪽으로 진행하면서[264] 각자가 차례로 에로스에 대해, 가능한 한, 가장 아름다운 발언을 하여 c 찬양해야만 하는 걸로 의결했소. 따라서 우리 모두, 다른 사람들은 발언을 했어요. 하지만 그대는 발언을 하지 않았고, 술도 마셔 버렸으니, 발언을 하는 게 옳아요. 발언을 한 다음엔, 그대가 원하는 바를 소크라테스 님께 지시하면, 이분께서는 오른쪽 사람에게 그리고 다른 이들도 그리할 거고요."

"에릭시마코스, 좋은 말씀이네요." 하면서 알키비아데스가 말했답니다. "하지만 술 취한 사람[의 발언]을 술 취하지 않은 분들의 발언

---

263) 호메로스의 《일리아스》 11. 514. 아스클레피오스의 아들인 의사 마카온(Makhaōn)이 트로이아의 알렉산드로스가 쏜 화살을 맞아, 위태로운 상황이 되자, 이도메네우스(Idomeneus)가 네스토르(Nestōr)에게 전차에 태워 빨리 후송하도록 하면서 한 말이다.
264) 177d에서 해당 각주를 참조할 것.

들과 비교하는 것은 공평치가 않죠. 그리고 또한, 여보시오! 소크라테스 님께서 방금 말씀하신 것들 중의 무엇이 그대를 납득케 하던가요? d 혹시 그대는 이분께서 말씀하신 것과는 모두가 정반대라는 사실을 아나요? 왜냐하면 이분께서는 혹시라도 내가 누군가를, 그가 신이든 또는 이분 아닌 다른 사람이든 간에, 이분께서 옆에 계실 때 칭찬을 하게 되면, 내게 손찌검하는 걸 자제하시지 못하니까요."[265]

"조용조용 말하지 않겠는가?"[266] 소크라테스 님께서 말씀하셨답니다.

"단연코,[267] 이에 대해서는 아무 말씀도 마세요. 선생님 계신 데서는 어느 누구도 찬양하고 싶지 않으니까요." 알키비아데스가 말했답니다.

"하지만 원한다면, 말씀하신 대로 해요. 소크라테스 님을 찬양해요." 에릭시마코스가 대답했답니다.

e "무슨 말씀이오? 내가 그래야만 하는 걸로 생각되어요, 에릭시마코스? 제가 이분을 공격해서 여러분 앞에서 보복을 해요?" 알키비아데스가 말했답니다.

"이 사람이! 무슨 생각을 하고 있는 게야? 나를 찬양해서 웃음거리가 되게 하자는 겐가? 아니면 무엇을 하겠다는 건가?" 소크라테스 님께서 말씀하셨다더군요.

---

265) 213d에서 소크라테스가 말했던 걸 오히려 뒤집어씌우고 있다.

266) 201e 끝 쪽의 해당 각주를 참조할 것. 신과 겨룬다는 것은 그 자체가 불경일 것이며, 방자함(hybris)일 것이기 때문이다.

267) 원어대로 옮기면, '포세이돈에 맹세코!'이다. Bury는 여기에서 알키비아데스가 Poseidōn을 걸고 맹세하는 것은 술 취한 상태에서 posis(술 마심)와 관련지어 농언을 하고 있는 것으로 볼 수도 있겠다는 말을 하고 있다.

"진실을 말할 겁니다. 허락하실 것인지 생각해 보세요."

"그렇지만 진실이야 허락하지, 그리고 말하도록 지시하네." 그분께서 말씀하셨답니다.

"곧바로 시작하죠." 하고 알키비아데스가 말했답니다. "하지만 선생님께서는 이렇게 하세요. 만약에 진실이 아닌 뭔가를 제가 말할 경우에는, 원하신다면, 중간에 제지하세요. 그리고선 이건 제가 거짓말을 하고 있다고 말씀하세요. 제가 일부러 진실이 아닌 걸 거짓으로 말하는 일은 없을 것이기 때문입니다. 하지만 제가 이곳저곳의 이것저것을 기억나는 대로 말하더라도, 놀라시진 마세요. 선생님의 범상치 않음(atopia)을 이 상태인[268] 저로서 술술 차례대로 나열하기는 쉬운 일이 아니니까요."

"여러분, 소크라테스 님을 찬양하는 걸 이런 식으로, 곧 비유들을 통해서 해 보도록 할 것입니다. 그러니까 이분께서는 아마도 놀리느라고 그러는 줄 생각하시겠지만, 이 비유는 진실을 위한 것이지, 웃자고 하는 게 아닙니다. 실은 조상(彫像)들을 새기는 작업장들에 앉아 있는 저 실레노스[269]들을 이분께서는 가장 닮으셨다고 저는 주장하니까요. 장인들은 이들이 피리와 아울로스를 갖고 있는 것들로 제작하는데, 그것들이 둘로 갈라져 열리면 그 안에 신상(神像)들을 갖고 있는 게 보이게 됩니다. 또다시 저는 주장합니다. 이분께서는 사티로

215a

b

---

268) 잔뜩 술 취한 자신의 상태를 말하고 있다.
269) Silēnos(복수는 Silēnoi)는 지혜롭고 나이 많은 사티로스(Satyros)들이다. 디오니소스의 수행자 또는 교사라고도 하고, 상반신은 사람의 형상에 수염이 텁수룩하게 덮이고, 하반신은 긴 꼬리가 달린 동물(말이나 염소)의 형상으로 묘사되고 있다.

스 마르시아스[270]를 닮아 보이신다고요. 따라서 어쨌든 외모로는 이들과 닮으셨다는[271] 점에 대해서는, 소크라테스 님, 아마도 스스로도 이의 제기를 하시고 싶지 않으실 것입니다. 한데, 다른 점들에서도 그들을 어떻게 닮으셨는지, 다음 차례로 들으십시오. 선생님께서는 장난이 심하신 분[272]이시죠. 아니신가요? 만약에 동의하지 않으신다면, 제가 증거들을 제시할 테니까요. 하면, 아울로스 취주자가 아니신가요? 어쨌든 마르시아스보다도 훨씬 더 놀라우신 분이니까요. 말하자

c   면 그는 악기를 이용해서 입의 힘으로 사람들을 홀렸으며, 지금도 그가 작곡한 것들을 아울로스로 취주하는 자는, — 올림포스[273]가 취주

---

270) Marsyas는 사티로스 또는 실레노스들 중의 하나로, 2개의 아울로스를 함께 쓰는 음악의 창시자라 한다. 원래는 아테나 여신이 아울로스를 발명했으나, 그것을 불 때 여신의 얼굴이 일그러지게 되는 걸 알고서, 이를 버렸는데, 마르시아스가 이걸 집어서 그 부는 법을 익히게 되었다 한다. 한데, 이것으로써 아름다운 음악을 연주할 수 있게 된 마르시아스는 아폴론의 리라(아폴론의 악기) 연주에 도전한다. 이 연주 경합에서 이긴 아폴론은, 승자가 마음대로 벌주기로 한 조건대로, 그를 나무에 묶어 산 채로 그 껍질을 벗기는 형벌을 가했다고 한다.

271) 소크라테스의 외모는, 여기서도 말하고 있듯, 실레노스나 마르시아스를 닮았다니 잘생긴 것과는 거리가 멀었던 것 같다. 《테아이테토스》편(143e)에서는 그가 들창코에 퉁방울눈이라는 언급이 보인다. 크세노폰의 《향연》(4. 19)에서도 소크라테스가 사티로스들을 닮은 것으로 언급하는 대목이 보인다.

272) 원어는 175e 끝 쪽에서 아가톤이 말했던 것과 같은 말이다. 거기서는 '농담이 심하신 분'으로 옮겼는데, 여기서는 문맥을 고려해서 '장난이 심하신 분'으로 옮겼다.

273) 여기에서 말하는 Olympos는 프리기아인 이름이다. 마르시아스의 가르침을 받았다는 그는 아울로스 음악을 본격적으로 헬라스에 보급하고, 상응하는 작곡도 한 것으로 전한다. 《법률》편(677d)에 이들에 대한 언급이 보인다. 《이온》편(533b)에도 그의 이름이 나온다. 아리스토텔레스의

했던 것들은, 마르시아스가 그를 가르쳤으므로, 그의 것이라 저는 말하고 있습니다만, — 그의 것들을 훌륭한 아울로스 취주자이건 또는 신통찮은 소녀 취주자이건 간에, 이 곡들만은, 신적인(신성한) 것들임으로 해서, 신들과 입교 의식이 필요한 사람들을 사로잡아 이들을 드러내 보여 주죠.[274] 그러나 선생님께서는 악기 없이 순전히 말로써 똑같은 이 일을 하신다는 그만큼의 범위에서만 그와 다르십니다. 다른 사람이 다른 종류의 말들을 하는 걸 우리가 들을 때는, 설사 그가 아주 훌륭한 발언자라 할지라도, 실상 누구에게도 아무런 상관이 없습니다. 그러나 누군가가 선생님께서 말씀하시는 걸 듣거나 선생님의 말씀을 다른 사람이 하는 걸 들을 때는, 말하는 사람이 설사 아주 변변찮을지라도, 듣는 사람이 여자건 남자건 또는 청소년이건 간에, 우리는 얼빠지게 되고 사로잡힙니다. 어쨌든, 여러분, 만약에 제가 완전히 술 취한 건 아닌 걸로 여겨지도록 할 작정이었다면, 제 자신이 이분의 말씀으로 해서 겪었던 바로 그것들과 지금도 여전히 겪고 있는 것들을 여러분께 맹세를 하고서 말씀드렸을 것입니다. 왜냐하면 이분의 말씀을 제가 들을 때마다, 저는 이분의 말씀으로 해서, 코리반테스[275]

《정치학》(1440a8~12)에서는 올림포스의 노랫가락이 혼의 성품에 적잖은 영향을 미치는 예로서 언급하고 있다.

274) 마르시아스 및 올림포스와 관련해서 비슷한 표현이 《미노스》 편 (318b)에도 보인다.

275) Korybantes(단수는 Korybas)는 소아시아 프리기아(Phrygia)의 키벨레(Kybelē) 여신의 제관(祭官)들을 가리킨다. 이 여신은 풍요와 자연의 신이며, 질병을 낫게 하는 신으로 알려져 있는데, 이 제례에는 요란스런 춤과 악기 연주가 수반되었던 것 같다. 5세기에는 헬라스에도 알려지고, 젊은 제우스와 어린 디오니소스를 기리는 종교 행사 등과 결부되면서, 특히 밀교 의식(orgia)을 통해 팀파니와 아울로스 연주에 맞춘 열광적인 춤을 추며 신도들은 거의 광란의 상태에 몰입했던 것 같다. 그래서 정신 질

의 의식을 치르는 사람들보다도, 훨씬 더 많이 심장이 뛰고 눈물이 쏟아지지만, 아주 많은 다른 사람들도 같은 일들을 겪는 걸 목격하니까요. 그러나 페리클레스[276]나 다른 훌륭한 변론가들이 말하는 걸 듣고서는 훌륭하게 말한다고는 생각했지만, 그와 같은 일은 전혀 느끼지 못했으며, 저의 혼이 혼란스러워지지도 않았고, 제가 노예 상태가 된 데 대해 역정이 나지도 않았지만, 이분 마르시아스[277]로 해서 그야말로 여러 번이나 이런 마음 상태가 되었죠. 제가 처한 것과 같은 상태에 있는 사람으로선 살 가치가 없다는 생각이 제게 들기까지 하더군요. 그리고 소크라테스 님, 이것들을 선생님께서는 진실이 아니라고

환을 앓는 사람들이 이 의식을 통해 일종의 동종 요법(homeopathy)적인 치료를 받았던 것 같은데, 이는 그런 방법으로 지친 상태로 깊은 잠에 빠졌다가 깨어남과 동시에 정신적 정화를 얻게 되는 것으로 여겨졌던 것 같다. 바로 이어지는 문장에서 말하는 '심장이 뛰고 눈물이 쏟아지는' 상태를 겪게 되는 것 같다. 이런 의식을 치르는 사람들을 hoi korybantiōntes 라 하는데, 이는 '코리바스적인 열광 상태에 빠진 사람들'을 뜻하기도 한다. 《크리톤》편(54d)과 《법률》편(790d) 그리고 《이온》편(533e) 등에도 이들에 대한 언급이 보인다.

276) Periklēs(약 495~429)는 앞에서 등장인물로서 알키비아데스를 말할 때 밝힌 바 있듯, 그의 후견인이었음을 언급했다. 그는 451년 이후 429년에 역병으로 사망하기까지 실질적으로 아테네를 지배하다시피 한 정치가였다. 이는 뭣보다도 그가 아테네인들을 설득함에 있어서 탁월한 능력을 갖고 있었기에 가능했던 것이었다. 그의 설득 능력에 대해서 아리스토파네스와 동시대의 희극 작가였던 에우폴리스(Eupolis)가 남긴 토막 시들 중에 이런 시구가 있다. "그는 이처럼 홀렸으며, 연사들 중에서는 유일하게/ 듣는 사람들에게 [벌처럼] 침을 남겨 놓았다."(94. 6~7) 그런데도, 더구나 일찍이 전사한 아버지 대신 자신의 오랜 후견자였으며 역사가 증언하고 있는 이름난 연설가였던 페리클레스의 연설도 그는 그저 좋았다고만 평가하면서도, 에우폴리스가 페리클레스를 말하면서 썼던 '홀렸다(ekēlei)'는 표현을 오히려 소크라테스에게 적용하고 있다.

277) 마르시아스에 빗댄 소크라테스 자신을 가리킨다.

말씀하시지는 않으실 겁니다. 또한 저는 지금도 제가 만약에 이분의
말씀에 귀를 기울이고자 한다면, 제가 견디어 내지 못하고 똑같은 사
태를 겪게 될 것이라는 걸 여전히 의식하고 있습니다. 왜냐하면 이분
께서는 제 자신이 아직도 많이 부족한데도 제 자신을 돌보지 않고, 아
테네의 나랏일에 관여한다는 데 제가 동의하지 않을 수 없도록 하고
있기 때문입니다. 그래서 마치 세이렌들[278]에게서처럼 저는 억지로
귀를 막고서 도망하는데, 이분 옆에 앉아 있다가 거기에서 늙어 버리
지 않기 위해서죠. 하지만 제 안에는 없는 걸로 누군가가 생각함 직한
것을, 곧 누구에 대해서고 부끄러움을 느끼는 것[279]을 세상에서 유독
이분에 대해서만은 제가 겪었으니까요. 이분에 대해서만은 제가 부끄
러워하죠. 이분께서 지시하시는 것들을 하지 않아야 된다고 제가 반
론을 펼 수 없다는 걸, 또한 제가 이분에게서 떠나 버리는 것은 다중
에게서 얻게 되는 명예에 제가 져서라는 걸 저는 의식하고 있기 때문
입니다. 따라서 저는 이분에게서 달아나고 도망하거니와, 이분을 뵙
게 될 때는, 동의한 것들[280]에 대해 저는 부끄러워하게 되죠. 또한 이
분께서 이 세상에 없으신 걸 즐거운 마음으로 보고 싶어 한 적도 여러

b

c

---

278) Seirēn들(복수는 Seirēnes)은 아름다운 노래로 지나가는 선원들을 매
혹해서 땅에 내렸다가 죽게 했다는 여성 요괴들로서, 다리 쪽은 새의 모
습이었다고 한다. 호메로스의 《오디세이아》(12. 39~54, 158~200)에서
는 한 해 동안 같이 산 마녀 키르케(Kirkē)의 조언에 따라 그것들이 사는
섬을 지나갈 때, 오디세우스는 동료 선원들의 귀를 밀랍으로 막고 자신은
돛대에 몸을 꽁꽁 묶게 하고서 힘들게 지나게 되는 장면이 나온다. 영어
로는 Siren[s]이라 하는데, 우리가 쓰는 '사이렌'은 이에서 유래한다.
279) 곧 열등감을 느끼는 걸 뜻한다.
280) 바로 앞 a에서 말한 것, 곧 "제 자신이 아직도 많이 부족한데도 제 자
신을 돌보지 않고, 아테네의 나랏일에 관여한다는 데 제가 동의하지 않을
수 없도록 한다."고 말한 것을 가리킨다.

번입니다. 그랬다가도 다시, 이 일이 정작 일어난다면, 제가 훨씬 더 많이 괴로워할 것임을 저는 잘 알고 있어서, 이분에 대해서 제가 어떻게 대해야 할지를 모르겠습니다."

"그리고 사실은 저 아울로스 악곡들[281]로 해서, 저도 그리고 다른 많은 분도 여기 이분 사티로스로 해서 그와 같은 일들을 겪었습니다. 여러분은 다른 점들에 있어서도 이분께서 제가 이분을 비유한 것들과 얼마나 닮으셨는지 그리고 어떤 놀라운 능력을 가지셨는지 제게서 듣게 되실 겁니다. 실은 여러분 가운데 아무도 이분을 아시지 못한다는 사실을 잘 알아 두십시오. 그러나 일단 제가 시작하였으니, 밝힐 것입니다. 이를테면, 소크라테스 님께서는 잘생긴 [젊은] 사람들을 사랑하는 마음 상태로 계시며, 늘 이들 주변에 계시면서 넋이 나간 상태이시고, 또한 일체 모르시며 아무것도 아시지 못합니다. 이분의 이 모습은 실레노스 같지 않나요? 그야말로 몹시도 같습니다. 이분께서는 이 모습이 바깥쪽을 둘러싸고 있어섭니다. 마치 조각된 실레노스처럼요. 그러나 이게 열리게 되면, 함께 술 마시는 분들 여러분, 그 안에는 얼마나 큰 절제가 차 있는지 생각이 되십니까? 설령 누군가가 잘생겼더라도, 이분께는 아무런 상관도 없어서, 누구든 생각할 수 없을 그런 정도로 경시하며, 누군가가 부자라 할지라도, 또는 그 밖의 다른 어떤 명예를 누리고 있어서 대중이 축복받은 사람들로 보는 자라 할지라도, 아무런 상관도 없다는 사실을 아십시오. 이 모든 소유물들은 아무런 가치도 없는 것들이며 우리는 아무것도 아니라 생각하십니다. 여러분께 말씀드리건대, 온 생애 동안 시치미를 떼시며[282] 사람들을 상

d

e

---

281) 물론 소크라테스가 하는 말들을 그리 빗대어 하는 말이다.

282) 원어는 eirōneuomenos인데, 이의 명사형은 eirōneia(시치미 떼기)

대로 익살을 부리는 걸 지속하시죠. 그러나 이분께서 진지해지셔서
그 문이 열리게 되었을 때,[283] 그 안의 조상(彫像)들을 누가 본 일이
있는지 저는 모릅니다. 하지만 저는 언젠가 이미 본 적이 있으며, 그
것들은 신적이며 황금 같고 아주 아름답고 놀라워서, 요컨대 소크라 217a
테스 님께서 시키시는 것은 무엇이든 하지 않을 수가 없을 정도였죠.
저는 이분께서 저의 방년의 미모에 대해서 진지해하시는 것으로 생각
하고서, 천행이며 저의 행운이 대단한 것이라 여겼습니다. 소크라테
스 님의 마음에 들게 되면, 이분께서 아시는 모든 것을 제가 들을 수
있게 되는 것이기 때문이어섭니다. 물론 제 스스로 방년의 미모에 대
해서 놀라우리만큼 자부심을 갖고 있었으니까요. 따라서 이런 생각을
하게 되니까, 전에는 수행자[284] 없이 혼자 이분과 함께 있게 되는 일
이 없었는데, 그땐 수행자를 보내 버리고선 혼자만 함께 있게 되었죠.
— 여러분을 상대로는 모든 진실을 말해야만 하니까요. 하지만 유의 b
하십시오. 그리고 소크라테스 님, 만약에 제가 거짓말을 하면, 반박하

이고, 영어 irony의 어원이다. 《국가(정체)》편 337a에서도 이에 대한 언
급이 나온다. 흔히 Socratic irony를 반어법의 일종으로 이해하기 쉬운데,
이는 잘못된 이해이다. 앞서 204a의 각주에서 언급했듯, 단순한 개인적인
의견(판단: doxa)일 뿐인 것을 참된 앎(epistēmē)인 줄로 알고 더 이상
지적 탐구를 하려고도 하지 않는 자는 자신의 무지함조차도 알지 못하는
자이다. 반면에 소크라테스는 적어도 자신의 무지함을 스스로 알고 있고,
따라서 지적인 탐구에 대한 강한 의욕을 갖고 끊임없는 지혜 사랑에 열의
를 쏟는다. 앎과 관련된 이런 상황의 역전이 '소크라테스적인 아이러니'
이다. 219a에서 그가 자신이 아무것도 아니라고 말하고 있는 것도 그런
시치미 떼기의 한 예라고 볼 수 있다.
283) 215a~b 및 조금 앞 216d에서 언급된 실레노스 조상과 관련된 부분
을 참조할 것.
284) 수행하는 노예를 말한다.

세요. — 여러분, 정말로 저 혼자서 이분 혼자와 있게 되어, 이분께서 곧 제게 사랑하는 사람이 사랑받는 소년과 아무도 없는 상태에서 하게 되는 그런 대화를 저와 하게 될 것이라 생각하고서 저는 기뻐했습니다. 그러나 이런 일은 아예 일어나지 않았고, 늘 하시던 대로 저와 대화를 하시며 함께 그날을 보내시고선 떠나가 버리셨죠. 그 일 다음에는 함께 운동하자고 이분을 초대해서, 함께 운동하곤 했습니다. 이

c 에서 무슨 효과라도 볼까 해서요. 그래서 저와 함께 운동도 하고, 옆에 아무도 없는 가운데 여러 번이나 레슬링도 했었죠. 또 제가 무슨 말을 해야겠습니까? 제게는 더 이상 아무런 진전도 없었으니까요. 그러나 이런 식으로는 어떻게도 목적 달성을 할 수 없었으므로, 이분에게 힘으로 공격을 해야지, 일단 착수한 이상, 포기해서는 안 될 것으로 제겐 판단되었지만, 문제가 무엇인지 알아야만 했습니다. 그래서 함께 저녁 식사를 하시도록 이분을 초대했죠. 사랑하는 사람이 사랑받는 소년을 상대로 일을 꾸미는 것과 똑같이 말입니다.[285] 이것도 선

d 뜻 제게 응해 주시지는 않았지만, 그래도 마침내 들어주셨죠. 처음에 오셨을 때는, 저녁을 드시고선 [바로] 떠나려 하셨습니다. 그래서 그땐 부끄러워서 이분을 그냥 가시게 했죠. 하지만 저는 다시 일을 꾸몄고, 저녁을 먹고 나서는 밤이 깊어 가도록 마냥 대화를 했으며, 이분께서 떠나시고자 하셨을 때에는, 늦었다는 구실을 대며, 억지를 써서 이분을 머물게 했었죠. 그래서 이분께서는 제 옆 침상에서 쉬었는데, 바로 거기에서 저녁을 드셨던 침상이었습니다. 그리고 그 방에서

e 는 우리 말고는 다른 누구도 자고 있지 않았습니다. 사실 이 이야기의

---

285) 218c에서도 언급되듯, 알키비아데스가 소크라테스에게 역공으로 애정 공세를 하고 있다.

이 대목까지는 누구를 상대로 말해도 좋을 게 확실할 것입니다. 그러
나 여기서부터는 여러분이 제가 말하는 걸 안 들었으면 하실 겁니다.
다음 두 가지만 아니라면 말입니다. 첫째는, 속담대로 포도주에 진실
이 있다는 것인데, 이게 아이들(노예들)이 함께한 경우건 또는 아니
건 간에 상관없겠네요.[286] 다음으로는, 소크라테스 님을 찬양하는 일
을 착수한 자가 이분의 대단한 행적을 지워 버린다는 것은 제겐 부당
해 보인다는 것입니다. 더구나 독사한테 물린 자가 갖는 느낌의 상태
에 저 또한 있죠. 왜냐하면 이를 겪은 자는 그게 어떤 것인지를 물려
본 사람들 이외에는 아무에게도 말하고 싶어 하지 않는다고들 말하기
때문이라 저는 생각하니까요. 그 고통으로 해서 감히 온갖 걸 해 대고

---

286) 이 문장은 원문 그대로는 의미 전달은커녕 번역 자체가 문장 성립을
거부할 정도여서, 다소 의역을 했고, 아울러 설명이 필요한 부분이다. 포
도주와 관련된 헬라스인들의 속담들로 "포도주[가] 곧 진실[이다](oinos
kai alētheia)"와 "포도주와 아이들은 진실하다(거짓을 모른다)(oinos kai
paides alētheis)"라는 게 있다. 이 문장은 알키비아데스가 이 두 속담과
연관시켜 가면서 자신의 그때 상황을 실토하고 있는 부분이다. 이 두 속
담 중에서 앞의 것은 사람이 술로 거나해지면 자제력을 잃어 무심결에 그
본색 또는 본심이 드러나고, 하고 싶은 말을 거리낌 없이 해 대게 된다
는 뜻으로 하는 말일 것이다. 그리고 둘째 것은, 앞의 것에 덧보태어, 아
직 천진한 아이들도 그렇다는 뜻과 함께, 이를 다른 경우와 관련지어 말
하고 있는 것이다. 헬라스어로 '아이들(paides)'은 노예들을 남녀노소를
가리지 않고, 지칭하는 말이기도 하다. 오늘날 프랑스어 garçon(가흐송)
이 '소년'에 더해 서방의 여러 나라에서 사환이나 급사 등 심부름을 시킬
수 있는 사람에 대한 일반적 호칭으로 쓰이는 것과 비슷한 경우이기도 하
다. '파이데스'는 주인이 있는 곳에 언제나 대기하거나 수행한다. 주인이
술 취하면, 이들이 있는 것도 의식하지 않고 속말을 해 대겠지만, 이들은,
마치 자신들이 그 자리에 없었던 것처럼, 못 들은 걸로 하는 게 불문율이
다. 실제로 218b5~7에서는 알키비아데스가 그 자리에 함께 있는 노예들
을 향해 "하인들은 귀에 대문을 달라"는 말을 하는 대목이 나온다.

218a 말했다 할지라도, 오직 이들에게만은 이해되고 용서받을 수 있을 것
이기 때문입니다.[287] 실상 저는 더 고통스런 것에 물렸는데, 누군가가
물렸을 때, 가장 아픈 부분이 말입니다. — 심장 또는 혼 또는 이를 무
엇이라 일컫건, 이 부분이 철학(지혜 사랑)에서 하는 말들에 두들겨
맞고 물렸는데, 이것들은 독사보다도 더 사납죠. 이것들이 자질이 부
족한 젊은 혼을 붙잡게 되어, 무엇이건 행하거나 말하게 만들 경우에

b 는 말입니다. — 그러고 보니 파이드로스, 아가톤, 에릭시마코스, 파
우사니아스, 아리스토데모스 그리고 아리스토파네스 같은 분들이 보
이는군요.[288] 소크라테스 님 당신께야 무슨 말을 하겠습니까만, 또한
다른 분들 여러분,[289] 여러분은 모두가 실은 지혜 사랑(철학)의 광기
(mania)와 열광(bakkheia)에 관여하고 있습니다. 그 때문에 모두들
들으시게 될 것입니다. 그때 제가 하게 되었던 짓들과 지금 하게 되는
말들을 용서해 주실 테니까요. 하지만 하인들, 그리고 혹시라도 다른
교화되지 않은 무지렁이가 있다면, 그도 귀에다 아주 큰 대문들을 다
시오."

"여러분, 틀림없이 등불이 꺼지고 노예들도 밖으로 나갔기에, 이분
c 께 아무것도 둘러댈 필요도 없고, 자유롭게 제 생각을 말씀드려야겠

---

287) 이와 관련된 Dover의 주석이 이 구절의 이해에 도움을 주겠기에, 그
대로 옮겨 놓겠다. 독사에 물린 자는 "소리를 질러 대며, 미쳐 날뛰고 죽
여 달라고 비는데, 헬라스인들의 눈에는 이건 남자답지 못하며 경멸받을
행동이다. 시민 곧 군인에게는 부상의 고통에 대한 무관심이 요구되기 때
문이다."

288) 아마도 술기운 때문에 초점이 흐려진 상태에서 불안한 자세로 몸을
가누며 방 안의 사람들을 여기저기 둘러보며 그래도 틀리지는 않게 알아
보며 하는 말일 것이다.

289) 거명되지 않은 참석자들을 가리킨다.

다는 생각이 들었습니다. 그래서 이분을 흔들어 보고선, '소크라테스님, 주무세요?' 하고 물어보았습니다."

"실은 아닐세." 당신께서 대답하셨습니다.

"그럼 제가 생각한 바를 아시겠습니까?"

"정히 무엇인고?" 당신께서 물으셨죠.

제가 말했습니다. "제게는 선생님께서 저를 사랑하는 사람으로서는 유일하게 존중받을 분이신 걸로 여겨지거니와, 선생님께서는 저를 상대로 그걸 말씀하시길 주저하시는 것으로 보입니다. 하지만 제 쪽은 이렇습니다. 저로서는 이것[290]만이 아니라, 설사 다른 어떤 걸, 곧 저의 재산이나 제 친구들의 재산을 요구하시더라도,[291] 선생님께 응해 드리지 않는다는 것은 아주 어리석은 짓이라 저는 생각하고 있습니다. 왜냐하면 제게는 제가 가능한 한 최대한 훌륭하게 되는 것 이상으로 귀중한 것이 없으며, 이를 도와주시는 분으로서는 선생님보다도 더 자격이 있는 분은 아무도 없다고 저는 생각하고 있으니까요. 따라서 제가 그런 분께 응해 드리지 않는다면 분별 있는 분들에게 훨씬 더 부끄러움을 느끼게 될 것입니다. 제가 응해 드림으로써 분별 없는 많은 사람에게 부끄러움을 느끼게 되기보다는 말입니다."

d

---

290) 바로 앞 문장에서 '그걸 말하길 주저하는' 내용과 같은 것으로서, 사랑받는 소년(ta paidika＝the beloved [boy])과 사랑하는 사람(erastēs＝lover)과의 성적인 관계를 시사하고 있는 말이다.

291) 소년애(paiderastia)의 경우에 소년에 대한 구애에서 환심을 사기 위해 하는 선물 공세를 하는 관례에 대한 언급은 앞(183a~b)에 이미 있었다. 여기에서는 오히려 알키비아데스가 소크라테스에게 역공을 하고 있는 셈이다. 《프로타고라스》편(310d~e)에는 젊은이가 지혜로워지기 위해 프로타고라스에게 제 돈만이 아니라 친구들의 것도 바칠 용의가 있음을 밝히고 있는 장면이 나온다.

그리고 이분께서는 제 말을 들으시고서는 아주 시치밀 떼시고선 당신 특유의 늘 하시던 버릇대로 말씀하시더군요. "아, 친애하는 알키비아데스! 자네는 정말 범상한 사람은 아닌 것 같네.[292] 정녕 자네가 나에 관해 하는 말이 진실이고, 또한 그것으로 해서 자네가 더 나아질수 있게 되겠는 그런 어떤 능력이 내게 있다면 말일세. 실은 자네가 내 안에서 굉장한 아름다움을 보고 있겠는데, 이는 자네의 잘생긴 외모와는 판이하게 차이가 나는 것이지. 그러니 자네가 이를 알아보고서 나와 거래를 하여 [자네의] 아름다움(kallos)을 [나의] 아름다움과 교환하려 한다면, 자네는 나보다도 적지 않게 더 이득을 볼 요량인 게야. 하지만 자네는 아름다워 보이는 것들 대신에 진실로 아름다운 것들[293]을 소유하려 꾀하며 정말로 '금을 청동과' 바꿀[294] 생각을 하고 있는 걸세. 하지만, 여보게! 더 잘 생각해 보게. 내가 아무것도 아니라는 걸 말일세.[295] 실은 지성[296]의 시력은 육안의 시력이 그 정점에서

---

292) 소크라테스가 스스로도 확신하지 못하고 있는 능력을 자신이 갖고 있는 것으로 알키비아데스가 알아보고 예단한 데 대해 놀랍다는 뜻에서 하는 말이다.

293) 여기에서 '아름다워 보이는 것들 대신에 진실로 아름다운 것들'로 옮긴 부분은 의역한 것이다. 원어 그대로는 '아름다운 것들의 doxa(의견, 명성, 환영) 대신에 alētheia(진리, 진실)'이다. '독사(doxa)'와 관련해서는 202a에서 해당 각주를 참조할 것.

294) 트로이아에서 서로 적으로 만난 글라우코스와 디오메데스가 선대에 서로 잘 아는 집안 사이임을 알게 되어 반가워하다가, 제우스의 농간으로 갑자기 분별력을 잃게 된 글라우코스가 황소 백 마리 값어치에 해당하는 황금 무장을 디오메데스의 고작 아홉 마리 값어치에 해당하는 청동 무장과 바꿔 버렸다는 이야기에 나오는 교환에 빗대 하는 말이다. 호메로스의 《일리아스》 6. 234~236.

295) 알키비아데스가 자신의 외적인 아름다움을 소크라테스의 내면적인 아름다움과 교환하려고 하지만, 정작 교환할 만한 걸 자신은 갖추지 못하

약화되려는 때에 날카롭게 보기 시작하지. 하지만 자넨 이에서 아직 머네."

제가 듣고서 말했습니다. "제 쪽 사정은 이렇습니다. 제가 생각하는 대로 말씀드린 것이지, 다른 건 아무것도 없습니다. 그러나 선생님께 서는 선생님과 제게 최선일 것으로 믿으시는 바대로 결정하세요."

"그건 어쨌든 잘한 말일세. 이제부터 상의해 보고서 이 문제와 함께 다른 문제들에 대해서도 우리 둘에게 최선일 것으로 보이는 걸 행할 것이네." 하고 이분께서 말씀하셨습니다.   b

"저는 그 말을 듣고선 말했는데, 마치 창이라도 던진 것처럼, 이분 께서 상처를 입으신 것으로 저는 생각했습니다. 그래서 저는 어쨌든 일어나서, 이분께 더 이상 무슨 말씀이든 하실 기회를 드리지 않고, 저 의 겉옷으로 이분을 감싸고선, — 하긴 겨울이기도 했으니까요, — 이 분의 닳아 헤진 겉옷 밑에 누워,[297] 두 팔로 정말 다이몬 같으시며[298]

고 있다는 뜻으로 말하고 있는데, 남이 보기에 이는 시치미 떼는 짓으로 받아들여진다.

296) 원어는 dianoia로서 사고, 지적인 사고 등을 뜻하는데,《국가(정체)》 편(511d 등)의 인식론에서는 doxa(의견, 판단)와 nous(지성) 사이의 능 력으로서 '추론적 사고'를 뜻하는데, 여기에서는 일반적 의미에서의 지 성을 뜻하는 것으로 보면 되겠다.

297) 그러니까 겉옷(himation) 둘을 담요처럼 겹으로 덮은 셈이다. 그런 데 여기에서 알키비아데스가 입은 겉옷과는 달리 소크라테스가 입은 '닳 아 헤진 겉옷'은 헬라스어로 ho tribōn으로 지칭되는 것의 번역어인데, 이는 양털로 짠 겉옷인 '히마티온'이 하도 오래 입어서 털은 닳아 떨어져 나가고 올이 드러난 상태인 걸 뜻한다. 헬라스인들은 이 겉옷 안에 얇은 리넨 옷감으로 만든 속옷으로 키톤(khitōn)을 전에는 통상 받쳐 입었으 나, 5세기에 들어서 몇 차례의 큰 전쟁(페르시아 전쟁)을 치른 뒤에는 검 소한 풍조가 일어, 장방형의 통 옷감을 왼쪽 어깨에 걸친 상태로 몸에 두 르는 이 겉옷만 입는 게 통상이었다 한다. 크세노폰의《회고록(소크라테

c 놀라우신 이분을 껴안은 채로 온밤 동안 누워 있었습니다. 소크라테
스 님, 이 또한 제가 거짓말을 하고 있다고는 않으실 겁니다. 그렇지
만 제가 이러는 동안, 이분께서는 그만큼 저를 압도하시며 깔보시고
선, 제 젊음의 꽃다움을 모욕하셨죠. 적어도 그것에 대해서는 제가 대
단한 무엇이나 되는 것으로 저는 생각했죠, 판관 여러분! 소크라테스
님의 거만함에 대한 판관들은 여러분이니까요.[299] 신들에 맹세코, 또
d 한 여신들에도 맹세코 말씀드리건대,[300] 저는 아버지나 형과 함께 잤
을 경우 이상으로 이상한 일은 아무것도 없이[301] 자고 일어났기 때문

스 언행록》, I. 6. 2를 보면, "선생님(소크라테스)께서 몸에 두르신 히마
티온이 볼품없을 뿐만 아니라, 여름이나 겨울이나 똑같은 것이고, 신발도
신지 않고 키톤도 입지 않는(akhitōn) 것으로 일관하십니다."라는 언급이
보인다. 《프로타고라스》 편(335d)에서도 이 옷에 대한 언급이 보인다. 훗
날 키니코스 학파(hoi Kynikoi)나 스토아 학파의 철학자들도 그런 행색
을 했던 것으로 전한다.

298) '다이몬(daimōn) 같은 분(ho daimonios)'은 우리가 흔히 말하는
'초인 같은 분'으로 이해할 수 있는 사람이다. 앞서 202d~203a에서 다
이몬(신령, 영, 수호신) 그리고 영적인 것(to daimonion) 등에 대한 언급
이 본문에 나왔으며, 이에 대한 각주들도 있었다.

299) 거만함(hyperēphania)은 hybris(방자함, 교만, 오만 무례, 인격적 모
욕 등)의 일종이다. 바로 앞 문장 끝에서 알키비아데스는 소크라테스가
자신의 '젊음의 꽃다움'을 모욕했다(hybrisen)고 비난했다. 그런데 아테
네에는 이른바 솔론의 법률(6세기 초) 때부터 이 '히브리스'에 대해서는
이해 당사자가 아니더라도 누구나 기소할 수 있고, 중벌 경향이 있었다
한다. 그리고 당시의 재판은 일종의 배심원 제도였기에, 배심원들이 곧
재판관들(dikastai)이었다. 여기에서는 이 재판 제도에 빗대어, 그의 실화
를 들은 사람들이 제대로 판단해 줄 것을 이런 식으로 부탁하고 있는 것
이다.

300) 《티마이오스》 편(27c)에서는 남녀 신들을 불러, 여기서처럼 맹세를
하는 것이 아니라, 기원을 하는 장면이 나온다.

301) 아닌 게 아니라 《국가(정체)》 편 403b~c를 보면, 자기가 애지중지하

입니다."

"그러니 그다음에 제가 무슨 생각을 했을 것으로 여러분께서는 생각하십니까? 경멸을 당했다고 생각하면서도, 이분의 성격과 절제 그리고 용기에 감탄했는데, 지혜와 참을성에 있어서 제가 결코 만난 적이 없는 것으로 생각되는 그런 사람을 제가 만났다는 겁니다. 그리하여 저는 어떻게도 화를 낼 수도 없었으며 이분과 함께 지내는 걸 그만둘 수도 없었고, 또한 어떤 식으로든 이분을 제 편으로 만들 방책도 찾지 못했습니다. 왜냐하면 적어도 재물로 해서[302] 이분이 상처를 입는 일은, 아이아스가 철제 무기로 해서 상처를 입는 것[303]보다도, 모든 면에서 훨씬 더 없을 것이라는 사실을 저는 잘 알고 있었기 때문입니다. 그리고 단 한 가지 것에 의해서만 이분께서 굴복하게 될 것으로 제가 생각했던 그것[304]에서도 저를 피해 버렸으니까요. 저는 그야말로 당혹해했죠. 일찍이 아무도 누구로 해서도 그런 일을 겪을 수 없었듯, 저는 이 어른에 사로잡혀 맴돌고 있었습니다. 이것들은 모두가 이전에 제게 일어났던 일들이고, 이후에도 우리에게는 함께한 포테이다이아로의 출정[305]이 있었으며 거기에서 공동 식사도 했죠. 그래서 첫

e

는 '사랑하는 소년'에 대한 사랑은 마치 자식을 대하듯 하는 것이어야지 그 이상은 금물임을 소크라테스가 말하고 있다. 그건 '무교양과 아름다운 것에 대한 무지' 탓이라 말한다.

302) 218c의 본문 및 해당 각주에서 언급된 물량 공세를 가리킨다.

303) Aias는 트로이아 원정군 중에서는 아킬레우스 다음의 용장이었다. 그는 덩치도 큰 데다, 일곱 겹의 소가죽으로 만든 거대한 방패를 이용하였으며, '아카이아인들의 방벽'이라는 별명까지 얻어 가졌을 만큼 무술에서도 빼어난 맹장이어서, 어떤 무기로도 그에게 상처를 입힐 수 없었다고 한다.

304) 앞에서 말한 미남인 알키비아데스의 '젊음의 꽃다움'을 뜻한다.

305) Poteidaia는 헬라스 본토의 북동부에서 마케도니아에 연결되어 뻗은

째로 이분께서는 고난들에 처해서도 저뿐만 아니라 다른 모든 분보다
도 우월하셨습니다. 물론 출정에서 겪는 일들로, 어딘가에서 차단되
어 어쩔 수 없이 굶주리게 되었을 때, 다른 사람들은 인내하는 데에는

형편없었죠. 그런가 하면 성찬을 대접받을 때에도, 이분만이 제대로
즐길 수 있으셨는데, 특히 술을 마시려 하지 않으시다가도, 어쩔 수
없이 마시지 않으실 수 없게 될 경우에는, 모두를 제압하셨죠. 그리고
무엇보다도 놀라운 것은 도대체 술 취한 소크라테스를 일찍이 아무도
본 적이 없다는 겁니다. 그러므로 이에 대한 시험은 당장이라도 있을
일이라 제게는 생각됩니다.[306] 또한 그 겨울의 인내 사건들과 관련해
서는 ― 그곳의 겨울들은 지독하니까요,[307] ― 이분께서는 다른 놀라

b 운 일들도 하셨지만, 특히 한번은 아주 지독한 서리가 있었을 때였죠.
모두가 안에서 밖으로 나가지 않거나, 혹시 누군가가 나가더라도, 그
야말로 놀라울 만큼 옷을 두르고서, 신발을 신는 것도 발을 펠트와 양
털가죽으로 감싸고서 나갔지만, 이런 상황에서 이분께서는 전에도 걸

칼키디케(Khalkidikē) 곳에서 세 갈래로 뻗은 작은 반도들 중의 하나에
있던 나라(polis)였는데, 제2, 3차 페르시아 전쟁(480~479) 이후 델로스
동맹국들의 일원으로 되었으나, 434년에 조공 액수를 늘린 뒤에, 432년
에 아테네에 반기를 들게 되었다. 더구나 일찍부터 코린토스와의 내통을
늘 의심하던 터라, 아테네가 정벌에 나섰고, 마침내 430년에 이 나라는 정
벌당한다. 이 전쟁에 소크라테스가 소집되었으니까, 이때 그는 37세였다.
《소크라테스의 변론》편(28e)에 이곳과 다음에 언급되는 델리온 및 암피
폴리스에서의 전투에 참전했던 것과 관련해서 언급하고 있다.

306) 이는 끝(223c2~d12)에 가서 결국 확인된다.

307) 이곳은 북풍의 고장인 트라케(Thrakē) 지방에 가까우니까, 겨울에
도 외투가 필요 없는 고장의 아테네인들에게는 엄청 추웠을 것이다. 강이
얼고 눈이 쌓이는 고장이었다고 한다. 이 출정은 432년 여름에 시작해서
430년 연말에 끝났다.

치고 다니시던 바로 그런 겉옷을 입고 밖으로 나가셨죠. 신발도 신지 않고 얼음 위를, 신발을 신은 다른 사람들보다도 더 수월히, 헤치고 나아가셨습니다. 병사들은 이분을 곁눈으로 치떠 보았는데, 자신들을 얕본 것으로 여긴 거죠.[308) 그건 그거고요.

c

  강인한 분이 행하고 견디어 낸 이것이 또한 어떤 것이었는지[309)

출정 중의 그곳에서 언젠가 있은 일은 들을 가치가 있습니다. 왜냐하면 그곳에서 새벽부터 뭔가를 골똘히 생각하시다가, 이를 계속해서 고찰하며 서 계셨습니다. 그러고도 당신께 진전이 없으니, 그만두시지도 않고 추구하며 서 계셨습니다. 그리고 어느덧 정오였고, 사람들이 알게 되어, 놀라서 서로들 말했죠. 소크라테스가 뭔가를 생각하며 마냥 서 있다고. 마침내 이오니아인들[310) 중의 몇몇은, 이미 저녁때였

---

308) 이 일은 훗날 소크라테스가 법정에 섰을 때(399년) 적지 않은 일부 사람들에게는 못마땅한 기억으로 남아 있어서 이들 배심원들의 투표에 영향을 미쳤을 것으로 추정되기도 한다.

309) 호메로스의《오디세이아》4. 242 및 221에 나오는 시구에서 접속사 하나를 부사로 바꾸는 정도로 인용한 것이다. 이 시구에서 '강인한 분'은 오디세우스를 가리킨다. 그의 참을성에 빗대, 소크라테스의 인내력을 말하고 있는 것이다.

310) 이오니아(Iōnia)에 대해서는 182b에서 간단한 언급을 했듯, 여기서 말하는 Iōnia인들([hoi] Iōnes)도 소아시아(오늘날의 터키) 서안 지대 및 그 연안에 가까운 섬들에 거주하던 대부분의 이주민 부족을 통틀어 일컫는 다. 이들은 기원전 1000년경에 이주하기 시작했는데, 육지로는 스미르나 (Smyrna)에서 남쪽으로 할리카르나소스(Halicarnassos), 연안의 섬나라 들로는 이와 각각 마주한 키오스(Chios)에서 할리카르노스 맞은편의 레로 스(Leros)에 이르기까지가 대체로 이오니아계였다. 이들은 아테네의 아티 케 지역의 언어와 한 계열인 이오니아 방언을 썼으며, 아테네를 모국처럼

d 으므로, 저녁을 먹고서 — 그땐 여름이기도 했으니까요, — 짚자리를 밖으로 내와 함께 서늘한 곳에서 자며, 동시에 밤새껏 서 있을 것인지 그를 지켜보았죠. 그러나 이분께서는 새벽이 되고 해가 뜰 때까지 서 계셨습니다. 그제야 해에 기원을 하고서, 그 자리를 떠났습니다. 한데, 여러분께서 듣고 싶으시다면, 전투들에서 있은 일이에요. 물론 이 일은 이분께 어쨌든 공적을 돌리는 게 옳으니까요. 장군들이 제게 용맹에 대한 상까지 준 그 전투가 있었을 때,[311] 저를 구해 주신 이는 이

e 분 이외의 다른 누구도 아니었으며, 부상한 저를 버려두려 하지 않고, 저의 무장[312]과 저 자신을 함께 구해 주셨죠. 그리고 소크라테스 님, 저는 그때도 당신께 용맹에 대한 상을 드리도록 장군들[313]에게 권유했습니다. 그리고 어쨌든 이를 두고 당신께서는 저를 나무라시지도 제가 거짓말을 하고 있다고도 말씀하시지 않을 것입니다. 그러나 장군들이 제 신분을 고려해서[314] 제게 그 용맹에 대한 상을 주고자 했을

여겼다. 그런 까닭에 이 출정에는 동맹군으로서 참전하게 된 것이다.

311) 한 차례의 전투가 끝난 뒤에 특별한 용맹에 대해 준 아테네인들의 이 상은 ta aristeia라 했다.

312) 전사가 무구(武具: ta hopla)를 버린다는 것은 곧 가벼운 차림으로 빨리 도망가는 것을 의미한다.

313) 아테네의 10개 부족(phylē, pl. phylai) 단위에서 각기 1명씩의 '장군 (stratēgos)'을 해마다 선출해서, 이들이 저마다 자기 부족의 중장비 보병 단과 기병대를 지휘케 한다. 487/6년 이후에 이들은 적어도 그 나름의 전 문적인 능력이 인정되어 선출되었으므로, 정치적인 영향력도 행사하게 된다. 480년에 살라미스 해전에서 페르시아의 대함대를 격파한 테미스토 클레스(Themistoklēs)도 '스트라테고스'로 선출된 사람이었고, 페리클레 스 또한 443년부터 429년에 역병으로 사망하기까지 무려 15번이나 '스트 라테고스'로 연달아 선출되었던 사람이다.

314) 앞에서 한 인물 소개를 참조할 것.

때, 당신께서는 자신보다도 제가 상을 받는 것에 장군들보다도 더 열성적이셨습니다. 더 나아가, 여러분, 그러니까 델리온[315]에서 군대가 퇴각으로 후퇴를 하고 있었을 때, 소크라테스 님은 볼만했습니다. 저 는 말을 갖고 참전했으나, 이분께서는 중무장으로 참전하셨기 때문입니다.[316] 그래서 사람들은 이미 뿔뿔이 흩어졌는데, 이분께서는 라케

---

315) Dēlion은 헬라스의 중부 지역인 보이오티아(Boiōtia)의 북동 해안에 있던 아폴론 신전과 그곳 구역을 가리킨다. 424년 말 무렵에 이곳에서 벌어졌던 전쟁에서 7천의 중무장 보병과 약간의 기마병 등으로 구성된 아테네의 군대는 같은 수의 중무장 보병과 1만의 경무장 보병 및 약간의 기마병 등으로 구성된 보이오티아 군대와 이에 가세한 테베의 중무장 보병대에 참패를 당한다. 이 후퇴 과정에서의 일과 관련해서는 《라케스》편(181b)에서도 언급되고 있다.

316) 이 전쟁에 알키비아데스는 기병(hippeus)으로 그리고 소크라테스는 중무장 보병(hoplitēs)으로 참전했다는 뜻이다. 무장은 각자가 자신의 재력에 따라 하게 되므로, 소크라테스도 중산층 정도는 되었다고 보면 되겠다. 헬라스어로 '큰 방패'를 hoplon이라 하고, 이의 복수 형태(hopla)는 '중무장'을 뜻한다. 그러니까 이 중무장의 핵심은 큰 방패인 셈이다. 이에서 '중무장 보병(hoplitai, 단수는 hoplitēs)'이란 말이 유래하는데, 지상의 보병으로서 갖출 수 있는 모든 무장을 갖춘 전사이다. 청동의 갑주로는 코와 귀까지 보호하도록 한 투구와 가슴받이, 정강이받이로 갑옷을 갖추고, 겉에 청동을 입힌 직경 약 80센티미터의 방패(hoplon)와 길다란 창을 드는데, 근접전에서는 칼을 쓴다. 이 장비를 갖추자면 비용이 많이 드는 데다 원칙적으로 시민 각자가 스스로 이 무장을 갖추게 되어 있어서, 중무장 보병은 상대적으로 경제적 여유가 있는 시민들이었던 셈이다. 이들을 이용한 전투 대형을 '밀집 대형(密集隊形: phalanx)'이라 하는데, 이 대형은 통상 8중의 대형을 유지하는 것이었다. 이 전투 대형은 정상적인 전진 상태에서는 가공할 위력을 발휘했으나, 옆구리와 후미에 취약점을 갖고 있는 것인 데다, 전체적 움직임이 거추장스런 면이 있었다. 490년의 마라톤 전투 등에서 페르시아 군대가 압도된 것도 이 밀집 대형의 중무장 보병들한테 당해서였다. 그런데 이 델리온 전투에서도 아테네군은 통상의 8중 대형을 유지해 처음엔 잘 대처했으나, 상대는 처음 시도하는 25중의 밀집 대형을 이용한 데다

스[317])와 함께 후퇴하고 있었습니다. 저도 우연히 만나게 되어, 두 분을 보는 즉시 힘내시라고 격려하고선, 두 분을 버려두지는 않을 것이라고 말했습니다. 이곳에서야말로 저는 포테이다이아에서보다도 소크라테스 님을 더 잘 관찰할 수 있었습니다. — 제 자신은 말을 타고 있은 덕에 덜 두려운 상태에 있었으니까요. — 첫째로는, 신중함으로

b 해서 이분께서 라케스보다도 얼마나 더 뛰어난지 보았습니다. 그다음으로는, 아리스토파네스, 그대의 이 표현대로 '고개를 쳐들고 두 눈으로는 곁눈질을 하며'[318] 마치 여기에서처럼 거기에서도 뚫고 나아갔습니다. 침착하게 아군들과 적군들을 곁눈질로 살피는데, 모두에게 그리고 아주 멀리서도, 혹시 누군가가 이 사람을 붙잡게 될 경우에는, 몹시 완강하게 저항하게 될 것이라는 게 명백해 보였을 걸로 제겐 생각되었습니다. 이 때문에 이분께서도 그 전우도 안전하게 벗어나게 되셨죠. 전쟁에서 대개는 이렇게 처신하게 되는 자들을 붙잡으려 하

c 지 않고, 황급히 도망가는 자들을 추격하니까요."

"그러므로 다른 많은 것을 그리고 놀라운 것들을 갖고 소크라테스 님을 누군가가 찬양할 수 있을 것입니다. 하지만 다른 활동들의 경우에는 아마도 다른 사람과 관련지어서도 그런 것들을 누군가가 말할 수 있겠지만, 옛날 사람들이든 요즘 사람들이든 이들 중의 누구와도

기마병의 전혀 예상치 못한 기습 공격으로 해서, 결국 대패했다고 한다.

317) Lachēs는 427~425년에 장군으로 임명되었던 것 같고, 여러 차례의 전투에서 과감한 지휘관으로 활약했던 것으로 알려져 있다. 418년 만티네이아에서 아테네군의 지휘관으로 활약 중에 전사했다. 그의 이름이 붙은 대화편(181b)에서도 델리온 전투(424년)에서의 소크라테스와의 인연이 언급되고 있다.

318) 아리스토파네스의 《구름》 362행의 구절을 약간 변형해서 인용한 것이다.

같지 않은 점, 이게 전적으로 놀랄 가치가 있는 것입니다. 아킬레우스가 어떤 사람이었는지는 누군가가 브라시다스[319]나 다른 사람들과 비교할 수 있겠으며, 다시 페리클레스가 어떤 사람이었는지는 네스토르나 안테노르[320]와 비교할 수 있을 테니까요. — 다른 이들 또한 있지요. — 또한 다른 이들도 같은 식으로 비교할 수 있을 것입니다. 그러나 여기 계신 이분께서 그 범상치 않음[321]에 있어서 어떤 분이신지는, 곧 당신 자신과 당신의 말씀들이 어떤지는 누군가가 가까이에서 찾은들 찾아낼 수 없을 것입니다. 오늘날의 사람들 중에서도 옛사람들 중에서도 말입니다. 누군가가 제가 말하는 자들과 비교하고자 하지 않는다면 말이에요. 이들은 인간들 중의 누구도 아니고, 실레노스들 및 사티로스들[322]과 이분 및 이분의 말씀들을 비교하지 않는 한은 말입니다."

"그리고 이 또한 실은 처음 언급에서 제쳐 놓았던 것인데, 이분의 말씀들도 그 안이 열어젖혀진 실레노스 조상(彫像)들[323]과도 더할 수 없이 닮았다는 사실입니다. 가령 누군가가 소크라테스 님의 말씀

d

e

---

319) 브라시다스에 대해서는 등장인물 소개에서 알키비아데스를 소개하는 중에 언급되었다.
320) Nestōr는 필로스(Pylos)의 왕으로서, 동시대의 두 세대를 넘겨 3대까지 장수했다고 한다. 호메로스의 《일리아스》 1. 247~284는 그가 '필로스의 낭랑한 목소리의 웅변가'(248)로서 아가멤논과 아킬레우스를 화해시키기 위해 연설하는 장면이다. Antēnōr도 같은 책, 3. 148~151에서 연로해서 싸움터에는 못 나가지만, '훌륭한 웅변가'로서 트로이아의 프리아모스 왕과 함께 지내는 무리들 중의 한 사람으로 언급되고 있다.
321) 소크라테스의 '범상치 않음(이상함: atopia)'에 대한 알키비아데스의 언급은 215a에서부터 언급되기 시작했다.
322) 215a에서 해당 각주를 참조할 것.
323) 215b를 참조할 것.

을 듣고 싶어 할 경우, 처음에는 그것들이 아주 우스워 보일 테니까
요. 이런 것들이 낱말들과 표현들을 겉으로 싸고 있는 게, 바로 장난
질하는 사티로스의 외피 같죠. 왜냐하면 이분께서는 짐 싣는 나귀들
이나 대장장이들과 구두 만드는 사람들 그리고 무두장이들 같은 이들
을 말씀하시며, 늘 같은 것들을 통해 같은 것들을 말씀하시는 걸로 보
여,³²⁴⁾ 이에 대한 경험도 없고 몰지각한 사람은 모두가 이분의 말씀들

에 대해 비웃을 테니까요. 그러나 누군가가 그 말씀들의 외피가 열어젖
혀진 걸 보고서 그 안에 들어가게 되면, 처음으로 그 안에 지성(nous)
을 갖춘 유일한 말씀들을 발견하게 될 것입니다. 그다음으로, 또한 그
말씀들이 더할 수 없이 신적인 것들이고, 그 속에는 [사람으로서의] 훌
륭함(덕: aretē)의 상(像)들을 더할 수 없이 많이 갖고 있으며, 더할 수
없을 정도로 멀리까지 뻗는, 아니 그보다도 훌륭하디훌륭한 이³²⁵⁾로 되

---

324) 언제나 일상의 비근한 예들을 드는 걸 두고 하는 말이다.
325) '훌륭하디훌륭한 이(ho kalos kàgathos)'는 앞서 204a의 해당 각주
에서 사람을 나타내는 정관사(ho)가 없는 단순한 형용사로서의 '훌륭하
디훌륭한(kalos kàgathos)'에 대해서 언급했다. 이를 중성 복수 정관사 ta
를 붙여 ta kala kàgatha [pragmata]의 형태로 쓰면, '훌륭하디훌륭한 것
들'이 되겠고, 이를 추상 명사화한 것은 kalokàgathia(훌륭하디훌륭함)이
다. K. J. Dover는 그의 책 *Greek Popular Morality/ In the Time of Plato
and Aristotle* (Univ. of California Press, 1974), pp. 41~45에서 이 용어
의 쓰임새의 출전들에 대한 언급을 한 다음, p. 45에서 제 나름의 결론
을 내리고 있는데, 그 내용은 대체로 이런 것이다. 이를테면, 가난한 아테
네인이 어떤 사람에 대해 kalos kàgathos라는 표현을 보통 선뜻 쓰게 되
는 것은 이런 경우라고 할 수 있겠다는 것이다. 제 자신이 갖고 싶은 부
와 명성, 가문을 가진 사람이며, 자기도 그리되었으면 좋을 교육을 받고
교양 있으며 잘 차려입은 사람, 체격 좋고 여러 가지 운동으로 단련된 사
람이 그런 사람일 것이라는 것이다. 말하자면, 보통 사람들의 선망의 대
상이 되는 사람이라고 할 것이니, 그가 보기에는 이런 사람이야말로 '훌

고자 하는 자로서 고찰하기에 적절한 모든 것으로 뻗는 것들입니다."

"여러분, 이것들이 제가 소크라테스 님을 찬양해서 말하는 것들입니다. 그리고 아울러 저는 이분께서 저를 모욕하신 것들과 섞어

류하디훌륭한 사람'일 것이다. 당시의 그런 사람은 대개는 귀족이었다고 할 것이다. 그런데 엉뚱하게도 404년의 30인 과두 정권이 [hoi] kaloi kàgathoi(복수 형태임)를 위한 정치를 하겠다는 명분으로 일대 숙청을 단행하게 된다. 한데, 바로 이 정권의 과격파 두목이 플라톤의 외당숙인 크리티아스였으며, 그의 외삼촌 카르미데스도 이 정권에 가담하고 있었다. 비록 《일곱째 서한》에서는 이들의 형편없는 정치에 환멸까지 느낀 것으로 그의 심정이 토로되어 있기는 하지만, 그 때문에 플라톤에 대한 훗날 사람들의 오해도 없지 않았다. 한데, 《국가(정체)》편 569a에서는 그런 부류의 사람들을 '이른바 훌륭하디훌륭한 자들(hoi kaloi kàgathoi lego-menoi)'이라 지칭하고 있는 반면에, 396b~c에서는 '참으로 훌륭하디훌륭한 이(ho τῷ ὄντι kalos kàgathos)'라는 표현을 만나게 되는데, 한마디로 말해, '가장 지혜로운 사람'이 바로 그런 사람이다. 여기에서 말하고 있는 사람도 바로 그런 사람일 것이다. 참고삼아 이와 관련된 아리스토텔레스의 언급도 알아보는 게 좋을 것 같아, 여기에 적는다. 그는 《에우데모스 윤리학》(제8권 제3장, 1248b8~1249a20)에서 이 두 낱말의 명사형 혼성어인 kalokàgathia를 먼저 언급하면서, 부나 건강이 정작 '좋은 것'이면서, 더 나아가 유익하며 훌륭한 것일 수 있는 것은 그것을 좋은 목적을 위해 선용할 수 있는 사람에게 있어서나 가능한 일이라고 하며, 이런 사람을 '훌륭하디훌륭한 사람(ho kalos kàgathos)'이라 말하고, 이런 사람이 지닌 덕(aretē)을 kalokàgathia이라 하며, 이를 '완전한 덕(aretē teleios)'이라 했는데, 영어로는 이를 흔히 'nobility'로 옮기고 있다. 그에 의하면, 부나 명예, 행운 또는 신체적인 훌륭한 상태(aretē) 등이 그 본성상(physei) 좋은 것(agathos)들이긴 하나, 경우에 따라 이것들은 해로울 수도 있는 것이다. 어리석은 사람이나 올바르지 못한 사람 또는 방종한 사람이 그것들을 이롭게 쓰지 못할 경우가 있기 때문이다. 건장함이 '좋은 것'이긴 하나, 그 자체로 칭찬받을 성질의 것은 아니다. 그러나 절제는 그 자체로 '좋은 것(agathos)'이어서 '칭찬받을 것(epainetos)'이요, 따라서 '훌륭한 것(kalos)'이기도 하다.

193

222b

b 서 여러분께 말씀드렸습니다. 하지만 이런 건 제게만 하신 것이 아니라, 글라우콘의 아들 카르미데스,326) 디오클레스의 아들 에우티데모스,327) 그리고 그 밖의 아주 많은 사람에게도 하셨는데, 사랑하는 사람(erastēs)으로서는 이들을 속이고서, 스스로 사랑하는 사람 대신에 오히려 사랑받는 사람(paidika)이 된 것입니다.328) 아가톤, 그대에게도 내가 말하듯, 그런 식으로 이분한테 속지 말고, 우리가 겪은 것들에서 배워서 조심할 것이니, 격언대로 어리석은 사람처럼 겪고서야(당하고서야) 배우지329)는 마세요."

c 이런 것들을 알키비아데스가 말하고 나자, 그의 거리낌 없는 말에 한바탕 웃음이 일었답니다.330) 아직도 그가 소크라테스를 사랑하는 상태인 걸로 여겨졌기 때문입니다. 그래서 소크라테스 님께서 말씀하셨답니다. "내 생각엔 자네가 술 취하진 않은 걸로 보이네, 알키비아

---

326) Charmidēs는 플라톤의 외삼촌으로, 그의 이름이 붙여진 같은 이름의 대화편에서 큰 역할을 한다. 그는 404년에 사촌인 Kritias(약 460~403)와 함께 30인 과두 정권의 일원으로 활동하다가, 403년에 민주파와의 싸움 중에 죽는다.
327) Euthydēmos는 키오스(Chios) 출신의 소피스테스이다. 그의 이름이 붙여진 대화편이 있다. 그가 실존 인물이었는지에 대해서는 의문이 제기되기도 한다.
328) 앞서 217a~219d에서 실토한 자기 꼴을 당하고 있다고 말하고 있는 것이다.
329) 이런 뜻의 격언 형태로는 헤시오도스의 《일과 역일》 218행에서의 "어리석은 자는 겪고서야(당하고서야) 아느니(pathōn de te nēpios egnō)"와 《일리아스》 17. 32에서의 "일이 터진 다음에야 어리석은 자는 아느니(rhekhthen de te nēpios egnō)"가 대표적인 것들일 것이다.
330) 다시 아리스토데모스가 아폴로도로스에게 해 주는 이야길 이 사람이 다시 다른 사람들에게 들려주는 형식으로 돌아가게 된다.

데스! 그렇지 않고서야 이처럼 교묘하게 빙빙 돌려서 이 모든 걸 자네가 말한 의도를 숨기려 들지는 않을 것이니, 마지막에 곁가지로 이를 말하면서 끼워 넣고서는, 나와 아가톤 사이를 이간하기 위해 이 모든 걸 말한 건 아닌 것처럼 한 게야. 나는 자넬 사랑하고 다른 누구도 **d**
사랑해선 안 되나, 아가톤은 자네한테서 사랑받되 다른 누구한테서도 사랑받아서는 안 되는 걸로 생각하고서 말일세. 하지만 모르게 하지는 못했고, 자네의 이 사티로스 극331) 곧 실레노스 극은 명백해졌네.

---

331) 헬라스어로는 to satyrikon drama(satyric drama)이다. 디오니소스 제전([ta] Dionysia [hiera])은 Dionysos(일명 Bakkhos) 신의 제전(祭典)들에 대한 통칭이다. 아테네의 경우에 이 제전으로는 네 가지가 있었는데, 모두 포도주 및 생명과 성장의 활력을 상징하는 신 디오니소스와 관련된 것들이기에, 포도 수확에서 새 생명이 돋는 초봄까지에 걸친 축제 행사들이다. 이 중에서 마지막의 초봄에 열리는 '대 디오니소스 제전(ta megala Dionysia)' 행사의 일환으로 3일간 3인의 비극 작가가 각기 세 편의 비극과 한 편의 사티로스 극을 갖고 경연을 벌였다. 오늘날까지 유일하게 온전한 형태로 전해지는 사티로스 극은 에우리피데스의 《키클롭스》(Kyklōps)(총 709행)이다. 사티로스들이 합창 가무단(choros)을 이루고, 실레노스가 그들의 아버지로 등장한다. 그리고 참고삼아 디오니소스 제전을 이루는 네 제전들에 대해 언급하면, 그것들은 다음과 같다. 아테네의 달력으로 Poseideōn 달(11월 말경~12월 하순)에 열린 '시골(지방) 디오니소스 제전(ta kat´ agrous Dionysia)'이 그 하나인데, 여러 부락(dēmos, 복수는 dēmoi)에서 날짜를 달리하며 열렸다. 축전 행렬의 행사와 함께 비극, 희극 및 디티람보스(dithyrambos: 서정적인 디오니소스 합창 송가) 공연도 있었다 한다. 행사의 시기순으로 보면, 둘째 것이라 할 '레나이아 제전([ta] Lēnaia, 공식 명칭으로는 Dionysia ta epi Lēnaiō)'은 이오니아 지방에서 통용된 달력으로 Lēnaiōn 달(아테네의 달력으론 Gamēliōn 달로 12월 말경~1월 하순) 12일에 열렸으니, 이는 오늘날로 치면 1월에 있은 행사이다. 디오니소스에 대해 별칭으로 Dionysos Lēnaios라 일컫기도 했는데, 이는 포도즙을 짤 때 그 즙이 담기게 하는 통인 lēnos에서 유래했다는 설과 그 신도들(특히 여신도들:

하지만 친애하는 아가톤, 더 이상 이 사람이 이룰 게 없도록 하고, 나와 자네 사이를 아무도 이간하지 못하도록 준비하게나."

그래서 아가톤이 말했답니다. "더구나, 소크라테스 님! 선생님께서

mainades)을 Lēnai라 한 데서 유래했다고도 하는 설이 있는데 이 제전의 명칭도 이에서 유래된 것이다. 이 제전의 행사로 중요한 것은 극 공연이었는데, 비극 공연보다는 희극 공연이 특히 중요시되었으며, 440년경부터는 디오니소스 극장에서 공연이 있었다. 시기순으로 세 번째 것인 셈인 Anthestēria는 Anthestēriōn 달(1월 말경~2월 하순)에 3일 동안 열린 제전이었다. 헬라스 말로 꽃을 anthos(복수는 anthē)라 하는데, 그 이름은 이에서 연유한다. 이는 이때부터 꽃이 피기 시작하기 때문이다. 디오니소스는 포도주의 신이기도 하지만 생명과 성장의 활력을 상징하는 신이기도 하다. 그래서 세 살배기들에게는 화환 장식을 해 주고 아이들도 행사에 참가게 했다고 한다. 첫째 날 저녁에 지난해 가을에 수확해서 짠 포도즙을 발효용 술통인 항아리(pithos)에 여섯 달쯤 저장해서 발효시킨 포도주의 '항아리 열음(pithoigia)' 행사가 있었다. 이때 이 항아리들을 앞서 말한 '레나이아 제전' 때 연극이 공연되던 장소([to] Lēnaion)가 있는 '림나이([hai] Limnai: 그 뜻은 '늪지대'로서 옛날에는 늪이었던 듯하며, 아크로폴리스 가까운 곳에 있었음)'에 있는 디오니소스 신의 성역으로 날라다 열고서는, 이 신에게 새 포도주를 바치고 맛보는 행사를 가졌다. 둘째 날에는 술잔치가 벌어지고, 셋째 날은 액운을 쫓는 날이었던 것 같다. 그리고 마지막 제전이 '시내 디오니소스 제전(ta en astei Dionysia)' 또는 '대디오니소스 제전(ta megala Dionysia)'이라 한 것으로, Elaphēboliōn 달(2월 말경~3월 하순)의 10일부터 14일까지에 걸친 5일간의 행사였다. 이 제전은 원래 아티케와 보이오티아 경계 지역인 엘레우테라이(Eleutherai)에서 아테네로 들어온 것으로, 534년에 참주 페이시스트라토스가 그 규모를 크게 확대한 것이었다. 갖가지의 행사와 함께 첫 이틀 동안에는 아테네의 10개 행정 단위의 부족(部族: phylē)들이 준비한 디티람보스가 공연되었으며, 그다음 3일간에는 3인의 비극 작가가 각기 세 편의 비극과 한 편의 사티로스(satyros) 극을 갖고 경연을 벌었고, 이 5일간의 오후에는 5명의 희극 작가가 각기 한 편씩의 희극을 갖고 경연을 했다. 이 대제전은 겨울이 끝나고, 항해도 할 수 있는 계절이라 많은 외국 방문객들이 찾아오는 때에 열리는 것이었다.

는 진실을 말씀하시는 것 같습니다. 저와 선생님 사이에[332] 그가 모로 기대 누운 것도 그 근거로 삼을 수 있겠고요. 우릴 이간하기 위해서죠. 그러니 이 사람에겐 더 이상 아무것도 이루어질 것이 없을 것이고, 저는 선생님 곁으로 가서 기대 누울 것입니다."

"좋아요. 이리로 와서 내 아래쪽에 모로 기대 눕게나."[333] 소크라테스 님께서 말씀하셨답니다.

"제우스여! 이분에게 또다시 제가 이런 일을 당하고 있습니다. 모든 면에서 저를 능가하셔야 한다고 생각하시죠. 하지만 만약에 다른 어떤 것도 허용치 않으시겠다면, 대단하신 분이시여, 우리 사이에 아가톤이 모로 기대 눕는 건 허락하세요." 알키비아데스가 말했답니다.

"그건 안 되네. 왜냐하면 자넨 이미 나를 찬양했고, 나는 다시 내 오른쪽 사람을 찬양해야 하기 때문이네. 따라서 만약에 아가톤이 자네 아래쪽에 모로 기대 눕게 되면, 다시금 그가 나를 찬양하게 될 게 분명치 않는가? 오히려 그가 내게서 찬양받기 전에 말일세. 여보게, 그리하게나. 이 청년이 내게서 찬양받는 걸 질투하지 말게나. 나는 이 사람을 몹시 찬양하고 싶기 때문일세." 소크라테스 님께서 말씀하셨답니다.

"이런, 이런, 알키비아데스! 제가 여기에 머물 수가 없네요. 뭣보다도 옮겨 가야겠네요. 소크라테스 님께 제가 칭찬받을 수 있게 말입니다." 아가톤이 말했답니다.

"이런 건 늘 그랬던 것들이죠. 소크라테스 님께서 곁에 계실 때는, 다른 사람이 아름다운 자들에 대해 제 몫을 챙기기는 불가능하죠. 지

---

332) 그러니까 알키비아데스가 들어와 자리 잡은 첫 순서는 아가톤-알키비아데스-소크라테스의 순이다.

333) 따라서 그 순서는 알키비아데스-소크라테스-아가톤이 된다.

금도 얼마나 용이하게 설득력 있는 핑계를 찾아내셔서, 당신 곁으로 이 사람을 자리 잡게 했겠어요." 알키비아데스가 말했답니다.

b   그래서 아가톤이 소크라테스 님 곁에 모로 기대 누우려 일어섰답니다. 그러나 갑자기 아주 많은 술꾼이 문 쪽으로 왔다가, 누군가가 나가느라 그게 열린 걸 보고서, 곧장 그들 쪽으로 와서는, 침상들에 모로 기대 누웠답니다. 그리고는 온통 소란으로 가득해서, 더는 질서라고는 없는 상태에서 많은 포도주를 마시도록 강요당했답니다. 그래서 에릭시마코스와 파이드로스 그리고 다른 몇몇 사람들도 떠나갔다고 아리스토데모스가 말했는데, 자신은 잠이 와서, 아주 오래도록 잤

c   답니다. 밤이 긴 때였다니까요.[334] 그러나 날이 밝을 무렵에 깨어났더니, 벌써 닭이 울고 있었고, 깨어나서 보니, 다른 이들은 자고 있거나 가 버렸지만, 아가톤과 아리스토파네스 그리고 소크라테스 님만 여전히 깨어 있으면서 큰 술잔[335]으로 포도주를 마시며 오른쪽으로 그걸 돌리고 있더랍니다. 소크라테스 님께선 그 와중에도 이들과 대화를 하고 계셨고요. 아리스토데모스는 그 말씀들 중에서 다른 것들은

d   기억하지 못한다고 말했습니다. — 자신이 처음부터 옆에 있게 되지도 않았지만, 조금씩 졸고 있었기 때문이라네요. — 그렇지만 그 요지는 이런 것이라 그가 말했습니다. 소크라테스 님께선 이들로 하여금 동일한 사람이 희극과 비극을 지을 줄 아는 사람일 수 있으며, 전문적

---

334) 레나이아 축제는 요즘 달력으로 치면 정월 초순경 행사였으므로 동지가 지난 지 얼마 되지 않은 때이다. 222d에서 사티로스 극에 대한 각주 끝의 보완 각주를 참조할 것.
335) 원어로는 phialē로서, kylix(214a에서 해당 각주 참조)와는 달리, 귀가 달리지 않고 옴폭 납작한 술잔으로 주로 제주를 따를 때 이용되는 것이지만, 마시는 데도 쓰였다.

인 비극 작가인 자는 희극 작가이기도 하다는 데 동의하도록 강요하고 있더라고 말했습니다.[336] 물론 이에 대해 이들은 강요당하고 있으면서도 아주 승복하지는 않은 채로 졸고 있다가, 먼저 아리스토파네스가 잠이 들었고, 이미 날이 밝았을 때는 아가톤이 잠들었다고 합니다. 그래서 소크라테스 님은 그들을 자게끔 하시고선, 일어서서 떠나셨으며, [아리스토데모스] 자신[337]은 늘 그랬듯 뒤따랐고, 그분께서는 리케이온[338]으로 가셔서, 몸을 씻으시고선, 여느 때 하루를 보내시듯, 그처럼 보내시고선 저녁때 댁으로 쉬러 가셨다고 합니다.

---

336) 여기에서 소크라테스는 동일한 사람이 희극 작가도 되고 비극 작가도 될 수 있다고 주장하는데,《국가(정체)》편 395a에서는 적어도 훌륭한 작가가 되려면 그럴 수는 없다고 말하고 있다. 물론 이는 이 대화편이 '성향(physis)에 따른(kata physin)' 분업 작업을 하는 논의의 일환에서 한 말이었다. 우리가 잘 알고 있듯, 영국이 자랑하는 셰익스피어는 희극과 비극을 다 아우르는 희곡 작가이다. 아리스토텔레스는 그의《시학》제2장 끝머리에서 희극과 비극의 기본적 차이를 이렇게 말하고 있다. "희극은 지금 사람들보다도 더 못한 사람들을, 그러나 비극은 더 나은 사람들을 모방(묘사)하려 한다."

337) 텍스트 읽기에서 ⟨he⟩의 괄호를 풀어, 살려서 읽었고, 대명사의 정체를 분명히 밝히기 위해 괄호로 이름을 병기했다.

338) 아폴론 신에 대한 수식적 호칭으로 Apollōn Lykeios가 있는데, 리케이온(Lykeion)은 이 아폴론 신에 봉헌된 김나시온(체력 단련장: gymnasion)의 이름이다. 아테네 성벽의 동쪽 외곽에 위치한 이곳에는 가까이에 일리소스(Ilisos)의 지류가 흘렀다. 오늘날의 그리스 대통령 관저 근처의 거리 이름들 가운데 하나가 '리키온 거리(Likiou [hodos])'인데, 아마도 이 근처로부터 국립 공원의 일부분 지역에 걸쳐 있었을 것으로 추정되고 있다. 어쨌든 훗날 아리스토텔레스가 그의 학원을 이곳에 세우게 되어, 플라톤이 아카데미아(Akadēmeia, Akadēmia) 학원을 세운 터가 되는 김나시온과 함께 이곳이 더욱 유명해진다. 이 책에 함께 수록된《리시스》편(203a)에서도 소크라테스가 아카데미아에서 리케이온으로 향해서 가고 있는 장면이 나온다.

《파이드로스》편

《파이드로스》 편(*Phaidros*) 해제

훗날 사람들이 이 대화편에 대해 붙인 부제(副題)는 〈아름다움에 관하여〉이다. 이른바 플라톤의 중기(40~60세 무렵) 대화편들 중에서 《국가(정체)》 편 이후의 것들인 끝 쪽 것들 중의 하나로 간주되고 있다. 문제는 이 대화편이 이 끝 쪽 것들로 함께 분류되는 《파르메니데스》 편(*Parmenidēs*) 및 《테아이테토스》 편(*Theaitētos*) 앞쪽이냐 뒤쪽이냐이다. 《향연》 편에서처럼 '에로스' 라는 주제와 '아름다움 자체' 를 향한 사랑을 말하며, 《국가(정체)》 편에서 말하는 혼의 세 부분과 관련되는 설과 이 대화편에서의 쌍두마차와 그걸 모는 자의 비유 그리고 역시 《국가(정체)》 편에서의 '지성에 의해 알게 되는 대상들의 영역' 을 연상케 하는 '천상의 영역' 에 대한 언급 등을 보면, 그것들의 앞쪽 것으로 볼 수도 있을 것 같다. 그런가 하면, 브랜드우드(L. Brandwood)의 문체론을 근거로 한 분류에 따를뿐더러,[1] 이 대화편에서 변증술(dialektikē)의 일환으로 수행되고 있는 광기(mania)와 관련된 '모음' 과 '나눔' 의 방법이 후기 대화편들인 《소피스테스》 편 및

---

1) L. Brandwood, *A Word Index to Plato*, xvii 참조.

《정치가》 편에서의 '형상 결합'의 일환이라는 점에서는 대체로 앞서 말한 저 대화편들의 뒤쪽 것이 된다고 보는 쪽에 아무래도 무게가 실린다. 그러나 형상 결합의 문제는 실은《국가(정체)》편(476a)에서도, 비록 간결하게나마, 언급되고 있으므로, 이것이 그 결정적 논거라고 딱 잘라서 말하는 데는 좀은 주저되는 면이 없지도 않다. 그리고 이 대화편에서 그가 문자화된 글에 대한 경계심을 털어놓고 있다는 점을 그가 74세 무렵에 쓴 것으로 추정되는《일곱째 서한》과 연결해서 플라톤의 후기 사상과 연관해서 말하는 것에도 무리는 따른다.

이제 이 대화편의 내용과 관련된 이야기로 넘어가자. 소크라테스는 파이드로스가 산책길에 갖고 나온 리시스의 에로스에 대한 글을 함께 읽으러 성곽 밖으로 일리소스 강변의 경관 좋은 풀밭을 찾아간다. 둘 다 맨발인 상태로 한여름이라 시냇물처럼 잦아든 일리소스 강을 거슬러 올라, 마침내 찾아든 곳에 대한 찬탄부터 들어보자. "과연 아름답네, 쉴 곳이. 이 플라타너스가 넓게 퍼지고 크기도 한 데다, 키 큰 모형(牡荊)나무와 그 짙은 그늘이 아주 아름다워. 꽃은 그 절정에 이르러서, 이곳을 더없이 향기롭게 하고 있고. 또한 샘도 플라타너스 아래로 흐르니 정겹기 그지없는데, 그 물이 몹시도 시원한 것은 발이 증언해 주네. 어떤 요정들과 아켈로오스의 성역인 것 같아. 작은 봉헌입상(立像)들과 조상(彫像)들로 미루어 말일세. … 이곳의 좋은 통풍은 얼마나 사랑스럽고 어찌도 마음에 드는지! 매미들의 합창에 여름답게 째지게 화답하는 거지. 그러나 무엇보다도 절묘한 것은 풀밭의 그것이니, 완만하게 경사가 진 데다 풍성해서, 머리를 기대 눕히기에 아주 제격으로 자랐다는 거네. … 내게는 눕는 게 좋겠으나, 자넨 어떤 자세로든 읽기에 가장 편할 걸로 여겨지는 그 자세를 취하여 읽게나."(230b~e) 그러나 모처럼의 성벽 밖 나들이에 심취한 소크라테스의 잔뜩 부푼 기대에는 한참 미치지 못하는 리시스의 글 내용을 듣고는 건성으로 칭찬할 뿐, 마뜩잖아하는 반응이다. 그 요지가 간단히 이런 것이었기 때문이다. 사랑에 빠진 자는 그 욕정이 식게 되면, 변심하게 되고, 따라서 여전히 친구로 머물 리도 없겠지만, 사랑에 빠지지 않은 자는 이전에도 서로 친구 사이였고, 온 생애 동안 한결같이 친구가 되어 줄 것이라는 것이다. 그래서 파이드로스는 소크라테스에게 '리시아스의 것들과는 다른 것들로 더 풍부하고 더 값있는 것들'(236b)을 말해 줄 것을 끈질기게 요구한다.

결국 소크라테스는 무사 여신들의 도움을 받는 형태로 말한다. 사물에 대한 제대로 된 이해는 그 본질을 아는 데서 가능하다. 마찬가지로 사랑에 빠진 자와 아니면 그렇지 않은 자와 친구 사이가 되어야만 하는지를 논의하자면, '사랑'이 어떤 것이며 어떤 힘을 지니고 있는지, 그 정의부터 내려야만 할 것이다. "사랑은 물론 일종의 욕망(욕구)이라는 건 모두에게 명백하지. 그러나 사랑에 빠지지 않은 자들도 아름다운 것들을 욕망한다는 걸 우리는 알고 있지. 그러면 무엇에 의해 사랑에 빠진 자와 그렇지 않은 자를 우리가 판별하는가? 다시 우리는 주목해야만 해. 우리 각자 안에서 다스리고 인도하는 것들로 두 종류가 있어서, 그것들이 인도하는 대로 우리는 따라가는데, 하나는 즐거움(쾌락)들에 대한 타고난 욕망이지만, 다른 하나는 최선의 것을 향하는 후천적인 판단(의견: doxa)이야. 그런데 이 둘은 우리 안에서 때로는 한마음이지만, 반목할 때도 종종 있지. 그래서 한때는 그중의 한쪽이, 다른 때는 다른 한쪽이 지배하지. 그래서 판단이 이성에 의해서 최선의 것으로 향해 인도하고 지배할 경우, 이 지배에 대해서는 절제라는 이름으로 지칭하게 돼. 반면에 욕망이 비이성적으로 즐거움으로 끌고 가서 우리 안에서 다스리게 될 경우에는, 이 다스림에 대해서는 히브리스(hybris)[2]라는 이름으로 지칭하게 되지. … 이성을 갖추지는 못했으되 바른 것으로 향하는 판단을 지배하게 된 욕망이 아름다움의 즐거움으로 이끌릴 경우, 그리고 이것이 다시 이와 동류의 것들인 욕망들에 의해 강렬하게 강화되어 승리함으로써 몸들의 아름다움으로 인도하게 되면, 이 힘으로 해서 별명을 얻어 사랑(erōs)이라 불리게 되지."(237d~238c) 그런데 사랑에 빠진 자가, 끝내 그 사랑과 광기에서 벗어나지 못하는 한, 상대 소년의 몸과 정신을 황폐케 할 것이나, 그 사랑과 광기 대신에 지각과 건전한 마음 상태(절제)를 갖게 되면, 이번에는 상대 소년의 호의에 대한 대가성 보답을 모두 저버리게 된다. 그래서 단언한다. "그러니까 그때 사랑에 빠진 자에게, 따라서 지각이 없을 수밖에 없었던 자에게 호의를 보일 게 아니라, 사랑에 빠지지도 않고 지각 있는 자에게 훨씬 더 그랬어야만 했다는 걸 … 그는 몰랐던 거야. 그러니, 젊은이여, 이것들을 명심하고서, 사랑에 빠진 자의 우애(친애: philia)는 선의와 더불어 생기는 것이 아니라, 음식의 경우처럼, 충족을 위한 것임을 알아야만 해. 이리들이 양을 좋아하듯, 그처럼 사랑에 빠진 자들은 소년을 애호하지."(241b~d)

소크라테스는 이로써 에로스에 대한 자신의 논변을 끝내는 걸로 하고, 이곳을 떠나려 한다. 그러나 파이드로스는 사랑에 빠지지 않은 반대의 경우에 대한 적극적 논변을 요구하면서, 지금은 해가 중천에 있는 한낮이니, 시원해지는 시점에 떠날 것을 제의한다. 때마침, 소크라테스에게 '익숙한 그 영적인 것의 알림'이 있어서, 이를 그는 에로스의 나쁜 면만 부각한 데 대한 경고로 받아들이고서, 이제까지의 발언

---

2) 238a에서 해당 각주를 참조할 것.

에 대해 정화하는 뜻에서, 개영시(改詠詩)3)의 경우처럼, 이제 에로스의 긍정적인 측면을 적극적으로 그리고 본격적으로 부각한다. 이 대화편의 진면목은 여기서부터 펼쳐지는 것이다.

흔히 사랑을 일종의 광기(mania)로 말한다. 물론 질병으로서의 광기도 있지만, 신적인 선물들로서의 광기들 중에 하나가 또한 사랑이기도 하다. 뒤의 것들로는 아폴론의 감화로 인한 '예언적인 광기', 디오니소스의 감화로 인한 '밀교 의식적인 광기', 무사 여신들의 감화로 인한 '시적인 광기' 그리고 아프로디테와 에로스의 감화로 인한 '사랑의 광기'가 있다는 것이다. 사랑은 사랑에 빠진 자와 그 사랑을 받는 자의 이익을 위해서 신들에게서 보내지는 게 아니라, 가장 큰 행운으로 신들 쪽에서 주어지는 것이다(이상 244a~245b). 그렇다면 인간은 어떻게 해서 이 크나큰 행운을 얻게 되는가? 이를 알기 위해서는 먼저 '혼(psykhē)의 신적인 그리고 인간적인 본성(physis)에 대해', 그것이 수동적으로 겪게 되는 상태들과 그것의 능동적인 작용들을 살펴야만 한다. 혼은 언제나 운동하는 것이기에, 불사하는 것이다. 그것은 '운동의 근원이며 기원'이다. '운동의 기원은 스스로가 스스로를 운동케 하는 것'으로서, 이게 혼의 본질이며, 혼은 소멸될 수도 생성될 수도 없는 것이다(이상 245b~245e). 이어서 혼의 모습을 말하면서, 잘 알려진 쌍두마차의 비유를 한다. "한 쌍의 날개 달린 말들의 힘과 이들을 모는 자의 힘이 본디 함께한 상태의 것을 그게 닮은 것으로 하세나. 물론 신들의 말들과 말을 모는 자들은 모두 스스로도 훌륭하며 또한 그 계통도 훌륭해. 그러나 다른 것들의 경우는 섞여 있지. … 우리를 이끄는 자는 한 쌍의 말들을 몰거니와, … 이 말들 중의

---

3) 243a~b의 본문 및 각주 참조.

하나는 그에게 있어서 아름답고 훌륭하며 그 계통도 그러하나, 다른 하나는 그 반대이고 그 계통도 그 반대야. 그러니 우리의 경우에는 그 모든 일이 필연적으로 어렵고 고달프지."(246a~b) 그러니까 신들의 경우와는 달리, 우리 인간의 경우에는 《국가(정체)》편(4권)에서 말하는 혼의 세 부분 설을 연상케 하는 비유인 셈이다. 혼의 온전한 상태는 날개가 돋아 있는 상태이나, 날개가 떨어져 나간 혼이 떠돌다가 흙의 성분을 지닌 몸을 만나 합쳐진 것이 생물이지만, 이는 또 언젠가는 죽게 마련인 것이다. "날개의 힘은 … 신들이 거주하는 곳으로 이끌고 가는 것인데, … 신적인 것들로 해서 혼의 깃은 영양을 얻고 최대한 자란다."(246d~e) 그런데 여기에서 소크라테스는 신화적인 비유법을 동원한다. 천상의 제우스가 날개 달린 마차를 몰고 앞장서고 올림포스의 나머지 신들도 대오를 지어 선봉에 서는데, 원하는 그리고 그럴 수 있는 혼들이 그 뒤를 따른다. 이들은 천궁의 정상에 이르러 밖으로 나가 하늘 표면에 서서 회전하면서 하늘 바깥쪽 구경을 하게 된단다. 이 천상의 영역에 있는 "무색무형의 만져지지 않는 참으로 있는 존재는 혼의 조타수인 지성에만 보이는 것으로서, 이에 대한 것이 참된 앎의 부류이다."(247c) 이는 《국가(정체)》편 508c~510a에서 언급되고 있는 내용과 표현들을 바로 연상케 하는 것이다. 곧 '지성에 의해서[라야] 알 수 있는 영역(ho noētos topos)', 그리고 그런 영역에서 접하게 되는 '지성에 의해서[라야] 알 수 있는 부류(to noēton genos)' 등에 대한 언급들이 바로 그렇다고 할 것이다. 그런데 이런 참으로 있는 것들(실재들)을 혼이 보고 성찬을 누리게 되면, 혼은 다시 하늘 안쪽으로 내려가, 그 거처로 돌아가, 암브로시아를 먹고, 넥타르를 마시는데, 이게 신의 삶이란다(247e~248a). 신들이 아닌 "다른 혼들의 경우에, 신을 가장 잘 따르며 가장 닮은 것은 말을 모는 자

208

의 머리를 그 바깥 영역으로 쳐들고서, 그 회전을 함께 따라 하게 되는데, 말들로 해서 혼란되어 가까스로 실재들(ta onta)을 보게 되지. 그런가 하면 강제로 몰게 된 말들의 경우엔 그 머리가 올랐다가 내려갔다 하는 터라 이 혼은 실재들을 일부는 보지만, 일부는 보지 못해. 그렇지만 나머지 혼들은 모두가 위로 오르려 매달리며 따르나, 그게 불가능해서, 표면 아래에서 함께 돌게 되지. 서로들 짓밟고 덮치면서, 서로 앞서려 기를 쓰지. 그래서 소란과 경쟁 그리고 극도의 땀흘림 사태가 벌어지는데, 바로 이 경우에 말을 모는 자들의 무능으로 해서 많은 혼이 불구가 되는가 하면, 또한 많은 혼은 날개들이 많이 부러지게도 되지. [이것들] 모두는 많은 수고를 했지만 실재의 조망에는 이르지 못하고서 떠나가."(248a~b) 그러나 "참된 것들을 가장 많이 본 혼은 인간의 자손으로 태어나, 장차 지혜를 사랑하거나 아름다움을 사랑하거나 또는 무사 여신들이나 에로스의 추종자로 될 것이다."(248d) 이런 신화적 비유는 실은 이른바 상기설(想起說)을 말하기 위한 것이다. 《메논》편(81d)에서는 "탐구한다는 것과 배운다는 것은 결국 전적으로 상기함(anamnēsis)이다"라고 말하고 있는데, 이 대화편 81c~86c에 걸쳐서 실증해 보이고 있는[4] 주장은 앎의 선천적 또는 선험적 가능성을 보여 주려 하고 있는 것이다. 그게 곧 플라톤이 말하는 '지성에 의해서나 알게 되는(noētos)'이라는 표현이 뜻하는 것이라 할 것이다. 아닌 게 아니라 이 대화편 249b~c에서는 이 '상기함'을 말하고 있다. "인간은 종(種)에 따라 말하게 된 걸, 곧 여러 번의 감각적 지각들에서 출발해서 추론에 의해서 하나로 모아지게 된 걸 이해해야만 하는데," "이것은 우리의 혼이 일찍이 신과 동행

---

4) 249c에서 해당 각주 참조.

하며, '있는 것들'로 지금 우리가 말하는 것들은 내려다보면서, '참으로 있는 것(실재)'으로 향해 올려다봄으로써 보았던 것들에 대해 상기함이다. 바로 이 때문에 지혜 사랑을 하는 자의 사유[를 갖는 혼]만이 날개를 갖게 되는 것이 정당하다. 왜냐하면 신이 가까이하는 터인 바로 그것들에 기억에 의해 가능한 한 언제나 가까이함으로써, 그것은 신적인 것이겠기 때문이다. 그렇지만 그것들을 일깨워 주는 그런 것들을 옳게 이용하는 사람은 언제나 완벽한 입교 의식을 치르게 되어, 그만이 참으로 완벽해진다.[5] 그러나 그는 열성으로 하는 인간적인 일들에서 벗어나 신적인 것에 가까워짐으로써, 다중에 의해서는 실성한 자로 책망당하지만, 그가 신들린 상태인 것은 다중이 모른다."(249b~d) 이런 상태가 그들에겐 광기로 받아들여진다. "모든 신들린 상태 중에서도 최선의 것이며, … 이 광기에 관여함으로써 아름다운 것들을 사랑하는 자가 사랑을 하는 자로 불린다. … 하지만 이곳 지상의 것들로 해서 그것들을 상기하게 되는 것이 모든 혼에 쉬운 건 아니야. … 소수의 사람들은 또렷하지도 못한 감각 기관들을 통해서나마 가까스로 그 모상들에 접근해서, 이것들이 닮게 된 본래 것들의 부류를 보게 되지."(249e~250b) 천상의 영역에서 보았던 그 아름다움 곧 아름다움 자체를 보게 되는 것도 그렇게 해서다. 지혜 사랑으로 전향해서, 철학적인 담론과 함께 에로스로 향한 삶을 누려야 하는 이유가 바로 여기에 있다.

에로스와 관련된 논변은 이쯤에서 끝내고, 이제 리시아스의 직업이고 파이드로스가 부쩍 관심을 갖게 된 변론(언변)술(rhētorikē)과 관

---

5) 입교(myēsis) 또는 입교 의식(入敎儀式: teletē)과 관련해서는 《향연》편 210a 그리고 《파이드로스》편 249c 끝 쪽의 해당 각주를 참조할 것.

련되는 언급으로 넘어간다. 파이드로스가 말하듯, 변론가들의 관심은 '참으로 올바른 것들'이나 '참으로 좋거나 훌륭한 것들'에 있지 않고, 다수자들이 어떻게 판단하는가에 있다. 평의회와 민회, 법정 그리고 아고라의 대중 집회에서 내리는 대중 곧 다수자들의 의견, 즉 이들의 판단이 그들의 관심사다. 이들이 내린 판단(의견: doxa)이 곧 '의결되어 포고되는 결정', 곧 '법령(doxan)'[6]으로 되기 때문이다. 그러나 소크라테스는 "말하려는 자의 지성은 말하려고 하는 것들에 대한 진실을 알고 있어야 하지 않겠는가?" 하고 묻는다. 스파르타 사람이 말하듯, "말하기의 진정한 기술은 진실의 포착 없이는 없으며 앞으로도 결코 없을 것이며," "충분히 지혜 사랑을 하지 않는다면, 그는 무엇에 대해서도 결코 언변을 구사하는 데 족하지 못할 것임"을 강조한다(260e~261a). 따라서 "진실은 모르고, 의견(doxa)들을 추구한 자는 언변의 기술을 우습고 기술일 수 없는 것으로 제공하게 될 것이라" 단언한다(262c).

그런데 진실을 포착하여 제대로 말할 수 있기 위해서는 변증술(dialektikē)[7]을 구사할 수 있어야 하고, 그럴 때에야 완벽한 변론가 곧 변론술을 제대로 구사하는 사람이 된다는 주장을 그는 편다. 그러면서 그가 언급하게 되는 것이 후기 대화편들로 분류되는 《소피스테스》편과 《정치가》편에 보이는 형상 결합의 문제와 연관되는 '모음'과 '나눔'의 문제를 언급하게 된다. '모음(synagōgē)'은 사랑이 일종의 광기라는 점을 직관하고서,[8] "여러 곳에 흩어져 있는 것들을 포

---

6) doxan의 복수 형태가 260a에 있는 ta doxanta이다. 그리고 이와 관련된 그런 대로의 보완적 설명은 258a에서 얻을 수 있을 것이다.
7) 276e에서 해당 각주를 참조할 것.
8) 플라톤에 있어서의 '직관'과 관련해서는 졸저 《헬라스 사상의 이해》

211

괄적으로 보고서(synorōnta) 한 종류로 모으는 것인데, 이는 각각의 것을 정의함으로써, 언제고 설명하고자 하는 것에 대해서 명백하도록 해 두려 해서인 것일세." 다른 하나인 '나눔(diairesis)'은 한 종류로 모은 것들을 "다시 부류들에 따라, 곧 자연적으로 생긴 관절들에 따라 가를 수 있는 것, 그리고 어떤 부분도, 서툰 푸주한의 방식을 써서, 조각내지 않도록 하는 것이네. 바로 방금 두 논변이 광적인 정신 상태를 공통되는 하나의 어떤 종류로 파악했듯, 마치 한 몸에서 양쪽으로 같은 이름의 것들이 생겨, 왼쪽 것들과 오른쪽 것들로 불리듯, 이처럼 제정신이 아닌 상태를 두 논변은 우리 안에 생기는 한 종류로 간주했네. 한 논변은[9] 왼쪽으로 쪼개진 부분, 이 부분을 다시 쪼개기를, 그것들 안에서 일종의 '왼편 사랑'[10]으로 일컫게 되는 걸 발견하게 되어, 아주 정당하게도 비난을 하게 되기 전에는, 그만두지 않았네. 다른 논변[11]은 오른쪽의 광기의 부류들로 우리를 이끌어서, 그것과 같은 이름인 것이되, 이번에는 일종의 신적인 사랑을 발견해서 제시하고선, 이를 우리에게 가장 크게 좋은 것들의 원인으로서 칭송했네."(265d~266b) 그리고선 "나 자신이야말로 바로 이것들 곧 나눔들과 모음들의 애호가이기도 한데, 이는 내가 [제대로] 말하고 생각할 수 있게 되었으면 해서네. … 만약에 누군가 다른 이가 '본성상 하나이며 여럿에 걸친 것인 걸' 들여다볼 수 있는 사람이라 내가 믿게 되면, 이 사람을 … 어쨌든 나는 이제까지 변증술에 능한 이들

288~292쪽을 참조할 것.

9) 곧 소크라테스의 첫 논변 237b~241d를 가리킨다.

10) 원어는 skaios erōs인데, 점술가가 북쪽을 향해 서서 왼쪽을 불길한 쪽으로 본 데서 유래한다. 따라서 이는 '불행한 사랑'으로 보면 되겠다.

11) 244a~257b에 걸친 소크라테스의 둘째 논변을 가리킨다.

(dialektikoi)이라 부르고 있지."(266b~c) 그러니까 참된 뜻에서 변론술에 능하려면, 변증술적인 이해가 필요하다는 것이다. 그러면서 그는 페리클레스가 변론술에 있어서 완벽하게 된 것은 그의 천성에 더해 철학자 아낙사고라스를 통해 근원적이고 고답적인 것들에 대한 이해가 있었기에 가능했던 일로 말하는 것을 잊지 않는다. 그 밖에도 변론술 자체와 관련된 그동안의 진전들에 대한 언급이 장황하게 나오나, 이에 대해서는 산만한 내용들이라 여기서는 따로 언급하지 않는다. 아마도 언론학사 연구와 관련될 성부른 것들이겠는데, 이는 목차로 대신한다.

마지막으로 언급할 것은 글쓰기 및 말하기와 관련해서다. 나중에 《필레보스》편(18b~d)에서 더 자세하게 언급되기도 하는 문자의 발명 그리고 자모(字母)들을 묶어 주는 문자학(문법)의 이론을 정립한 테우트라는 신과도 같은 인물이 인간들을 위해 마련해 준 것은 '기억 아닌 떠올림의 비방'일 뿐이라고 이집트의 타무스 왕은 깎아서 말한다. 말하자면 자신들을 위한 비망기(備忘記)의 마련일 뿐이라는 것이다. 그런데 실상 글쓰기는 고약한 점을 갖고 있다. "그건 언제나 똑같은 한 가지 것만 표현할 뿐이네. 일단 글로 적게 되면, 모든 말은 어디에고 굴러가는데, 그걸 이해하는 자들 곁으로 그러듯, 똑같이 전혀 상관없는 자들 곁으로도 굴러가며, 어쨌든 말해야만 할 사람들과 그러지 말아야 할 사람들을 가리지 못하네. … 스스로를 방어하는 것도 스스로를 도우는 것도 할 수 없지."(275d~e) 그러나 말의 경우는 다르다. "배우는 자의 혼에 앎과 함께 쓰인 말은 스스로를 방어할 수도 있지만, 어떤 이들을 상대로 말을 하고 침묵을 해야만 하는지도 알고 있기"(276a) 때문이다. 그래서 변증술의 도움이 필요한 것이다. "어떤 사람이 변증술을 이용해서, 적절한 혼(혼을 가진 사람)을 취한 다음,

그 혼에 앎과 함께 말들을 심고 그 씨앗을 뿌린다면, 이것들은 자기들만이 아니라 이것들을 심은 사람까지도 능히 옹호할 수 있을 것이며, 그 열매 또한 거두지 못할 리가 없을 것인즉, 이것들은 씨앗을 품고 있어서, 이에서 또 다른 말들이 또 다른 성품들에서 자라나 이 씨앗을 언제까지나 불멸의 것이도록 능히 해 줄 수 있을 것"(276e~277a)이란다. 어쩌면 이런 말은 소크라테스와 플라톤의 관계에도 그대로 적용될 것일 것 같다. 《디오게네스 라에르티오스》 III. 5에 나오는 전래의 이야기가 생각나서 하는 말이다. 소크라테스가 어느 날 무릎 위에 안고 있던 새끼 백조가 곧바로 날개가 돋아서 즐겁게 소리를 지르며 날아오른 꿈을 꾼 다음날 플라톤을 소개받고서, 그가 바로 그 백조라고 말했다는 것이다. 게다가 우리의 이 대화편에서는 하나의 혼이 지혜 사랑을 통해 날개가 돋아나게 된다는 긴 신화적 설화를 이야기하고 있다. 그리고 보면 플라톤은 어쩌면 자기의 경우를 그 실증적 사례로 삼고서 이런 언급을 하고 있는지도 모를 일이다. 우리가 능히 짐작할 수 있다시피, 그는 '아카데미아'라는 지혜 사랑의 전당을 세워 장래가 촉망되는 많은 젊은이를 온 헬라스에서 모아서, 그들의 혼을 상대로 지적인 훈련을 시키고, 때론 강론을 통해 철학적인 말의 씨앗을 뿌리고 그것을 가꾸어 가는 한편으로 그 많은 대화편도 썼다. 그리고 일단 문자화된 대화편들은 처음에는 그 학원 안에서만 읽혔을 것이며, 하나 둘 필사됨으로써 학원 밖으로도 유출되었을 것이다. 플라톤이 자신의 저술을 대화 형식으로 한 것도 실은 간접 대화를 위한 한 방편이었을지도 모른다. 이미 혼자서는 감당할 수 없을 만큼이나 불어난 수의 제자들로 하여금 우선은 스스로 대화편들을 읽게 함으로써 지적 이해와 단련의 기회를 체계적으로 그리고 여럿이 함께 갖도록 도왔을 것이며, 이 효과는 마침내 학원 밖으로까지 확산되어 갔을 것이다. 또한 대화는 일회성을 갖는 것일 뿐이나, 대화의 문자화는, 그 한계성이 있긴 해도, 그 대화의 장(場)과 내용을 반복적으로 확보해 주는 그것 나름의 결정적 이점이 있다. 대화의 문자화가 갖는 이러한 이점과 살아 있는 직접적 대화가 갖는 이점 즉 지적인 산파술적 효과, 이 둘을 최대한으로 겸하여 갖도록 도모하고 있는 것이 플라톤의 대화편들이 갖는 형식일 것이다. 우리가 그의 많은 대화편에서 "바로 이 것이다" 하고 어떤 분명한 결론을 섣불리 내리지 못하는 것도 실은 그의 대화편이 본질적으로 갖는 산파술적 특성 때문일 것이다. 이 점에서도 우리는 소크라테스의 대화 정신의 산물이라 할 이 산파술적 특성을 염두에 두어야 할 것이다.

그래서 결론적으로 말한다. "누군가가 말을 하거나 글을 쓰는 대상들과 관련해서 그것들 각각의 진실도 알고, 그것 자체로 전체를 정의할 수 있게 되며, 그 정의를 하고서도 다시 부류에 따라 가르기를 더 이상 가를 수 없는 것에 이르기까지 할 줄 알기 전에는, 혼의 성향에 대해서도 마찬가지로 간파하고서, 각각의 성향에 맞는 종류를 찾아내서, 이처럼 할 말을 정하고 조정하여, 다양한 혼에는 다양하고 두루 어울리는 말들을 제공하되, 단순한 혼에는 단순한 말들을 제공하기 전에는, 그러기 전에는 논변들(논의들)의 종류가 그 성격상 다루게 되어 있는 그만큼 체계적(전문적)이게 될 수가 없네. 앞에서의 모든 논의가 우리에게 알려 주었듯, 뭔가를 가르치기 위해서도 뭔가를 설득하기 위해서도"(277b~c) 그렇다는 것이다.

그런데 이 대화편의 마지막 부분(277e~278e)에서 소크라테스의 입을 통해서 하고 있는 말이 엉뚱하게도 문자화된 플라톤의 대화편들이 플라톤의 진면목이냐는 데 대해 의문을 갖게 하는 것으로 받아들이는 한 무리의 학자들이 있다. 이들은 이른바 '문자화되지 않은 설들

(agrapha dogmata)'이야말로 진짜 '더 값진 것들(timiōtera)'이라는 주장을 펴고 있는 것이다. 이에 대해서는 여기에서 어설프게 다룰 생각이 없다. 관심이 있는 독자는 졸저 《헬라스 사상의 심층》 제7장 3)항의 '글과 관련하여'(292~302쪽)를 일단 참고하는 게 좋겠다.

목 차

217

대한 정의(237b~238c)

2. 사랑에 빠진 자의 병폐(238d~241d)

IV. 소크라테스의 논변이 끝나, 이곳을 떠나려 하나, '익숙한 알림'의 경고를 받고, 에로스를 찬양하는 개영시(改詠詩: Palinōdia) 성격의 논변을 펼침(242a~257b)

1. 광기(mania)들의 분류: 병적인 광기 및 신적인 광기들 중에서도 최선의 것인 '사랑의 광기'에 대해 말함(244a~b)

2. 스스로 운동케 하는 혼의 본성: 운동의 근원이며 기원으로서의 혼(245c~e)

3. 대립하는 성격들인 한 쌍의 날개 달린 말들과 이를 모는 자의 힘이 본디 함께한 상태인 혼의 모습(246a~d)

4. 그 날개의 힘이 혼을 천상의 영역으로 이끎(246e~247c)

5. 신들과 함께한 천상의 영역 여행: 혼의 조타수인 지성이 '참된 앎'의 부류를 보게 됨(247c~249a)

6. 인간으로 태어난 혼이 그것들을 상기하게 됨으로써 지혜 사랑을 하게 된 자의 사유가 다시 그 혼의 날개를 돋아나게 함: 지상에서 본 아름다움이 '아름다움 자체'를 상기케 함(249d~253b)

7. 다시 쌍두마차와 이를 모는 자에 비유된 혼의 날개 돋음을 가능케 하는 사랑을 말함(253c~257a)

V. 변론(언변)술(rhētorikē)에 대해 말함(257c~274b)

1. 훌륭한 연설문의 요건: 말하는 자의 지성은 말하려는 것들에 대한 진실을 알고 있어야 함(259e~262d)

2. 논변은 동물처럼 머리·다리·중심부·말단을 가지며, 전체적으로 짜

임새 있게 맞추어진 것이어야 함(264c~e)

3. 사랑이 일종의 광기임을 변증술(dialektikē)적인 모음과 나눔의 절차를 통해 다시 확인함: 변론술을 보완해 주는 변증술적인 면(265e~266c)

4. 변론술의 나머지 것들: 서두, 설명, 증거, 개연성, 적절한 길이, 낱말의 반복, 촌철살인식 표현, 비유적으로 말하기, 되짚는 요약 등(266d~268e)

5. 완벽한 변론가는 천성에 더해 근원적인 것들에 대한 지식과 수련도 겸비해야만 함: 철학자 아낙사고라스와 교분이 두터웠던 페리클레스가 그 좋은 예(269a~270a)

6. 이는 의술의 경우에도 적용됨: 의술을 위해서는 몸의 본성만이 아니라, 혼의 본성(physis)에 대한 이해도 요구됨(270b~e)

7. 진지한 뜻에서 변론술에도 혼의 본성과 그 작용 그리고 그 유형들에 대한 이해가 요구됨(270e~272c)

8. 개연성에 대하여(272d~274b)

9. 글쓰기 및 말하기와 관련해서(274b~278e)

　1) 테우트의 문자 발명과 그 한계: 기억 수련에 대한 소홀함을 초래하며, 기억 아닌 떠올림의 비방만 제공(274c~275d)

　2) 문자화된 말들의 한계: 언제나 똑같은 한 가지 것만 표현할 뿐, 그걸 읽을 사람을 구별하지도 자기방어도 하지 못함(275d~e)

　3) 반면에 상응하는 상대인 배우는 자의 적절한 혼에 대한 앎과 함께 쓴 말은 자기방어도 가능하고, 이에서 또 다른 혼들에 그 씨앗을 뿌리게 됨(276a~278b)

　4) 진실을 알고 글을 짓고, 자기방어를 할 수 있으며, 그것보다 더 나은 걸 말할 수 있는 자가 바로 '지혜를 사랑하는 자'임(278c~d)

10. 이소크라테스에 대한 소크라테스의 예언(278e~279b)

11. 신들에게 기원을 하고 떠남(279b~c)

* 이 목차는 원전에 있는 것이 아니라, 논의 진행의 내용들을 미리 참고할 수 있도록, 편의상 순서에 따라 나열한 것일 뿐임.

대화자들

소크라테스(Sōkratēs): 언제나 무지자를 자처하는 그이지만, 앞의
《향연》편에서 '사랑과 관련된 것들(ta erōtika)'은 아는 자로 자처하
고 또한 디오티마의 가르침도 받은 그였다. 따라서 역시 사랑(erōs)
과 관련된 것인 이 대화편에 그가 등장하는 것도 자연스럽다고 할 것
이다. 《향연》편의 시대 설정은 아가톤이 비극 경연에서 우승한 해인
416년이었던 데 반해, 이 대화편은 리시아스의 아테네 거주와 직접적
으로 관련되는 것이므로 411~404년 사이에 있은 일로 보는 게 적절
하겠다. 이에 앞서서는 리시아스 형제가 투리오이에 있었기 때문이
다.[1] 그런데도 여러 관점에서 《향연》편보다는 뒤의 것으로 확인되고
있는 이 대화편에서, 거기에서는 34세 무렵의 파이드로스로 등장했
던, 그를 오히려 '젊은이'로 부르고 있는 대목이 몇 군데(257c, 267c,
275b?)나 나온다. 그러나 플라톤의 대화편들에서, 소크라테스의 최후
와 관련되는 것들(《소크라테스의 변론》·《크리톤》·《파이돈》)을 제외

---

1) 리시아스 및 투리오이와 관련해서는 본문 첫머리의 Lysias에 대한 각주
　 를 참조할 것.

221

하고는, 연대의 전후 관계를 엄밀히 따질 수가 없게 되어 있다. 이 문제에 대해서만은 플라톤이 아주 느슨해서 별로 신경을 안 쓰는 편이라고 말하는 게 옳을 것이기 때문이다. 그렇더라도 그의 생존 연대가 469~399년이므로, 그와의 대화자인 파이드로스와는 17세쯤 차이가 난다. 따라서 파이드로스가 제자뻘인 데다, 소크라테스를 따라 철학에 대한 관심의 전향도 적잖이 보이는 터라, 이 대화편에서는 하게체로 말하게 했다.

파이드로스(Phaidros): 미리누스(Myrrhinous) 부락민으로, 출생은 450년경으로 추정된다. 그는 《프로타고라스》 편(315c)에서 아테네의 부호 칼리아스(Kallias)의 저택에 유숙하던 소피스테스들 중의 한 사람인 히피아스(Hippias)를 수행하는 무리 속에 섞여 있는 걸로 나오는데, 이때가 433~432년경으로 설정되고 있으니, 이땐 적어도 18세 무렵일 것으로 추정된다. 그리고 《향연》 편의 배경이 416년이니, 이땐 34세 무렵이다. 그는 이 대화편의 대화 주제를 '에로스'로 정하게 하고서, 이를 찬양하는 발표를 저마다 하도록 제의하고, 첫 발언자로 스스로 나선다. 그런데 우리의 이 대화편 곧 《파이드로스》의 첫머리에서 밝히고 있듯, 그가 리시아스와 함께 있다가 오는 걸로 미루어서도, 이때 그는 아마도 36~46세 무렵으로, 수사술 곧 변론술(rhētorikē)에 대한 열의가 대단했던 것 같다.

소크라테스: 친애하는 파이드로스여! 어딜 가고 있으며 어디서 오   227a
는 길인가?

파이드로스: 소크라테스 님, 케팔로스 옹[2]의 자제분인 리시아스
님[3]과 있다가, 성벽[4] 밖으로 산책하러 가는 중입니다. 긴 시간을 거

---

2) Kephalos(430년경 사망)는 원래는 시라쿠사이 출신이지만, 페리클레스
   와 가까운 사이였던 탓으로 그의 설득에 따라 아테네로 이주해서 피레우
   스에서 30년 동안 거류민으로 살며 방패 공장을 차려 많은 부를 축적했
   다.《국가(정체)》편 제1권 앞머리에 그의 장남 폴레마르코스와 함께 소
   크라테스와 대화하는 장면이 나온다. 그의 아들들로는 여기에서 언급하
   게 되는 제3의 인물 리시아스(Lysias)와 폴레마르코스(Polemarkhos) 그
   리고 에우티데모스(Euthydēmos)가 있었다.
3) Lysias(459/8~약 380)는 바로 앞의 각주에서 언급한 아버지의 사망
   뒤에 형 폴레마르코스와 함께 남이탈리아의 범헬라스 식민지 투리오이
   (Thourioi)로 갔으며, 이곳에서 사는 동안 테이시아스(Teisias)에게서 변
   론술 교육을 받았다. 아테네가 시켈리아 원정에 나서자 이 식민지에서 반
   아테네 정서가 일어, 412/1년에 다시 거류민으로 아테네로 돌아와 선친
   의 가업을 다시 일으킨다. 그러나 403년에 30인 참주 정권은 재산가들의
   재산을 몰수하기 위해 이들을 체포했는데, 그들 중에는 이들 두 형제도
   있었다. 리시아스는 메가라로 도망했으나, 형은 처형되었다. 그는 망명

기에서 아침 일찍부터 앉아서 보냈기 때문에요. 선생님과도 그리고 저와도 친한 사이이신 아쿠메노스[5] 님의 말씀을 따라 바깥 길로 산책을 하는 겁니다. 이게 주랑 길에서[6] 하는 산보보다는 피로를 더 덜어

중에 역시 망명 중이던 민주파 인사들을 지원하는 데 가진 돈을 다 썼다. 같은 해에 민주파가 30인 참주 정권을 무너뜨린 덕에 그도 귀환했으며, 민주파 인사들의 호의로 아테네 시민권을 부여하려 했으나, 아테네의 실정법에 어긋나 이는 불가능했다. 이제 남은 돈도 없는 터라, 그는 주로 법정 변론문 작성자(logographos)로 활동하게 된다. 일설로는 소크라테스의 법정 변론문을 그가 써 주었는데, 소크라테스가 거절했다고 한다. 그의 연설문들로는 34개가 남아 있다.

4) 여기서 말하는 성벽(teikhos)은 아티케(Attikē)에서 도심인 아테네를 '둘러싼 성벽(peribolos)'을 말하는데, '테미스토클레스의 성벽'으로도 불리는 것이다. 480년의 저 유명한 살라미스(Salamis) 해전에서 페르시아 함대를 격파함으로써 아테네를 구한 테미스토클레스(약 528~462)는 이듬해(479년)에 페르시아가 다시 침공해 오매 이전의 성벽을 허물고 급히 확장해서 새로이 구축케 했기 때문에 그리 불린 것이다. 이 성벽은 그 둘레가 약 6.5킬로미터에 이르며, 13개의 성문이 있었는데, 그 주문은 서북쪽에 난 두짝 성문(Dipylon)이었으며, 시내의 아고라와 아카데미아로 연결되는 길은 이 문을 통해서다. 이에 앞서 493/2년에 아르콘(Arkhon)이 된 테미스토클레스는 아테네의 외항 피레우스의 항만들을 적극적으로 개발함으로써 바다를 통한 동맹국들과의 연계를 용이하게 했다. 이를 계기로 460년대에서 450년대에 걸쳐서는 피레우스 항에서 아테네까지의 장성(長城: ta makra teikhē)을 구축하고 해안을 따라 팔레론(Phalēron)만의 성벽까지 연결하게 된다. 앞 것은 '북쪽 성벽'으로, 뒤엣것은 '남쪽 성벽'으로도 불린다. 그런데 440년대에는 페리클레스의 부추김으로 해서 이 북쪽 성벽과 약 180미터 폭으로 또 하나의 성벽을 쌓는데, 이게 '중간 성벽'이다. 그래서 '다리 성벽(ta Skelē=the Legs)'이라는 별명까지 얻어 갖게 된 이 장성들과 '테미스토클레스의 성벽'이 연결된 것은 당연한 일이었다. 함께 수록된 그림 참조.

5) Akoumenos는 《향연》편에 등장하는 의사 에릭시마코스의 아버지로서, 역시 의사였다고 한다.

6) 원어는 en tois dromois인데, dromos(복수는 dromoi)는 달리기 코스나

준다고 말씀하시니까요.   b

소크라테스: 실은 훌륭한 말씀이지, 여보게! 리시아스가 시내에 있었던 것 같구먼.[7]

파이드로스: 네, 에피크라테스[8]의 댁에요. 올림피[에이]온[9] 인근의 모리코스[10]가 살던 그 집에서요.

보도 또는 건물들의 주랑 곧 나란히 선 기둥들 사이의 보도를 가리킨다. 한 여름이라면, 시내를 걷는 경우에는 주랑 사이의 보도를 이용하는 게 내리쬐는 뙤약볕을 피하는 최선의 방책이었을 것이다. 공공 건물들이 대대적으로 들어선 아고라를 중심으로 한 도심에는 이들 주랑들 사이의 보도뿐만 아니라, 이때 많이 심었다는 플라타너스 나무들이 형성한 가로수 길도 없지는 않았을 것 같다.

7) 거류민인 리시아스는 선친 때부터 아테네 시내에서 7~8킬로미터 거리의 외항 피레우스에 기거하고 있었다.

8) Epikratēs는 아마도 아리스토파네스의 《여인들의 민회》(Ekklēsiazousai) 71에서 언급되는 인물과 동일인인 것 같다. 남자들의 정치 형태에 실망한 여인들이 남자들의 실권을 빼앗기로 모의하고서, 먼저 협의회 및 민회에서의 의결권을 행사하는 남자들로 분장하기 위해 준비하는 것들 가운데 하나가 에피크라테스의 멋진 수염이다.

9) Olympieion은 '올림포스의 제우스(ho Olympios Zeus) 신전'을 뜻한다. 흔히 우리의 이 텍스트에서처럼 필사본들에서 Olympion으로 오기되어 있는데, 번역문에서 '올림피[에이]온'으로 한 것은 현대식 발음이 '올림피온'이기도 해서, 양쪽 다를 존중하는 뜻에서 그리했다. 이 신전은 참주 페이시스트라토스(Peisistratos: 약 600~527)에 의해 착공되었으나, 그의 사망으로 중단되었다가 로마 황제 하드리아누스(Hadrianus: 재위 기간 117~138)에 의해 완공되었다. 처음 설계에서는 도리스식이었으나, 하드리아누스 황제에 의해 다시 착공되면서 코린트식으로 바뀌었으며, 완공 시의 100개 원기둥들 가운데 오늘날엔 15개만 남아 있다. 아크로폴리스 동남쪽 성벽 가까이에 있으며, 이곳에서 성벽을 빠져나가는 문들로는 가까운 거리에 셋이나 있었다. 표지 그림 및 뒤에 수록된 지도 참조.

10) Morykhos는 비극 작가로서 식도락으로 당대에 유명했던 것 같다. 아리스토파네스의 《아카르나이 부락민들》(Akharneis) 880~887에는 그가

225

소크라테스: 그렇다면 무엇으로 시간 보내기[11])를 한 건가? 어쩌면 리시아스가 자네들에게 논변의 성찬을 베푼 게 분명하겠구먼?

파이드로스: 선생님께서 가시면서 들으실 짬이 있다면, 아시게 될 겁니다.

소크라테스: 무슨 소린가? 그래 자넨 자네와 리시아스가 함께 시간을 보낸 대화를 듣는 걸 내가 핀다로스의 표현대로 '무슨 일보다도 우선할 일'[12])로 삼을 것이라[13]) 생각질 않는 겐가?

c 파이드로스: 그럼 앞장서세요.

소크라테스: 말해 주게나.

파이드로스: 게다가, 소크라테스 님, 이를 들으시는 것은 어쨌든 선생님께는 적절한 것입니다. 저희가 시간을 보내면서 했던 논변이 실은, 어떻게 돼서 그랬는지는 모르겠으나, 사랑에 대한 것이었기 때문입니다.[14]) 그야 물론 잘생긴 젊은이들 중에서 누군가가 유혹을 받지만, 이게 사랑하는 자에 의한 것이 아닌 경우를 리시아스께서 글로 쓰셔서죠. 그러나 바로 이 점이 독창적이기도 하죠. 자신을 사랑하는 자보다는 오히려 사랑하지 않는 자에게 호의를 보여야만[15]) 한다고 하시

가장 좋아하던 코파이스(Kōpais) 호수의 뱀장어와 관련된 익살스런 대목이 나온다.

11) 원어는 diatribē인데, 이 낱말은 '소일', '시간 보내기', '담론', '대화', '연구', '종사', '그런 곳' 등을 뜻한다. 더 자세한 설명은 함께 수록된 《향연》편 194d에서 해당 각주를 참조할 것.

12) Pindaros의 《이스트미아 경기 우승 송가》(Isthmionikai) I. 2.

13) 227b10의 텍스트 읽기에서 poiēsasthai(aor. inf.)는 poiēsesthai(fut. inf.)로 읽는 편을 택했다.

14) 《향연》편 177d에서처럼 소크라테스가 사랑과 관련된 것들(ta erōtika)에 대해서만은 아는 자로 자처해 왔음을 말하고 있기 때문에 하는 말일 것이다.

니까요.

소크라테스: 아, 고상한 이여! 부유한 자보다는 오히려 가난한 자에게, 그리고 더 젊은 자에게보다는 더 나이든 자에게 호의를 보여야만 한다고 썼으면, 그리고 나와 우리 중에서도 많은 이에게 있는 그 밖의 것들도 그래 주었으면. 그러면 그 논변들은 사실 세련되고[16] 공동의 이익이 되는 것일 텐데. 그러니 나야말로 그걸 몹시도 듣고 싶어, 자네가 걷기를, 메가라[17]로 산책을 하고서, 헤로디코스[18]를 따라

d

---

15) 이후에 '호의를 보임(kharizesthai)'에 대한 언급이 반복적으로 나오게 된다. 이는 '사랑에 빠진 자(erastēs)' 곧 '사랑을 하는 자(erastēs, ho erōn)'와 '사랑을 받는 자(ho erōmenon)' 곧 '사랑받는 소년(ta paidika)'과의 관계인 소년애(paiderastia)의 관계에서 호의를 보인다는 것 곧 '호의를 보임(kharizesthai)'은 곧 '성적으로 응함'을 뜻한다. 소년애와 관련해서는《향연》편 181c에서 '소년애'에 대한 각주를 참조할 것.

16) 원어 asteios는 agroikos(촌스럽다)와 반대되는 말로, '도시적'이란 뜻이 그 기본이다.

17) Megara는 코린토스와 아테네 사이에 끼어 있던 나라이다. 도리스 부족의 일부가 아티케 지역까지 침공하매, 아테네의 코드로스가 자기희생으로 이들을 물리치게 되니(《향연》편 208d의 각주 참조), 이들이 물러나 이웃에 세운 나라가 메가라이다. 이 나라에도, 아테네의 피레우스처럼, 외항 니사이아(Nisaia)에서 시내까지 연결되는 성벽이 세워졌다. 아테네와는 인접국으로서 동맹국 또는 적대국으로 복잡한 관계를 갖게 된다. 소크라테스 사후에는 그의 문하생이었던 에우클레이데스(Eukleidēs: 약 450~380)에 의해 메가라 학파가 형성된다.

18) Hērodikos는 비잔티움 서쪽에 인접해 있던 셀림브리아(Selymbria) 출신의 체육 교사이면서 섭생(diaita) 전문가였는데, 체육과 섭생을 결합해서 단련시키는 것이 그 정도가 지나치다고 해서 비난을 받기도 했다고 한다. 여기에서 '성벽까지 갔다가 되돌아오기'는, 그가 자기 고장의 일정한 거리에서 성벽까지 갔다가 되돌아오는 운동을 시켰던 것과 연관지어, 소크라테스도 리시아스와 파이드로스의 대화 내용을 알기 위해서는 메가라의 성벽(바로 앞 각주 참조)까지 갔다 오는 수고도 마다하지 않겠다는 말

227

'성벽까지 갔다가 되돌아온다고' 할지라도, 자네에게서 떨어지는 일은 없을 걸세.

파이드로스: 어찌 하시는 말씀입니까, 소크라테스 님? 선생님께서
228a는 요즘 분들 중에서는 글 쓰시는 데 가장 유능하신 분이신 리시아스 님께서 여가에 오랜 기간에 걸쳐 지으신 걸 사삿사람인 제가 그분께 욕되지 않게 기억을 더듬어 말할 수 있을 것이라 생각하십니까? 확실히 많이 부족하죠. 비록 그렇더라도, 제게 많은 황금이 생기는 것보다도, 저는 그걸 더 바라겠습니다만.

소크라테스: 파이드로스여, 만약에 내가 자넬 모른다면, 내가 내 자신도 잊어 먹는 거지. 하지만 실은 둘 중의 어느 쪽도 아니지. 나는 잘 알고 있네. 파이드로스는 리시아스의 논변을 듣되, 한 번만 들은 게 아니라, 여러 번 반복해서 자기에게 들려줄 것을 요구했고, 리시아스
b는 열성으로 응해 주었다는 걸 말일세. 그러나 파이드로스에게는 이걸로는 충분치 않아, 마침내는 그 책자[19]를 받아서는 자신이 가장 그러고 싶은 부분들을 살폈는데, 이러느라 이른 아침부터 앉아 있다가 지쳐서, 산책하러 가고 있은 게야. 내가 생각하기로는, 맹세코,[20] 그

을 하고 있는 것이다. 히포크라테스의 《섭생에 관하여》(*Peri diaitēs*)는 그의 영향을 받은 것으로 알려지고 있다. 《국가(정체)》편 406a에는 그와 관련된 비판적 언급이 보인다.

19) 정확히 말하면, '두루마리 책(biblion)'이다.

20) 여기에서 '맹세코'로 옮긴 것의 원문은 nē ton kyna인데, 이를 직역하면, '개에 맹세코'로 된다. 이 개는 이집트의 Anubis 신을 가리키는데, 이 신이 개의 머리, 즉 재칼(jackal)의 모습을 하고 있기 때문이다. 《고르기아스》편(482b)에서는 이 개가 무엇을 가리키는지를 분명히 밝히고 있다. 거기에는 '이집트의 신인 개에게 맹세코(ma ton kyna ton Aigyptiōn theon)'로 되어 있다. 이 신은 헬라스 신화의 Hermēs에 해당되는 신으

말이 아주 긴 게 아닐 경우에는, 외우고서 말일세. 그는 암송하기 위해
서 성벽 밖으로 가고 있던 거지. 그 내용에 대해 듣기를 안달하는 자를
만나게 되는데, 이를 알아본 거야. 알고 보니 함께 열광할 사람[21]을 갖
게 될 것이 기뻐서, 앞서가게 하는 거고. 그러나 논변을 사랑하는 사   c
람이 그걸 말해 줄 것을 요구하니까, 그는 정작 말해 주고 싶지 않은
척 한 거지. 그러나 결국엔, 설사 누군가가 기꺼이 듣고 싶어 하지 않
더라도, 억지로라도 말해 줄 참이었던 거고. 그러니 파이드로스여, 그

로서, 죽은 사람의 영혼을 저승으로 안내한다. 때로 Hermanubis라 한 것
도 그 때문이다. '개에 맹세코'라는 소크라테스의 이 맹세는《소크라테스
의 변론》편 22a,《파이돈》편 98e,《국가(정체)》편 399e 및 592a, 함께
수록된《리시스》편 211e 등에도 보인다. 헬라스인들이 가장 흔하게 하
는 맹세는 대개 '제우스에 맹세코(ma ton Dia, ma Dia, nē Dia, nē ton
Dia)'이지만, 헤라 여신(nē tēn Hēran)이나 그 밖의 올림포스의 다른 신
들을 걸고 맹세를 하는 일도 흔했다. 그러나 때로는 엄숙함을 피해서 거
위(khēn) 따위의 동물이나, 236e에서 보듯, 플라타너스(버즘나무: plata-
nos), 심지어는 양배추(krambē)와 같은 채소를 걸고 하는 경우도 있었
는데, 이런 종류의 맹세는 '라다만티스식 맹세(Rhadamanthyos orkos)'
로 불리었다. 라다만티스(Rhadamanthys)는 크레테의 신화적 인물로 사
후에 저승에서 사자(死者)들을 재판하는 재판관들 중의 하나로 되었다고
하는데, 전하는 바에 따르면, "그 누구든 신들을 걸고 맹세하는 것을 허
용하지 말되, 거위나 개, 양 등과 같은 것들을 걸고 맹세하도록 그가 법
령으로 지시했다"고 한다. E. R. Dodds, *Plato: Gorgias* (Oxford, 1959),
pp. 262~263 참조. 그런데 이런 식의 맹세를 일일이 그대로 밝히는 게,
그들 식의 갖가지 맹세를 접한다는 데는 의미가 있겠으나, 그 많은 맹세
의 종류를 일일이 그대로 본문 속에 노출시키는 것이 우리에게는 잠시나
마 오히려 그 생소함을 새삼 느끼게 할 뿐만 아니라, 문맥의 자연스런 흐
름을 순간적으로 끊는 것 같아, 역자는 그냥 '맹세코'로 통일해서 옮기
고 있다.
21) '함께 열광할 사람'의 원어는 ho synkorybantiōn인데, 함께 수록된
《향연》편 215e에서 '코리반테스'에 대한 주석을 참조할 것.

가 어차피 이제 하게 될 걸 바로 하도록 그에게 요구하게나.[22]

파이드로스: 저로서는 제가 할 수 있는 대로 말하는 것이 정말로 아주 상책이네요. 선생님께서는 제가 어떤 식으로든 말하기 전에는 결코 저를 보내 주지 않으실 것으로 제게는 생각되니까요.

소크라테스: 사실 자네의 나에 대한 판단은 아주 옳아.

d 파이드로스: 그러면 제가 그리할 것입니다. 사실은, 소크라테스 님, 뭣보다도 그 말들을 어쨌든 제가 외우지 못했습니다. 그렇지만 사랑하는 사람의 경우와 사랑하지 않는 사람의 경우가 어떤 점들에서 다른지를 그분께서 말씀하신 것들 거의 모두의 취지를, 처음 것에서부터 시작해서 각각을 차례로 요점적으로 다 말할 것입니다.

소크라테스: 친구여, 어쨌든 먼저 보여 주고서네. 그래 겉옷[23] 아래 왼손에 무얼 갖고 있는지부터. 자네가 그 논변 [책자] 자체를 갖고 있는 것으로 짐작되니까. 그러나 이 경우라면, 내게 대해 이렇게 생각
e 하게나. 나는 자넬 아주 사랑하네만, 리시아스도 옆에 와 있는 마당에,[24] 내 자신을 자네에게 연습 상대로 제공하는 일은 결단코 없을 것이라는 걸세. 자, 보여 주게.

---

22) 여기에서는 소크라테스가 파이드로스에 대해서 너무나도 잘 알고 있다는 걸, 이른 아침부터 자기를 만날 때까지의 상황을 거울을 들여다보듯 말하면서, 당사자 아닌 제3자에 대해서 말하는 투로 객관화해서 말하고 있다.

23) '겉옷'으로 옮긴 원어는 himation이다. 이는 장방형의 통옷감인 것을 왼쪽 어깨에 걸치는 상태로 입는 것이니, 얼핏 보아서는 손에 뭘 갖고 있는지 짐작하기가 쉽지 않을 수도 있었을 것이다. 이 옷에 대해서는 함께 수록된 《향연》편 219b 끝의 해당 각주를 참조할 것.

24) 리시아스의 논변이 적힌 책자가 옆에 있는 걸 그리 말하고 있다. 그가 하는 말, 곧 그의 논변이 책자에 적혀 있으니, 그걸 읽으면, 곧 그의 말을 듣는 것이 되겠기 때문에 하는 말이겠다.

파이드로스: 그만하세요. 제 희망을 좌절시켜 버리셨네요, 소크라테스 님! 선생님을 상대로 제가 연습하려 했던 그 희망을요. 그러면 우리가 어디에 앉아서 읽기를 원하시는지요?

소크라테스: 이쪽으로 벗어나서[25] 일리소스 강[26]을 따라 가세나. 그래서 좋아 보이는 곳에 조용한 가운데 앉아 있을 수 있게 말일세.

파이드로스: 제가 맨발인 게 안성맞춤인 것 같네요. 물론 선생님께서야 언제나 그러시니까.[27] 그래서 우리로선 개천 물[28]을 따라 발을 적시며 가기가 아주 쉬운데, 즐겁지 않은 게 아닐 거고요. 특히 한 해 중에 이맘 때,[29] 게다가 한낮에는.

소크라테스: 그러니 앞장서게나. 그리고 우리가 어디 앉을 것인지도 동시에 살피게.

---

25) 이제까지 가던 산책길에서 벗어남을 뜻한다.

26) 옛날 아테네 도성 가까이로 두 개의 강이 흐르고, 개천 하나가 도성 안을 통과하며 흐른다. 아테네의 북쪽 연산인 파르네스(Parnēs: 오늘날의 명칭으로는 Parnitha, 최고 1413미터)에서 발원해서 서쪽으로 흘러 아카데미아 바로 옆을 지나 피레우스의 팔레론 만으로 흘러드는 것이 케피소스(Kēphis[s]os) 강이다. Ilis[s]os는 아테네의 남동쪽에 있는 히메토스(Hymēttos: 오늘날의 발음으로는 Imitos, 최고 1026미터)에서 발원해서 동쪽으로 흐르다가 서쪽으로 케피소스 강으로 합류한다. 성벽 밖(요즘엔 시내)에 가까운 거리에 있는 리카베토스(Lykabēttos: 오늘날의 발음으로는 Likavitos, 277.3미터)에서 발원하는 개천인 에리다노스(Eridanos)는 도기 구역이었다가 나중에 공동묘지 구역으로 된 케라메이코스(Kerameikos)를 지나, 케피소스 강으로 흘러든다.

27) 소크라테스의 맨발에 대해서도 《향연》편 220b를 참조할 것.

28) 일리소스는 분명히 강이지만, 여기에서 '개천 물(to hydation)'로 말하는 것은 이 지역의 건기인 여름에는 물이 적어 개천 물처럼 바닥으로 흐르기 때문이었을 것이다. 반면에 우기인 겨울에는 물이 더러 넘치기까지도 했던 것 같다.

29) 매미 소리가 요란할 때였다.

파이드로스: 그럼 아주 키 큰 저 플라타너스가[30] 보이십니까?

소크라테스: 물론이지.

b   파이드로스: 저기에 그늘도 있고 바람도 알맞은 데다가, 풀밭도 있네요. 앉기도 하고, 혹시라도 우리가 원한다면, 기대 누울 수도 있겠고요.

소크라테스: 앞장서시지.

파이드로스: 말씀해 주세요, 소크라테스 님! 실은 여기 어디선가의 일리소스 강에서 보레아스가 오레이티이아를 낚아챘다고[31] 하는 게 아닌가요?

소크라테스: 사실 그리 이야기하지.

파이드로스: 그러니까 여기에선가요? 어쨌든 반길 만큼 개천 물이 맑고 투명해서, 처녀들이 그 옆에서 놀기에도 알맞아 보이네요.

c   소크라테스: 그게 아니고, 그곳은 대략 2, 3스타디온[32]만큼 아래쪽

---

30) 플라타너스를 헬라스어로는 '플라타노스(platanos)'라 한다. 우리말로는 '[서양] 버짐나무'로 일컫기도 하는 것 같다. 아테네 대학의 한 고전 학자가 바로 이곳으로 추정하는 곳엔, 내가 1980년대 말에 두어 번 찾아 갔을 땐, 키 큰 플라타너스는 보이지 않고, 별로 크지도 않은 것들 한두 그루가 보였다. 아마도 가까이에 다리가 놓이고, 번잡한 찻길이 사방으로 뻗친 데다 그 상류 쪽은 복개 도로가 되어 버린 탓인 것 같다. 이 나무는 냇가에서 아름드리의 것들이 많이 자란다.

31) Boreas는 트라케 북방으로부터 혹한을 몰고 오는 북풍을 신격화한 것인데, '북쪽'을 지칭하는 말이기도 하다. 이 보레아스가 정월 무렵에 몰고 오는 혹한이 어떤 것인지에 대해서는 헤시오도스의 《일과 역일》 506행 이하에 그려져 있다. 이 보레아스가 아테네의 전설상의 왕 에레크테우스(Erekhtheus)의 딸 Ōreithyia 공주를 일리소스 강둑에서 낚아챘다는 이야기다.

32) stadion(복수는 stadia 또는 stadioi)은 헬라스의 길이 단위로서, 600podes(포데스는 헬라스의 거리 단위로서, 단수는 pous이며, 영어

일세. 거기에서 아그라³³⁾ 성역으로 건너가게 되는 거고. 또한 바로 그곳 어디쯤엔 보레아스의 제단이 있지.

파이드로스: 전혀 생각이 미치지 못했네요. 하지만 맹세코 말씀해주세요, 소크라테스 님! 선생님께서는 이 전설이 정말이라고 믿으시는지요?

소크라테스: 하긴 내가, 식자들처럼, 그걸 믿지 않더라도, 별나지는 않을 게야. 그러니까 파르마케이아³⁴⁾와 함께 놀고 있던 공주를 보레아스의 돌풍이 인접한 바위 아래로 밀어붙였고, 바로 이렇게 되어서 죽은 것을 보레아스가 낚아채게 된 것으로 말하게 된 것이라 한다면 나는 합리적으로 말하게 되는 것일 게고. — 아니면 아레스의 언   d 덕³⁵⁾에서 그랬던 것이라고. 이 이야기도 이곳에서가 아닌 그곳³⁶⁾에서

---

feet, foot와 같은 뜻임)인데, 그 길이는 지역과 시대에 따라 다르기는 하나, 대체로 175미터에서 200미터이다. 아테네의 경우에는 약 185미터인 반면에 올림피아에서는 약 192.3(192.27)미터에 해당한다. 올림피아 경기장의 달리기 코스 길이는 이 단위에 맞춘 것이다. stadion을 라틴어로 음역하면 stadium으로 되는데, 오늘날 우리가 육상 경기장 따위를 그렇게 일컫는 것도 이에서 연유한다.

33) Agra는 아르테미스(Artemis) 여신에 대한 아테네에서의 별명이며, 따라서 이 성역 지역의 이름도 Agrai이다. 이 여신은 아폴론과 함께 제우스와 레토 사이에서 태어난 쌍둥이다. 야생 생물들의 여신이며 여인들의 출산을 돕는 여신이기도 하다. 아티케 지역에는 이 여신과 관련된 유적지로 보존되고 있는 곳으로 두 군데가 있는데, 동중부 해안 지대 가까이에 있는 브라우론(Brauron)과 피레우스의 가파른 언덕 무니키아(Mounikhia)이다.

34) Pharmakeia는 일리소스 강 근처 샘의 요정으로, 오레이티이아의 놀이 친구이다.

35) Arēs는 제우스와 헤라 사이에 난 아들로, 전쟁의 신이다. 아레스의 언덕(Areios pagos)은 아크로폴리스 서쪽으로 입구 맞은편에 있는 나지막한 바위 언덕으로서, 전체가 하나의 바윗덩어리이다. 아크로폴리스 역

낚아챔을 당한 것으로 말하고 있으니까.[37] 그러나, 파이드로스여, 달리 보면 이런 것들[38]은 마음에 드는 것들이라고 내가 생각은 하지만, 너무도 대단하며 수고하는, 그래서 전혀 행운일 수 없는 사람의 일이라 여기네. 그건 다른 어떤 것 때문도 아니네. 그로서는 그 이야기 다음으로 히포켄타우로스[39]의 생김새를 바로잡아야만 할 것이고, 또다시 키마이라[40]의 생김새도 그래야만 할 것이네. 또한 이와 같은 것들의 무리가 곧 고르고들[41]과 페가소스 같은 것들[42] 그리고 많기도 한

시 하나의 거대한 바위 언덕인데, 평지에서 약 50미터 높이에 그 정상의 평평한 대지(臺地)는 동서로 약 300미터, 남북으로는 약 150미터나 되고, 유일하게 접근 가능한 경사면이 서쪽 입구이다. 이곳에서 푹 꺼진 상태로 길을 내주고 다시 서쪽으로 6(?)미터 남짓한 높이로 불쑥 솟아오른 형태의 한 덩어리 바위 언덕이 아레스의 언덕이다. 이 언덕에 그의 이름이 붙여진 것은 그의 딸을 포세이돈의 아들 할리로티오스(Halirrhothios)가 겁탈을 하매, 그를 살해한 탓으로 이곳에서 신들의 재판을 받게 된 데서 유래한다. 훗날 살인 사건에 대한 재판을 이곳에서 하게 된 것도 그래서다. 그리고 이 언덕은 462/1년에 에피알테스(Ephialtēs)의 주도로 아테네의 권력이 민회 · 협의회 · 법정으로 분산 이관되기까지 전직 집정관들(arkhontes)로 구성되는 협의회를 비롯한 정치의 중심 무대였다.

36) 아레스의 언덕을 가리킨다.

37) —— 표 이후 여기까지의 문장이 원래 있던 것인지 아니면 필사본의 난외 주해(欄外註解)가 본문 속으로 들어가게 된 것인지에 대해서는 상반된 의견들이 많다. 그러나 모순되는 내용도 아닌 데다, 같은 차원의 그럴듯한 전설이라 보아, 삭제하지 않고 그냥 두었다.

38) 이런 설명들 곧 황당한 설화가 아닌 좀 더 이치에 맞는 설명을 뜻한다.

39) Hippokentauros는 반은 말이고 반은 사람인 괴물을 뜻한다.

40) Khimaira는 불을 내뿜는 괴물로, 사자의 머리와 암염소의 몸 그리고 뱀의 꼬리를 가졌다고 한다.

41) Gorgō(또는 Gorgōn)의 복수는 Gorgones이다. 이들에 대해서는 함께 수록된《향연》편 198c에서 해당 각주를 참조할 것.

42) 원문은 Pēgasōn 곧 Pēgasos의 복수 소유격으로 되어 있다. 그러나 페

그 밖의 감당이 되지 않는 것들과 괴이한 어떤 생물들의 기이함들이
바로잡아야 할 것들로 넘쳐나네. 이것들에 대해 만약에 누군가가 믿
질 않고, 그 각각을 그럼직함에 맞추려 한다면, 일종의 어설픈 지식을
이용하는 것이기에, 그로서는 많은 여가가 소요될 걸세. 그러나 내게
는 이것들에 대해서는 여가가 없네. 이보게, 그 까닭은 이걸세. 델피
의 명문(銘文)대로 아직도 내 자신을 알지 못하고 있다는 걸세.[43] 그

가소스는 원래 하나이므로. 이는 '페가소스 같은 것들'로 보는 게 옳겠
다. 헤시오도스의 《신들의 계보》 277~288에 그의 출생과 관련되는 일에
대한 언급이 보인다. 포세이돈과 함께 풀밭에 누워 있던 메두사(《향연》
편 198c에서 해당 각주를 참조할 것)의 목을 페르세우스가 베었을 때, 거
기에서 크리사오르(Khrysaōr)와 함께 튀어나온 것이 날개 돋친 말 페가
소스이다. 오케아노스(Ōkeanos)의 샘(pēgē) 가까이에서 태어났다 해서
그리 불리게 된 것이란다. 이 말은 지상을 떠나 제우스의 거처로 가서, 제
우스에게 천둥과 번개를 날라다 주는 일을 맡게 되었다.

43) 여기서 말하는 델피의 명문(to Delphikon gramma)의 원형은 Gnōthi
sauton(너 자신을 알라)이다. 원래 이는 사람들의 분수 지킴을 강조한 것
이다. 첫째로, 사람으로서 이를 수 있는 한계가 있음을, 죽게 마련인 자들
곧 인간들과 죽지 않는 자들인 신들 사이에는 넘을 수 없는 한계가 있음
을 자각하고 살라는 경고이다. 그다음으로는, 사람들 사이에서도 저마다
제 분수를 알고, 그것에 알맞게 처신할 것을 일러 주는 유비적(類比的) 성
격의 경구이기도 하다. 이 경구는 이처럼 동시대인들에게 인간으로서의
분수나 신분의 한계를 무시하는 히브리스(hybris: 교만, 방자함, 오만 무
례)에 대한 경고의 성격을 갖는 것이다. 따라서 이를 귀족들이 자신들의
우월적 신분 유지를 위한 세뇌적인 목적으로 활용한 측면도 있다. 그런데
이 경구는 훗날 소크라테스의 철학적 행각과 맞물려, 전혀 다른 뜻에서,
오히려 그가 처음으로 내건 철학적인 구호인 것처럼 알려지게 되었다. 헬
라스어로 혼을 뜻하는 프시케(psykhē)는 원래 모든 생물이 다 갖는 숨·
목숨·생명을 뜻하는 말이다. 하지만 인간의 경우에 혼은 이성(logos)을
또한 본성적으로 그 안에 간직하고 있음을 저마다 자각하여, 이 능력을
최대한 활용할 수 있게 될 때, 비로소 사람이 사람다울 수 있음을 깨우치
도록 하느라, 이 명문을 그가 그처럼 강조했던 것이다. 이와 관련된 더 자

230a 러니 이를 아직 모르면서 다른 것들을 고찰한다는 것이 내게는 우스워 보이네. 바로 이 때문에 나는 이것들과 작별하고, 이것들과 관련해서는 일반적인 믿음을 수용하되, 방금 내가 말한 것, 곧 그것들 아닌 나 자신을 고찰하고 있네. 내가 티폰[44]보다 더 복잡하고 더 돌격적인지 괴물인지, 아니면 더 유순하고 더 단순한 동물이어서, 어떤 신적이며 겸손한 성분을 본성적으로 타고난 것인지를 말일세. 하지만, 친구여, 대화를 하는 사이에 자네가 방향을 잡아 우릴 안내해 온 바로 그 나무가 이게 아니었나?

b 파이드로스: 사실 이게 바로 그것입니다.

소크라테스: 맹세코, 과연 아름답네, 쉴 곳이. 이 플라타너스가 넓게 퍼지고 크기도 한 데다, 키 큰 모형(牡荊)나무[45]와 그 짙은 그늘이 아주 아름다워. 꽃은 그 절정에 이르러서, 이곳을 더없이 향기롭게 하고 있고. 또한 샘도 플라타너스 아래로 흐르니 정겹기 그지없는데, 그 물이 몹시도 시원한 것은 발이 증언해 주네. 어떤 요정들과 아켈로오

세한 것은 졸저 《적도(適度) 또는 중용의 사상》 30~35쪽 및 309~311쪽을 참조할 것.

44) Typhōn 또는 Typhōeus의 출생과 생김새에 대한 이야기는 헤시오도스의 《신들의 계보》 821~835에 보인다. 티탄들(Titanes)이 제우스 등의 올림포스 신들에 패배하여, 지하 세계에 갇히게 되는데, 그 자체가 지하 세계를 뜻하기도 하는 타르타로스(Tartaros)와 가이아(Gaia)의 사랑으로 낳은 막내가 티폰이라 한다. 티폰은 강인한 팔다리와 검은 혀를 날름거리는 100개의 뱀 머리, 불을 뿜는 눈, 온갖 소리를 내는 괴물이라 한다.

45) 물론 서양 모형이다. 중국 남쪽이 원산지라는 모형(牡荊)은 키가 2~3미터 되는 관목으로 그 학명이 vitex cannabifolia인데, 여기서 말하는 서양 모형은 vitex agnus castus이다. 이 나무의 헬라스어 명칭인 ἄγνος(agnos)를 ἁγνός(hagnos: 순결한)와 혼동해서, 그런 뜻의 라틴어 castus(영어 chaste에 해당)를 덧붙여 agnus castus로 부르게 되었다 한다. 그래서 '정조수(貞操樹)'로도 알려지게 된 것 같다.

스[46])의 성역인 것 같아. 작은 봉헌 입상(立像)들과 조상(彫像)들로 미

루어 말일세. 그런데도, 자네가 더 바란다면, 이곳의 좋은 통풍은 얼   c

마나 사랑스럽고 어찌도 마음에 드는지! 매미들의 합창에 여름답게

째지게 화답하는 거지. 그러나 무엇보다도 절묘한 것은 풀밭의 그것

이니, 완만하게 경사가 진 데다 풍성해서, 머리를 기대 눕히기에 아주

제격으로 자랐다는 거네.[47]) 그러니 친애하는 파이드로스여, 자넨 손

님 안내를 더없이 잘한 걸세.

파이드로스: 놀라운 분이시여, 어쨌든 선생님께서는 더없이 별나신

분으로 보이십니다. 선생님께서 하시는 말씀은 영락없이 손님으로서

안내를 받으신 분 같으시지, 본고장 분 같지가 않기 때문입니다. 이처

---

46) Akhelōos는 가이아와 오케아노스의 아들인 하신(河神)이다. 하지만
실제로 여러 강, 그중에서도 특히 헬라스에서 가장 긴 강의 이름이기도
하다. 아드리아 해 쪽 섬들에 대해서 본토를 뜻하는 서북쪽 헬라스를 에
페이로스(Ēpeiros=Epirus)라 하는데, 이곳의 여러 산간의 협곡들에서 발
원해서 강을 이루길 240킬로미터에 이르며, 코린토스 만 북서쪽으로 흘
러든다.

47) 문제의 이곳 위치를 오늘날의 지도로 다시 확인해 보자. '올림포스
의 제우스 신전' 가까이의 아르디투(Arditou) 거리가 끝나는 곳 가까이
에 러시아 정교회 성당인 성 포티니(Ag. Fotini)가 있고, 이 거리는 교차
로에서 끝난다. 이 교차로까지는 일리소스 강 상류가 복개되어 대로를 이
루고 있지만, 이 아르디투 거리에서 직진 방향으로 칼리로이스(Kalirois)
거리에 들어서면, 이 거리와 나란히 일리소스 강의 줄기가 제 모습을 드
러낸다. 하지만 강은 블록마다 양쪽으로 나 있는 길들을 연결하는 다리로
해서 간간히 복개되어 있다. 이런 상태로 잘린 모습인 이 칼리로이스의
최상단에 앞서 말한 교차로 밑으로 연결되어 있는 부분의 일리소스가 바
로 이들 둘이 가려던 곳이다. 이곳엔 이제는 볼품은 없지만 아직도 그 풀
밭이 있고, 230b, 279b에서 언급하고 있는 아켈로오스, 판(Pan) 등의 돋
을새김이 새겨져 있던 오돌토돌한 수직벽인 큰 바위가 있는데, 오늘날엔
그 돋을새김은 마모된 상태여서, 흔적조차 더듬기 힘들다.

d 럼 선생님께서는 시내를 벗어나 나라 밖으로도 나가시지도, 아니 제
가 보기에는 성벽 밖으로도 전혀 나가시지 않으신 것만 같아 보이십
니다.[48]

소크라테스: 죄송하네, 이 사람아! 그건 내가 배움을 좋아해서네.
그러니까 야외와 나무들은 내게 아무것도 가르쳐 주지 못하지만, 시
내의 사람들은 가르쳐 준다네. 그렇지만 자네는 나의 외출 방책을 찾
아낸 것으로 내겐 생각되네. 왜냐하면 마치 사람들이 배고픈 가축들
을 어린 순이나 어떤 열매를 그 앞에 내밀고 흔들면서 이끌 듯, 그처
e 럼 자넨 내게 책 속의 말들을 내밀며 온 아티케든 또는 다른 어디로든
원하는 대로 이끌고 다닐 것으로 보이기 때문일세. 그야 어쨌든 지금
은 여기에 이르렀으니, 내게는 눕는 게 좋겠으나, 자넨 어떤 자세로든
읽기에 가장 편할 걸로 여겨지는 그 자세를 취하여 읽게나.

파이드로스: 그럼 들으세요.

"그대는 나의 처지에 대해서 알고 있거니와, 내가 믿듯, 이 일들이

---

48) 파이드로스가 판단하기로는 그런 사람 같아 보인다는 말이지, 사실
상 그런 것은 아니다. 세 번의 참전 중에서 포테이다이아 전투 및 델리온
전투와 관련해서는 《향연》 편 219e~221c에서 언급하고 있고, 암피폴리
스 전투에 대해서는 《소크라테스의 변론》 편 28e에서 언급하고 있다. 그
리고 《크리톤》 편 52b를 보면, 코린토스의 이스트모스 축제를 참관한 것과
군복무가 나라 밖으로 나간 경우의 모두라고 스스로 밝히고 있다. 시외로야
《국가(정체)》 편 첫머리에 아테네의 외항인 피레우스로 축제 구경을 갔다
가, 그곳의 거류민인 케팔로스 옹의 집으로 가서 대화를 하게 되는 장면이
보이는데, 그와의 대화의 시작 부분을 보면, 소크라테스가 피레우스에 가끔
들렀던 것으로 판단된다. 그리고 여기에 함께 수록된 《리시스》 편 첫머리에
는 소크라테스가 성벽 밖으로 해서 김나시온(체력 단련장: gymnasion)이
있는 아카데미아에서 리케이온으로 곧장 가고 있는 장면이 나온다.

실현되는 게 우리에게 이롭다는 걸 그댄 들었어. 그래서 이 때문에,
곧 내가 그대를 사랑하는 자가 아니라 해서, 내가 요구하는 바가 좌
절되는 일이 없길 나는 기대하지. 저들[49]로서는, 욕정이 식으면, 그
땐 자신들이 잘해 준 것들에 대해 후회를 하니까. 그러나 다른 쪽 사
람들[50]에겐 후회하게 마련인 그런 때가 없어. 이들은 마지못해서가
아니라 자발적으로, 자신들의 것들에 대해 최선이라고 판단하는 대
로 자신들의 능력에 따라 잘해 주기 때문이지. 그 밖에도 사랑에 빠진
자들은 욕정 때문에 자신들의 것들 중에서 잘못 처리한 것들과 잘 처
리한 것들에 대해서 생각해 보고선, 자기들이 이미 했던 수고까지 덧
보태어 자기들이 사랑했던 자들에게 오래전에 그 값에 해당하는 보
답을 한 것으로 생각하지. 그러나 사랑에 빠지지 않은 자들은 사랑으
로 인한 자신들의 것들에 대한 소홀함을 내세울 일도 없고 지나간 수
고들에 대해서도 생각해 볼 일도 없으며, 친척들과의 불화를 탓할 일
도 없지. 따라서 이처럼 많은 나쁜 것들이 배제되었으니, 이들(사랑받
는 자들)에게 해 줌으로써 기뻐하게 될 것이라 생각되는 것들은 무엇
이나 열성으로 해 주는 것 이외에 남은 것은 아무것도 없는 거지. 그
밖에도 사랑에 빠진 자들이 또한 자신들이 사랑하는 자들을 가장 좋
아하며, 다른 사람들에게서 미움을 받으면서까지 자신들이 사랑하는
자들에게 말과 행동을 통해서 호의를 보일 준비가 되어 있다는 이 이
유로 귀히 대접받는 게 합당하다면, 이런 사실을 알기는 쉬운 일이야.
곧, 만약에 그들이 진실을 말한다면, 그들이 나중에 사랑하게 되는 자

231a

b

c

---

49) 사랑에 빠진 자들(hoi erōntes)을 가리킨다.
50) 사랑에 빠지지 않은 자들(hoi mē erōntes)을 가리킨다. 그러니까 여기
    에서는 이들 두 부류를 계속해서 대비해 보이면서 말하고 있다.

들을 앞서 사랑하던 자들보다도 더 귀히 여길 것이라는 건. 또한 이 점
도, 곧 만약에 저들에게 그러는 게 좋게 여겨진다면, 이들을 해치기까
지 할 것이라는 게 명백해. 하지만 그런 불행에 처한 자의 그런 일을

d 내버려 두는 것이 어찌 가당한 일이겠나? 경험 있는 자는 아무도 막아
보려 들지 않을 그런 불행에. 이들은 스스로도 건전한 마음 상태이라
기보다도 오히려 병적인 상태에 있다는 걸, 그리고 잘못 생각하고 있
지만 그런 자신들을 제어할 수도 없음을 알고 있다는 걸 자인하고 있
으니까. 그러니 이들이 제정신이 들게 되었을 때, 그런 마음 상태에서
결정한 것들에 대해서 어찌 그것들을 잘한 걸로 생각할까? 그리고 사
실상 사랑에 빠진 자들 중에서 최선인 자를 그대가 고른다고 한다면,
그대에게 있어서 그 선택은 소수자들 중에서일 게야. 하지만 [그렇지
않은] 다른 사람들 중에서 가장 그대의 마음에 드는 자를 그대가 고른
다면, 그대의 선택은 다수자들 중에서일 것이야. 그리하여 그 다수자

e 들 중에서 그대의 우애에 합당한 자를 만날 가망이 훨씬 더 많지.

　그러니까 가령 그대가 기존 관습, 곧 사람들이 듣게 되면 그대에 대
한 비난이 일지나 않을까 두려워할 경우라 해. [이 경우에] 사랑에 빠

232a 진 자들은, 스스로 그리 여기듯, 다른 사람들의 부러움까지 사는 것으
로 생각하고선, 우쭐해져서는 모든 사람을 상대로 자신들이 헛수고를
하지는 않았음을 말로써 그리고 열성껏 과시할 것 같아. 반면에 사랑
에 빠지지 않은 자들은 자제할 수 있어서, 사람들의 평판 대신에 최선
의 것을 선택할 것 같고.[51] 그 밖에도 사랑에 빠진 자들이 저들의 사
랑을 받는 자들을 따라다니며 이를 일삼는다는 걸 많은 사람이 듣기

────────────

51) 좋은 것의 선택과 평판 또는 명성(doxa)에 대한 논의는 《국가(정체)》
　편 제2권에 보이는 자못 소크라테스적인 것이다.

도 하고 보기도 해서, 이들이 서로 대화하는 걸 목격하게라도 되면, 그땐 이들이 욕정 관계를 가졌거나 갖게 될 것으로 여기게 되지. 반면 b 에 사랑에 빠지지 않은 사람들은 이들의 함께하기⁵²⁾로 해서 비난하려 들지도 않는데, 이는 우정 때문에 누군가와 대화하거나 다른 어떤 즐거움 때문에 그러는 것이 불가피하다는 걸 알아서야. 그리고 사실, 혹시라도 그대에게 이런 생각이 들어, 곧 우정은 지속되기가 어렵다든가, 다른 식으로라도 불화가 일어나면, 양쪽 다에 공동의 불행이 되겠지만, 그대가 가장 귀하게 여기는 것들을 포기하게 되면, 큰 손해는 c 그대가 보게 될 것이라는 생각이 들어 겁이 날 경우에는, 사랑에 빠진 자들을 오히려 더 걱정하는 게 합당할 것이야. 이들은 괴로워할 게 많고, 모든 게 자신들의 해가 되는 쪽으로 일어나는 걸로 믿어서야. 바로 이 때문에 이들은 자기들의 사랑을 받는 자들이 다른 사람들과 함께함을 막는데, 재산가들은 재화로 자신들을 능가하지 않을까 두려워해서나, 교육을 받은 자들은 이해력으로 해서 더 우월하지 않을까 해서야. 그런가 하면 다른 무엇인가를 가진 자들 각각의 능력에 대해서도 방어를 하지. 그래서 이들은 그대를 설득해서 그들에게서 미움을 d 받도록 함으로써 친구라곤 없는 상태에 처하게 할 것이나, 만약에 그대가 자신의 이익을 살피고서 이들보다도 더 지혜로운 생각을 하게 될 경우에는, 그댄 이들과 불화하게 될 것이야. 반면에 사랑에 빠지지 않은 자들로서 자신들이 원하던 바를 [사람으로서의] 훌륭함(aretē)

---

52) 원어 synousia는 '함께 있기' 또는 '함께하기' 곧 '함께함(being with)' 이 그 어원상의 뜻인데, 영어 intercourse 속에 그 대강의 뜻이 담겨 있다고 말할 수 있겠다. '교류', '교제', '대화', '선생과의 교류', '그 청강', '성적인 관계' 등을 뜻한다. 현대의 헬라스어로는 오로지 '성관계'를 뜻할 뿐이다. synousia의 동사 형태는 syneinai(to be with)이다.

으로 해서 이루게 된 자들은 함께하는 자들에 대해 질투를 하지 않고, 오히려 그러려 하지 않는 자들을 미워하겠는데, 이들로 해서는 멸시를 당하나, 함께하는 자들로 해서는 덕을 본다고 생각해선데, 그럼으로써 그들에게는 이 일로 해서 적대감보다는 우정이 생길 가능성이 더 커지지.

그리고 실은 사랑에 빠진 자들 중의 다수가 상대의 기질이나 그 밖의 개인적인 특성들을 알게 되기도 전에 몸에 대해 욕정을 갖고 있었기에, 그 욕정이 그치게 될 때, 그때도 여전히 친구이고자 할 것인지가 이들에게는 불분명하지. 반면에 사랑에 빠지지 않은 자들은 이전에도 서로 친구 사이이면서 그랬기에, 그런 좋은 관계로 해서, 이들에게 있어서의 우정을 약화시키지 않을 것 같고, 이 관계는 장차 있을 일들을 일깨워 줄 기억들로 남을 것이야. 또한 사실은 그대가 사랑에 빠진 자보다는 내게 설복됨으로써 그대가 더 훌륭하게 되는 게 마땅하지. 왜냐하면 저들은 [그대가] 말하는 것들과 행하는 것들을 최선의 것을 거스르면서까지 칭찬하는데, 이는 한편으로는 자신들이 미움을 사지 않을까 두려워서나, 다른 한편으론 스스로 욕정으로 해서 잘못 판단해서이기도 하니까. 이런 것들은 사랑이 실증적으로 보여 주기 때문이지. 사랑에 운이 따라 주지 않는 자들의 경우에, 남들에게는 괴로움을 가져다주지 않는 것들을 고통스러운 것들로 여기도록 사랑이 만드니까. 반면에 운이 따라 주는 자들의 경우에는, 사랑은 즐거울 것도 없는 것들조차도 그들한테서 칭찬받지 않을 수 없도록 만들지. 그러니 사랑에 빠진 자들을 부러워하기보다는 이들에 대해서는 불쌍해하는 것이 훨씬 더 어울리지. 그러나 만약에 그대가 내 말을 따른다면, 우선 당장의 즐거움이 아니라 장차 있게 될 [그대의] 이익도 보살피느라 내가 그대와 함께하게 될 것이야. 사랑에 지지 않고, 내 자신을 이겨 냄으로써야. 또한 사소한 일들로 강한 적대감을 갖게 되지도 않을 것이나, 큰일들로는 천천히 작게 화를 낼 것이며, 자발적(고의적)이지 않은 것들에 대해서는 용서를 하되, 자발적(고의적)인 것들은 막도록 하면서지. 이것들이 오랜 시간 동안 지속되는 우정의 증거들이기 때문이야. 하지만 혹시라도 이런 생각이, 곧 만약에 누군가가 사랑하지 않고서는 강한 우정이 생길 수 없다는 생각이 그대에게 든다면, 이런 생각을 해야 할 것이야. 곧 우리는 아들들도, 아버지들도, 어머니들도 대단하게 여기지 않을 것이며, 믿을 만한 친구들도 갖지 못할 것인즉, 이들은 그런 욕정으로 해서 생기는 것이 아니라, 다른 활동들로 해서 생기지.

더구나, 가령 호의를 얻기를 가장 바라는 자들에게 그리 응해 주어야만 한다면, 다른 일들의 경우에도, 가장 훌륭한 자들 아닌 가장 궁한 자들을 잘해 주는 게 마땅하지. 가장 나쁜 것들에서 벗어나게 된 자들이야말로 가장 고마워할 것이기 때문이야. 사사로이 돈 쓰는 일들의 경우에도 실은 친구들이 아니라 구걸하는 자들과 배를 채우길 바라는 자들을 부르는 게 보람 있는 일이지. 왜냐하면 이들은 그래 주는 자들을 사랑할 것이며 따를 것이고 문 앞으로 와서 더할 수 없이 기뻐할 것이며 적잖이 고마워할 것이고 그들에게 많은 축복을 기원할 것이니까. 하지만 호의를 보이는 것은 간절히 바라는 자들에게가 아니라, 그 호의에 가장 잘 보답할 수 있는 자들에게 하는 게 아마도 마땅할 것이야. 간청하기만 하는 자들이 아니라, 그럴 가치가 있는 자들에게 그러는 것. 그대의 젊음의 꽃다움을 즐기려는 자들도 아니고, 그대가 나이가 들었을 때에도 자기들의 좋은 것들에 동참하게 해 줄 그런 사람들이 그들이야. 성취했다고[53] 해서 남들에게 자랑할 자들도 아니고, 수줍어하며 모두한테 침묵하게 될 자들이 그들이야. 잠시 동

안 열을 올릴 자들에게도 아니고, 온 생애 동안 한결같게 친구가 되어
줄 자들에게야. 자신들의 욕정이 그치게 되면, 그땐 미움의 구실을 찾
는 게 아니라, 젊음의 꽃다움이 끝났을 그때에 자신들의 [사람으로서
의] 훌륭함을 드러내 보여 주게 되는 사람들이야. 그러니까 내가 말한
것들을 기억하고서 그걸 생각해. 곧 사랑에 빠진 사람들을 친구들이
책망하는데, 이는 그들이 하는 일이 나쁘다 해서지만, 사랑에 빠지지
않은 자들에 대해서는 친척들 중의 아무도 결코 비난하는 일이 없는
데, 이는 그 때문에 자신들과 관련해서 잘못 조언하는 일이 없어서야.

그래서 어쩌면 그대는 내게 묻고 있는지도 모르겠군. [그대와의] 사
랑에 빠지지 않은 모든 이에게 호의를 보이길 내가 그대에게 권고하고
있는 건가 하고. [그대와의] 사랑에 빠진 사람도 [그대와의] 사랑에 빠
진 자들 모두에 대해 이런 마음을 그대가 갖도록 촉구하고 있는 건 아
니라고 나는 생각해. 똑같은 호의는 받는 사람에게 가치도 없고, 또한
다른 사람들 모르게 그대가 똑같이 하고자 해도 그럴 수도 없기 때문이
야. 그러나 이로 해서는 어떤 해도 입어서는 안 되며, 양쪽 다에 유익함
이 있어야만 해. 이래서 이상 말한 것들로 나로서는 충분한 것으로 생
각해. 하지만 빠트린 것이 있다고 생각해서, 뭔가[54] 아쉽다면, 물어."

파이드로스: 논변은 어때 보이나요, 소크라테스 님? 하신 말씀이
다른 면들에서도 굉장하지만, 낱말들도 그렇지 않나요?

소크라테스: 그러니까, 여보게나, 경이로워서, 내가 넋을 잃을 정

---

53) 물론 소년애 관계의 성취를 말한다.
54) 텍스트 읽기에서 Burnet의 eti ⟨ti⟩에서 eti는 삭제하고 ti를 살려서 읽
었다.

도일세. 그리고 이런 사태를 내가 겪게 된 것은, 파이드로스여, 자네
로 해선데, 자네를 바라보면서였네. 자네가 그 논변을 읽는 중에 그
것으로 해서 행복해하는 것으로 여겨졌기 때문일세. 실상 이런 것들
과 관련해서는 나보다도 자네가 더 정통하다고 생각하고서 자넬 따랐
고, 덩달아 자네와 함께,[55] 곧 그 신들린 마음과[56] 함께 더불어 열광
했네.[57]

---

55) 텍스트 읽기에서 sou tēs를 sou, tēs로 읽었다.

56) '그 신들린 마음과' 는 tēs theias kephalēs를 그리 옮긴 것이다. 사람에
게 있어서 가장 중요한 부분인 머리에는 그 사람의 마음과 인격이 자리
하는 곳이라 보겠기에, kephalē(머리)는 그 사람 자신을 가리키기도 한
다. 264a에서도 "파이드로스, 이 사람아!"로 옮긴 원어는 Phaidre, philē
kephalē이다. 호메로스의 《일리아스》 8. 281에는 아가멤논이 활로 트로
이아의 진영을 무너뜨리고 있는 테우크로스(Teukros)를 '사랑하는 친구
(philē kephalē)' 라는 뜻으로 그리 부르고 있다.

57) 이 끝 구절은 228b 끝 구절 곧 "함께 열광할 사람을 갖게 될 것이 기뻐
서, 앞서게 하는 거고."와 연결 지어, 파이드로스가 바라던 대로 된 것
처럼 말하고 있는 것이다. 그리고 거기에서의 ton synkorybantiōnta(함께
열광하는 사람)와 여기에서의 synebakkheusa(더불어 열광했다)는 같은
내용의 것을 말하고 있다. 코리바스적인 열광 상태에 대해서는 함께 수록
된 《향연》편 215e에서 해당 각주를 참고하면 될 것이니, 여기서는 박코
스 신도들의 열광 상태와 관련된 주석만 달겠다. 박코스(Bakkhos: 라틴
어 음역으로는 Bacchus)는 포도주의 신 Dionysos의 이칭(異稱)이다. 이
신을 섬기는 신도들(Bakkhoi)에는 특히 여신도들(Bakkhai)이 많고, 이
들은 또한 그 광신적인 행태 때문에 mainades(단수는 mainas이고, 그 뜻
은 '광란하는 여자' 임)라고도 한다. 이들은 정상적인 일상생활의 틀을 벗
어나 산야를 헤매며, 나르텍스(narthēx)라는 산형 화서(繖形花序) 식물로
만든 지팡이(thyrsos)를 꼭대기엔 솔방울을 달고 담쟁이덩굴이나 포도나
뭇잎 덩굴 따위를 휘감아 갖고서는, 이를 휘두르며 노래하고 춤추고 다
니며, 이아코스(Iakkhos: 디오니소스에 대한 주문적(呪文的) 외침인 호
칭)를 외치다가 신들린 상태(enthousiasmos)가 되면, 초인적 힘을 발휘
하여 나무를 뿌리째로 뽑는가 하면, 들짐승들을 잡아 갈기갈기 찢어 날

파이드로스: 됐습니다. 그처럼 농담하실 일로 여겨지십니까?

소크라테스: 내가 진지하지는 않고 농담을 하는 것으로 자네에겐 생각되기 때문인가?

e   파이드로스: 전혀 진지하지 않으세요, 소크라테스 님! 우정의 신 제우스에 맹세코,[58] 진심으로 말씀해 주세요. 선생님께서는 헬라스인들 가운데서 다른 누군가가 이 문제에 관해서 이보다도 더 중요하고 더 많은 다른 걸 말할 수 있을 것으로 생각하십니까?

소크라테스: 뭔가? 이 논변을 지은이가 마땅히 말해야 할 것을 말했다는 점에서도 나와 자네한테서 칭찬을 받아야만 한다는 건가? 비단 이 점에서, 곧 낱말들 각각의 표현이 명확하고 원만하며 잘 다듬어졌다는 점에서만이 아니라 말일세. 정말 그래야만 한다면, 자네 때문에 동의해야겠지. 내 자신의 변변찮음으로 해서 어쨌든 내가 그걸 알

235a   아차리지 못했으니. 왜냐하면 나는 그것의 변론적인 면에만 마음을 썼지, 다른 쪽[59]은 리시아스 스스로도 충족하다고는 생각지 않았을 것으로 나는 생각했으니까. 따라서 파이드로스여, 자네가 다른 어떤 걸 말하지 않는다면, 그는 같은 것들을 두세 번씩 말한 걸로 내게는

로 먹기도 했다. 이런 신들린 상태에 빠져듦으로써 현실의 온갖 질곡 '에서 벗어나는' 엑스타시스(ekstasis＝stepping-out-of)를 체험하게 되었다고 한다. 이런 체험을 통해서 일시적이나마 일종의 구원과도 같은 해방감(lysis, apallagē)을 누리게 되었던 것 같다.

58) 똑같은 맹세가 《미노스》편 321c에도 보인다. 제우스에 대한 이런 식의 호칭은 많다. '나그네(손님)를 보호해 주는 제우스', '같은 부족을 보호해 주는 제우스', '토지의 경계를 보호해 주는 제우스' 등등. 이런 호칭들은 모두가 주신(主神) 곧 Zeus basileus(주신인 제우스)이기 때문에 붙는 것들이다.

59) 마땅히 말해야 할 것 곧 논변의 내용과 관련되는 면을 가리킨다.

생각되었다네. 같은 것에 대해 많은 걸 말하는 게 그다지 수월치 않았거나, 어쩌면 그런 것에는 그로서는 전혀 관심이 없어서 말일세. 따라서 내게는 그가 같은 것들을 이렇게도 저렇게도 말함으로써 양쪽으로 아주 훌륭하게 말할 수 있다는 걸 보여 줌으로써 젊은이처럼 호기를 부린 것으로 보이네.

파이드로스: 공연한 말씀을 하시네요, 소크라테스 님! 바로 그걸 그 논변이 또한 최고로 지니고 있는 걸요. 그 문제에서 가치 있게 말할 수 있는 것들로 빠트린 것은 아무것도 없어서, 그분께서 하신 말씀들 이외에 더 많은 그리고 더 가치 있는 다른 것들을 말할 수 있는 사람은 결코 아무도 없을 테니까요.

소크라테스: 그 점에서는 내가 더 이상 자네에게 승복할 수가 없을 걸세. 이것들과 관련해서 이미 말했거나 글로 쓴 옛날의 지혜로운 남녀들이 나를 반박할 것이기 때문일세. 만약에 내가 자네 비위를 맞추느라 동의를 한다면 말일세.

파이드로스: 그들이 누굽니까? 그리고 어디에서 이보다 더 나은 걸 선생님께서 들으셨나요?

소크라테스: 당장에 내가 그리 말할 수는 없네. 그러나 누군가에게서 들은 건 분명하지. 아마도 아름다운 사포[60]나 지혜로운 아나크레온[61] 또는 어떤 산문가들에게서 말일세. 바로 무엇을 근거로 말하느

---

60) 사포와 관련해서는 함께 수록된 《향연》편 191e의 각주를 참조할 것.

61) Anakreōn(약 570~약 485)은 이오니아 지역의 테오스(Teōs) 출신이지만, 페르시아의 침공으로 함께 쫓겨난 사람들이 트라케(Thrakē) 지역으로 가서 아브데라(Abdera)를 새로 세운다. 그러나 그는 이후 여기저기로 옮겨 다닌다. 만년의 대부분은 아테네에서 보냈던 것으로 알려져 있다. 그의 시는 대부분이 사랑과 포도주 그리고 주연과 관련된 것들이다. 그리고 그의 시풍을 훗날 많은 사람이 여러 시대에 걸쳐 모방한 시들을

냐고? 아, 이 사람아, 어떻든 가슴이 벅차올라, 그것에 비해 못지않은 다른 걸 말할 수 있을 것으로 나는 느끼고 있네. 그야 물론 이것들 가운데 어떤 것도 어쨌든 나 스스로 생각해 낸 건 아니라는 걸 나는 잘 알고 있네. 나 스스로 무지(amathia)를 의식하고 있어서야. 그러니 남은 건 이것이라 생각하네. 어디선가 흘러나오는 다른 샘물의 흐름들

d 이 용기(容器)를 채우는 식으로, 그것들이 내 청각을 통해 나를 채운 걸세.[62] 그러나 나의 아둔함으로 해서 또한 이마저도, 곧 어떻게 그리고 누구누구한테서 내가 듣게 되었는지도 잊어버렸네.[63]

파이드로스: 더할 수 없이 고귀하신 분이시여, 더할 수 없이 반길 말씀입니다. 부디 선생님께서는 누구누구에게서 그리고 어떻게 해서 듣게 되셨는지는, 제가 간청을 하더라도, 말씀하시지 마세요. 선생님께서 말씀하시는 바로 그걸 말씀하세요. 그 책자에서 말한 것들을 떠나, 그것들보다도 더 나으며 더 짧지 않은 다른 것들을 선생님께서 말씀하시기로 약속하셨습니다. 저 또한, 마치 아홉 아르콘들[64]처럼, 황

남겼는데, 이를 총칭하여 Anacreontea라 한다.

62) 《티마이오스》편 75e에 있는, '입 밖으로 흘러나와 지혜에 봉사하는 말들(logoi)의 흐름'이란 표현이 이를 연상케 한다. 데모크리토스가 청각을 소리의 용기에 비유한 대목은 Diels-Kranz, *Die Fragmente der Vorsokratiker*, II, 68 A 126a에 보인다.

63) 바로 앞에서도 보았듯, 언제나 무지자를 자처한 소크라테스이기에 그 일관성을 훼손하지 않으면서도, 그 나름의 제 주장을 이런 식으로 둘러댐으로써 할 수 있게 된 것이다. 이는 《향연》편 201d 이후에 그가 에로스에 대해 말하면서, 이를 자신의 생각이 아니라, 디오티마에게서 들은 걸로 말하는 구도와 똑같다. 이런 그의 행각, 곧 이른바 시치미 떼기(eirōneia)와 관련해서는 역시 《향연》편 216e 및 204a의 각주를 참조할 것.

64) 원어는 arkhontes(아르콘들)이다. 원래 arkhōn은 통치자를 뜻하는 말인데, 흔히 '집정관'으로 번역하기도 한다. 물론 이들의 권한이 막강했을

금 등신상[65]을 델피에 봉헌할 것을 선생님께 약속합니다. 제 자신의

<hr>

때는 '집정관'으로 부르는 것이 맞겠으나, 나중엔 추첨에 의해 선출된 명목상의 아르콘으로 통상적인 관리로 되었을 때는 이 번역어는 사실상 맞지 않다고 하겠다. 아테네의 경우에 처음에 왕정(기원전 11세기?)에서 귀족 정체로 바뀌면서, 3인의 아르콘들을 귀족들 가운데서 선출하였고 이들의 임기는 처음엔 종신에서 10년으로, 그리고 683년경 이후에는 1년으로 단축되었다. 이들 3인의 집정관들은 왕권을 분할해서, 종교적 책무와 살인 사건의 재판을 담당한 arkhōn basileus와 군대를 통솔하는 pole-markhos 그리고 arkhōn eponymos이다. 셋 중 마지막 것은 그의 이름을 따라 그 연도의 연호(年號)가 정해지기 때문에 그리 불리는 것인데, 487년까지는 집정관들 중의 수장이었다. 그 이후로도, 비록 명목상으로나마, 수장이기는 마찬가지였다. 그의 법적 책무는 광범위했으며, 시민들과 그들의 재산 보호, 중요한 축제들을 관할했다. 7세기에는 이들에 더해 6명의 thesmothetai(입법자들)가 추가되어, 아르콘들은 도합 9명으로 되었으며, 이들의 책무는 주로 법률적인 것이어서, 각종의 소송 사건들을 주재했다. 솔론은 594/3년에 아르콘으로서 나라를 개혁하는 권한을 위임받아, 저 유명한 이른바 빚 탕감(seisakhtheia) 정책을 통해 하층민들의 빚을 덜어 주는 한편으로 상위 두 계층의 불만을 달래기 위해서 아르콘들에 선출되는 자격은 이 계층까지로 제한했다. 그러나 457년에는 이는 네 계층 중에서 셋째 계층까지도 허용되기에 이른다. 그리고 이들이 이 직위에서 물러나면, 이들은 아레스의 언덕에서 열렸던 협의회(229d의 각주 참조)의 종신 위원이 되었다. 그런데 솔론의 민주화 운동의 옹호자였던 클레이스테네스(Kleisthenēs)는, 508/7년에 과두파의 이사고라스(Isagoras)가 추방된 뒤에, 본격적으로 아테네의 본격적인 민주화 개혁을 감행해서, 아테네 시민들을 인위적으로 10개의 부족(phylē)으로 재편해서, 각 부족에서 1명씩의 장군(stratēgos)을 해마다 뽑게 했는데, 재선도 가능케 했다. 이후 아테네의 실질적인 최고 권한은 이들에게로 옮겨 가고 (이들과 관련해서는 《향연》편 220e에서 해당 각주를 참조할 것), 487년 이후에는 아르콘들은 추첨에 의해서 뽑혔으며, 통상적인 공무에만 관여하게 되었다. 참고로 클레이스테네스의 행정 구역 재편과 관련해서 설명이 필요할 것 같아 덧붙인다. 아테네에는 139개나 되는 부락(市區)과 그 부락민들(구민: dēmos, dēmos는 '민중' 또는 '평민'을 뜻하는 말이기도 함)이 있었다. 클레이스테네스는 이를 기반으로 한 새로운 행정 단위인 10개 부

e   것만이 아니라 선생님 것도요.

족(phylai)을 편성했다. 그는 아테네의 도심 지역과 해안 지역 및 내륙 지역을 각각 10개로 나눈 다음, 이들 나뉜 각 지역에서 하나씩, 셋을 하나로 묶어 한 부족으로 하는 10개의 부족으로 재편했던 것이다. 그래서 종래의 혈연에 기반을 둔 4개의 부족은 인위적인 행정 단위의 10개의 부족으로 그 성격이 바뀌게 되었고, 각 부족(phylē)을 형성하게 된 세 지역의 각각은 그 부족의 1/3에 해당된다 하여, 이를 '트리티스(trittys: 1 부족의 1/3)'라 일컫게 되었다. 그리고 이 '트리티스'는 여기에 속하는 가장 큰 종전의 부락(市區: dēmos) 이름을 따라 불리게 되었다. 이처럼 10개 부족 및 그 하부 조직으로 재편된 아테네의 행정 체제가 이후의 아테네의 군 편제 및 모든 분야의 공공 생활의 기반이 되었다. 이를테면, 아테네의 협의회(boulē)는 이들 각각의 부족에서 30세 이상인 남자들 중에서 대표 50명씩을 매년 추첨에 의해 선출했는데, 한 부족에 속하는 각각의 부락(市區)은 그 규모에 따라 적게는 3명 많게는 22명을 선출했다.

65) 아리스토텔레스의 《아테네의 나라 체제》 7.1을 보면, 솔론은 살인 사건과 관련된 법령을 제외하고는 드라콘(Drakōn)의 법령을 폐기하고, 새로운 나라 체제와 법률을 제정하였다. 그는 이를 선회축(旋回軸)을 갖는 3면 각판(kyrbeis)에 새겨 바실레우스 아르콘(arkhōn basileus)의 관아(stoa basileios)에 세워 놓고, 모두가 이를 지킬 것을 서약케 했다고 한다. "9명의 아르콘들은 이 석판에 맹세하고선, 이 법률 중의 어느 걸 범할 경우에는, 황금 남자상을 봉헌할 것을 약속했다. 이 때문에 오늘날까지도 이처럼 서약한다." 이 인용문에서 보듯, 아리스토텔레스는 단순이 황금 남자상(andrias)을 말했을 뿐인데, 파이드로스는 등신상을 말하면서, 그것도 델피에 봉헌하겠다고 허풍을 떨고 있다. 물론 소크라테스가 리시아스보다도 더 길고도 나은 관련 논변을 펼치지는 못할 것이란 확신에서 그러는 것이겠다. 그리고 이 관아의 위치와 관련해서는 역자의 《플라톤의 네 대화편: 에우티프론, 소크라테스의 변론, 크리톤, 파이돈》 465쪽의 도면을 참조할 것. 이런 법률이 새겨진 돌조각들은 The American School of Classical Studies at Athens이 주관한 발굴단에 의해 많이 발굴되었으며, 이와 관련된 기록으론 H. A. Thomson & R. E. Wycherley의 *The Agora of Athens* (Princeton, New Jersey, 1972), pp. 88~89를 참조하면 되겠다.

소크라테스: 자넨 더할 수 없이 사랑스럽고 순금 같은 거야, 파이드로스! 만약에 리시아스가 전적으로 빗나갔다고 내가 말하며, 이 모든 것과는 다른 걸 내가 말할 수 있다고 말하는 것으로 자네가 생각한다면 말일세. 하지만 이런 일은 아주 하찮은 저자의 경우에도 일어날 수 없는 일이라 나는 생각하네. 이를테면, 이 논변의 주제와 관련해서 보세. 사랑에 빠진 자보다는 사랑에 빠지지 않은 자에게 더 호의를 보여야 한다고 주장하는 사람이, 분별 있는 사람은 칭찬하되 분별 없는 사람은 비난하지 않고서, 누가 그럴 수 있다고 자넨 생각하는가? 어쨌 236a 든 이는 불가피한 것들인데, 그런데도 다른 어떤 것들을 말해야만 하는 건지? 그런 것들을 말하는 사람에게 그건 허용되어야만 하며 용서되어야 한다고 나는 생각하네. 이런 것들의 경우에 칭찬받아야만 하는 건 그 찾아냄이 아니라, 그 구성이지만, 불가피한 것들이 아니고 찾아내기 어려운 것들은 그 구성에 더해 찾아냄도 칭찬받아야만 하네.

파이드로스: 선생님께서 하시는 말씀에 동의합니다. 적절하게 말씀하신 것으로 제게는 생각되니까요. 그러면 저로서는 이렇게 할 것입니다. 사랑에 빠진 자는 사랑에 빠지지 않은 자보다도 더 병적인 상태에 있다고 가정하는 것에 대해서는 선생님께 허용합니다. 하지만 선 b 생님께서 리시아스의 것들과는 다른 것들로 더 풍부하고 더 값있는 것들을 말씀하실 경우에는, 올림피아에 있는 키프셀로스의 후손들의 봉헌물66) 옆에 망치로 두들겨 빚은67) 선생님의 봉헌상이 세워지게 하

---

66) Kypselos는 코린토스의 박키스(Bakkhis) 왕에서 유래하는 귀족인 박키아다이(Bakkhiadai) 가문의 과두 정권을 무너뜨리고, 스스로 참주가 되어, 657년경부터 625년경까지 스스로 통치했으며, 그의 아들 페리안드로스(Periandros)는 그 뒤를 이어 585년까지 통치했는데, 그에 의해서 코린토스는 그 전성기를 맞게 되었으며, 더러는 그를 헬라스의 일곱 현인

세요.

소크라테스: 파이드로스여, 자넨 내가 자네에게 농담을 함으로써 자네가 사랑하는 분[68]을 내가 공격한다고 정색을 하며, 그분의 지혜에 맞서 더 다채로운 다른 걸 그러니까 정말로 내가 말하려 꾀하는 것으로 생각하는가?

파이드로스: 이와 관련해서는, 친애하는 분이시여, 똑같은 붙잡기를 하시게 되었네요.[69] 선생님께서는 아무쪼록 하실 수 있는 한 최선을 다하셔서 말씀하셔야만 합니다. 우리가 서로 티격태격 응대하다가 희극들에서 하는 저급한 짓거리를 하지 않을 수 없게 되는 일이 없도록 말씀입니다.[70] 또한 그 표현을 제가 하지 않을 수 없게 부추기지도 마시고요. 곧 "소크라테스 님, 만약에 제가 소크라테스 님을 모른다면, 제가 제 자신도 잊어 먹는 거죠." 그리고 또 "말해 주고 싶으셨지만, 그러고 싶지 않으신 척 하신 거죠."라는 것 말입니다.[71] 어쨌든

중의 한 사람으로 꼽기까지 했다 한다. 그리고 그 봉헌물은 갖가지 장식이 달린 삼나무 상자인데, 그 안에 갓난아기 키프셀로스가 숨겨져 있던 것이라 한다. 훗날 그 또는 그의 아들이 올림피아의 헤라 신전에 전시되도록 봉헌되었다 한다.

67) 거푸집을 이용해서 주물을 만들 듯이 하는 게 아니라, 망치를 이용해 단금을 하는 걸 말한다.

68) 물론 리시아스를 가리킨다. 여기에서는 그의 스승인 셈인 리시아스가 오히려 ta paidika(사랑받는 사람)로 지칭되고 있다.

69) 앞서 228a~e에 걸쳐서 파이드로스가 겉옷 소매 자락에 숨기고 있던 리시아스의 논변 두루마리를 소크라테스에게 읽어 주지 않을 수 없게 되었던 상황과 이제 소크라테스가 자신의 논변을 들려주지 않을 수 없게 된 상황이 레슬링 경기에서의 붙잡기에 비유되고 있다. 《국가(정체)》편 (544b)에도 이 비유가 보인다.

70) 텍스트 읽기에서 바로 다음 곧 c3의 [eulabēthēti]는 괄호 기호 그대로 삭제했다. 더러는 이를 살려서 읽고 있다.

명심하세요. 선생님께서 마음속에 지니고 계시다고 말씀하신 것들을 말씀하시기 전에는 우리가 여기서 떠나지 않을 것이라는 걸요. 한데 우리는 외진 곳에 단 둘이 있지만, 제가 더 힘도 세고 더 젊습니다. 이 모든 걸로 미루어 "진정 제가 말하는 바를 이해하세요."[72] 또한 자발적으로 말씀하시기보다 강제로 해서 말씀하고자 하시는 일은 없도록 하시고요.

소크라테스: 하지만 파이드로스여, 전문가가 아닌 자로서 훌륭한 저작자에 맞서 똑같은 것들에 대해 즉흥적으로 말한다면, 내가 우습게 될 것이네.

파이드로스: 사정이 어떤지는 알고 계시죠? 저를 상대로 아닌 척하시는 건 그만두세요. 아마도 제가 말하면, 선생님께서 말씀하시지 않으실 수 없도록 할 걸 제가 갖고 있으니까요.

소크라테스: 그러니까 제발 말하지 말게나.

파이드로스: 아뇨, 그러지 않고 말할 겁니다. 그러나 제 말은 맹세가 될 것입니다. 하지만 무엇에, 아니 어느 신에 맹세코 선생님께 맹세를 할까요? 혹시 이 플라타너스에 맹세하고서[73] 그러기를 바라시나요? 만약에 선생님께서 이 플라타너스 앞에서 그 논변을 말씀하시지 않는다면, 진실로 그 누구의 다른 어떤 논변도 결코 보여 드리지도 말씀드리지도 않을 것입니다.

---

71) 이 인용구들 중에서 앞 것은 228a5~6에서 그리고 뒤엣것은 c2에서 소크라테스가 파이드로스를 상대로 한 말을 파이드로스가 소크라테스에게 그대로 적용할 수 있는 표현이라 해서 하는 말이다.

72) 이 구절은 《메논》 편 76d에서도 인용되고, 핀다로스(Pindaros: 518~446 이후)의 토막글로 알려져 있다.

73) 228b에서 맹세와 관련된 각주를 참조할 것. 하필 플라타너스에 맹세를 하는 것은 진작부터 이곳의 이 나무가 그들의 주목을 끌어서일 것이다.

소크라테스: 저런, 아 인정머리 없는 사람아! 어쩌면 용케도 자네는 논변을 좋아하는 사람에게 자네가 하라는 대로 하지 않을 수 없게 하는 방도를 찾아냈구먼.

파이드로스: 그렇다면 왜 계속해서 빙빙 돌리시나요?

소크라테스: 더는 않을 것이네. 자네가 그런 맹세까지 했으니. 내가 사실 어떻게 그와 같은 잔치를 내가 마다할 수 있겠는가?

파이드로스: 그럼 말씀하세요.

소크라테스: 그러면 내가 어떤 식으로 할지 알겠는가?

파이드로스: 무엇과 관련해서죠?

소크라테스: 얼굴을 감싸 안고서 말할 것이네. 최대한 빨리 논변을 끝내기 위해서 그리고 자넬 바라봄으로써 부끄러움으로 해서 당혹하지 않기 위해서네.

파이드로스: 말씀하시기나 하세요. 다른 것들은 선생님께서 원하시는 대로 하시고요.

소크라테스: 인도해 주소서, 맑은 목소리의 무사 여신들[74]이시여! 이 별명[75]을 갖게 된 것이 그대들 노래의 종류로 해서건 또는 리기스

---

74) Mousa(영어로는 Muse)에는 아홉 자매가 있어서, 곧잘 복수 형태 (Mousai)로 불리는데, 이들은 제우스와 Mnēmosynē 사이에 난 딸들이라 한다. 시가와 춤 그리고 철학이나 천문학 등 모든 지적 탐구도 이들의 소관사이다. 시가 또는 음악을 의미하는 헬라스어 mousikē [tekhnē]는 Mousa가 관장하는 기예(技藝: tekhnē)라는 뜻이다. 시인들이 시적 영감을 얻어서 시를 짓게 되는 것을 Mousa 덕분으로 여긴 탓이다. 호메로스의 작품 첫머리나 헤시오도스의《신들의 계보》등의 첫머리도 '무사'를 불러내듯 언급하는 것으로 시작되는 것이 그 때문이다.

75) 여기에서 말하는 별명이란 '맑은 목소리의' 곧 '맑은 목소리를 내는 (ligeiai)'이라는 덧붙는 수식어를 가리킨다.

인들[76]이라는 음악적인 종족으로 해서건 간에, 이 이야기에 저와 함
께 가담해 주소서. 이는 여기 이 사람이 자신의 동지가 자기에게는 전
에도 지혜롭다고 여겨졌지만, 지금은 더 한층 그런 것으로 여겨지도
록 저로 하여금 이야기하게 강요하고 있는 것입니다.　　　　　　b

　옛날에 한 소년이, 아니 그보다는 앳된 청년이 있었는데, 대단히 미
남이었습니다. 한데, 이 청년에겐 그를 사랑하는 자들이 아주 많이 있
었죠. 그러나 이들 중에서 어떤 한 사람이 교활해서, 누구 못지않게
그를 사랑하면서도, 자신은 그 소년을 사랑하지 않는 걸로 납득시켰
습니다. 그리고 언젠가는 그의 사랑을 열망해서 이 소년에게 이런 설
득을 합니다. 사랑에 빠진 자보다는 사랑에 빠지지 않은 자에게 호의
를 보이게 되어야만 한다고요. 또한 이렇게 말했습니다.

　젊은이, 모든 것과 관련해서 훌륭하게 결정을 내리려는 자들에겐
한 가지의 시작이 있지. 그 결정이 무엇과 관련된 것인지를 알아야만　c
해. 그러지 못하면, 전적으로 잘못하게 마련이야. 다수의 사람은 자신
들이 각 사물의 본질[77]을 모르고 있다는 사실을 깨닫지 못하고 있어.

---

76) Ligys인들은 마살리아(Massalia: 지금의 마르세유)에서 헬라스인들과
　　이웃한 토착민들을 가리킨다고도 하고, 제노아 사람들을 가리킨다고도
　　한다. 아마도 이들의 음악성보다는 ligeiai(맑은 목소리)와 Lygyoi(리기스
　　인들)의 발음상의 유사성을 갖고서 이런 말을 하고 있는 것으로 보겠는
　　데, 이런 식의 언급들은 플라톤에서는 아주 흔하다. 그리고 여기에서 '종
　　류(eidos)'와 '종족(genos)'은 다 같이 종류와 부류 또는 종(種)과 유(類)
　　를 뜻하는 것들이기도 하다.
77) 본질의 원어는 ousia(우시아)이다. 이에 대한 자세한 설명은 245e에서
　　해당 각주를 참조하는 게 좋겠다.

따라서 자신들이 알고 있다고 여기는 터라, 고찰의 첫 단계에서 동의하지 못하고, 더 진행하다가 합당한 대가를 치르지. 스스로와도 서로서로와도 동의하지 못하기 때문이야. 그러니 나와 자네는 우리가 다른 사람들에 대해 비난하고 있는 일을 겪지 않도록 하되, 자네와 내 앞엔 사랑에 빠진 자와 아니면 그렇지 않은 자와 친구 사이가 되어야만 하는지의 논의가 제기되어 있기에, 사랑(erōs)에 대해 그것이 어떤

d 것이며 어떤 힘을 지니고 있는지 동의를 통해 그 정의(定義: horos)[78]를 내리고서, 이걸 바라보며 조회하면서 그게 이로움 아니면 해로움을 가져다줄 것인지 고찰하도록 하세나. 사실 사랑은 물론 일종의 욕망(욕구: epithymia)이라는 건 모두에게 명백하지. 그러나 사랑에 빠지지 않은 자들도 아름다운 것들을 욕망한다는 걸 우리는 알고 있지. 그러면 무엇에 의해 사랑에 빠진 자와 그렇지 않은 자를 우리가 판별하는가? 다시 우리는 주목해야만 해. 우리 각자 안에서 다스리고 인도하는 것들로 두 종류가 있어서, 그것들이 인도하는 대로 우리는 따라 가는데, 하나는 즐거움(쾌락)들에 대한 타고난 욕망이지만, 다른 하나는 최선의 것(to ariston)을 향하는 후천적인 판단(의견: doxa)이

---

78) 정의를 뜻하는 헬라스어 horos는 원래 토지나 지역의 경계 또는 그 푯돌이나 푯말 또는 어떤 한계를 뜻하는 말이었다. 이를테면, 아테네의 아고라에는 tholos(협의회의 의장단 등이 식사하던 곳)라는 원형 건물 터가 있는데, 바로 그 옆에는 지금도 하나의 경계석(境界石)이 세워져 있다. 거기엔 이렇게 적혀 있다. "나는 아고라의 경계(horos)이다."라고. 헬라스인들은 이에서 더 나아가 하나의 낱말과 다른 낱말들을 구별하기 위한 이 '경계 짓기'를 곧 '정의하기(horizesthai, horismos)'라 했다. 그 결과로 얻게 되는 것이 정의(horos)이다. 그리고 그 '정의된 말'을 logos 곧 '의미 규정 형식(formula)' 또는 '이를 갖춘 말'이라고도 한다. 아닌 게 아니라 혼의 정의와 의미 규정 형식을 우리는 245c~d에서 만나게 된다.

야. 그런데 이 둘은 우리 안에서 때로는 한마음이지만, 반목할 때도

종종 있지. 그래서 한때는 그중의 한쪽이, 다른 때는 다른 한쪽이 지

배하지. 그래서 판단이 이성(logos)에 의해서 최선의 것으로 향해 인

도하고 지배할 경우, 이 지배에 대해서는 절제(sōphrosynē)라는 이름

으로 지칭하게 돼. 반면에 욕망이 비이성적으로 즐거움으로 끌고 가

서 우리 안에서 다스리게 될 경우에는, 이 다스림에 대해서는 히브리

스(hybris)[79]라는 이름으로 지칭하게 되지. 그렇지만 '히브리스'는

여러 이름을 갖는 것이며, — 여러 갈래와 여러 부분의 것이어서, —

이 종류들 중에서 두드러지게 되는 것이 이를 지니게 된 자로 하여금

---

79) '히브리스'에는 바로 다음에서 말하고 있듯 여러 갈래의 여러 종류가
있는 것이어서 여러 이름을 갖는 것이다. 따라서 이것은 그 구체적인 상
황이나 사례가 명시되지 않은 경우에는, 한 가지로 옮기기가 어려운 여러
가지 뜻이 있다. hybris는 남에 대해서건 자신에 대해서건 난폭함, 즉 지
나침을 가리키는 말이다. 타인에 대한 경우에, 그것은 상대방으로 하여금
창피함(aiskhynē)이나 불명예(atimia) 또는 모욕당함(propēlakizesthai)
을, 곧 치욕을 느끼게 하는 오만, 오만 무례함, 방자함, 교만, 인격적·
신체적·성적 폭행 등을 가리키며, 자신과 관련되는 경우에는, 여기에서
보듯, 폭식(대식)이나 주색에 곯아 빠짐 등의 과도함을 가리킨다. 남에
대한 '히브리스'에 대해서는 아리스토텔레스가 그의 《변론술(수사학)》
(Rhētorikē) 1378b24~29에서 한 의미 규정이 아주 적절한 것이라 하겠
는데, 그건 다음과 같다. 'hybris는 그걸 당하는 사람에게 창피한 느낌
(aiskhynē)을 갖게 하는 행동을 하거나 말을 하는 것인데, 이는 일어난
일 이외에 다른 것이 자기에게 일어나도록 하는 게 아니라, 그저 쾌감을
갖느라 하는 것이다. 이에 대한 앙갚음을 하는 자들은 hybris를 저지르
는 것이 아니라 보복(timōria)을 하는 것이다. hybris를 저지르는 자들에
게 있어서의 그 쾌감(hēdonē)의 원인은 고약한 짓을 함으로써 자신들이
'더 우월하다(hyperekhein mallon)'는 생각을 갖게 되기 때문이다. 이 때
문에 젊은이들과 부자들이 hybris를 저지르는 자(hybristēs)들인데, 이는
hybris를 저지름으로써 [자신들이] 우월하다고 생각하게 되어서다.'

제 별명으로 불리도록 해 주지. 아름답지도 가질 가치도 없는 호칭이
야. 먹을 것들과 관련된 욕망이 최선의 것인 이성 및 다른 욕망들을

b 지배하게 될 경우에, 이는 폭식(대식)이며, 이를 갖게 된 자는 같은
이름으로 불리게 해 주니까. 반면에 술 취함과 관련된 욕망이 참주 노
릇을 해서, 그걸 지닌 자를 그쪽으로 이끌 경우에는, 그게 얻게 될 호
칭은 명백하지. 또한 이것들과 형제 자매간인 다른 욕망들의 경우에
도 언제나 주도하는 욕망에 어울리는 명칭들로 불리게 될 것임도 이
미 명백하고. 무엇 때문에 앞에서 한 말들을 하게 되었는지가 이미 거
의 분명해졌지만, 말하지 않는 것보다는 말하는 것이 전적으로 더 명
확하지. 이성을 갖추지는 못했으되 바른 것으로 향하는 판단을 지배

c 하게 된 욕망이 아름다움의 즐거움으로 이끌릴 경우, 그리고 이것이
다시 이와 동류의 것들인 욕망들에 의해 강렬하게 강화되어 승리함으
로써 몸들의 아름다움으로 인도하게 되면, 이 힘으로 해서 별명을 얻
어 사랑(erōs)이라 불리게 되지.[80]

한데, 친애하는 파이드로스여, 내게 마치 어떤 신적인 감흥이 느껴
지는 것 같은데, 자네에게도 그런가?

파이드로스: 소크라테스 님, 분명히 보통 때와는 달리 일종의 유창
함이 선생님을 덮친 거네요.

소크라테스: 그러니 조용히 내 말을 듣게나. 정말로 장소가 신성한

---

80) "강렬하게 강화되어(errōmenōs rhōstheisa) 승리함으로써 몸들의 아
름다움으로 인도하게 되면, 이 힘(rhōmē)으로 해서 별명을 얻어 사랑
(erōs)이라"에서 괄호 안의 원어들은 발음의 근사성을 빌려 마치 어원적
으로 연관성이 있기라도 한 것처럼 동원된 표현들이다. 이런 식의 표현들
은 플라톤의 대화편들에서 곧잘 찾아볼 수 있는 것들이다.

것 같으니, 설사 내가 말을 진행하면서 여러 차례 요정들에 사로잡히   d
게 되더라도, 놀라지 말게나. 지금은 내가 발성하고 있는 것이 더 이
상 디티람보스[81] 송가 투에서 멀지 않으니까.

파이드로스: 더할 수 없이 참된 말씀입니다.

소크라테스: 그렇지만 이것들은 자네 탓일세. 그럼 나머질 듣게. 나
를 덮쳤던 것이 어쩌면 물러갈 수도 있으니까. 그러니 그건 신의 소관
이고, 우리로선 다시 논의로 소년에게로 돌아가야만 하네.

좋아, 젊은이! 그러니까 숙의해야만 하는 것이 무엇인지는 이미 말
했고 정의까지 되었으니, 이제는 이에 유념하면서 남은 것들을 말하
도록 하세나. 곧 사랑에 빠진 자와 그렇지 않은 자에 대해 호의를 보   e
이게 되는 자에게 그들로 해서 무슨 이로움과 해로움이 있게 될 것 같
은지를. 욕망에 지배당하며 즐거움의 노예가 된 자에게야말로 아마도
그의 사랑을 받는 자가 자기에게 최대의 즐거움을 제공토록 하는 게
필연적일 게야. 이 병이 든 자에게는 저항하지 않는 것은 모두 즐겁
지만, 더 강하거나 대등한 것은 적대적이지. 사랑에 빠진 자는 제 상   239a
대 소년이 더 강하거나 대등해지는 걸 기꺼이 받아들이려 하지 않고,
언제나 더 약하고 모자라도록 만들지. 한데, 무지한 자가 현명한 자
보다 더 못하고, 비겁한 자가 용감한 자보다, 변론에 무능한 자가 능

81) dithyrambos란 디오니소스를 기리는 합창 가무단의 서정적인 송가를
말한다. 기원전 7세기 말엽부터 등장한 것이었으나, 아테네에 유입되고
서는 디오니소스 대축제에서 경연 형태로 공연되었는데, 헬라스 비극은
이에서 유래된 것으로 알려져 있다. 디티람보스는 5세기 말부터 쇠퇴해
지기 시작하다가, 플라톤 시대에는 완전히 쇠퇴했다고 한다. 이와 관련해
서는 《향연》편 222d의 각주에서 디오니소스 제전과 관련된 각주 끝부분
도 참조할 것.

한 자보다, 그리고 둔한 자가 재치 있는 자보다 더 못하지. 사랑을 받는 자에게 못난 점들이 이처럼 많고 또 정신적으로 더 많아진다면 그리고 이런 것들이 천성으로 있다면, 그를 사랑하는 자를 즐겁게 하는 게 필연적이겠지만, 그렇지 않을 경우에는 그렇게 되도록 할 것이나, 그렇게 되지 않을 경우에는 당장의 즐거움을 앗기게 될 게 필연적이

b 지. 그가 그야말로 질투심이 강한 건 필연적이어서, 사랑받는 소년이 가히 어른답게 되도록 해 줄 그런 많은 그 밖의 유익한 함께함(교류: synousia)들을 막음으로써, 그가 커다란 해로움의 탓이 되었으니, 그는 소년이 가장 지혜롭게 될 수 있게 했을 최상의 함께함을 막은 거야. 이는 신적인 지혜 사랑(철학)이고, 그를 사랑하는 사람은 이에서 소년을 멀찍이 떨어지도록 제지하는 게 필연적이니, 멸시당하는 게 몹시 두려워서야. 또한 그 밖에도 소년으로 하여금 아무것도 모른 채로 전적으로 자기를 사랑하는 자만 바라보게 함으로써, 자신으로서는 더할 수 없이 즐겁지만, 당사자로서는 더할 수 없이 해롭도록 강구하지. 그러므로 사

c 랑에 빠진 자는 정신적으로 전혀 유익하지 않은 보호자이며 동반자야.

다음으로 우리가 살펴보아야 할 것들은 좋음에 앞서 즐거움을 쫓지 않을 수 없게 되어 있는 자가 그 주인 노릇을 하게 될 상대의 몸 상태와 그에 대해 보살피게 될 그 보살핌이 어떤 것인가 하는 것이야. 그가 쫓는 게 목격되는 것은 물론 부드러운 자이지 단단한 자가 아니며, 밝은 햇빛에서 자란 자가 아니라 가려진 그늘 아래서 자란 자일 것이며, 남자다운 힘든 일도 고역의 땀도 체험하지 못하되, 섬약하고 남성

d 적이지 않은 생활 방식은 경험한, 자신의 것들이 부족해서 다른 것들을 이용한 색채 화장품들로 화장을 한 자일 거야. 그는 이것들에 수반하는 그 밖의 온갖 것들도 추구하는 자이겠는데, 이것들은 명백하고 더 이상 나열할 가치도 없는 터라, 한 가지 요지로 정리하고서 다른

것으로 옮겨 가세나. 사실 그런 몸은 전쟁이나 그 밖의 중대한 경우들에 있어서 적들이 자신감을 갖게 하겠지만, 친구들은 그리고 사랑에 빠진 자들은 두려워하게 하지.

그러니 이는 명백하기에 그만해 두고, 그다음 것을 우리가 말해야만 하는데, 그건 사랑에 빠진 자의 사귐과 보호가 그의 소유와 관련해서 무슨 이로움과 무슨 해로움을 가져다줄 것인가 하는 것이지. 실로 이것이야말로 모두에게 아주 분명하지만, 특히 사랑에 빠진 자에게 그럴 것이야. 곧 그의 사랑을 받는 자가 무엇보다도 가장 친애하는 이들과 호의를 가장 많이 지닌 이들 그리고 가장 신성한 소유물들을 앗기게 되도록 기원할 게야. 아버지와 어머니 그리고 친척들과 친구들을 이 소년이 잃은 상태로 받고 싶어 할 것이기 때문인데, 이들이 자신과의 가장 즐거운 함께함을 방해하는 자들 그리고 비난하는 자들이라 여겨져서. 하지만 황금의 재산이나 그 밖의 어떤 소유물을 가졌을 경우에는 똑같이 쉽게 붙잡을 수도, 붙잡더라도 쉽게 다룰 수도 없을 것으로 여기게 될 거고. 이런 이유들로 사랑에 빠진 자는 상대 소년이 재산을 가진 건 시기하되, 이를 잃게 되는 건 반길 게 전적으로 필연적이지. 그래서 더 나아가서는 상대 소년이 최대한 오래도록 혼인도 하지 않고, 자식도 없고, 집도 없게 되길 그를 사랑하는 자는 기원할 것이니, 자신의 달콤함을 최대한 오래도록 누리고 싶어서야.

실은 다른 나쁜 것들도 있지만, 어떤 신령이 이것들 대부분과 순간적인 즐거움을 섞어 놨지. 이를테면, 무서운 짐승이며 큰 해를 입히는 알랑쇠인데도, 자연은 이와 천하다고만 할 수 없는 어떤 즐거움을 섞어 가미했으며, 어떤 이는 정부(情婦)[82]를 유해하다고 비난하겠고, 또

239d 위치: e, 240a, b

---

82) 원어는 hetaira인데, 영어로는 courtesan으로 번역하지만, 매춘부(pornē)

한 그 밖에도 이런 유의 인물들과 활동들 가운데 다른 많은 것에는 그 날그날의 더할 수 없는 즐거움이 있지. 그러나 사랑에 빠진 자는 상대 소년에게는 해로움에 더해, 그날그날을 함께 보내는 것이 무엇보다

c 도 불쾌하지. 그야 물론 옛말도 동년배끼리가 기쁨을 준다고 하니까. 같은 나이는 같은 즐거움으로 인도해서 그 같음으로 해서 우정을 가져다주기 때문이지. 그런데도 이들의 함께함조차도 물림을 갖게 해. 게다가 모든 것과 관련해서 강제적인 것은 또한 모두에게 부담이 된다고들 말하지. 바로 이런 점을 그 같지 않음에 더해 최대로 갖는 것이 사랑하는 사람과 상대 소년 사이야. 연장자가 연소자와 함께 있으면서 밤이고 낮이고 기꺼이 떨어지려 하지 않고, 강박과 광적인 욕망

d 에 쫓기니, 이게 그에게 언제나 즐거움을 주며 이끌지. 사랑받는 상대를 바라보고, 듣고, 접촉하며, 그에 대한 모든 감각을 느끼게 됨으로써, 즐겁게 빈틈없이 떠받들지. 하지만 사랑을 받는 상대에게는 이제 어떤 위안이나 무슨 즐거움을 줌으로써 같은 시간 동안 함께 있는 그

나 혼인한 여자(gametē) 또는 혼인한 아내(gynē gametē, gametis) 등과 구별되는 말이다. 아테나이오스(Athēnaios)의 《만찬석의 현자들》(*Deipnosophistai*) 23. 573을 보면, 변론가 데모스테네스가 이런 말을 한 걸로 전하고 있다. "정부들(hetairai)은 우리가 즐거움(쾌락: hēdonē)을 위해서 갖지만, 첩들(pallakai)은 이들과 나날의 동거를 위해서, 그러나 아내들(gynaikai)은 합법적으로 아이를 낳아 믿을 만한 가산의 수호자를 갖기 위해서다." 그들은 시민 아닌 노예나 자유민이 된 노예 또는 딴 나라 여인들이었다. 만찬 때의 노래와 춤을 위해서 채용되는 경우가 많지만, 그들 가운데는 미모와 교양을 갖춘 여인들도 있었다. 이를테면, 밀레토스 출신의 아스파시아(Aspasia)는 이혼한 페리클레스와 10년 넘게 함께 살았다. 저 유명한 디오게네스를 사랑한 라이스(Lais), 에피쿠로스(Epikouros)를 사랑했다는 레온티온(Leontion) 등도 '헤타이라'였다. 참고로 덧붙이면, 이의 남성 형태인 hetairos는 '동료', '동지', '전우', '벗', '동행자', '친구' 또는 '제자' 등을 뜻한다.

를 불쾌함의 극치에 이르지 않도록 하겠나? 더 나이 들어 버리고 한창 때도 아닌 용모와 이에 따른 그 밖의 것들, 그중에는 말로 듣기만 해도 불쾌한 것들이 있지. 실제로 압박하는 강요에 대응하는 건 말할 것도 없지. 그의 보호를 받는 자에게는 그야말로 늘 의심이 많고 모든 사람을 상대로 하는 감호자이지. 또한 때맞지 않고 과장된 칭찬을 듣게 되는 자로선, 맨정신일 때의 비난을 똑같이 참을 수 없듯, 술 취했을 때의 견딜 수 없음에 더한 치욕적인 비난, 못할 말이 없이 해 대는 지겹고 뻔뻔스럽기까지 한 짓거리가 그렇지.

그리고 그는 사랑하는 동안에도 해롭고 불쾌하지만, 그 사랑이 식게 되면, 장래에는 믿을 수가 없게 되지. 그땐 많은 맹세와 간청과 함께 많은 걸 약속함으로써 좋은 것들에 대한 희망으로 해서 당시의 견디기 힘들었던 함께함을 가까스로 유지했던 거지. 그러기로 했던 것을 갚아야만 할 바로 그때에, 그의 안에서는 그를 다스리고 지도하는 것이 다른 것으로 바뀌어, 곧 사랑(erōs)과 광기(mania)를 지각과 건전한 마음 상태(sōphrosynē)[83]가 대신하게 되어, 그가 다른 사람으로 된 걸 사랑받던 소년은 모르고 있는 거야. 그러나 이 소년은 그에게 그때의 호의에 대한 보답을 요구하지. 그때 그가 했던 행위들과 말들을 상기시키면서 말이야. 그 똑같은 사람과 자신이 대화하고 있기라도 한 것처럼. 하지만 이 사람은 부끄러움으로 해서 자신이 다른 사람으로 되었음을 감히 말하지도 못하며, 또한 이전의 어리석은 휘둘림

---

83) 237e에서는 이를 '절제'로 옮겼지만, 여기에서는 이처럼 '건전한 마음 상태'로 옮겼다. 앞에서는 '히브리스'를 욕망의 '지나침'과 관련시켜 언급하는 대목이었기에, 그 뜻이 적절했지만, 여기서는 광기와 대비되는 관점에서 언급되는 것이므로 '건전한 마음 상태'로 옮겼다. sōphrosynē 는 어원상 sōs(sound) + phrēn(mind)의 상태를 뜻한다.

b 으로 해서 했던 맹세들과 약속들을 어떻게 하면 이행할 수 있을지도 모르지. 그는 이미 지성을 갖추게 되었으며 마음도 건전해진 터라, 이전과 같은 짓들을 함으로써 그 사람과 같은 동일한 사람으로 다시 되지는 않도록 할 것이야. 따라서 그는 이것들로부터 도망자가 되니, 앞서 사랑에 빠졌던 자가 어쩔 수 없이 약속 불이행자로 된 거야. 도편(陶片) 또는 굴 껍데기가 뒤집혀서[84], 방향을 바꾸어 빨리 달아나는 거지. 그러나 상대 소년은 분해하고 저주를 하면서 뒤쫓지 않을 수 없게 되는데, 처음에는 이를 전적으로 몰랐던 거지. 그러니까 그때 사랑에 빠진 자에게, 따라서 지각이 없을 수밖에 없었던 자에게 호의를 보

c 일 게 아니라, 사랑에 빠지지도 않고 지각 있는 자에게 훨씬 더 그랬어야만 했다는 걸. 또한 그는 몰랐던 거야. 만일에 그러지 않을 것 같으면, 믿을 수 없고 불만스러워하고 질투심 많으며 불쾌하고, 재산에

---

84) 헬라스 아이들의 놀이로 편을 갈라서 하는 일종의 가댁질이 있었던 것 같은데, 이 놀이에서는 도편 또는 굴 껍데기(ostrakon)를 이용한다 해서 '도편 또는 굴 껍데기 놀이(ostrakinda)'라 했다. 이는 같은 수의 큰 두 무리가 동서로 향해서 갈라서고 그 두 줄 한가운데 앉은 사람이 한쪽은 검고 다른 쪽은 흰 도편 또는 굴 껍데기를 "밤이냐(nyx) 낮이냐(hēmera)!" 하고 소리를 지르면서 공중으로 던진다. 그 때문에 이 놀이를 '밤-낮 놀이(nyx hēmera)'라고도 했다. 그래서 흰 쪽이 위일 경우에는 서쪽 편이 달아나고 동쪽 편은 뒤쫓고, 반대인 경우는 그 반대로 한다. 이때 붙잡힌 자는 상대를 출발 지점으로 되돌아 업어다 준다. 따라서 마치 동전 던지기의 경우처럼, 이를 던지는 순간의 바뀜을 '급격한 운명 또는 처지의 바뀜'에 대한 속담처럼 썼다. 《국가(정체)》편 521c에서는 우리의 인식 주관이 밤의 세계에서 벗어나 낮의 세계로 향하게 되는 '혼의 전환(periagōgē)'을 이에다 비유해서 '도편 또는 굴 껍데기의 뒤집힘(ostrakou peristrophē)'이라 했는데, 이런 급변 상황을 우리의 이 대화편에서는 '도편 또는 굴 껍데기가 뒤집혀서(ostrakou metapesontos)'로 표현하고 있다.

해를 끼치며 몸 상태에 대해서도 해롭지만, 혼의 교육과 관련해서는 더할 수 없이 월등히 그런 사람에게 자신을 내맡기게 되는 것이라는 사실을. 혼의 교육보다도 진실로 더 소중한 것은 인간들의 관점에서나 신들의 관점에서나 지금도 없지만 앞으로도 없을 것이라는 것도. 그러니, 젊은이여, 이것들을 명심하고서,[85] 사랑에 빠진 자의 우애(친애: philia)는 선의와 더불어 생기는 것이 아니라, 음식의 경우처럼, 충족을 위한 것임을 알아야만 해. 이리들이 양[86]을 좋아하듯,[87] 그처   d
럼 사랑에 빠진 자들은 소년을 애호하지.

이게 그걸세,[88] 파이드로스여! 더 이상은 내가 말하는 걸 듣지는 못할 걸세. 자네에게 들려주는 논변이 이제 끝난 걸로 하지.

파이드로스: 하지만 저는 그 논변이 어쨌든 중간에 이르러 있고, 사랑에 빠지지 않은 자에 대해서도 같은 분량의 말씀을 해 주실 것으로 생각하고 있는 걸요.[89] 그가 얼마나 많은 좋은 점들을 지니고 있는지 말함으로써 그에게 오히려 호의를 보여야 함을 말씀입니다. 그런 터에, 소크라테스 님, 왜 말씀을 중단하십니까?

---

85) 앞서 리시아스의 논변이 끝날 즈음(234b)에 다짐의 말을 했듯, 여기서 소크라테스도 비슷한 다짐으로 끝맺음을 하고 있다.
86) 텍스트 읽기에서 arnas는 뒤의 paida와 일치하게 단수인 arna로 읽었다.
87) 아킬레우스가 헥토르를 향해, 이리들과 양들이 한마음일 수 없듯, 둘이 사활을 걸고 맞붙을 수밖에 없음을 말하는 장면이 《일리아스》 22. 263에 보인다.
88) 여기까지 말한 것이 소크라테스 자신이 말하려 했던 것이라는 뜻으로 한 말이다.
89) 이 기준에서 말한다면, 실은 리시아스도 반쪽 논변만 한 셈이다.

e   소크라테스: 아, 복 받은 사람아. 자넨 이를 감지하지 못했는가? 내가 이미 서사시 투로 발성하고 있지,[90] 더는 디티람보스 송가 투로[91] 발성하고 있지는 않다는 걸. 이것들을 험담으로 하고 있지만 말일세.[92] 그러나 내가 만일에 다른 쪽[93]을 칭송하기 시작한다면, 내가 뭘 할 걸로[94] 생각하는가? 그러면 자네가 나로 하여금 의도적으로 대면케 한 요정들에 의해 내가 분명히 영감을 얻은 상태에 있게 될 것이라는 건 자네가 알고 있겠네? 그러니까 한마디로 이렇게 말할 수 있겠네. 한쪽에 대해 우리가 비난했던 많은 것들, 그것들과 반대되는 좋은 것들이 다른 쪽에는 있다고 말일세. 그럼 긴 말이 왜 필요하겠나? 양쪽 경우 다에 대해 충분히 언급되었으니까. 그 이야기[95]는 바로 이렇

242a 게 그것이 겪어 마땅한 일을 겪게 될 걸세. 그리고 나는 이 강을 건너, 자네로 해서 더 큰 걸 강요당하기 전에 떠날 것이야.

---

90) 원어는 epē phthengomai인데, 서사시(epē)는 6절 운율(hexametra)로 되어 있어서, hexametra가 곧 hexametra epē로 이해된다. 앞의 d 시작 부분인 "이리들이 양을 좋아하듯, 그처럼 사랑에 빠진 자들은 소년을 애호하지"는 닥틸로스 시각(daktylos 詩脚: 長短短) 위주인 6절 운율의 일종이다.

91) 238d에서 소크라테스의 발언을 참조할 것. 그러니까 그때는 서정시 투로 발성했으나, 지금은 서사시 투로 하고 있다는 말이다.

92) 6절 운율의 서사시 운율은 영웅시 운율이라고도 하니까, 말하자면 찬양이 위주인데, 여기에서는 사랑에 빠진 자에 대한 험담을 하고 있다는 뜻으로 하는 말이다.

93) 사랑에 빠지지 않은 자를 가리킨다.

94) 여기에서 '뭘 할 걸로(ti ⋯ poiēsein)'는 무슨 말을 무슨 투로 할 것이라 곧 어떤 투의 시작(詩作)을 할 것이라 생각하는지를 묻고 있는 셈이기도 하다.

95) 여기서 말하는 이야기(mythos)는 237b에서 시작된 옛날이야기 형식의 자기 발언을 가리킨다.

파이드로스: 아직은 아닙니다, 소크라테스 님! 불볕더위가 가시기 전에는. 혹시 이미 거의 한낮, 이른바 해가 멈춰 선다는 중천인 걸 못 보시나요? 그러면 기다리면서 이미 언급되었던 것들에 대해 대화를 하다가, 시원해지면 곧 떠나죠.

소크라테스: 어쨌든 자네는 담론과 관련해선 비범하네, 파이드로스! 또한 아주 놀랍기도 하고. 자네 생애 동안 있었던 담론들 중에서 아무도 자네보다 더 많은 걸 있게 한 사람은 아무도 없는 걸로 나 b 는 생각하기 때문이네. 스스로 말하거나 아니면 다른 사람들로 하여금 그야말로 하나같이 하지 않을 수 없도록 함으로써 말일세.[96] 테베의 시미아스[97]는 예외로 하네. 다른 사람들에 대해서는 자네가 압도를 하지. 지금도 자네는 내가 어떤 논변을 말하도록 하는 장본인이 되고 있는 걸로 생각되네.

파이드로스: 어쨌든 전쟁을 선포하시는 건 아니겠죠. 하지만 어떻게 그리고 무슨 논변을 갖고서죠?

소크라테스: 여보게, 내가 강을 건너려 했을 때, 영적인 것과 내게 일어나는 그 익숙한 알림[98]이 일어났네. 이는 내가 막 하려는 것을 하 c

---

96) 《향연》 편에서도 에로스와 관련된 담론을 첫 발언자로서 스스로도 펼쳤지만, 다른 사람들로 하여금 하게끔 한 것도 실은 그였다.

97) Simmias(또는 Simias)는 Kebēs와 함께 소크라테스의 문인들로 테베 출신들이다. 둘 다 《파이돈》 편에서 소크라테스와의 대화자들로 등장하고 있다.

98) 영적인 것(to daimonion)과 그 익숙한 알림(to eiōthos sēmeion)은 소크라테스에게 특유하게 나타난다는 것인데, 이에 대한 그의 언급은 곳곳에 보인다. '영적인 것'의 원어 to daimonion에서 '다이모니온(daimonion)'을 '수호신', '신령' 또는 '영(靈)'을 가리키는 낱말인 다이몬(daimōn)의 축소형 명사로 잘못 아는 일이 더러 있는데, daimonion은 원래 형용사이고 이를 중성 정관사 to와 함께 써서 명사화한 것이

지 못하게 늘 나를 말리거니와, 나는 무슨 소리를 바로 이곳에서 들은 것으로 생각했네. 이건 내가 속죄하기 전에는 내가 떠나는 걸 허용하지 않는다는 것인데, 내가 신성한 것에 대해 무언가 과오를 저질렀다고 해서지. 나는 분명히 예언가이긴 한데, 그다지 훌륭하진 못하고, 마치 문자에 서툰 사람처럼, 내 개인 용도로만 족하지. 그러니까 나는 내 과오를 이미 명확히 알고 있네. 여보게나, 실은 혼 또한 적어도 어떤 점에선 예언 능력이 있기 때문이지. 방금 전에 내가 논변을 하고 있을 때에도 뭔가가 나를 불안케 했거니와, 이비코스의 표현대로 어쨌든 볼 낯이 없어 하고 있었으니까.

신들 앞에서 뭔가 죄를 짓는 게 아닌가 하여.

d　　인간들에게서 존경받는 걸로 맞바꾸게 된다면.[99]

지, 고전기 헬라스어에서 daimonion이 명사로서 쓰인 일은 없다는 게 J. Burnet의 견해이다. 이 '영적인 것'에 대한 상당히 구체적인 언급이 《소크라테스의 변론》편 31c~d 및 40a~c에 나온다. 31c~d에서는 '일종의 소리'로서 나타나는 '일종의 신적인 것이며 영적인 것(theion ti kai daimonion)'으로, 40b에서는 아예 '신의 알림(表示)(to tou theou sēmeion)'으로 그리고 40c에서는 '그 익숙한 알림(표시)(to eiōthos sēmeion)'으로 언급되고 있다. 《국가(정체)》편 496c에서는 '영적인 알림(표시)(to daimonion sēmeion)'으로, 이에 대한 그 밖의 언급들은 《에우티프론》편 3b, 《테아이테토스》편 151a, 《에우티데모스》편 272e 등에서도 보인다. 특히 《에우티데모스》편에서는 '그 익숙한 영적인 알림(표시)(to eiōthos sēmeion to daimonion)'이라는 표현이 보인다. J. Burnet의 *Plato's Euthyphro, Apology of Socrates and Crito*, pp. 16, 128 (Oxford, 1924).

99) Ibykos는 기원전 6세기에 활동한 서정 시인으로서, 남이탈리아의 레기온(Rhegion: 지금의 Reggio di Calabria) 출신이다. 여기서 인용되고 있는 시구는 플루타르코스의 *Moralia* 748c에 나오는 것으로, D. A.

그러나 지금은 그 과오를 내가 감지하고 있네.

파이드로스: 하지만 무슨 말씀을 하시는 건지요?

소크라테스: 파이드로스여, 자네는 무섭고도 무서운 논변을 자신이 제공하기도 하고, 나 또한 말하지 않을 수 없도록 했네.

파이드로스: 어떻게 말씀입니까?

소크라테스: 어리석고 좀 불경했지. 그것보다 무엇이 더 무섭겠는가?

파이드로스: 선생님께서 하시는 말씀이 진실이라면, 더 무서운 논변은 없습니다.

소크라테스: 어쩌지? 자넨 에로스(Erōs)가 아프로디테[100]의 아들이며 신들 중의 하나라고 생각지 않는가?

파이드로스: 어쨌든 바로 그리들 말하죠.

소크라테스: 리시아스에 의하면 그게 아니거니와 자네의 논변, 곧 자네의 마법에 걸려 내 입을 통해 말하게 된 논변에 의해서도 그건 e 아닐세. 그러니까 지금처럼, 만일에 에로스가 신이거나 신적인 것(ti theion)이라면, 그는 전혀 나쁜 존재가 아닐 것인데,[101] 방금 있은 그

Campbell(ed.), *Greek Lyric*, III, Harvard, Loeb Classical Library, 1991, p. 270에 §310으로 수록되어 있다. 그런데 이 두 곳에서는 플라톤이 '볼 낯이 없어 하고 있다(edysōpoumēn)'로 표현하고 있는 낱말이 '두려워하고 있다(dedoika)'로 되어 있고, 이에 이어지는 같은 행이 Burnet의 텍스트에서는 본문 속에 들어와 있는 걸 번역에서는 원래의 행으로 옮겨 놓았다. 그러나 '죄를 짓는 게(amblakōn)'는 그다음 행에 있는 것이지만, 번역에서는 앞줄로 옮겼다.

100) 《향연》편 180d에서 관련된 각주들을 참조할 것.

101) 《향연》편 202b 이후에서 디오티마는 에로스의 중간자(ti metaxy)적 성격을 강조하면서, 영(靈, 신령: daimōn) 또는 영적인 것(to daimonion)인 것으로서 신과 사멸하는 것 사이에 있는 것으로서 규정하고

에 대한 두 논변은 그러한 존재인 걸로 말했네. 따라서 이 점에서 이
둘은 에로스에 대해 과오를 저질렀거니와, 더욱이 이것들의 어리석음
은 제법 매력적이기도 하지. 그것들은 전혀 건전하지도 진실하지도 않

은 걸 말하고선 뭐 대단한 거라도 되는 듯이 진지한 척 과장을 했으니,
어떤 소인배들을 속아 넘어가게 해서 이들 사이에서 명성을 얻게 되었
으면 한 거지. 그러니까, 여보게나, 나로서는 반드시 정화되어야만 하
네. 한데, 설화와 관련해서 과오를 범한 자들에게는 옛날의 정화 의식
이 있지. 이를 호메로스는 몰랐지만, 스테시코로스[102]는 알고 있었네.
왜냐하면 그가 헬레네[103]에 대한 비방으로 해서 두 눈의 시력을 잃게

있다. 따라서 아름다움과 좋음 그리고 지혜로움 등에 있어서 부족한 데가
있는, 그래서 그것들에 대한 욕구 내지 욕망(epithymia)을 상징하는 존재
임이 강조된다. 그러나 이 대화편의 이 대목 바로 앞(d 끝부분)에서는 사
람들이 아프로디테의 아들이며 신들 중의 하나로 말하고 그리 믿고들 있
다고 한다. 이는 에로스에 대한 헬라스인들의 신화적 믿음과 인간에 있어
서의 에로스적 욕구 현상에 대한 철학적 설명 간에 있을 수밖에 없는 괴
리를 보여 주고 있는 하나의 예라 할 것이다.

102) Stēsikhoros는 기원전 6세기 전반에 활동한 서정 시인으로서, 244a에
서 밝히고 있듯, 에우페모스(Euphēmos)의 아들이며, 시켈리아(시칠리
아)의 히메라스(Himeras)에서 살았다. 85세까지 장수했다고도 한다. 그
는 파리스를 따라 트로이아로 간 헬레네가 트로이아 전쟁의 원인을 제공했
다 해서 비방하는 내용의 시를 노래했다가, 그렇더라도 제우스의 딸인 헬레
네에 대해 함부로 말한 벌로 눈이 멀어 버렸다. 이를 깨닫고서 그는 앞에 말
한 걸 취소하는 개영시(改詠詩: Palinōdia)를 지었던 것이다. 헬레네는 이
집트에 머물러 있었고, 제우스가 조작한 그 환영만 트로이아로 갔다는 이
야기이다. 훗날 트로이아 전쟁이 끝나고, 귀향길에 조난을 당한 메넬라오
스가 이집트에 상륙하게 되어 둘은 감격적으로 재회하게 된다는 이야기가
전한다. 《국가(정체)》편 586c에도 이와 관련된 약간의 언급이 보인다.
103) Helenē는 스파르타의 왕 틴다레우스(Tyndareōs)와 왕비인 레다
(Lēda) 사이에 난 넷째였다. 언니 클리타이메스트라(Klytaimēstra)는 미

되었을 때, 그는 호메로스처럼 그 까닭을 모른 게 아니었기 때문이네.
그는 음악적인 사람이어서[104] 그걸 알고서, 곧바로 시를 짓지.

사실이 아닙니다, 이 이야기는.
당신은 훌륭한 갑판을 갖춘 배들에 오르신 적도 없고,[105]
트로이아의 페르가모스[106]에 가신 적도 없습니다.[107]   b

케네의 왕 아가멤논의 왕비가 되나, 트로이아 원정군의 총사령관으로 출
전했다가 귀환하는 남편을 살해하고, 본인은 훗날 성장한 아들 오레스테
스에 의해 또한 살해된다. 반면에 설화에서 헬레네는 어머니 레다가 백조
의 모습을 하고 접근한 제우스로 해서 낳은 알에서 부화되어 태어난 딸이
다. 절세미인 헬레네는 몰려드는 당대의 유력한 구혼자들의 청혼 끝에,
오디세우스의 중재로 헬레네가 택하는 남자와 결혼하되, 다른 구혼자들
은 그 남편을 지켜줄 것을 맹약한다. 선택된 사람은 스파르타의 왕 메넬
레오스(메넬라스: Meneleōs, Menelas)였고, 아가멤논의 아우였다. 그런
데 트로이아의 왕 프리아모스(Priamos)의 사절로 스파르타에 간 그의 아
들 파리스(Paris)는 이 헬레네와 사랑에 빠져, 둘은 트로이아로 도망했
고, 이것이 트로이아 원정의 원인이 된다. 이는 헬레네의 구혼자들이 맹
세한 사항이기 때문이었다.

104) 원어는 mousikos ōn인데, LSJ의 대사전에서는 mousikos 항에서 이
대목의 해석과 관련해서 서사 시인과 대비되는 서정 시인에 적용되는 것
으로 설명하고 있다. 아닌 게 아니라 호메로스는 서사 시인인 데 반해 스
테시코로스는 서정 시인이니까, 이쪽이 더 감성적이고 음악적이기는 하
겠다. 게다가 한쪽은 일찍부터 눈이 멀었다고 하고, 다른 쪽은 주신 제우
스의 딸이기도 한 헬레네를 책망하는 시가를 짓고서 이제 막 눈이 멀게
되었으니, 예민하게 그 인과성에 생각이 미치었을 것이고, 따라서 그 원
인도 쉽게 짐작하게 되었을 법하다.

105) 헬레네가 트로이아의 왕자 파리스의 배에 오른 적이 없다는 말이다.

106) Pergamos는 Troia의 성채이다.

107) 바로 앞에서 이비코스의 시가 수록되어 있는 것과 같은 Campbell이
편찬한 책 92쪽에 §192로 수록되어 있다. 그러니까 트로이아에는 헬레네
의 환영(eidōlon)만 갔다고 한 것이다. 이와 관련해서는《국가(정체)》편

그리고선 개영시(改詠詩: Palinōdia)로 불리는 시를 물론 모두 짓고 나서, 당장 시력을 회복했다네. 따라서 적어도 바로 이 점에 있어서는 내가 그들보다는 더 현명해질 것이야. 에로스에 대한 비방으로 해서 내가 무슨 일을 당하기 전에 이 신께 개영시(취소 발언)를 바치도록 할 것이네. 맨머리로, 그때처럼 부끄러움으로 가리지도 않고서야.[108]

파이드로스: 소크라테스 님, 선생님께서 제게 말씀하시는 걸로는 이보다 더 즐거운 건 없을 것입니다.

c　소크라테스: 파이드로스여, 실은 그 두 논변이, 곧 내가 말한 것과 그 소책자에서 말한 것이 얼마나 불경하게 한 것인지는 자네도 알고 있네. 만약에 성품이 고귀하고 온유한 누군가가 그런 다른 사람을 사랑하고 있거나 또는 이전에 그런 사람의 사랑을 받은 적이 있는 누군가가 우리가 이런 말을 하는 걸 듣게 된다면, 곧 사랑에 빠진 자들은 사소한 일들로도 큰 적개심을 가지며 상대 소년에 대해 질투하고 해롭게 군다고 말하는 걸 듣게 된다면, 이 사람이 이런 생각을 할 것이라고 어찌 자네가 생각지 않겠는가? 이 사람은 아마도 선원들[109] 틈

586b에서도 언급하고 있다.

108) 237a를 참조할 것.

109) 여기에서 말하는 선원들에 대한 비유는 어쩌면 《국가(정체)》 편 488a~489a에서 언급되고 있는 선원들의 모습을 연상케 할 것 같다. 이 대화편의 이 부분에는 민주 정체의 대중 또는 민중을 상징하는 선주(船主)에게 선원들이 서로 자기가 조타수 곧 선장(나라의 통치자)이 되어야 한다면서, 온갖 아첨과 회유 그리고 협박과 막무가내식의 완력 행사를 서슴지 않는 장면이 그려져 있다. 그리고 아테네의 경우에도 전통적으로 노를 젓는 것이 주된 일인 선원(nautēs)들은 자유민이되, 제일 하층민들이었다. 이들이 그나마 민주 시민들로서 대우를 받게 된 것은 살라미스(Salamis) 해전에서 페르시아 함대를 격파한 뒤부터다. 이들의 분투가 나

에서 자란 자들이 그리고 자유민다운 자의 사랑이라곤 한 건도 목격한 적이 없는 자들이 말하는 걸 듣고 있다는 생각을 할 터라, 우리가 에로스를 비난하여 말하는 것들에 대해 우리에게 동의해 주기에는 한참 거리가 있을 것이라고 말일세.

파이드로스: 맹세코, 아마도 그럴 것입니다, 소크라테스 님!

소크라테스: 따라서 적어도 나로서는 이 사람에게 창피해서, 그리고 바로 에로스에 대해 겁이 나서, 이를테면 듣기에 씁쓸했던 걸 산뜻한 말로 씻어 내고 싶네.[110] 또한 리시아스에게도 조언하네. 같은 조건에서는 사랑에 빠지지 않은 자보다는 사랑에 빠진 자에게 오히려 호의를 보여야만 하는 걸로 최대한 신속히 글을 지을 것을 말일세.

파이드로스: 그건 그리될 것으로 알고 계시면 좋겠네요. 선생님께서 사랑에 빠진 자에 대한 칭찬을 말씀하시게 되면, 리시아스 님께서도 같은 것에 대한 논변을 다시 쓰시지 않을 수 없게 될 게 전적으로 필연적입니다.

소크라테스: 그건 내가 믿네. 자네가 지금의 자네인 한은 말일세.

파이드로스: 그럼 자신 있게 말씀하세요.

소크라테스: 내가 상대로 말했던 그 젊은이는 어디에 있는고? 이것도 듣게 하기 위해서인데, 이를 듣지 못하고서 사랑에 빠지지 않은 자에게 먼저 호의를 보이는 일이 없도록 했으면 해서네.

파이드로스: 그는 선생님 옆 아주 가까이에 언제나 있습니다. 선생님께서 바라실 때는요.

라를 구하는 데 큰 기여를 했기 때문이었다.

110) 우리가 고약한 말을 들은 뒤에 귀를 씻는다(洗耳)는 표현을 하는데, 이를 연상케 하는 표현이다.

243e

244a

소크라테스: 그러니까, 고운 젊은이, 이렇게 생각하렴. 앞의 논변은 미리누스 부락민인 피토클레스의 아들인 파이드로스의 것이었다고. 반면에 내가 말하려는 것은 히메라스 출신 에우페모스의 아들인 스테시코로스의 것이라고.[111] 그건 이렇게 말해야 하는 것이야. 이 논변은 진실이 아니야.[112] 가까이에 있는 사랑에 빠진 자보다는 사랑에 빠지지 않은 자에게 오히려 호의를 보여야만 한다고 주장하는 논변인데, 이는 바로 한쪽은 광기의 상태에 있지만, 다른 쪽은 마음이 건전한 상태에 있기 때문이라는 거지. 광기(mania)가 나쁘다는 게 무조건 진실이라면, 그야 옳게 한 말일 게야. 그러나 실은 우리에게 있어서 좋은 것들의 대부분은 광기를 통해서 주어지는데, 물론 이는 신적인 선물로 주어지는 것이야. 델피의 여성 예언자와 도도네[113]의 여성 제관들도 광기의 상태에서는 헬라스에 공적으로도 사적으로도 그

---

111) 여기에 등장하는 고유 명사들은 어원적으로는 다 그 나름의 뜻을 갖는 것들이지만, 이들 중에서 글의 맥락과 관련됨 직한 것들은 Euphēmos(좋은 징조를 알리는 소리, 상서롭지 못한 말을 삼가는)와 Himeras(→ himeros = 갈망, 욕망)이다.

112) 원문상으로는 234a~b의 개영시 첫 줄과 같은 표현이지만, 이어지는 맥락에 맞추어 옮겼다.

113) 아폴론 신전이 있는 델피보다도 그 전통이 오랜 것이 이 Dōdōnē 성지이다. 이곳은 헬라스의 서북부 지역인 에피로스(Epirus, Epeiros)에 있었는데, 지금도 그 유적지가 남아 있는 이곳에는 제우스의 신전이 있었으며, 헬라스인들이 신탁을 얻었던 곳 중에서는 이곳이 가장 오래된 곳이었다. 호메로스의 《오디세이아》 14권(327~329)에는 오디세우스가 자신의 귀향과 관련해서 신탁을 얻고자 참나무 잎사귀가 높은 곳까지 무성하게 매달린 이곳 신전을 찾아간 것으로 말하는 대목이 나온다. 이곳의 참나무(drys)는 신수(神樹)로서, 275b에서도 간단한 언급을 하고 있듯, '참나무의 말씀들(dryos logoi)'을, 나뭇잎의 살랑거리는 소리를 통해 제우스의 뜻(phatis Dios)을 제관들이 읽은 것으로 전한다.

274

야말로 많은 훌륭한 일을 해냈지만, 이들이 맨정신일[114] 때는 드물게 또는 전혀 그러질 못했기 때문이지. 또한 우리가 시빌라[115] 그리고 그 밖의 다른 자들, 곧 신들린 예언 술법을 이용해서 많은 사람에게 미래의 그야말로 많은 것을 예언해 줌으로써 옳게 인도한 그 많은 이를 말한다면, 모두에게 빤한 것들을 말하느라 장황하게 늘어놓게 될 게야. 그렇지만 이건 예증으로 제시할 가치가 있어. 곧 옛사람들 중에서도 이름 또는 낱말[116]들을 지은 이들은 광기를 부끄럽거나 치욕스런 것으로 생각지는 않았다는 거야. 왜냐하면 그렇지 않고서는 그들이 미래를 판별하는 가장 훌륭한 기술에 바로 이 낱말을 결부하여 광기 상태에서의 술법(manikē)으로 일컫지는 않았을 것이기 때문이지. 그러나 이것이 신적인 섭리에 의해서 일어날 경우에는 훌륭한 것이라 믿고서 그리 이름을 정했지만, 요즘 사람들은 멋대가리 없이 't'[117]를 덧붙이로 끼워 넣어서 예언 술법(mantikē)으로 일컫게 되었지. 또한 사려 깊은 이들의[118] 미래에 대한 탐구가 새들이나 다른 징후들을 통해서 이루어지고서는, 인간의 생각(oiēsis)이 지적인 능력(dianoia)으로 해서 통찰(nous)과 견문(historia)을 얻게 되었으므로, 그걸 그들은 oionoïstikē[119]라 일컬었는데, 이를 지금은 젊은이들이 ō로써 확장

c

d

---

114) 원어 sōphronousai는 다른 경우라면, '건전한 마음 상태일'로 되겠으나, 이 경우는 그 상황에 맞게 이렇게 번역했다.

115) Sibylla는 여러 부류의 여성 예언자들에 대한 일반 명칭이다.

116) 여기에서 이중으로 '이름 또는 낱말'로 번역한 원어 onoma는 '이름', '명칭', '낱말', '명사' 등을 뜻한다.

117) 헬라스 문자로는 τ(타우)인데, 이는 't'에 해당된다.

118) 텍스트 읽기에서 c5의 emphronōn 다음의 comma(,)는 제거하고 읽었다.

119) oionoïstikē는 oiēsis의 동사 oiomai의 oio와 nous의 no 그리고 histo-

해서 oiōnistikē(복술·점술)로 일컫고 있어. 그러면 예언 술법이 복술
보다도 명실상부하게 더 완성되고 더 귀한 대접을 받는 것인 그만큼
옛사람들은 신에서 유래되는 광기를 인간들 쪽에서 일어나는 맨정신
보다도 더 훌륭한 것으로 증언하고 있지. 그렇지만 어디에선가의 선
대의 죄업들로 해서 그 후손들 중의 어떤 사람들에게 내린 질병들과
고난들 중에서도 가장 큰 것들에서 벗어나는 방책을, 그들에게 광기
가 생겨 그것들에 대한 해석을 하게 됨으로써, 그게 필요한 그들에게

e 찾아 주게 되었으니, 신들에 대한 기원과 경배에 의지함으로써, 바로
이를 통한 정화 의식과 밀교 의식을 치르게 하여 이 광기에 관여하게
된 자[120]로 하여금 현재도 미래에도 위험에서 벗어나게 해 주고, 옳게
광기 상태에 잡혀 있는 자를 위해서는 당면하여 있는 나쁜 일(고난과

245a 불행)들에서 구원을 찾아 주게 되는 거야. 반면에 셋째 것은 무사들
(Mousai)에 의한 사로잡힘(katokōkhē)과 그 광기지. 이것은 섬세하
고 순결한 혼을 붙잡아 일깨워서 서정적 노래들[121] 그리고 다른 형태

ria의 hist가 복합되어 만들어진 것이며, 따라서 바로 다음에서 말하는 복
술(卜術) oiōnistikē의 어원으로서 제시된 것이다. 그런데 이런 식의 어원
추적은 《클라틸로스》 편에서 대대적으로 하고 있지만, 그리 진지하게 받
아들일 것은 아니다. 지금 여기에서 말하고 있는 oiōnistikē의 경우만 해
도, 큰 새·맹금·징조를 알리는 새, 징조 등을 뜻하는 oiōnos 그리고 새
들의 남과 울음소리들로 예언을 하는 사람인 oiōnistēs에서 유래하는 술
법을 가리키는 말에서 유래한 것이기 때문이다.

120) ton [heautēs] ekhonta의 읽기에서 [heautēs]는 버리지 않고 살려서,
곧 괄호를 풀고 읽었다.

121) 여기서 '서정적 노래'는 ōdē인데, 보통은 그냥 노래이지만, 이 경우에
는 다른 형태의 시와 구별해서 말한 것이기 때문에 '서정시'로 본다. LSJ의
대사전에서 해당 항목 참조. 《법률》 편 654b에서는 '합창 가무(khoreia)
는 춤(orkhēsis)과 노래(ōdē)가 합쳐진 것'이라 말하고 있는데, 이 경우의
노래는 합창으로 불리는 서정적 노래임을 말해 주고 있다. 《메넥세노스》

의 시에 맞추어 박코스 신도 같은 열광 상태에 빠지게 하여,[122] 옛사람들의 수도 없이 많은 행적을 미화해서 후대의 사람들을 교육하지. 하지만 무사들이 내리는 광기 없이, 그러니까 시작(詩作) 기술로 충분히 시인이 될 것이라 믿고서, 시의 관문에 이르게 되는 자는 그 자신도 미완인 채로 또한 맨정신인 그의 시도 광기를 갖게 된 자들의 시로해서 빛을 보지 못하게 되지.

신들로 해서 생기게 되는 광기의 아름다운 성과들은 그만큼 많이 b 그리고 그 이상으로 자네에게 내가 말해 줄 수 있어. 그러니 어쨌든 이것 자체에 대해서는 두려워하지 않기로 하며, 흥분된 자에 앞서 맨정신인 자가 친구로 선택되어야만 한다는 그런 어떤 주장이 겁을 주며 소란을 일으키지는 않게 하세나. 그러나 그것에 더해 다음을, 곧 사랑은 사랑에 빠진 자와 사랑을 받는 자의 이익을 위해서 신들에게서 보내지는 게 아니라는 걸 보여 줄 경우에나 우승의 상을 가져가게 하세나. 우리로서는 그와는 반대로, 그와 같은 광기는 가장 큰 행운으로 신들 쪽에서 주어지는 것이라는 걸 증명해야만 해. 그러나 이 증명 c 은 똑똑한 자들에게는 믿기지 않겠지만, 현명한 자들에게는 믿기지. 따라서 첫째로, 혼의 신적인 그리고 인간적인 본성(physis)에 대해, 그것이 겪는 것들(pathē)과 하는 일들(erga)[123]을 봄으로써, 진실을 알아야만 해. 그 증명의 시작은 이거야.

혼은 모두가 불사하는 것이야. 언제나 운동하는 것은 불사하기 때

편(239c)에도 《파이드로스》편의 이 대목과 같은 표현이 보인다.
122) 원어는 ekbakkheuousa인데, 이와 관련해서는 234d에서 해당 각주를 참조할 것.
123) '겪는 것들'은 수동적인 것들을, '하는 일들'은 능동적인 것들을 뜻한다.

문이지. 그러나 다른 것을 운동케 하면서도 다른 것에 의해 운동하게 되는 것은, 운동의 그침을 가짐으로써, 삶의 그침을 갖지. 물론 스스로를 운동케 하는 것만이, 스스로를 버려두지 않으므로, 결코 운동하게 됨을 그치지 않고, 운동하게 되는 다른 것들에 대해서도 이것이 운동(kinēsis)[124]의 근원(pēgē)이며 기원(起源, 시초: arkhē)[125]이지. 기

d 원은 생성되지 않는 것이야. 생성되는 모든 것은 기원으로부터 생기는 게 필연이지만, 기원은 그 어떤 것으로부터도 생기지 않는 게 필연이기 때문이야. 기원이 어떤 것으로부터 생긴다면, 그게 여전히 기원이 될 수는 없을 테니까. 하지만 그게 생성되지 않는 것이므로, 그게 소멸되지 않는 것도 필연이야. 그야, 기원이 소멸된다면, 이게 어떤 것으로부터 생기는 일도 결코 없을 것이고 다른 것이 그것에서 생기는 일도 없을 테니까. 정녕 기원으로부터 모든 것이 생겨야만 한다면 말이지. 바로 이처럼 운동의 기원은 스스로가 스스로를 운동케 하는 것[126]이야. 이것은 소멸될 수도 생성될 수도 없는 것이지. 그렇지

e 않으면, 온 우주[127]와 천지 만물[128]이 일제히 하나로 무너져 내려서

---

124) 여기에서 운동으로 옮긴 kinēsis에는 장소적 움직임만을 뜻하는 것이 아니라, 성장이나 질적 변화도 포함되는 것이다. 바로 앞의 절에서 '혼이 겪는 것들(pathē)과 하는 일들(erga)'이란 말을 했는데, 이것들이 다 운동에 포함되는 것들이다.

125) arkhē에는 '시작', '시초', '발단', '기원', '근원', '원리', '통치', '관직', '왕국' 등의 뜻이 있다.

126) '스스로가 스스로를 운동케 하는 것'의 원어는 to auto hauto kinoun 이다. 혼에 대한 비슷한 의미 규정이 《법률》편 896a에도 보이는데, 그 뜻은 같다.

127) 원어는 panta ouranon인데, 이의 주격은 pas ouranos이다. 원래 ouranos는 하늘을 뜻하지만, 특히 여기에 pas가 앞에 붙으면, 온 천구 곧 우주(kosmos)를 가리킨다. 《티마이오스》편 28b 참조.

정지해 버리고선, 다시는 운동하게 될 것들이 생성될 근원을 결코 갖지 못할 거야. 그러나 스스로에 의해 운동하게 되는 것이 불사하는 것임이 밝혀졌기에, 누군가가 바로 이것을 혼의 본질(ousia)[129]과 의미

---

128) 텍스트 읽기에서 gēn eis hen은 genesin으로 읽었다. 따라서 '생성된 모든 것(genesis)'을 뜻하므로 그리 번역했다.

129) 헬라스어 ousia(우시아)는 라틴어로는 substantia 또는 essentia로, 영어로는 substance 또는 essence로 옮기는 것이다. ousia는 einai(영어 be와 라틴어 esse에 해당)의 여성형 현재 분사 ousa(being)를 명사화한, 이른바 '분사형(分詞形) 명사(participial noun)'인데, 라틴어 essentia(being, essence)도 이를 따라 만든 분사형 조어(造語)라 한다. 반면에 on은 중성형 현재 분사이고, 여기에 정관사 to를 그 앞에 붙여서 to on(the 'being')의 형태로 '있는(존재하는) 것(…인 것)'의 뜻으로 쓰게 된 것이다. 일상어로서의 ousia는, 이에 해당하는 라틴어 subatantia 및 영어 substance도 그렇듯, 일차적으로 어떤 사람에게 '있는 것', 즉 '자산'을 뜻한다. 그래서 '우시아를 가진 자들(hoi ekhontes tēn ousian)'이란 '자산가(a man of substance)들'을 의미한다. 그런데 이 낱말은 헬라스인들이 철학적 탐구를 시작하면서 다른 의미들을 덧보태어 갖게 된다. 사물들은 외관상 부단히 변화하지만, 이것들에 있어서도 변화하지 않고 지속성을 유지하며 존속하는 것이 있다는 생각을 하게 되면서, 이 말은 속성이나 우유성(偶有性)들(pathē)에 대한 '본질', 생성(genesis)에 대한 '실재성(reality)' 및 '실재성을 지닌 것', 즉 '실재(實在: the real)'나 '존재(being)' 또는 실체 따위의 의미들을 갖게 된 것이다. 이 경우에는 플라톤의 형상(eidos)이나 이데아와 같은 의미를 갖는 것이 된다. 플라톤의 《국가(정체)》편의 경우만 해도 이 낱말은 '자산'의 뜻으로 쓰인 빈도와 이런 철학적 의미의 것으로 쓰인 빈도가 거의 반반일 정도이다. 우리는 이런 의미상의 전용(轉用)을, 즉 '자산'을 의미했을 뿐인 일상어를 철학적 전문 용어로 전용하게 된 연유를 이렇게 생각해 보면 쉽게 이해할 수 있을 것 같다. 도대체 사물들에 있어서 그것들을 그것들이게끔 해 주는 가장 든든하고 중요한 '자산'은 무엇일까? 이 물음에 대해, 그것은 사물들에 있어서 없어서는 아니 될 본질적인 것일 것이요, 여기에서 더 나아가 그런 것이야말로 어쩌면 지속성(持續性)을 지닌 참된 것일 거라는 대답을 생각하게 된다면, ousia의 그런 의미 전용은 자연스레 이어질 것

규정(logos)[130]으로 말해도 부끄럽지 않을 게야. 왜냐하면 운동하게

됨이 그 바깥에서 기인되는 모든 물체는 혼이 없지만, 그것이 그 자체

안에서부터 그 자체에서 기인되는 것에는 혼이 안에 있기 때문인데,

이게 혼의 본성(physis)이여서지. 이게 이런 것이라면, 스스로가 스스

로를 운동케 하는 것[131]은 혼 이외의 다른 것이 아니니, 혼은 필연적

으로 생성되지 않는 것이며 불사하는 것[132]일 게야.

같다. 영어 단어 property가 '자산'의 뜻과 함께 사물이 지닌 '특성'의 뜻
도 갖고 있다는 것도 어쩌면 그런 의미 전용을 이해하는 데 조금은 도움
이 될 것도 같다. 그런데 우리의 이 대화편은 이 대목에서 '스스로가 스
스로를 운동케 하는 것'이 '혼의 본질(ousia)'이며 그 '의미 규정(logos)'
이라 해도 부끄럽지 않을 것, 곧 그 의미 규정으로 손색이 없을 것임을 말
하고 있다. 아닌 게 아니라 이는 생명의 역동성을 상징하는 혼에 대한 본
질적 의미 규정이라 할 수 있다. 그런데 여기에서와는 달리 247c에서는
이 ousia(우시아)를 '본질'보다는 '존재'로 이해하고 또한 그리 번역하
지 않을 수 없게 하는 대목이 나온다. 그리고 《법률》편 895d~896a에서
도 혼의 의미 규정을 얻게 되는 과정과 관련된 언급을 하면서 이런 내용
의 말을 하고 있다. 각각의 것을 아는 것과 관련해서 세 가지를 생각해 볼
수 있겠는데, 우선 있는 것(···인 것: to on) 곧 존재(ousia), 존재의 의미
규정(logos) 그리고 이름(onoma)이 그것들이다. 이에서 보다시피 이 경
우에도 '우시아'는 '본질'보다는 '존재(ousia=to on)'인 셈이다. 그리고
우리가 흔히 '실체(substance)'로 번역하는 이 용어와 관련된 아리스토텔
레스의 생각에 대해서는 여기에서 언급하지 않기로 하는데, 이에 대해서
는 졸저 《헬라스 사상의 심층》 145~146쪽을 참조하는 게 좋겠다.

130) 237d에서 '정의'와 관련된 각주를 참조할 것.

131) 원어는 앞의 경우와 뜻은 같으나, 대명사 한 가지 표현이 바뀌었다.
to auto hehauto kinoun이다.

132) 혼으로 번역하고 있는 '프시케(psykhē)'의 기본 뜻은 '생명'이다.
따라서 그 반대인 사멸은 '생명'을 뜻하는 혼에는 근본적으로 배치된
다. 혼의 불사성에 대한 믿음은 이에 근거하고 있다. 《파이돈》편 105d~
106d에서도 이에 근거해서 혼의 불사성에 대한 증명을 하고 있다.

따라서 혼의 불사성(athanasia)과 관련해서는 충분하겠네. 그러나 혼의 모습[133])과 관련해서는 이렇게 말해야만 해. 그게 어떤 것인지에 대한 설명은 모든 면에서 전적으로 신에 속하는 것으로 길게 해야 하는 것이겠지만, 그게 무엇을 닮았는지에 대한 설명은 사람이 할 수 있는 짧은 것이지. 따라서 이렇게 말하지. 그러니까 한 쌍의 날개 달린 말들의 힘과 이들을 모는 자의 힘이 본디 함께한 상태의 것을 그게 닮은 것으로 하세나. 물론 신들의 말들과 말을 모는 자들은 모두 스스로도 훌륭하며 또한 그 계통도 훌륭해. 그러나 다른 것들의 경우는 섞여 있지. 그리고 첫째로, 우리를 이끄는 자는 한 쌍의 말들을 몰거니와, 다음으로는, 이 말들 중의 하나는 그에게 있어서 아름답고 훌륭하며 그 계통도 그러하나, 다른 하나는 그 반대이고 그 계통도 그 반대야.[134]) 그러니 우리의 경우에는 그 모는 일이 필연적으로 어렵고 고달

    b

---

133) 여기에서 '모습'으로 옮긴 것의 원어는 *idea*이다. 이에는 eidos(형상)와 마찬가지로 '형태', '모양', '모습', '외관', '외모', '성질', '특성', '종류', '종(種)' 등 여러 가지 뜻이 있고, 우리가 알고 있는 전문 용어로서의 '이데아'는 그 한 가지 뜻일 뿐이다.

134) 《국가(정체)》편(특히 제4권)에서 혼을 그 기능이나 성향에 따라 편의상 세 부분으로, 즉 '이성적인(헤아리는) 부분(to logistikon [meros])', '격정적인 부분(to thymoeides)', '욕구적인 부분(to epithymētikon)'으로 구분해서 본 이른바 혼의 삼분설(三分說) 또는 세 부분설을 연상케 한다. 그런가 하면 《티마이오스》편 69c～74d에서는 '혼의 불사하는 원리(arkhē psykhēs athanatos)'를 언급한 뒤에, '다른 종류의 혼'이라든가 '사멸하는 종류(의 것)(to thnēton [eidos])'라고 하는가 하면, 69d～71b에서는 사멸하는 부류의 혼을 다시 두 부분으로 구분해서 언급하고 있다. 다시 말해, 횡격막(가로막)을 칸막이로 하여, '가슴(흉강)'과 '몸통(복강)'에 사멸하는 혼의 두 부분, 즉 '용기와 격정에 관여하는 부분'과 '음식물 등에 대해 욕구를 갖는 부분'이 나뉘어 자리 잡고 있는 것으로 말하고 있다. 이와는 달리 신적(to theion) 또는 가장 신적(to theiotaton)이며

프지. 그러면 생물이 어떤 점에서 사멸하는 것으로 그리고 불사하는 것으로 불리는지 말하도록 해야만 해. 혼은 모두가 혼이 없는 모든 것을 보살피되, 온 우주를 돌아다니면서,[135] 그때마다 다른 모습들로[136] 나타나지. 그래서 이게 완전해져서 날개가 돋게 되면, 공중을 날며 온 우주를 조종하게 되지.[137] 그러나 날개깃들이 떨어져 나간 혼은 어떤 고체 상태의 것을 붙들게 될 때까지 떠돌다가, 이곳에 자리 잡게 되어서는, 흙의 성분을 지닌 몸을 취하게 되고, 이것은 혼의 힘으로 해서 스스로를 운동케 하는 것으로 보여, 혼과 몸이 합쳐진 것이라 그 전체가 생물로 불리게 되고, 죽게 마련인 것(thnēton)이라는 별명도 갖게 되었지. 그러나 죽지 않는 것(athanaton)이란 이치로 따져서가 아니라, 우리가 신을 보지도 못하고 충분히 알지도 못하면서, 죽지 않는 살아 있는 것, 혼도 갖고 몸도 가진 것, 이것들이 언제나 본디부터 함께한 것으로 상상하고 있지.[138] 하지만 이것들은 사실 신께 좋을 대로 그런 것으로 말하게 하세나. 날개 깃털들의 상실 원인을, 무엇 때

c

d

___

최선의 것(to beltiston)인 불사의(athanatos) 혼은 뇌(enkephalos, 73d)에 자리 잡고 있는 것으로 언급되고 있는데, 이는 곧 이성(logos) 또는 지성(nous)으로 불리는 혼이다.

135) 《티마이오스》편 69c에서는 우주를 '하나의 살아 있는 것(zōon hen)'으로 언급하고 있다.

136) 원어는 en allois eidesi인데, eidesi의 주격은 eidē이고 이의 단수는 eidos이다. '에이도스'에 대해서는 246a에서 '모습'에 대한 각주를 참조할 것.

137) 《법률》편 896e~897c에는 이런 구절이 보이는데, 같은 생각을 읽을 수 있겠다. "혼은 하늘에 있는 것들(천체들)과 땅 그리고 바다에 있는 것들 모두를 자신의 운동을 통해서 이끈다. … 최선의 혼이 온 우주를 보살피며 … 이끈다."

138) 헬라스인들의 신화에서는 의인화된 신들이 그렇고, 《티마이오스》편에서는 천체들을 그리 말하고 있다.

문에 그게 혼에서 떨어지게 되었는지 포착토록 하세나. 그건 이런 것
이야.

　날개의 힘은 그 본성이 무거운 것을 높이 떠올려 신들의 종족이 거
주하는 곳으로 이끌고 가는 것인데, 그것은 몸과 관련되는 것들 중에
서는 어떤 면에서 신적인 것[139]에 가장 많이 관여하지만, 신적인 것
은 아름답고, 지혜로우며, 훌륭하고, 또한 그와 같은 모든 것인 것이　　　e
지. 바로 이것들로 해서 혼의 깃은 영양을 얻고 최대한 자라지만, 추
하고 나쁘며 그 반대되는 것들에 의해서는 쇠퇴하여 소멸하지. 물론
천상에서의 위대한 영도자인 제우스가 날개 달린 마차(전차)[140]를 몰
고서 앞장으로 나아가네. 모든 것을 통할하며 보살펴면서야. 또한 신
들과 신령들의 무리가 따르는데, 11진으로 정렬해서고. 헤스티아는　　247a
신들의 거처에 혼자 머물러 있기 때문이지.[141] 그러나 열둘의 수에 배

---

139) 텍스트 읽기에서 [psykhē]는 삭제하고서 읽었다.

140) 원어 harma는 마차 중에서도 특히 전장에서의 전차나 경주용 전차
　　를 뜻하지만, 이 경우에는 그런 용도의 전차로 굳이 볼 필요는 없겠다. 하
　　나의 멍에에 맨 두 필의 말이 끄는 마차와 그걸 모는 자를 상상하면 되겠
　　기 때문이다.

141) 헬라스인들은 올림포스 산에서 기거하고 있는 신들을 열둘로 생각
　　했다. 제우스(Zeus), 헤라(Hēra), 포세이돈(Poseidōn), 아테나(Athēna),
　　아폴론(Apollōn), 아르테미스(Artemis), 아프로디테(Aphroditē), 헤르메
　　스(Hermēs), 데메테르(Dēmētēr), 디오니소스(Dionysos), 헤파이스토스
　　(Hēphaistos), 아레스(Arēs)가 그들인데, 이들은 아테네의 파르테논 신전
　　의 동쪽 프리즈(frieze)에 새겨진 상들의 명단이다. 그러나 때로 이 열두
　　신들의 명단에서, 여기에서처럼, 디오니소스는 Hestia와 바뀌기도 한다.
　　아테네의 참주 페이시스트라토스(Peisistratos)가(家)에 의해 아고라에 세
　　워진 열두 신들의 제단에도 이 여신이 포함되어 있다. Hestia는 화덕(hes-
　　tia)의 여신이다. 크로노스와 레아의 딸이며, 제우스의 누나이다. 그런데
　　화덕(hestia)은 원래 불씨를 간직해 두는 화로나 화덕 또는 벽난로(정확

정된 나머지 신들은 저마다 지정받은 대오에 따라 선봉에서 [무리를] 인도하지. 그래서 하늘에서의 많은 축복받은 광경들의 통로들을 행복한 신들의 종족이 저마다 맡은 일을 하면서[142] 이리저리 다니는데, 언제나 원하는 그리고 가능한 자는 그 뒤를 따르지. 신적인 것들의 무리에서는 질투를 찾아볼 수 없기 때문이야. 그런데 이들이 잔치나 연회

b 에 갈 때면, 천상의 천궁(天穹) 꼭대기로 가파른 곳으로 가지. 바로 여기에서 신들의 마차들이 고삐를 모는 대로 균형을 유지하며 순응하는 것들은 수월하게 나아가지만, 그렇지 않은 것들은 힘들게 나아가지. 성질이 고약한 말은 무거워하며 땅 위로 기우뚱하며 축 처지는데, 그 말을 모는 자에 의해 잘 길들여지지 않은 탓이지. 이 경우에는 최악의 노고와 싸움이 그 혼 앞에 버티고 있지. 불사하는 것들로 불리는 혼들이 정상에 이르게 될 땐, 밖으로 나가 하늘의 표면에 서고. 이것들이

c 서게 되면, 그 회전이 이들을 이끌고 도니, 이들은 하늘 바깥쪽 것들을 구경하게 되지.

그러나 천상의 영역에 대해서는 이 지상의 어느 시인도 찬양한 적이 없거니와 결코 제대로 찬양하게 되지도 않을 것이야. 하지만 그건

히는 재가 있는 그 바다)인데, 그게 있는 가옥 또는 그 공간을 의미하기에, 가정과 가족 또는 그 공간의 주인공에 대한 상징적 의미를 갖기도 한다. 헬라스의 각 나라에는 영빈관 성격을 갖는 Prytaneion이라는 건물이 있어서, 이곳의 화덕에는 언제나 불이 타고 있는데, 이는 이 여신에게 바치는 성화이기도 하다. 새로 식민지를 개척하게 되면, 이곳에서 불을 가져갔다. Hestia는 로마 신화의 Vesta에 해당된다.

142) 올림포스의 신들 사이에는 분한과 관장 영역이 있다. 제우스는 주신이고 벼락과 우레는 그만의 소관이며 비도 그가 내린다. 헤라는 그 아내이며, 아프로디테는 사랑과 아름다움 그리고 풍요의 신이며, 아폴론은 역병과 치유, 궁술, 리라와 관련된 음악 그리고 예언의 신이니, 이처럼 신들에겐 저마다 맡은 일이 있다.

다음과 같아. — 특히 진실을 말하려는 사람으로서는 실상 참된 걸 말해야만 하니까. — 색깔도 없고 모양도 없으며 만져지지도 않는 참으로 있는 존재(ousia)[143]는 혼의 조타수인 지성(nous)에만 보이는 것으로서, 이에 대한 것이 참된 앎(hē alēthēs epistēmē)의 부류인데, 그게 이 영역을 차지하고 있어.[144] 따라서 신의 생각은 지성과 순수한 앎에 의해 자라게 되고, 또한 모든 혼도 적절한 것을 받아들이려 하기에, 오랜 시간이 지나 실재(to on)를 보고서 이를 좋아하고, 참된 것을 보고서 자라며 흐뭇해하지. 그 회전이 같은 기점으로 돌아올 때까지 말이야. 이 운행 중에 혼은 올바름(정의) 자체를 보는가 하면, 절제를 보고, 앎도 보게 되는데, 이것에는 생성(genesis)이란 없으며, 또한 이것은 우리가 오늘날 있는 것들이라 일컫는 것들 중의 어떤 것에 있어서 그때마다 다른 것인 그런 것도 아니고, 실재하는 것인 것에 있어서의 참된 앎이야. 또한 다른 참으로 있는 것들(실재들: ta onta ontōs)도 마찬가지로 혼이 보게 되어 성찬을 누리게 되면, 혼은 다시 하늘 안쪽으로 내려가, 거처로 돌아가지. 이것이 가면, 말들을 모는 자는 이것들을 여물통으로 데려가 서게 하고선, 암브로시아를 던져 주고, 이와 함께 넥타르를 마시게 하지.[145]

d

e

---

143) 245e에서 ousia에 대한 각주를 참조할 것.
144) 여기에서 말하는 '천상의 영역(ho hyperouranios topos)', '지성(nous)에만 보이는' '참으로 있는 존재(ousia)' 그리고 '그런 존재들에 대한 참된 앎(epistēmē)의 부류' 등의 언급과 함께 바로 다음에서 말하게 되는 올바름(정의) 자체 등에 대한 언급은 《국가(정체)》편 508c~510a에서 언급되고 있는 내용과 표현들을 바로 연상케 한다. 곧 '지성에 의해서[라야] 알 수 있는 영역(ho noētos topos)', 그런 영역에서 접하게 되는 '지성에 의해서[라야] 알 수 있는 부류(to noēton genos)' 등에 대한 언급들이 그렇다고 할 것이다.

248a 또한 이게 신의 삶이야. 반면에 다른 혼들의 경우에, 신을 가장 잘 따르며 가장 닮은 것은 말을 모는 자의 머리를 그 바깥 영역으로 쳐들고서, 그 회전을 함께 따라 하게 되는데, 말들로 해서 혼란되어 가까스로 실재들(ta onta)을 보게 되지. 그런가 하면 강제로 몰게 된 말들의 경우엔 그 머리가 올랐다가 내려갔다 하는 터라 이 혼은 실재들을 일부는 보지만, 일부는 보시 못해. 그렇지만 나머지 혼들은 모두가 위로 오르려 매달리며 따르나, 그게 불가능해서, 표면 아래에서 함께 돌

b 게 되지. 서로들 짓밟고 덮치면서, 서로 앞서려 기를 쓰지. 그래서 소란과 경쟁 그리고 극도의 땀 흘림 사태가 벌어지는데, 바로 이 경우에 말을 모는 자들의 무능으로 해서 많은 혼이 불구가 되는가 하면, 또한 많은 혼은 날개들이 많이 부러지게도 되지. [이것들] 모두는 많은 수고를 했지만 실재의 조망에는 이르지 못하고서 떠나가거니와, 이렇게 떠난 혼들은 의견(doxa)을 키우는 영양[146)을 이용하게 되고. 한데, 많은 열성은 진리의 들판[147)을 보기 위해서이거니와, 또한 혼의 최선

c 의 부분에 적절한 목초도 이곳의 목초지에서 취하게 되어서니, 혼을 떠오르게 하는 날개의 구조 또한 이 목초로 해서 영양을 취하게 되지. 아드라스테이아[148)의 율법 또한 다음과 같은 것이야. "어떤 혼이든 신

---

145) 암브로시아 및 넥타르와 관련해서는 《향연》편 203b에서 해당 각주를 참조할 것.

146) '의견을 키우는 영양(양식)'의 원어는 trophē doxastē인데, 의견(doxa)은 앎(epistēmē)에 미치지 못하는 것이다. doxa에 대해서는 《향연》편 202a 및 204a에서 해당 각주들을 참조하는 것도 좋겠다.

147) 진리의 들판(to alētheias pedion)은 《국가(정체)》편 621a에서 말하는 '망각의 평야'를 연상케 한다.

148) Adrasteia는 Nemesis의 별칭이다. 네메시스는 의분이나 응보를 뜻하는데, 이의 신격화요, 인간의 주제넘음에 대해 반드시 벌을 내리는 여신

을 수행하게 되어 참된 것들 중에서 어떤 걸 보게 된 혼은 다음 운행
까진 시름을 잊을 것이며, 만일에 이를 늘 할 수 있다면, 언제나 손상
을 입지 않을 것이다. 그러나 따를 수가 없어서, 그걸 보지 못할 경우
에라도, 또한 운이 나빠 망각과 무능으로 꽉 차 있어서 무거워져 있
을 경우라도, 무겁게 되어 날개 깃털들이 떨어져 땅 위에 떨어질 때라
도, 그때의 율법은 이 혼이 첫 태어남에서는 그 어떤 짐승으로도 태어   d
나지 않는 것이다. 그러나 참된 것들을 가장 많이 본 혼은 인간의 자
손으로 태어나, 장차 지혜를 사랑하거나 아름다움을 사랑하거나 또
는 무사 여신들이나 에로스의 추종자로 될 것이나, 둘째로 많이 본 혼
은 준법적인 왕이나 전사 그리고 지휘자로, 셋째로 많이 본 혼은 나
랏일을 보살피거나 가정 경영이나 사업에 종사할 자로, 넷째는 힘든
걸 마다하지 않는 체육인[149]이나 몸의 치유와 관련되는 자로, 다섯째
는 예언자의 삶 또는 밀교 의식에 종사하는 삶을 살 자로 될 것이다.   e
여섯째는 시나 모방(mimēsis)과 관련되는 그 밖의 다른 어떤 삶이 어
울릴 것이고, 일곱째는 장인(匠人)이나 농부의 삶이, 여덟째는 소피
스테스나 민중 선동가의 삶이, 그리고 아홉째는 참주의 삶[150]이 어울
릴 것이다. 그러니 이 모든 태어남에서 올바르게 삶을 보낸 자는 더 나

이다. 여기에서는 adrastos(달아날 수 없는)라는 그 어원과 관련되어, '아
드라스테이아'는 피할 수 없는 '운명'이나 '필연'의 여신을 말하고 있는
것으로 보는 게 옳겠다. 《국가(정체)》편 451a에서도 이 여신에 대한 언
급이 보인다.

149) 텍스트 읽기에서 d6의 philoponou ⟨ē⟩ gymnastikou의 ⟨ē⟩를 없애고
읽었다.

150) 《국가(정체)》편 제9권 571a~580a에서 참주 정체 그리고 이를 닮은
참주적인 인간의 삶이 각기 최악의 정치 형태이며 최악의 삶임을 밝히고
있다.

은 운명을 받게 되나, 올바르지 못하게 보낸 자는 더 못한 운명을 받
게 된다. 혼은 저마다 떠났던 같은 곳에 일만 년이 지나기까지는 돌아
오지 않기 때문이다. 그토록 오랜 기간이 지나기 전에는 혼이 다시 날

개를 갖지 못하니까. 정직하게 지혜 사랑을 했거나 지혜 사랑[151]을 동
반한 소년 사랑을 한 자[152]의 혼을 제외하고서. 이 혼들은 세 번째
의 천 년 운행[주기]에서, 이들이 잇달아 이 삶을 세 번 선택한다면,
3천 년 되는 해에 이처럼 날개가 돋아 되돌아간다.[153] 그러나 다른 혼

---

151) 원어는 philosophia이고, 우리가 대개는 '철학'으로 번역하는 낱말
이다. *Diogenes Laertius*, VIII, 8에는 피타고라스가 다음과 같은 말을 한
것으로 전해져 오고 있다. "인생은 축제와도 같다. 어떤 사람들은 시합을
위해서 축제에 참석하나, 어떤 사람들은 장사하러 참석한다. 그러나 가장
훌륭한 사람들은 구경하는 사람들(theatai)로서 참석한다. 이와 마찬가지
로 인생에 있어서도 노예와 같은 사람들은 명성과 이득을 추구하는 사람
들로 되지만, 지혜를 사랑하는 사람(철학자)들은 진리를 추구하는 사람
들로 된다." 우리가 쓰고 있는 '철학'이라는 말을 처음에 만든 것은 이 피
타고라스의 이 마지막 말을 토대로 한 것이다. 그래서 '희철학(希哲學)',
즉 '슬기로워지기를 바라서 하는 학문'의 뜻으로 원래는 지었으나, 간편
함을 위해 '희(希)'자를 생략한 채 쓰기 시작한 것이 이렇게 굳어졌단다.
이 이야기와 관련해서는 졸저 《헬라스 사상의 심층》152~153쪽의 각주
를 참조할 것. 아닌 게 아니라 적잖은 헬라스인들이 삼라만상의 근원이
되는 것이 무엇이며 인간은 어떤 존재이며 공동체의 일원으로서는 어떻
게 처신하며 살아야만 하는지 등의 문제를 골똘히 본격적으로 생각하기
시작하면서, 이런 것과 관련된 지혜를 얻고자 했는데, 이게 곧 지혜 사랑
의 탐구 활동으로 굳혀지면서 학문 활동으로의 '철학(philosophia)'으로
도 일컫게 된 것이다. 그리고 《향연》편 204a~c의 본문 및 b의 각주에서
관련어들도 참고하는 게 좋겠다.
152) '지혜 사랑을 동반한 소년 사랑을 한 자'란, 요즘식으로 말하면, 장
래가 촉망되는 젊은이를 사랑하며 슬기롭도록 가르친 스승으로 보면 될
것이다.
153) 곧 신을 수행하는 혼으로 되돌아감을 뜻한다.

들은 첫 삶을 마치게 될 때, 심판을 받게 되는데,[154] 심판을 받은 혼들의 일부는 지하의 처벌 장소들로 가서, 벌을 받지만, 일부의 혼들은 디케 여신(Dikē)[155]에 의해 하늘의 어떤 곳으로 떠올려져서, 그들이 사람의 모습으로 살았던 삶에 걸맞게 지내게 된다. 그러나 천 년   b
째 되는 해에는[156] 이들 양쪽 혼들이 두 번째 삶의 추첨과 선택[157]에 임하여 저마다 원하는 삶을 선택할 것이다. 또한 이때 인간 혼이 짐승의 삶으로 들어가게 되며, 이전에는 인간이었던 혼이 짐승에서 다시 인간으로 돌아가게도 된다. 결코 진리(alētheia)를 본 적이 없는 혼은 이 형태 속으로 들어올 수 없기 때문이다. 왜냐하면 인간은 종(種: eidos)[158]에 따라 말하게 된 걸, 곧 여러 번의 감각적 지각들에서 출발

---

154) 죽은 다음의 혼들의 심판과 관련된 언급은《고르기아스》편 523a~527a,《파이돈》편 107d~108c,《국가(정체)》편 제10권 614b 이후의 에르(Ēr) 이야기, 그리고《법률》편 903b~905b에서도 보인다. 그리고 이런 윤회(metempsykhōsis) 사상과 관련된 이야기들은, 6세기 말 무렵에 번지기 시작하였고, 특히 피타고라스 학파의 구원 사상과 오르페우스 비교의 구원 종교와 결부되어 있으며, 플라톤은 이들의 사상을 자신의 철학 속에 상징적 또는 함축적 의미로 수용하고 있다. 이와 관련해서는 졸저《헬라스 사상의 심층》22~29쪽을 참조하는 게 도움이 될 것 같다.

155) 정의(dikē)가 신격화된 여신이다. 제우스와 테미스(Themis)의 딸이며, 사람들의 잘못을 지켜보고 있다가, 이를 제우스에게 고해바친다고 한다.

156) 천 년의 기간에 대한 언급은《국가(정체)》편 615a~c에도 보인다.

157) 삶의 제비들(klēroi) 곧 이의 추첨 및 그 선택(hairesis)과 관련해서는《국가(정체)》편 617d~620e에서 언급하고 있는데, 선택은 제시된 삶의 표본들([ta tōn] biōn paradeigmata) 중에서 자기가 앞으로 살 삶을 선택하는 것이고, 제비뽑기는 그 선택의 차례를 뽑는 것이다. 앞(248d~e)에서 제시된 삶의 유형들은 참된 것을 얼마나 많이 본 혼인지에 따라 그 보답으로 주어지는 삶이지만, 이 또한 저마다 참된 것을 얼마나 많이 보려고 열의를 쏟았는지를 말해 주는 선택의 결과에 따른 것이라 할 것이다.

해서 추론(logismos)에 의해서 하나로 모아지게 된 걸 이해해야만 하

c 니까.[159] 한데, 이것은 우리의 혼이 일찍이 신과 동행하며, '있는 것
들'로 지금 우리가 말하는 것들은 내려다보면서, 참으로 있는 것(실
재: to on ontōs)으로 향해 올려다봄으로써 보았던 것들에 대해 상기
함(anamnēsis)[160]이다. 바로 이 때문에 지혜 사랑을 하는 자의 사유

---

158) 246a에서 *idea* 및 eidos에 대한 각주를 참조할 것. 이 대화편에서는
대화의 성격상 이 낱말들을 철학적 전문 용어로서의 '이데아'나 '형상'
으로 사용하지 않은 상태로 논의를 전개하고 있다.

159) 곧 추상 작용에 대한 이해, 또는 개념적 보편적 이해를 말하고 있다
고 보면 되겠다.

160) 앞서 247c~e에서 '천상의 영역'을 신들의 마차 행렬을 수행하면서
혼들은 '참으로 있는 존재(ousia)', 곧 '참으로 있는 것들(실재들: ta onta
ontōs)'을 보았는데, 이는 '혼의 조타수인 지성(nous)에만 보이는 것'이
며 이에 대한 것이 '참된 앎'이라 했다. 물론 혼들이 그것들을 본 정도의
차이는 큰데, 이는 말들로 비유된 혼 각각을 구성하는 것들의 성질에 따
른 것이라 했다. 그리고 249b~c에서는 그런 혼들이 그 첫 태어남에서는
인간의 형태로 태어나는데, 이들 중에서 '지혜 사랑을 하는 자의 사유'는
감각적 지각들을 벗어나는 추론을 통해 개념적·보편적 이해를 갖게 되
어, 참된 존재를 상기하게 되는 것으로 말하고 있다. 이른바 상기설은 혼
의 윤회를 말하는 신화와 지성을 기반으로 한 인식론을 합성한 것이다. 한
쪽은 종교요 다른 한쪽은 철학이다. 이런 상기설은 철학적 논의의 역사가
일천했던 당시의 상황과 직결되어 있다(《향연》편 210a 비교 의식과 관련
각주 참조). '상기함'과 관련된 최초의 대화편은《메논》편이다. 이 대화
편은 흔히 소크라테스적 대화편들로 불리는 초기 대화편들과 플라톤 철
학의 특성들이 뚜렷이 드러나 있는 중기 대화편들의 징검다리 구실을 하
는데, 이 대화편 81c~86c에 걸쳐 상기함과 관련된 논의가 나온다. 이 대
화편의 81d에서는 "탐구하는 것(to zētein)과 배우는 것(알게 되는 것, 이
해하게 되는 것: to manthanein)은 전적으로 상기함(anamnēsis)이다."라
고 말하고 있다. 그러면서 동원되는 것이 소크라테스가 메논이 데리고 다
니는 가복(家僕)들 가운데 정상적으로 배운 것이라고는 별로 없을 것이
빤한 한 소년을 상대로 땅바닥에 정사각형들을 그리며 질문을 거듭함으

(dianoia)[를 갖는 혼]만이 날개를 갖게 되는 것이 정당하다. 왜냐하면 신이 가까이하는 터인 바로 그것들에 기억에 의해 가능한 한 언제나 가까이함으로써, 그것은 신적인 것이겠기 때문이다. 그렇지만 그것들을 일깨워 주는 그런 것들을 옳게 이용하는 사람은 언제나 완벽한 입교 의식을 치르게 되어, 그만이 참으로 완벽해진다.[161] 그러나 그는 열성으로 하는 인간적인 일들에서 벗어나 신적인 것에 가까워짐으로써, 다중에 의해서는 실성한 자로 책망당하지만, 그가 신들린 상태인 것[162]은 다중이 모른다."   d

그래서 여기까지 진행되어 온 모든 이야기는 네 번째 광기에 대한 것이야. 누군가가 이곳 지상에서 아름다움을 보고서, 참된 아름다움을 상기하게 되어, 날개를 갖추고서 날아올라 매달리려 애를 쓰지만, 불가능하니까, 새가 하는 식으로 위는 쳐다보면서도, 아래 지상의 것들에 대해서는 관심도 없는지라, 미친 상태에 있다고 해서 그 광기를 비난하지. 그러니까 이것은 모든 신들린 상태 중에서도 최선의 것이며, 이를 지니고 있는 자에게도 이에 관여하고 있는 자에게도 최선의   e

---

로써 훌륭한 기하학적 해답들을 이끌어 내고, 마침내는 8평방 피트의 도형 찾기의 직전 단계에까지 이끌어 가는 방식에 의한 설명이다. 또한《파이돈》편(72e 이후)에서도 상기설과 관련된 문제들이 다루어지고 있다.

161) 입교(myēsis) 또는 입교 의식(入敎儀式: teletē)과 관련해서《향연》편 210a에서 해당 각주를 참조하는 게 여기에서 말하고 있는 내용의 이해에 도움이 되겠다. 그리고 '완벽한' 또는 '완전한'을 뜻하는 헬라스어는 teleios 또는 teleos이고, 동사 teleō 또는 teleiō에는 '완성하다', '끝마치다', '완전케 하다'는 뜻과 함께 '비교에 입교하다'는 뜻도 있다. 따라서 여기에서는 이런 어원을 연결해서 농언을 하고 있는 셈이다.

162) 원어는 enthousiazōn이다. 이의 명사형은 enthousia 또는 enthousiasmos이다. 바로 다음 e에서 말하고 있는 '신들린 상태'는 enthousia이다. 이와 관련해서는《향연》편 179a에서 해당 각주를 참조할 것.

것들에서 연유한 것이라는 이야기이며, 또한 이 광기에 관여함으로
써 아름다운 것들을 사랑하는 자가 사랑을 하는 자로 불린다는 이야
기야. 말했다시피, 인간의 혼은 모두가 [참으로] 있는 것들을 본성적
으로 보았거나, 아니면 이 [인간이라는] 생물로 태어나지 못했을 것이

250a   기 때문이지.[163] 하지만 이곳 지상의 것들로 해서 그것들을 상기하게
되는 것이 모든 혼에 쉬운 건 아니야. 그때 그곳의 것들을 빈약하게
본 혼들의 경우에도, 이 지상으로 떨어지고서 불운을 당해서, 나쁜 교
제들로 해서 올바르지 못한 쪽으로 전향하게 되어, 그때 보았던 성스
러운 것들을 망각하게 된 혼들의 경우에도 말이야. 그 기억이 충분히
간직되어 있는 혼들은 아주 소수가 남아 있지. 그러나 이 혼들은 그
곳의 것들을 닮은 것들 중의 어떤 걸 보게 되면, 넋이 나가 더는 스스
로를 제어하지 못하는데, 이것이 충분히 식별을 하지 못함으로 인한

b   처지임을 그들은 모르고 있는 게야. 그야 물론 올바름과 절제 그리고
그 밖의 것들로 혼들에 귀중한 하고 많은 것들을 닮은 이곳의 것들에
는 그 안에 아무런 광채도 없지만, 이들 중에서 소수의 사람들은 또렷
하지도 못한 감각 기관들을 통해서나마 가까스로 그 모상(eikōn)들에
접근해서, 이것들이 닮게 된 본래 것들의 부류를 보게 되지.[164] 한데

---

163) 247c~248d 참조.

164) 곧 소수의 지혜를 사랑하는 자들이 감각 기관들을 통해서 그 모상들
(eikones: 단수는 eikōn)에 접하게 될 경우, 이들은 이것들이 닮게 된 본
래 것(to eikasthen)의 부류(genos)를 보게 되는데, 이를 앞서(247c에서)
지성에 의해서 보게 되는 것이라 하며, 이것이 '참된 앎'이며, 이를 '상
기함'이라고도 했다. 그중에서도 바로 다음에서 특히 '아름다움'에 대해
민감한 것으로 말하는 것은 이것이, 《향연》편에서의 디오티마의 발언에
서처럼, 아름다운 사람에 대한 이끌림으로서의 사랑(erōs)에서 시작되어
궁극적 아름다움 곧 아름다움 자체 또는 그 이데아를 보게 하는 강력한

그때의 아름다움(kallos)은 보기에 눈부셨지. 우리가 제우스를 수행하면서, 다른 이들은 다른 신들을 수행하면서, 행복한 무리와 함께 축복받은 광경과 조망을 보았을 때는 말이야. 그리고선 우리가 가장 복되다고 말하는 게 온당할 비교(秘敎)에 입교하게 된 것인데, 이를 우리   c
는 온전한 상태로 그 의식으로 치렀어. 나중에 우리를 기다리고 있었을 나쁜 것들도 겪지 않은 상태로 말이야. 입교를 하고서는, 완전하고 단순하며 조용하고 행복한 현시적 상징(顯示的象徵)들(phasmata)을 순수한 밝은 빛 속에서 비전(秘傳) 전수자로서 보게 된 거지.[165] 또한 바로 지금 우리가 갖고 돌아다니면서 몸으로 일컫는 이것 속에, 굴이 그 껍데기 속에 갇혀 있는 식으로, 갇히지도 않은 순수한 상태로지.[166]

그러면 이것들이 그 기억에 대해 한 호의적인 언급들이었던 걸로

도화선이 되기 때문이다.

165) 엘레우시스(Eleusis) 비교 의식(秘敎儀式: mystēria) 그리고 이의 입교(秘敎入敎: myēsis) 및 입교 의식(teletē)과 관련해서는 《향연》 편 (210a)에서 어느 정도 언급했다. 그런데 평범한 입교 정도가 아니라, 소수의 사람들에게만 '완전한 최종적인 비교 의식(ta telea kai epoptika)' 을 치르는 게 허용되는데, 이를 통해 이 비교의 비전(秘傳: epopteia)에 접하게 된다. 이 비전에 접한 사람을 epoptēs라 한다. 그러니까 비전은 이 비교가 간직하고 있는 비밀을 봄, 곧 그것에 접함을 뜻하며, 접하게 된 자 곧 그걸 본 자를 epoptēs라 한다. 이때 보게 되는 것들이 phasmata인데, 이는 일반적으로는 《향연》 편 179d에서처럼 '환영' 이나 '현상' 등을 뜻하지만, 이 경우는 이 비교의 오지(奧旨)를 상징적으로 현시해 보이는 것들을 뜻한다. 그게 무엇인지는 아무도 발설할 수 없었고, 발설하는 날엔 그길로 그는 바로 살해되도록 되어 있었다. 여기서는 감각 기관들이 아닌 '혼의 조타수인 지성' 에 의해 참된 존재에 접하게 되는 걸 이런 식으로 '비전(秘傳)' 에 빗대어 말하고 있는 것이다.

166) 몸(sōma)이 혼의 무덤(sēma)이라는 말은 《고르기아스》 편 (493a) 및 《크라틸로스》 편(400c)에도 보이지만, 이게 정작 누구의 주장인지에 대해서는 정확한 정보가 없다.

하지. 그 기억 때문에 그때의 것들에 대한 열망으로 해서 지금 다소
긴 말을 한 거야. 그러나 아름다움의 경우, 우리가 말했다시피,[167] 그

d 것들[168]과 함께 있을 때도 그건 빛났지만, 우리가 이곳으로 와서도,
우리의 감각들 중에서도 가장 또렷한 감각을 통해서 가장 또렷하게
빛나는 그것을 포착했지. 왜냐하면 시각은 몸을 통한 감각들 중에서
는 우리에게 있어서 가장 예민하기 때문이야. 그것에 지혜(phronēsis)
가 보이는 건 아니지만 말이야. 만약에 지혜가 그와 같은 자체의 어
떤 또렷한 영상(eidōlon)[169]을 시각에 제공할 수 있다면, 그것은 무서
울 정도의 사랑을 유발하겠기 때문이지. 사랑받는 다른 것들 또한 그
럴 것이지만. 그러나 지금은 아름다움만이 이 자격을 지니고 있어서,

e 가장 드러나 보이고 가장 사랑받는 것이야. 그렇더라도 최근에 입교
하지 않았거나 타락한 자는 이곳에서 저곳으로 아름다움 자체(auto to
kallos)[170]를 향해 재빠르게 옮겨 가지 못하지. 그래서 그것과 같은 이
름의 이곳 것을 보고서는, 바라보며 우러르지는 않고, 자신을 즐거움
(쾌락: hēdonē)에 내맡기고선, 네발짐승이 하는 식으로 올라타고서

---

167) b5에서 언급했거니와 그곳의 각주에서도 관련된 언급을 했다.
168) 올바름, 절제 따위의 혼들에 있어서 귀중한 것들, 곧 이른바 이데아
들을 가리킨다.
169) b에서의 '모상'과 같은 뜻의 것이라 보아도 되겠다.
170) 천상의 영역에서 혼이 본 것으로 여기서 말하고 있는 '아름다움 자
체(auto to kallos=beauty itself)'는 《파이돈》편(75d) 등에서 이른바 이
데아로서 말하는 auto to kalon(the beautiful itself)과 같은 것을 말하고
있다. kallos는 그 자체가 추상 명사이지만, to kalon의 경우에는 중성 정
관사(to)+형용사(kalon)=추상 명사(kallos)의 형식이다. 이는 이 대화
편에서도 《향연》편의 경우와 마찬가지로 전문 용어로서의 '이데아'를
쓰지 않고서 대화를 진행하고 있어서이다. 그리고 이와 관련해서는 역자의
《파이돈》편 75d의 각주 146 및 147을 참조하는 것도 좋겠다.

자식 갖기를 꾀하지. 히브리스¹⁷¹⁾와 함께함으로써 자연[의 이치]에 어
긋나게 즐거움을 추구하면서도 두려워하지도 부끄러워하지도 않지.
251a
최근에 입교한 자는, 그때의 것들¹⁷²⁾을 많이 본 자는, 아름다움을 훌
륭히 반영해 보이는 신과도 같은 용모나 몸의 어떤 모습을 보게 되면,
처음엔 떨게 되어, 그때의 두려움들 같은 뭔가가 그에게 엄습하는데,
다음으론 그걸 신처럼 바라보면서 우러르지. 또한 아주 미쳤다는 평
판이 두렵지만 않다면, 마치 조상(彫像)이나 신에 대해서처럼, 사랑
하는 소년에게 제물을 바칠 거야. 소년을 보고 있는 그를, 이를테면,
오한으로 인한 몸 상태의 변화처럼 땀과 예사롭지 않은 열이 사로잡
지. 아름다움의 방출을 눈을 통해 받아서 따뜻해지니, 이로 해서 날 b
개 구조가 물기를 머금게 되고 따뜻해져서, 오래전에 굳어짐으로 해
서 닫혀 버려 터져 나올 수 없도록 막았던 깃털 나는 곳 주변의 부위
가 녹게 되었지. 영양이 흘러드니 모든 종류의 혼 아래쪽 날개 깃촉이
그 뿌리로부터 부풀어 올라 자라게 되도록 촉진했어. 한때는 모든 혼
이 날개깃을 갖고 있었기 때문이지. 따라서 이 과정에서 혼은 온통 부 c
글거리며 용솟음치거니와, 막 이가 나려고 할 때, 새로 이가 나는 자
들의 이들 주변에 일어나는 상태와 똑같은 상태가 일어나지. 잇몸 주
변의 근질거림과 자극, 바로 이와 똑같은 걸 날개가 돋기 시작하는 자
의 혼이 겪게 된 거지. 날개들이 자라면서 부글거리고 자극하고 근질
근질한 거지. 그래서 혼이 소년의 아름다움을 바라볼 때, 거기에서부
터 흘러오는 입자들을 — 이 때문에 바로 이게 '히메로스(himeros:

---

171) hybris에 대해서는 238a 각주에서 언급했다. 이 경우는 '성적인 즐거
  움의 지나침' 곧 '색정에 빠짐'을 뜻한다.
172) 247c~e에서 언급한 천상의 영역에서 혼이 보았던 '참으로 있는 것
  들'을 가리킨다.

열망)'로 불리는데[173] — 받게 된[174] 혼은 물기를 갖게 되고 따뜻해져

d 서는 고통을 덜고 기뻐하게 되지. 하지만 소년과 떨어지게 되어 갈증
이 나게 될 땐, 날개가 돋기 시작하게 되는 통로의 출구들도 말라 버
려 닫히게 되어, 날개의 돋음을 막아 버리지. 안에서의 이 돋음이 그
열망과 함께 막혀 버리니, 맥박들처럼 뛰고, 각각의 그 돋음은 그 자
체의 날개의 출구를 찔러 대니, 혼 전체가 팔방으로 찔리어 미쳐 날뛰
며 괴로워하게 되고, 다시금 아름다움에 대한 기억을 갖게 되어 기뻐
하지. 그러나 이 양쪽의 혼성된 느낌에서 오는 이상한 감정 상태로 해
서 혼은 몹시 괴로워하며 당황스러워 미칠 지경이 되지. 또한 미친 상

e 태가 되어 밤에도 잠을 잘 수가 없고, 낮에도 있던 자리에는 머물러
있지 못하고, 어디든 아름다움을 갖춘 자를 보게 될 것으로 생각되는
곳으로 갈망하여 달려가지. 그를 혼이 보게 되면, 욕망의 물기가 짝
번져 그때 막혔던 구멍들을 열리게 하여, 생기를 얻게 되니, 찔러 대
는 고통들이 멈추게 되고, 다시금 순간적으로 이를 더할 수 없이 달콤

252a 한 즐거움으로 누리게 되는 거지. 바로 이래서 혼은 그를 선뜻 버려두
려 하지 않게 되고, 그 누구도 이 아름다운 자보다 더 귀히 여기지도
않게 되거니와, 어머니와 형제 그리고 모든 동료도 잊어버리지. 또한
잃어 가는 재산에 대한 무관심으로 인해 이를 아무렇지도 않아 하며,
관례적인 것들과 예절도 이전에는 자랑스러워했지만, 일체를 무시하
고서는, 욕망의 대상에 노예가 될 준비를 하고선, 그와 최대한 가까이
하는 걸 허용하는 곳이면, 어디서든 잠자. 아름다움을 지닌 자를 우러

---

173) 열망을 뜻하는 himeros를 hienai(보냄)+merē(입자)+rhoē(흐름)의
합성어로 볼 수 있다고 해서 하는 말이라는 해석이 있다. Hackforth, p.
97. fn. 1 및 De Vries, p. 156 참조.

174) 텍스트 읽기에서 251c8의 [ton himeron]은 삭제하고서 읽었다.

르는 것에 더해 가장 큰 고통들에 대한 유일한 치료사를 발견한 것이   b
지. 그러나, 나의 이 이야기 상대인 고운 젊은이여! 이 느낌의 상태
를 인간들은 사랑(erōs)이라 일컫지만, 신들이 부르는 걸 자네가 들
으면, 그 생소함으로 해서[175] 웃을 게야. 호메로스의 숭배자들[176] 중
의 어떤 이들이 공개되지 않은 운율 시들 중에서 에로스(Erōs)에 대
한 두 줄의 시를 말하고 있는데, 이 중에서 둘째 것은 아주 난폭하고
그다지 운이 맞지도 않은 것으로 나는 생각해. 그것들은 이렇게 읊고
있지.

죽게 마련인 자들은 실로 에로스를 날개 달린 것으로 일컫지만,
불사하는 자들은 프테로스[177]라 일컫는데, 이는 날개를 돋게 하는
필연 때문.

물론 이에 대해서는 그리 믿을 수도 있지만, 믿지 않을 수도 있지.   c
그렇지만 사랑하는 자들의 상태와 그 원인은 바로 그런 것이지.
그야 제우스의 수행자들 중에서 에로스에 붙잡힌 자는 그 날개 달

---

175) 원어는 dia neotēta인데, 이 경우의 neotēs를 젊음, 젊은이의 성급함
이나 혈기로 볼 것인지 아니면 다음에 에로스와 관련해서 하는 말의 생소
함인지가 분명치 않지만, 이 경우에 웃음의 탓이 젊음일 수는 없을 것 같
다. De Vries, p. 158~159 참조.
176) 원어는 Homēridai인데, 호메로스의 숭배자들이나 모방자들을 뜻
하기도 하고, 레스보스와 사모스 사이의 중간 거리쯤에 위치한 키오스
(Chios) 섬에서 호메로스의 후손들임을 자처하며 산 동료 집단을 가리키
기도 한다. 《국가(정체)》편 599e에 이들에 대한 언급이 보인다.
177) 원어 Pterōs는 '날개 달린 에로스 신' 곧 pteron(날개)+Erōs의 장난
스런 합성어인 셈이다.

린 신의 더 무거운 짐도 견뎌 낼 수 있지. 그러나 아레스[178]의 추종자들이었고 그와 함께 순행했던 자들[179]이 에로스에 사로잡히게 되고 사랑을 받는 자에 의해서 뭔가 해를 입은 것으로 생각하게 될 땐, 살기를 품고 자신들과 자신들이 사랑하는 소년을 선뜻 희생하려 하지.

d 또한 이처럼 각자는 자신이 그 추종자였던 그 신을 따라 그를 존경하며 가능한 한 그를 본받으며 살아. 타락하지 않고 이 세상에서의 첫 태어남을 사는 한은, 또한 사랑받는 자들 그리고 다른 사람들에게도 이런 식으로 대하며 사귀는 한은. 그래서 각자는 기질에 따라 아름다운 것들에 대한 사랑[180]을 선택하여, 그를 바로 신인 듯이 자신을 위한 조상(彫像)처럼 제작해서 장식하는데, 숭상하며 밀교 의식을 치르

e 기 위해서지. 그렇더라도 제우스의 추종자들은 자신들의 사랑을 받는 자가 그 혼에 있어서 고귀한(신과도 같은)[181] 자가 되기를 추구하지.

---

178) Arēs는 올림포스의 열두 신들 중의 하나이며, 제우스와 헤라 사이에서 유일하게 제대로 태어난 아들이다. 전쟁의 신 곧 군신(軍神)이지만, 도덕성은 없이 분쟁을 부추기는 신이다.

179) 246e 이후에서 신들의 행렬에 대한 언급을 참조할 것.

180) 텍스트 읽기에서 d5의 Erōta는 erōta로 읽었다.

181) 제우스(Zeus)의 소유격이 Dios인데, dīos는 '고귀한' 또는 '신과 같은(noble, divine)'을 뜻한다. 그런데 여기에서는 dīos가 대격(accusative) 형태인 dīon으로 되어 있어서, 이를 일단 dion으로 보고 '제우스 같은'으로 해석하는 경우가 있다. 그런가 하면, 플라톤이 시켈리아(시칠리아)의 시라쿠사이에서 만나게 된 그의 추종자로서, 그로 하여금 훗날 두 번이나 디오니시오스 II세의 철인 치자 교육을 위해 시라쿠사이를 방문케 했던 디온(Diōn: 409~354)을 암시하는 것으로 보는 경우(De Vries, p.162; Wilamowitz, *Platon*, I, p. 423)도 있다. 그러나 dīon과 Diōn 사이에는 현격한 발음상의 차이도 있는 데다, 설마하니 소크라테스 사후에 12년도 더 지나서야 플라톤이 만난 디온을 소크라테스가 입에 올린다는 것은 설득력이 약하다. 250b~c에서 제우스를 수행했던 혼들 및 지상에

따라서 이들은 그가 성향에 있어서 지혜를 사랑하며 영도력이 있는
지 유의해 보고서, 그러함을 확인하게 되어 그를 사랑하게 될 땐, 실
제로 그런 사람이 되도록 그들은 모든 걸 다하지. 그러므로 만약에 이
들이 이런 활동에 이전에 발을 들여놓은 적이 없다면, 그땐 시도하기
를 어디에서부터건 뭔가 할 수 있다면 배우며, 스스로들 찾아가지만,
자기들 자신에게서도 추적해서 자신들의 신의 성향을 찾아낼 수 있게
되는데, 이는 열심히 그 신을 바라보지 않을 수 없게 됨으로써야. 그
리고는 기억에 의해[182] 제우스에 접하게 되고, 그로 해서 신들린 상
태가 됨으로써 인간으로서 신에 관여할 수 있는 한도까지는 그 습관
과 활동들을 따라 하지. 또한 이들은 자신들의 사랑을 받는 자를 이것
들의 탓으로 보고 한층 더 그를 좋아하며, 박코스 여신도들처럼, 제우
스에게서 길어 올리게 된[183] 바를 자신들의 사랑을 받는 자의 혼에 쏟

서의 이들과 관련된 언급을 참조할 것.

182) 246e 이후에서 언급된 신들의 행진에서 앞장섰던 제우스를 수행하던
때의 기억을 말한다.

183) 《이온》편 534a에는 '박코스 여신도들이 신들린 상태가 되어 강물에
서 꿀과 젖을 길어 올리듯' 이란 표현이 보이는데, 천상의 영역에서 제우
스를 따르던 무리들이 그때 보았던 제우스에 대한 기억과 자신들에게 깃
들어 있는 제우스의 흔적들을, 마치 샘물에서 물을 길어 내듯, 길어 내어
이를 자신들이 아끼고 사랑하는 젊은이의 혼에 쏟아 부어, 이 젊은이가
최대한 제우스의 성향을 닮도록 하는 동화(同化: homoiōsis) 작업을 사랑
을 통해서 하게 됨을 말하고 있다. 이 닮아짐 곧 동화(同化)의 문제는 일
찍이 피타고라스 학파에서 찾아볼 수 있는 것이기도 하다. 이 학파는 우
주를 kosmos로 부르기 시작했는데, 그건 우주가 '아름다운 질서 체계'
라 해서였다. 아닌 게 아니라 '코스모스'에는 '질서'와 아름다운 '장식'
이나 '치장'의 뜻도 있다. 그런데 우주 질서 또는 우주의 아름다움의 비
밀은 그 수적인 구조에서 비롯되는 것이라 하여, 이 지혜를 터득하는 것
이 진정한 배움이고, 이를 통해 우주적 질서에 동화되어 '절도 있는(kos-

b 아 부어서 가능한 한 자신들의 신과 최대한 닮도록 만들지. 반면에 헤라와 함께 수행했던 자들은 왕의 자질을 가진 자[184]를 찾는데, 일단 찾게 되면, 그와 관련해서 똑같은 모든 것을 해. 그런가 하면 아폴론의 수행자들 그리고 그 밖의 신들 각각의 수행자들도 이처럼 그 신을 따라가서, 자기들이 사랑하는 소년이 그런 성향인 경우를 찾지. 그래서 회득케 될 땐, 자신들도 그 신을 모방하고 사랑하는 소년도 설득하고 단련시켜, 저마다의 능력이 미치는 만큼은, 그 신의 활동과 모습으로 인도하지. 소년에 대해서는 질시도 옹졸함 또는 적대감도 갖지 않

c 고, 그로 하여금 자신들과 자신들이 추앙할 신에 대한 전적인 닮음으로, 할 수 있는 한 최선을 다해서, 이끌도록 함으로써 그렇게 만들지. 그러므로 참되게 사랑을 하는 자들의 열의와 거기로의 빠져듦[185]은, 내가 말하듯, 열의를 쏟은 바를 어쨌든 이루게 된다면, 광기 상태가 되어 사랑을 하게 된 자로 해서 사랑을 받게 된 자에게는 그건 그만큼 아름답고 행복을 가져다주는 것이 되지. 그야 사랑을 얻게 되었다면 말이야. 그러나 사랑을 얻게 된 자가 그것에 사로잡히게 되는 것은 다음과 같은 식으로지.

이 이야기의 처음에[186] 각각의 혼을 세 갈래로 나누었듯, 곧 둘은

---

mios)' 사람으로 된다고 본 것이다. 플라톤의 경우에도 여기서 만나게 된 동화(同化)만이 아니라, 이데아도 동화를 위한 본(paradeigma)의 성격을 가진 것이기도 하다는 데 일단은 유의해 두는 것이 좋겠다.

184) 248d에서 참된 것을 둘째로 많이 본 혼, 곧 준법적인 왕 등을 가리킨다.

185) 원어 teletē는 비교의 입교(入敎) 의식(250c의 해당 각주 및 《향연》편 210a의 해당 각주 참조)을 뜻하는 말인데, 여기에서는 '사랑으로의 빠져듦'을 말하는 것으로 보는 게 옳겠다. 더러는 teletē를 teleutē(결말)로 읽기도 하나, 이는 문맥상 맞지가 않은 것 같다.

말의 형태들이나, 셋째 것은 이들의 고삐를 쥐고 모는 자의 형태였는
데, 이것들은 지금도 여전히 그런 걸로 해 두세나. 그렇지만 그 말들 d
중의 한쪽은 좋으나, 다른 한쪽은 그렇지 못하다고 우리는 말하지. 한
데, 우리는 좋은 말의 훌륭함(훌륭한 상태: aretē)이 무엇이며, 나쁜
말의 나쁨(나쁜 상태: kakia)이 무엇인지를 명확하게 말하지 않았는
데, 이제는 말해야만 해. 그러니까 이들 중에서 더 나은 위치에 있는
것은 그 형태에 있어서 곧고 근골이 튼튼하며, 당당하고, 다소 매부리
코이며, 하얘 보이고, 검은 눈인 데다, 절제 그리고 염치와 함께 명예
를 사랑하는 것이며, 참된 명성과 친구이고, 채찍이 불필요하며, 오
로지 지시의 말에 의해서만 조종되지. 반면에 다른 쪽은 구부정하고, e
펑퍼짐하며, 아무렇게나 짜 맞추어지고, 굵고 바튼 목을 하고, 납작
코 모습에 검은 피부에 충혈이 되어 있으며, 방자함과 허풍의 친구이
며, 귀 언저리가 털로 덥수룩하고, 둔하며, 박차와 함께 채찍에나 겨
우 따르지. 그렇더라도 고삐를 쥔 자가 그 연정 어린 눈을 보고, 그 지
각으로 해서 혼이 온통 달아올라, 간질거림과 갈망의 자극들로 채워
지기 시작할 때, 고삐를 쥐고 모는 자에게 순종하는 쪽 말은 늘 그러 254a
듯 이때에도 염치에 제압되어, 그의 사랑을 받는 자에게 돌진하지 않
도록 자제하지. 그러나 다른 쪽은 고삐를 쥐고 모는 자의 박차도 채찍
도 여전히 아랑곳하지 않고, 뛰어오르면서 격하게 내닫고, 그래서는
제 짝과 고삐를 쥐고 모는 자에게 온갖 골칫거리를 안기며, 사랑하는
소년에게로 가지 않을 수 없도록 하여 성적인 쾌락들의 기쁨을 일깨
우도록 하는데, 처음엔 둘이 두렵고 불법한 짓들을 강요당하는 데 대
해 분노하며 저항하지. 그러나 결국엔 곤란한 일에 끝이 없는지라, 이 b

---

186) 246a에서.

들도 이끌리어 가서는, 굴복하며 지시받는 걸 하는 데 동의하게 되지. 그래서 그들은 사랑하는 소년에게 접근하게 되어, 그 용모가 눈부심을 보게 되는 거야. 그러나 고삐를 쥐고 모는 자가 그걸 보게 되니, 기억이 아름다움의 본성으로 옮겨 가게 되어, 그것이 절제와 함께 성스러운 단 위에 서 있음을 보게 되지. 그걸 보고선 두려웠고, 경외심이 생겨 뒤로 나자빠지게 됨과 동시에 고삐를 뒤로 끌어당기지 않을 수

c 없게 되는데, 그 정도가 어찌나 격렬한지, 양쪽 말이 둘 다 엉덩방아를 찧게 되는데, 한쪽은 저항할 수 없음으로 해서 자진해서지만, 방자한 놈은 몹시 마음 내켜 하지 않아서야. 이들이 더 멀리 떠나게 되면, 한쪽은 창피함과 놀라움으로 해서 그 혼이 온통 땀으로 젖게 되지만, 다른 쪽은 재갈과 넘어짐으로 인한 고통이 그쳐, 겨우 숨을 돌리고서는 화가 나서 욕을 해 대지. 고삐를 쥐고 모는 자와 짝이 비겁함과 남자답지 못함으로 해서 대오와 동의를 저버렸다고 해서지. 그러고서도

d 원하지 않는 그들로 하여금 다시금 나아가도록 강요하니, 다시 이들은 미루도록 요구함으로써 가까스로 합의를 보게 되지. 그러나 약정한 시간이 오면, 둘은 기억하지 못하는 체하는데, 한쪽이 상기시키면서, 강요하고, 말 울음소리를 내며, 끌고 가면서 사랑하는 소년에게로 같은 구실로 다시 다가가지 않을 수 없도록 하지. 그래서 그들이 가까이 가게 되면, 몸은 앞으로 굽히고 꼬리는 길게 뻗치고서, 재갈을 이빨들 사이에 물고 뻔뻔스레 끌고 가지. 그러나 고삐를 쥐고 모는 자

e 는 [이전과] 똑같은 상태를 한결 더 느끼고선, 마치 올가미에서 그렇게 되듯 뒤로 나자빠지는데, 방자한 말의 재갈을 이빨에서 강제로 뒤로 바짝 당김으로써, 험담을 쏟아 내는 혀와 턱을 피멍들게 하고 사지와 엉덩이를 땅바닥에 퍼지게 함으로써 고통들을 안겨 주는 거지. 하지만 똑같은 일을 못된 말이 여러 번 겪고서는 그 방자함(hybris)을

멈추게 되니, 다소곳해져서는 고삐를 쥐고 모는 자의 선견지명에 이제는 따르게 되고, 또한 아름다운 소년을 보게 되어서도, 두려움으로 죽어지내게 되지. 그리하여 사랑을 하는 자의 혼은 어느새 사랑하는 소년에 대해 경외하며 두려워하며 따르게 되지. 따라서 소년은 사
랑하는 체하는 자가 아니라 진실로 이런 상태에 있는 자에게서 신과도 같이 온갖 섬김을 받았기에, 또한 그 자신도 성향에 있어서 저를 섬기는 자에 대해 친근감을 갖기에, 설령 이전에 학교 친구들이나 또는 다른 어떤 이들이 사랑에 빠진 자와 가까이하는 것은 부끄러운 일이라 말해, 이들로 해서 사이가 벌어지게 되고, 그래서 이로 해서 저를 사랑하는 자를 밀쳐 냈지만, 어느덧 시간이 지나면서, 나이와 운명이 그와의 사귐으로 이끈 거지. 왜냐하면 나쁜 사람이 나쁜 사람과
결코 친구가 되지 못하는 것도, 좋은 사람이 좋은 사람과 친구가 안되는 일이 없는 것도 운명으로 정해져 있기 때문이야. 가까이 오는 것을 용인하고 그의 말과 사귐을 받아들이게 되어, 가까이에서 접하게 되는 저를 사랑하는 사람의 선의가 그를 놀라게 하지. 다른 모든 친구들도 친척들도 이 신들린 친구에 비해서는 우정의 몫으로는 아무것도 제공하는 게 없는 거야. 그가 이러기를 꾸준히 하고, 김나시온(체력 단련장)[187]이나 다른 모임들에서 접촉함과 함께 가까워지게

187) gymnasion은 원래 [웃통을] '벗은 상태로(gymnos)' 체력 단련을 하는 곳을 의미하는 말이다. 김나시온은 청소년들의 신체 단련을 위해 대개 도성 외곽의 냇물이 흐르는 곳에 마련된 공공 시설이다. 가까이에 냇물이 흐르고 있으며 신전이나 특정한 성역이 있는 곳에 김나시온이 마련되었다. 5세기(기원전)까지만 해도 대개는 그런 곳의 작은 숲이 그늘을 제공하는 야외 공간을 이용했고, 제대로 된 건조물이 들어선 것은 그 이후의 일인 것 같다. 육상 경기를 위한 트랙, 레슬링 도장(palaistra), 목욕 시설, 탈의실 등을 갖추게도 되었고, 규모가 클 경우에는 승마 연습

c 될 때, 그땐 제우스가 가니메데스[188]를 사랑해서 '히메로스(himeros:

장, 투창이나 원반던지기, 권투 연습장 등의 시설을 또한 갖추었다. '체육'을 gymnastikē [tekhnē]라 했던 것은 그런 곳에서 하는 교육이라 해서였다. 이 체육 교사를 '김나스테스(gymnastēs)' 또는 '파이도트리베스(paidotribēs)'라 한다. 물론 이런 교육은 사교육이다. 그런데 젊은이들이 많이 모이는 이런 곳에서 일찍이 젊은이들을 상대로 한 이들의 지적 · 정신적 교육의 필요성에 착안한 사람이 소크라테스였다. 함께 수록된 《리시스》편의 첫머리를 보면, 김나시온이 있는 아카데미아(Akadēmeia, Akadēmia)에서 성벽 안으로 들어오지 않고 곧장 또 다른 김나시온이 있는 리케이온(Lykeion)으로 소크라테스가 가고 있는 장면이 나온다. 그는 김나시온이 있던 그곳으로 젊은이들을 찾아가, 이들을 상대로 특히 철학적인 논의나 담론으로 소일했는데, 그런 일로 소일하는 걸 헬라스어로는 '디아트리베(diatribē)'라 한다. 이 낱말은 또한 그런 목적으로 '자주 찾는 곳'을 뜻하기도 한다. 물론 이 낱말에는 그 밖에도 '시간 보내기', '소일', '소일거리', '오락', '그런 목적으로 자주 찾아가는 곳', '연구', '담화', '담론', '이야기', '강연' 등의 뜻들도 있다. 바로 그런 김나시온이 있던 곳, 소크라테스가 젊은이들과의 소일을 위해 자주 찾아갔던 곳들 중의 한 곳에 플라톤이 385년경에 학원을 세우니, 이게 아카데미아 학원이었다. 그리고 이로부터 50년쯤 뒤인 335년에는 이 학원에서 반대 방향인 동쪽으로 10리쯤 떨어진 성 밖의 '리케이온 김나시온'에 아리스토텔레스가 그의 학원을 세우게 된다. 원래 아카데미아는 영웅 아카데모스(Akadēmos, Hekadēmos)를 모신 성역으로 가까이에 케피소스(Kēphisos) 강이 흘렀고, 아리스토텔레스가 역시 그의 학원을 세웠던 곳인 리케이온 김나시온도 아폴론(Apollōn Lykeios) 신전이 있는 성역이고, 가까이로는 일리소스(Ilisos) 강이 흘렀다.

188) Ganymēdēs는 트로이아의 트로스(Trōs) 왕의 세 왕자들 가운데 하나로, 인간들 중에서는 가장 미남이어서, 올림포스로 납치되어 가, 제우스에게 술을 따르는 일을 맡는 작인(酌人: oinokheus, oinokhoos)이 되었다고 한다. 호메로스의 《일리아스》20. 231~235에 그에 관한 언급이 나온다. 그의 납치는 신들이 했다고도 하고, 제우스가 직접 또는 그의 독수리가 했다고도 한다. 이런 연유로 그를 제우스의 소년애(少年愛: paiderastia)의 대상인 (ta) paidika(사랑하는 소년)로 말하기도 한다.

열망)'¹⁸⁹⁾로 일컬었던 그 흐름의 샘물이 어느새 저를 사랑하는 자에게로 다량으로 흘러, 이 사람 속으로 흘러들어갔다가, 이에서 넘쳐흘러 밖으로 유출하지. 또한 이를테면 공기나 일종의 메아리가 매끄럽고 단단한 표면에서 튕겨져서 그게 원래 시작되었던 데로 되돌아가듯, 이처럼 아름다움의 흐름이 두 눈을 통해 아름다운 자에게로 다시 옮겨 가니, 이로 해서 이런 식으로 혼으로 가게 되는 것은 자연스런 것이지. 그게 도달하게 되니, 날개에 자극을 주게 되고, 깃들의 수로들에는 물기가 번져서, 날개를 돋게 하니, 사랑받는 자의 혼을 다시금 사랑으로 채우는 거지. 그는 물론 사랑을 하고 있지만, 정작 무엇을 사랑하고 있는지는 모르고 있지. 또한 무슨 일을 자신이 겪게 되었는지도 모르며 그게 무엇인지도 말할 수가 없지. 이를테면, 다른 사람에게서 눈병을 얻고서도 그 원인을 말할 수가 없는 경우와도 같아서, 마치 저를 사랑하는 사람 속에서, 거울 속에서처럼, 모르는 사이에 자신을 보고 있는 거지. 저를 사랑하는 자가 가까이 있을 때는, 그와 마찬가지로 괴로움이 그치지만, 그가 멀리 떨어지게 되면, 마찬가지로 이번에는 그리워하고 또 그리움의 대상이 되기도 하는데, 사랑에 대한 사랑의 영상¹⁹⁰⁾을 갖고 있어서야. 그러나 이를 그는 사랑(erōs)이라 일컫지도 생각지도 않고, 우정(친애: philia)¹⁹¹⁾이라 여기지. 하지만 그를 사랑하는 자와도 비슷하게, 그러나 그보다는 약하게, 보고, 접촉하고, 입 맞추고, 같이 눕고 싶어도 하지. 그리고는, 짐작할 수 있겠듯, 곧바로 그다음 것들을 하게 되지. 그래서 그들의 동침에서 사랑

189) 251c에서 '히메로스'와 관련된 각주를 참조할 것.
190) 플라톤의 경우에 '영상(eidōlon)'은 참인 것에 대비되는 뜻에서의 것이지만, 이 경우에는 거울에 비친 영상처럼 사랑의 반영(反映)인 셈이다.
191) philia에는 '우애', '우정', '애정', '친애', '좋아함' 등의 뜻들이 있다.

하는 자의 [혼의] 무절제한 말은 고삐를 쥐고 모는 자에게 뭔가 말할

게 있고, 많은 수고에 대한 보답으로 작은 즐김을 요구할 수 있을 게
야. 하지만 사랑받는 소년의 [혼의] 말은 아무 할 말도 없고, 격정으로
부풀어 착잡한 상태로 저를 사랑하는 자를 껴안고서 입맞춤을 하지.
몹시 호의를 가진 자로 반기는 거지. 또한 함께 눕게 될 때, 저를 사랑
하는 자의 요구를 받게 될 경우에는, 그에게 호의를 보여 주는 제 할
몫을 거절할 수가 없겠지. 그러나 이번에는 짝인 말이 고삐를 쥐고 모
는 자와 함께 이에 대해서 염치와 이성으로써 저항하지. 따라서 만약에
정말로 마음의 더 나은 부분이 규칙 있는 생활과 지혜 사랑으로 이끌어
주도권을 갖게 된다면, 이 지상에서의 삶을 복되고 한마음인 상태로[192]

b 영위할 것이야. 자신의 [부분들인] 것들을 제압하며 절도 있고, 혼의
나쁜 상태(나쁨: kakia)가 그 안에 생기게 하는 부분은 복종케 하되,
혼의 훌륭한 상태(aretē: 훌륭함)가 그 안에 생기게 하는 부분은 자유
롭게 해 주어서지. 그러나 이제 죽게 되면, 날개를 달고 가벼워져서 진
짜 올림피아 경기에서의 세 판의 레슬링 가운데서 첫판을 이기게 되는
거지.[193] 이보다 더 큰 좋음은 인간적인 절제[194]도 신적인 광기도 인
간에게 가져다줄 수가 없지. 그러나 이에 비해 한결 범속하고 지혜 사

c 랑은 하지 않으나, 명예를 사랑하는 생활을 영위하게 된다면, 아마도

---

192) 253c~d에서 말한 세 갈래로 나뉜 혼의 상태를 두고 하는 말이다.

193) 249a에서 죽은 자들의 혼들이 일만 년에 걸친 윤회의 삶을 거듭하
나, 천 년씩 세 번에 걸쳐서 잇따라 지혜 사랑의 삶을 살게 된 혼은 날개
가 돋아 원래의 출발 지역으로 되돌아간다고 했다. 이를 올림피아 경기장
에서의 레슬링 경기 세 판에다 비유하고 있는 것인데, 그 첫판 한 판을 이
겼다는 이야기이다.

194) '인간적인 절제(sōphrosynē anthrōpinē)'란 '절제 자체' 곧 이데아
로서의 절제와는 구별되는 것이라 해서 하는 말이겠다.

이들 중의 무절제한 멍에 맨 쌍[195])은 술 취함 또는 다른 어떤 경솔함
으로 해서 방심한 상태인 자신들의 혼을 데리고 같은 데로 함께 이끌
고 가, 많은 사람에 의해 가장 복된 것으로 선택되는 선택을 해서, 이
를 관철하게 되지. 또한 이를 관철하여, 여생을 이미 그리 살아가기도
하지만, 이는 드물게 하는 일이지. 전체의 생각으로 결정된 것을 행하
고 있는 건 아니어서야. 따라서 이들 둘도 친구 사이이기는 하지만,
앞의 경우보다는 덜하지. 서로 사랑하는 동안에도 그리고 이를 벗어
나서도 그리 보내는데, 서로 간에 가장 큰 신뢰를 주고받은 것으로 여   d
겨서인데, 이를 저버리고서 적대 관계로 돌아간다는 것은 결코 가당
치도 않지. 하지만 삶의 종말에서는 날개는 없지만, 날개가 돋게끔 추
동된 상태로 그들은 몸을 떠나는데, 사랑의 광기에 대한 작지 않은 상
을 갖고 가는 거야. 이미 하늘 아래쪽 여행을 시작한 자들이 어둠 속
으로 들어가 지하의 여행을 하는 법은 결코 없기 때문이지. 그보다는
밝은 삶을 살며 함께 여행을 하며 행복해하고, 때가 되면, 사랑 덕분   e
에 같은 날개들이 생기지.

　젊은이, 이처럼 많고 신적인 이것들을 사랑하는 자의 우정이 이런
식으로 네게 주게 될 것이야. 그러나 사랑하지 않는 자의 우의는 죽
게 마련인 자의 절제[196])와 혼합된 것으로서 그 베푸는 바가 죽게 마련

---

195) 곧 세 갈래로 나뉜 혼에서 두 필의 말로 비유된 부분들을 가리킨다.
196) 원어는 sōphrosynē thnētē로서, 앞의 b에서의 '인간적인 절제'와 같
　　은 뜻의 것이니, 표현의 다양성을 고려해서 다른 낱말을 쓴 것일 뿐이다.
　　헬라스인들은 인간들을 흔히 '[hoi] thnētoi([the] mortals: 죽게 마련인
　　자들)'이라 일컫는 반면에, 신들은 '[hoi] athanatoi(the Immortals: 죽지
　　않는 자들)'라 일컫는다. 따라서 thnēt-os(-ē, -on)가 사물을 가리킬 때
　　는 '죽게 마련인 자들에 어울리는(befitting mortals)' 또는 '인간적인(인
　　간의: human)'을 뜻한다.

256e

257a

인 자답고 절약하는 것이어서, 대중에 의해서는 [사람으로서의] 훌륭함(덕)으로 불리는 인색함이 사랑하는 혼에 생기게 하여, 이 혼이 9천 년 동안[197] 지상 주변을 떠돌게 하고서, 바보로서 지하로 가게 할 것이야.

친애하는 에로스이시여! 이것이 당신께 저희 능력으로는 가장 아름답고 가장 훌륭한 개영시(改詠詩)[198]로서 드리게 되는 것이며 또한 갚게 되는 것입니다. 파이드로스로 해서 '말하게 된 것이 다른 면에서도 그렇지만 낱말들도'[199] 시적인 것들로 하지 않을 수 없게 된 겁니다. 앞서 한 말들은 용서하시되, 이제 한 말들에 대해서는 고마워하시고서, 너그럽고 자비로우소서. 당신께서 제게 주신 사랑의 기술을 빼앗지도 마시고 노여움으로 해서 무력하게 만드시지도 마옵소서. 또한 지금보다도 한결 더 아름다운 자들에게서 존중받는 사람이게 해 주소

b

서. 앞서의 논변에서 혹여 파이드로스와 제가 당신께 거슬리는 뭔가를 말했다면, 그 논변의 장본인인 리시아스를 탓하시고서, 그런 논변들을 그치게 하시고서, 그의 형 폴레마르코스[200]가 전향했듯, 그를 지

---

197) 248d~249b에 걸쳐서 언급된 바에 따르면, 혼의 첫 태어남은 인간으로 태어나는 것이고, 그 첫 주기는 1천 년이다. 1천 년의 주기가 지난 다음부터는 그동안의 삶에 따라 인간에서 짐승으로 태어날 수도 있다. 혼이 저마다 떠났던 곳에 돌아오는 것은 1만 년이 지나서라고 하니까, 여기에서 1천 년의 첫 주기를 빼면, 9천 년이 된다.

198) 243a의 본문 및 각주에서 스테시코로스의 개영시와 관련된 내용을 참조할 것.

199) 인용 부호 안의 표현은 234c7에서 한 파이드로스의 말 중의 일부를 소크라테스가 인용하고 있는 것이다.

200) Polemarkhos와 관련해서는 첫머리(227a) 각주에서 리시아스에 대한 언급을 하면서 함께 언급했다. 《국가(정체)》편 첫머리에서 피레우스 항으로 가 축제 구경을 한 다음, 아테네 시내로 돌아가려던 소크라테스를

혜 사랑(철학)으로 전향시켜 주소서. 그를 사랑하는 사람인 여기 이 사람[201])도 지금처럼 양쪽 것들 사이에서 더는 망설이지 않고서, 오로지 철학적인 담론과 함께 에로스로 향한 삶을 누리게 하소서.

파이드로스: 소크라테스 님, 만약에 이게 우리에게 더 낫다면, 이게 이루어지길 선생님과 함께 기원합니다. 하지만 선생님께서 이번 논변 c을 앞서의 것보다 얼마나 더 훌륭하게 하셨던지 진작부터 저는 놀라워하고 있었습니다. 그래서 리시아스께서 제게 초라해 보이시지 않을까 주저됩니다. 그러니까 만약에 그분께서 이에 대해 비교되는 다른 논변을 펼치고 싶어 하기라도 한다면 말입니다. 왜냐하면, 아 놀라운 분이시여, 최근에는 정치가들 중에서 어떤 이가 바로 이 일로 그분을 헐뜯으며 비난해 댔으며, 헐뜯음을 통해 내내 변론문 작성자(logographos)[202])로 일컬었기 때문이기도 합니다. 그러니 우리로선 어쩌면 명예 때문에라도 그걸 쓰는 건 멈추어 주었으면 하죠.

소크라테스: 젊은이여, 자넨 우스운 생각을 말하고 있구먼. 게다가 자넨 동지에 대해 크게 잘못 짚고 있는 걸세. 자네가 이분을 그처럼 d

---

그가 불러 세워, 자기 집으로 데리고 가서, 아버지 케팔로스와 만나, 대화를 하게 했다가, 곧이어 얼마 동안(331d~340c) 그 대화를 이어받는다. 여기에서 그는 소크라테스의 추종자로 보이는 활동을 한다. 아우 리시아스도 함께 있었으나, 그는 전혀 대화에 끼어들지 않고 있다.

201) 파이드로스를 가리킨다.

202) 227a에서 리시아스에 대한 각주에서도 언급했지만, 그때 사람들은 logographos를 보수를 목적으로 법정 변론문을 써 주고서 그 대가를 받았던 사람들을 그렇게 불렀다. 그러나 소크라테스는, 바로 다음 문장에서 말하고 있듯, 이를 문자 그대로 '글(논변, 연설문)을 쓰는 사람'으로 받아들이려는 쪽이라 할 것이다.

소심한 것으로 여기고 있다면 말일세. 아마도 자넨 그를 헐뜯는 자가 그가 말한 바를 비난하는 뜻으로 말하는 걸로 생각하고 있는 게야.

파이드로스: 그렇게 보였으니까요, 소크라테스 님! 아마 선생님께서도 아시고 계실 겁니다. 나라들에서 가장 힘 있고 당당한 자들은 말을 글로 써서 자신들의 저작으로 남기는 것을 창피해 합니다. 훗날의 평판을, 곧 소피스테스들로 불리지나 않을까 하고 두려워하고 있다는 걸 말입니다.

소크라테스: 파이드로스, 자넨 나일 강의 긴 굽이에서 유래하는 '즐거운 굽이'203)란 표현을 모르고 있는 게로군. 그 '굽이'에 더해 자네는 이 사실도 모르고 있는 게야. 정치가들 중에서도 더없이 잘난 체하는 자들은 연설문(논변) 쓰기와 쓴 글 남기기를 더할 수 없이 좋아하거니와, 이들은 어떤 연설문을 쓸 때도, 칭찬해 주는 자들을 좋아해서, 어디서고 자신들을 칭찬해 주는 자들을 그 첫머리에 덧붙여 적어 넣는다는 걸 말일세.

파이드로스: 어찌 하시는 말씀인지? 이해하지 못해섭니다.

소크라테스: 정치가가 쓴 글204) 첫머리에는 칭찬하는 자가 먼저 적힌다는 사실을 자넨 모르는가?

파이드로스: 어떻게요?

소크라테스: 대개는 이런 식으로 말하네. "협의회는 의결했다"든가

---

203) '즐거운 굽이(glykys ankōn)'란 속담처럼 쓰인 일종의 antiphrasis(본뜻과는 반대되는 뜻으로 말하는 비유적 표현)인 것 같다. 실은 나일 강의 지루할 정도의 기나긴 굽이 곧 '지루한 굽이'를 그리 말하는 표현으로 보면 될 것 같다. 이와 관련된 번잡스러울 정도의 많은 설들에 대해서는 De Vries가 긴 주석(pp. 184~187)을 달고 있다.
204) 텍스트 읽기에서 [ ]는 벗기고서 읽었다.

…

"민중(민회)은 의결했다"²⁰⁵⁾ 또는 양쪽 다가 의결했다고도 하고, "이 사람 저 사람이 말했다"는 식으로. 그래서 그걸 쓰는 사람이 스스로를 아주 당당하게 말하며 자찬하는 거지. 그리고서야 그다음 걸 말하는 데, 저를 칭찬하는 자들에게 자신의 지혜를 과시하는가 하면, 때로는 아주 긴 글을 쓰네. 혹시 자네에겐 이런 것이 쓰인 연설문(논변) 아닌 다른 것으로 보이는가?

파이드로스: 제게는 그리 보이지 않는군요.

소크라테스: 이 연설문이 먹히어들 땐, 이를 지은 자는 기쁜 마음으로 집회장에서 떠나네. 그러나 그게 지워져 버리고²⁰⁶⁾ 연설문 쓰기에도 관여할 수 없게 되며 또한 그걸 쓸 자격이 있는 것과는 무관하게 될 경우에는, 그와 그의 친구들은 비탄하게 되네.

파이드로스: 그야 몹시 그러겠죠.

소크라테스: 어쨌든 명백한 사실은 그들이 이 일을 경멸해서가 아니라, 대단하게 여겨서라는 걸세.

b

---

205) 협의회나 민중 곧 민회가 의결했다는 표현은 "협의회는 [이렇게] 의결했다(edoxe tê boulê [tade])", "민중은 [이렇게] 의결했다(edoxe tō dēmō [tade])"는 형식을 취한다. 여기에서 '의결했다(edoxe)'는 말은 '[협의회나 민중이 보기에는 그리하는 게 좋은 것으로] 판단되었다'는 뜻이다. 그러나 이런 판단(의견: doxa)은 진실 또는 진리와는 무관하다. 다만 대중(다수자: plēthos), 다중(대다수, 많은 사람: hoi polloi) 또는 민중(dēmos)의 의견 또는 판단(doxa)일 뿐인 것이, 일단 의결되고 포고된 것은 doxan으로, 곧 '법령'이 된다. 이것도 베이컨이 말하는 일종의 '극장의 우상(idola theatri)' 같은 것이겠다. 아테네인들의 이런 표현과 관련된 자세한 설명에 대해서는 졸저《적도(適度) 또는 중용의 사상》 257~260쪽을 참조하는 것이 이해에 도움이 되겠다.

206) 집회에서 한 연설문을 통해 제의된 의견이 부결됨으로써 기록으로 남지 못하고 지워져 버림을 뜻한다.

파이드로스: 분명히 그렇습니다.

소크라테스: 어떤가? 그가 충분히 변론가나 왕이 될 수 있어서, 리
c 쿠루고스나 솔론[207] 또는 다레이오스[208]와 같은 힘을 갖고 있으면서
그 나라에서 불후의 연설문 작성자가 된다면, 이 사람도 스스로를 살
아 있는 동안에도 신과 같다고 생각하고, 훗날 태어나는 사람들도, 그
가 쓴 것들을 보고서는, 그에 대해서 이런 점들에서 똑같이 생각하게
되지 않겠는가?

프로타고라스: 그야 물론입니다.

소크라테스: 그렇다면 그런 사람들 중의 누군가가, 그가 누구이건

---

207) Lykourgos 및 Solōn에 대해서는 《향연》편 209d의 각주들을 참조할 것.
208) 기원전 525년에 이집트를 정복했던 캄비세스(Cambyses)가 죽고 얼
마 동안 무정부 상태에 있던 페르시아를 다시 안정시키고, 그 왕위를 계
승한 이는 Dareios(Darius) I세(재위 기간: 521~486)였다. 그는 영토들
을 재정비하고서, 20명의 총독들을 두어, 조공을 바치게 하는 등의 방법
으로 통치 체제를 확립했다. 그 갖가지의 조공 양태에 대한 기록은 헤로
도토스의 《역사》 III. 89~97에서 접할 수 있다. 이 제도는 그의 사후에도
유지되었다. 그는 또한 영토 확장에 나섰는데, 동쪽으로는 인더스 계곡
에까지 그리고 서쪽으로는 트라케까지 미치었다. 이 과정에서 이미 페르
시아 제국의 속국들로 전락해 있던 이오니아의 여러 나라에 무리한 지원
을 요구하게 된다. 이 나라들은 헬라스 민족들이 소아시아에 이주하여 가
서 세운 나라들이었다. 페르시아의 과도한 세금 등으로 압제에 시달리게
된 이들 나라는 499년에 한때는 강국이었던 밀레토스가 주동하는 반란을
일으키게 되나, 494년에 이 반란은 무참히 진압된다. 그런데 이 반란을
지원해 준 에우보이아(Euboia) 섬의 에레트리아(Eretria)와 아테네가 반
란에 연루되었음을 핑계로 헬라스 본토에 대해 굴종을 요구하는 사신을
491년에 보내게 되나, 이 요구가 거절당하매, 이듬해(490년 여름)에 엄
청난 대군을 보내 헬라스의 섬나라들과 본토를 공략케 한다. 에레트리아
를 초토화하며 무서운 기세로 아테네를 위협하던 이 전쟁은 마라톤 평원
에서의 패배로 끝나고(그해 9월), 4년 뒤에 그는 죽는다. 이것이 이른바
제1차 페르시아 전쟁이었다.

그리고 리시아스에 대해 어떤 식으로 불만스러워하건 간에, 그가 글 쓴다는 것 자체를 비난할 거라 생각하는가?

파이드로스: 선생님께서 말씀하시는 바로 미루어 어쨌든 그럴 것 같지는 않습니다. 그럴 경우에는 제 자신의 욕구에 대해 비난하는 꼴이 될 것 같기 때문입니다.

소크라테스: 그렇게 되면 이 점은 모두에게 명백하네. 연설문(논변)들을 쓰는 것 자체가 부끄러운 것은 아니라는 점은 말일세.   d

파이드로스: 그렇다면 무엇일까요?

소크라테스: 오히려 이제 부끄러운 것은, 훌륭하게 말하지도 글로 쓰지도 못하는 게 아니라, 부끄럽게 그리고 또 못되게 말하고 글로 쓰는 것이라 나는 생각하네.

파이드로스: 그건 아주 명백합니다.

소크라테스: 그러면 무엇이 훌륭하게 또는 그렇지 못하게 글 쓰는 방식인가? 파이드로스여, 이것들과 관련해서 우리가 리시아스에게 무언가 캐물어 볼 필요가 있겠는가? 또는 다른 누구든 일찍이 글을 썼거나 앞으로 쓸 사람에게, 그게 나랏일과 관련된 글이든 또는 사사로운 글이든 간에, 그게 시인으로서 운문으로 쓴 것이건 또는 사인으로서 산문으로 쓴 것이건 간에 말일세.

파이드로스: 우리가 그럴 필요가 있는지를 물으시는 겁니까? 그러   e 니까 말하자면, 누군가가 살고 있는 게 그와 같은 즐거움들 때문이 아니라면, 무엇 때문이겠습니까? 그런 것들은 적어도 먼저 괴로움을 느껴야만 하는 즐거움들도,[209] 그렇지 않으면 전혀 느끼지도 못하고 말

---

209) 《국가(정체)》 편 580d~587c를 보면, 사람의 혼에 세 부분이 있듯, 즐거움들에도 세 부류가 있음을 말하고, 그것들이 각기 어떤 종류의 것들

그런 즐거움도 분명히 아닐 테니까요. 몸과 관련된 모든 즐거움은 거의가 바로 그런 점을 지니고 있죠. 이 때문에 이들 즐거움은 정당하게도 노예 같은 즐거움들로 불립니다.

소크라테스: 어쨌거나 시간은 넉넉한 것 같네. 덩달아 내게는 이런 생각이 드네. 숨 막히는 더위 속에 우리의 머리 위에서는 매미들이 노래를 하며 서로들 대화도 하면서 우릴 내려다보고도 있는 것 같다고 말일세. 그래서 이들이, 마치 많은 사람의 경우처럼, 한낮에 대화는 하지 않고 나태해진 마음으로 저들 노래의 마력에 홀려 꾸벅꾸벅 졸고 있는 우리를 보고 있다면, 비웃을 게 당연할 게야. 노예 같은 사람들[210] 몇이 저들이 기거하는 곳으로 들어와서는, 마치 양들처럼, 샘 주변에서 한낮을 보내면서 잠을 자는 걸로 여기면서. 그러나 우리가 대화를 하면서, 마치 세이렌들[211]에 대해서처럼, 홀리지 않고 저들을 지나쳐 간다면, 저들이 인간들에게 주도록 신들에게서 받아 갖고 있는 선물을 아마도 놀라워하며 줄 게야.

이며, 어떤 종류의 것이 가장 참되고 큰 즐거움이며, 어떤 종류의 것이 가장 낮은 단계의 것인지를 밝히고 있다. 몸과 관련된 즐거움은 거의 대부분이 괴로움에서 벗어남으로써 얻게 되는 것이라 볼 수 있다고 한다. 굶주림 끝의 식사, 갈증 끝의 물 마심, 견딜 수 없던 고통의 그침은 그 자체가 큰 즐거움이다. 이에 비해 향기나 아름다운 빛깔과 소리 등은 그 자체로 우리에게 즐거움을 안겨 준다. 그런가 하면 여기에서처럼 지혜 사랑 또는 배움이 가져다주는 즐거움들은 우리에게 삶의 보람을 안겨 주는 것들이다. 이런 것들과 관련된 언급들은《필레보스》편(51a~52b)에서도 만난다.

210) 바로 앞(258e) 끝 쪽에서 파이드로스가 했던 발언에 맞장구를 치는 셈이다.

211)《향연》편 216a에서 해당 각주를 참조할 것. 곧 매미 소리에 홀리어 잠들지 않고, 깬 상태로 자신들의 대화를 통한 항해를 계속해야 함을 말하고 있는 것이다.

파이드로스: 그렇다 해도 왜 저들이 그걸 갖고 있는 거죠? 저는 듣지 못한 것 같기 때문입니다.

소크라테스: 어째든 무사 여신들을 사랑하는[212] 사람이 실상 그런 것들에 대해 듣지 못했다는 것은 어울리지가 않네. 전하는 바로는, 옛날에 이들은 무사 여신들이 태어나기 전의 사람들이었다고 하네. 그러나 무사 여신들이 태어나서 노래가 생기니까, 그때 사람들 중에 몇몇이 즐거움으로 해서 넋이 나가 버리게 되어서는, 노래를 하느라 식음도 잊어버릴 지경이 되어, 저들 자신도 부지중에 죽어 버렸다네. 그와 함께 그들에게서 매미 종족이 태어났는데, 먹을 것은 전혀 필요 없는 상태로 태어나되, 죽을 때까지, 식음은 취하지도 않고 곧장 노래하는 이 선물을 받은 거라네. 그런 연후에 무사 여신들에게로 가서, 이곳 사람들 가운데 누가 여신들 중의 누구를 영예롭게 하는지를 보고한다는군. 그러니까 테르프시코레에게는 합창 가무에서 여신을 영예롭게 한 자들을 보고함으로써, 이들이 더 사랑받도록 만드나, 에라토

---

212) '무사 여신들(Mousai=Muses)을 사랑하는' 으로 옮긴 원어는 philo-mousos인데, 이는 '시가(mousikē: Mousai가 관장하는 기예)를 사랑하는' 이 그 주된 뜻이지만, 여기서는 '무사(Mousa) 여신들'에 관련된 언급이므로, 앞의 뜻으로 보는 게 옳다. 이들 여신은 제우스가 므네모시네(Mnemosynē)와 아흐레 밤 동안 동침한 뒤, 한 해가 지나 갖게 된 딸들로서 9명이고, 그 이름들과 역할들이 정해져 있다고는 하나, 확정적인 건 아니다. 그 이름들과 관장 영역들은 다음과 같다. 우두머리인 칼리오페(Kalliopē: 영웅시 곧 서사시, 현악기)를 위시해서, 클레이오(Kleiō: 영웅노래, 역사), 에우테르페(Euterpē: 아울로스 취주), 탈레이아(Thaleia: 희극), 멜포메네(Melpomenē: 비극), 테르프시코레(Terpsikhorē: 서정시, 합창 가무), 에라토(Eratō: 서정시), 폴리힘니아(Polyhymnia: 찬가, 무언극), 우라니아(Ourania: 천문)가 그들이다. 헤시오도스의 《신들의 계보》는 무사 여신들에 대한 노래로 시작하는데, 이 여신들의 출생과 그 이름들의 나열은 79행에서 끝난다.

d 에게는 사랑과 관련된 일들에서 여신을 영예롭게 한 자들을, 그리고 다른 신들에게도 이런 식으로 각각의 명예의 종류에 따라 보고한다는 거네. 그러나 가장 연장인 칼리오페에게는 그리고 그다음인 우라니아에게는 지혜 사랑으로 보내는 자들과 그들의 시가를 영예롭게 하는 자들을 보고하는데, 무사 여신들 중에서는 바로 이들이 하늘 그리고 신적이며 인간적인 이야기들에 가장 많이 관여하고 있거니와, 또한 가장 아름다운 소리를 보내 주고 있네. 그러니 여러 가지 이유로 뭔가를 말해야만 하거니와 한낮에 자서는 안 되네.

파이드로스: 아닌 게 아니라 말해야만 합니다.

e 소크라테스: 따라서 방금 우리가 고찰해 보기로 제안했던 바로 그걸, 곧 연설문(논변: logos)을 어떤 식으로 하면 훌륭하게 말하고 쓸 수 있고, 또 어떤 식으로 하면 그리할 수 없는지 고찰해야만 하네.

파이드로스: 명백합니다.

소크라테스: 그렇다면 적어도 잘 그리고 훌륭히 말하게 되는 것들이 되려면, 말하려고 하는 것들에 대한 진실을 말하는 자의 지성은 알고 있어야만 하지 않겠는가?

파이드로스: 친애하는 소크라테스 님, 이 점과 관련해서 제가 들은

260a 바는 이렇습니다. 변론가(연설가)[213]가 되고자 하는 사람으로서는 참으로 올바른 것들을 알 필요는 없고, 판정을 하게 될 다수자들에게 판단되는 것들(ta doxanta)을 알 필요가 있으며, 참으로 좋거나 훌륭한 것들이 아니라 그리 판단되는 것들을 알 필요가 있다는 겁니다.[214]

소크라테스: 파이드로스여, 현자들이 하는 말은 '결코 팽개칠 말'[215]

---

213) 원어 rhētōr는 영어 orator에 해당된다.
214) 258a에서 해당 각주를 참조할 것.

이 되어서는 안 되고, 뭔가 말하는 바가 있지 않나 고찰해야만 되네. 특히 방금 말한 바를 버려서는 안 되네.

파이드로스: 옳은 말씀입니다.

소크라테스: 그럼 이를 이렇게 고찰하세나.

파이드로스: 어떻게 말씀입니까?

소크라테스: 만약에 내가 자네로 하여금 말을 가짐으로써 적들을 b 막아 내도록 설득하려고 한다면, 그러나 우리 둘 다가 말은 모르고 있는 처지이면서도, 나는 자네에 대해서, 곧 파이드로스는 말이 길들인 동물들 중에서는 가장 큰 귀를 가진 것으로 믿고 있다는 정도는 알고 있다면, …

파이드로스: 어쨌든 우습겠네요, 소크라테스 님!

소크라테스: 아직은 아니네. 하지만 내가 정색을 하고 자넬 설득하려 한다면, 그럴 게야. 내가 당나귀에 대한 찬사를 지어서는, 그걸 말로 일컬으며 그 짐승이 집에서도 그리고 출정 시에도 가질 아주 값진 짐승으로서, 그 등에 타고서 적을 물리치기에도 유용하고 장비들을 운반할 수도 있으며 그 밖에 많은 경우에도 유용한 것으로 말하면서 말일세. c

파이드로스: 그땐 아주 우스꽝스럽겠는 걸요.

소크라테스: 그야 우습고 친근한 쪽이 두렵고 적대적인 쪽보다는 낫지 않은가?[216)

파이드로스: 그런 것 같습니다.

소크라테스: 그러니까 언변에는 능하되(rhētorikos) 좋고 나쁨

---

215) 호메로스의 《일리아스》 2. 361.
216) 텍스트 읽기에서 c4 끝의 [einai ē philon]에서 einai는 살리되, ē philon은 삭제하고서 읽었다. De Vries의 주석(pp. 197~198) 참조.

은 모르는 자가 마찬가지 상태인 시민들을 붙들고 설득하는데, 당나귀 그림자를 말 그림자로 칭찬하는 게 아니라,[217] 나쁜 것에 대해 좋은 것으로 그러는데, 대중의 판단들을 공부하고서, 좋은 것들 대신에 나쁜 것들을 행하도록 설득할 경우, 그다음에 변론술(언변술: rhētorikē)[218]이 뿌린 씨앗의 수확으로 어떤 걸 거둘 것이라 자네는

d 생각하는가?

파이드로스: 어쨌든 그다지 적절치가 않네요.

소크라테스: 그렇다면, 이보게! 우리가 언변의 기술[219]을 필요 이상으로 헐뜯은 건가? 그러나 이 기술은 아마도 말할 게야. "대단한 이들이여, 도대체 왜 어리석은 말들을 하고 있는 거죠? 나는 참된 것을 모르는 그 누구도 말하는 걸 배우도록 강요하고 있지 않기 때문이오. 하지만, 만약에 내 조언이 도움 되는 것이라면, 참된 것을 갖게 된 연후에 나를 취하라는 것이오. 따라서 이건 내가 장담하오. 나 없이는 진실들을 아는 자라도 조금도 더 기술적으로 설득할 수 없을 것이라는 걸."

---

217) 곧 쓸데없는 걸 갖고 말하는 것이 아니라는 뜻이다.

218) rhētorikē [tekhnē]는 영어로 rhetoric으로 번역하는 것이어서, 우리말로도 대뜸 '수사학'으로 번역하면 될 것 같으나, 이곳에서부터 216b까지의 대화 내용으로 보아서도, 특히 260e5에서 '기술은 없는 [일종의] 숙련(상습)'이라는 평이 상존하던 때라, 그리 번역하기에는 많이 주저되는 바가 있다. '레토리케'가 그런대로 전문적인 방법론적 이론을 갖추게 된 것은 것은 아무래도 아리스토텔레스 이후로 보는 게 옳겠다. 이소크라테스(Isokratēs: 436~338)가 392년경에 아테네에서 학원을 세우고서 본격적인 변론과 관련된 글쓰기와 말하기 교육과 함께 윤리 교육을 한 것도, 이 대화의 설정 시기인 411~404년을 고려한다면, 더욱 그럴 것이다. 따라서 일단 '언변술' 또는 더 확대해서 '변론술' 정도로 번역하는 것이 무난할 것 같아, 이 두 용어로 옮기기로 한다.

219) 원어는 hē tōn logōn tekhnē이다. 앞의 rhētorikē를 가리킨다.

파이드로스: 그렇다면 그 기술이 그런 주장을 하는 것은 정당한 걸 말하는 게 아닌가요?

소크라테스: 그러하이. 그걸 공격하는 주장들이 그게 기술(tekhnē)[220] 임을 증언해 준다면 말일세. 왜냐하면 그걸 공격하고 항변하는 주장들을 내가 듣는 것 같다고 생각되기 때문이네. 그게 거짓말을 하고 있으며, 기술이 아니라 기술은 없는 숙련(상습)[221]이라고 말일세. 스파르타인은 말하네. 말하기의 진정한 기술은 진실의 포착 없이는 없으며 앞으로도 결코 없을 것이라고.[222]

파이드로스: 이 주장들이 필요합니다, 소크라테스 님! 이것들을 오게 하셔서 캐물으시죠. 그것들이 무엇을 말하며 어떻게 말하고 있는지를.

소크라테스: 그러면 그대들 진술한 이들이여! 아름다운 자식들을 낳은 파이드로스[223]를 그대들이 설득하오. 그가 충분히 지혜 사랑을

---

220) tekhnē(technē)는 라틴어 ars(영어 art)에 해당하는 말로서, 이에는 여러 가지 뜻이 있다. 학술이나 기술 또는 논쟁술이나 변증술 등에서처럼 '술(術)' 또는 문답법의 '법'에 해당하는 것이 '테크네'이다. 또한 이에는 모든 전문적 지식(expertise)은 물론 재간, 솜씨, 방책 등의 뜻도 있다. 그러나 헬라스 사람들은, rhētorikē(tekhnē), mousikē(tekhnē)에서 보듯, 여느 '···술(術)' 또는 '···법(法)'의 복합 형태로 쓰일 경우에는 관용적으로 '테크네'란 말을 뺀 채 쓰는데, 이는 그들에게 있어서 너무나 익숙한 것이기 때문이다. 학(學)을 뜻하는 epistēmē와 거의 같은 뜻으로도 쓰인다.

221) 원어는 atekhnos tribē이다. 이 표현은《고르기아스》편 463b,《법률》편 938a,《필레보스》편 등에도 보인다.

222) 그러니까 흔히 말하는 '스파르타식 간결한 표현(brakhylogia tis Lakōnikē)'의 핵심은, 미사여구의 수사(修辭)를 동원하는 길게 하는 말(makrologia)이 아니라, 진실을 담은 간결한 말하기일 것이다.

223) 242a~b에서 말했듯, 이런 대화를 하지 않을 수 없게 한 장본인이 파

하지 않는다면, 그는 무엇에 대해서도 결코 언변을 구사하는 데 족하지 못할 것이라는 걸. 그럼 파이드로스가 대답케 하시오.

파이드로스: 질문들을 하십시오.[224]

소크라테스: 그러니까 변론술은 전적으로 언변을 통한 혼의 이끎(psykhagōgia) 기술이 아니겠는가? 법정들에서 그리고 그 밖의 그 많은 민중 집회들만이 아니라 사사로운 모임들에 있어서도, 작은 문제들과 관련되건 또는 큰 문제들과 관련되건 간에, 또한 중대한 것들과

b 관련되건 또는 하찮은 것들과 관련되건 간에, 어쨌든 옳게만 진행된 것이라면, 그건 똑같은 것이고, 조금도 더 가치 있는 게 아닌 그런 것 말일세. 아니면 자넨 이것들을 어떻게 들었는가?

파이드로스: 결단코 그렇지는 않습니다. 전적으로 그렇지는 않고, 어쩌면 주로 재판과 관련해서 전문적으로 말을 하게 되고 글로도 지어지지만, 민중 상대 연설(dēmēgoria)과 관련해서도 말을 하게 되죠. 그 이상으로 제가 들은 바는 없습니다.

소크라테스: 하지만 자네는 언변과 관련된 네스토르[225]와 오디세우스[226]가 일리오스[227]에서 한가로울 때 지었다는 소책자에 대해서만

이드로스였음을 말하고 있다.

224) 이후 얼마 동안은 기술로서의 변증론의 지위에 대한 반론 성격의 질문들이 의인화된 형태의 말로 소크라테스의 입을 통해 표현되지만, 복잡성을 피하기 위해 그냥 소크라테스가 말하는 식의 어법으로 표현하겠다. 논변이 의인화된 경우는, 《국가(정체)》 편(538d)과 《프로타고라스》 편(361a~c)에도 보인다.

225) Nestōr는 필로스(Pylos)의 왕으로서 트로이아 원정에 참가했다. 호메로스의 《일리아스》에서 그는 열변을 토하는 연사(ligys agorētēs)로 불릴 정도로 언변에 능한 선의의 인간으로(1. 247~253), 신중하고도 사려 깊은 지휘관이나 정치적 역량을 지닌 자로서 존경받는 인물로(4. 293~309, 9. 52~78, 9. 96~170 등) 묘사되고 있다.

듣고, 팔라메데스[228]의 것은 듣지 못한 건가?

파이드로스: 그렇습니다. 네스토르의 것도 저로서는 단연코 듣지   c
못했습니다. 고르기아스[229] 같은 사람을 네스토르처럼 말씀하시거나,
또는 트라시마코스[230]나 테오도로스[231]같은 사람을 오디세우스처럼

---

226) Odysseus(또는 Odyseus)는 너무도 유명한 《오디세이아》의 주인공
으로서, 이타케(Ithakē)의 왕 라에르테스(Laertēs)의 아들이다. 10년을
끈 트로이아 전쟁이 끝난 뒤, 다시 10년이 지나도록 귀향을 하지 못하고
있는 시점에서 시작되는 그의 귀향 이야기를 다루고 있는 것이 《오디세
이아》이다. 그는 트로이아 전쟁의 대표적인 영웅들 중의 한 명인데, '다
재다능한(polytropos)' 또는 '꾀 많은(polymētis)'은 별명처럼 따라붙는
그에 대한 형용어구이다. 그의 언변에 대해서는 《일리아스》 3. 221~223
에 나오는 구절이 충분히 말해 주고 있다. 가슴에서 울려 나오는 우렁찬
목소리와 겨울날에 흩날리는 눈송이 같은 말들은 그 누구도 겨룰 수 없다
고 했다.
227) Ilios는 Ilion으로도 일컫는데, 곧 Troia를 가리키며, 트로이아 평원에
있는 도성 곧 프리아모스(Priamos) 왕이 거주하던 곳이다. 넓은 뜻에서
는 트로이아 지역을 지칭하기도 한다.
228) Palamēdēs는 트로이아 전쟁에 참가하지 않으려고 실성한 것처럼 꾀
부리는 오디세우스를 들통 나게 한 탓으로 원수 사이가 된다. 함께 참전
하게는 되나, 오디세우스의 모함으로 죽임을 당하게 된다. 그는 영리하고
재주가 많아, 몇 개의 문자와 서양 장기 그리고 주사위 놀이 등의 발명도
한 것으로 전한다.
229) 《향연》편 198c에서 해당 각주를 참조할 것.
230) Thrasymakhos는 흑해 입구에 메가라(Megara)가 세운 나라인 칼케돈
(Kalkhēdōn) 출신의 이름난 소피스테스이자 변론가이다. 그의 활동 기간
은 약 430~400년에 걸치고, 《국가(정체)》편 제1권에서 소크라테스의 주
요 대화 상대자로 등장하는 터라, 《국가(정체)》편 제1권은 흔히 그의 이름
으로 불리기도 하는데, 이는 제1권이 이후의 것들보다 훨씬 앞서 집필되었
다고 보는 데서 연유한다. 그는 여기(338c)에서 "올바른 것은 더 강한 자의
편익(to sympheron)이다"라는 주장을 하고, 소크라테스는 이를 반박한다.
231) 여기서 말하고 있는 Theodōros는 기원전 5세기 말에 아테네에서 활

말씀하시지 않는다면 말입니다.

소크라테스: 아마도 그렇겠네. 하지만 이들은 넘겨 버리세. 대답해 주게나. 법정들에서 소송 당사자들이 무엇을 하는가? 물론 서로 반대 주장을 하지 않겠는가? 아니면 우리가 뭐라 말할 것인지?

파이드로스: 바로 그겁니다.

소크라테스: 올바른 것과 올바르지 못한 것과 관련해서겠지?

파이드로스: 네.

소크라테스: 그러니까 이를 기술적으로 하는 자는 같은 것을 같은 d 사람들에게 때로는 올바른 것으로 보이게 하지만, 그가 원할 때는, 올바르지 못한 걸로 보이게 하지 않겠는가?

파이드로스: 물론입니다.

소크라테스: 바로 민중 상대 연설(dēmēgoria)에서도 시민들에게 같은 것들을 때로는 좋은 것들로 여겨지게 하는가 하면, 때로는 다시 반대로 여겨지게 하겠네?

파이드로스: 그렇습니다.

소크라테스: 그래 기술적으로 논변을 펴는 엘레아 출신의 팔라메데스[232]를 우리가 모르고 있는 건가? 그걸 듣고 있는 사람들에게 동일

동했던 비잔티움(Byzantion) 출신의 변론가로서, 266e에서 말하고 있는 그 테오도로스인 것 같다(해당 각주 참조). 또 다른 테오도로스는 키레네 (Kyrēnē) 출신으로 처음에는 프로타고라스의 제자 겸 동료였는데, 한때 는 철학에도 관심을 보이다가, 나중엔 수학으로 완전히 전향했다. 플라톤 의 《테아이테토스》편에 대화자들 중의 한 사람으로 등장하기도 하는데, 테아이테토스의 스승이기도 하다. 그의 출생 연도는 470~460년경으로 추정되며, 소크라테스와 비슷한 시기의 사람이다. 이 대화편 147d에서는 그가 무리수 $\sqrt{3}$, $\sqrt{5}$ …, $\sqrt{17}$을 제시해 보인 것으로 언급되고 있다.

232) 정작 앞(261b)에서 언급한 팔라메데스 자신은 펠로폰네소스 반도

한 것들이 같기도 하고 같지 않아 보이게도 하며, 하나이면서 여럿으로 보이게 하는가 하면, 이번에는 정지하고 있으면서도 운동하고 있는 것들로 보이게도 하는 걸 말일세.

파이드로스: 그야 분명히 알고 있죠.

소크라테스: 그러니까 법정 및 민중 상대 연설과 관련된 반박술(논쟁술: antilogikē)이 있을 뿐만 아니라, 말로 하게 되는 모든 것과 관련해서도 한 가지의 어떤 기술이 있을 것 같은데, 정녕 그게 있다면,   e

---

의 나우플리아(Nauplia) 출신이므로, 여기에서 '엘레아 출신의 팔라메데스'라 함은 파르메니데스의 제자로서, 엘레아 출신인 제논(Zēnōn: 약 490~445 이후)을 지칭하는 것으로 보인다. 그는 독자적인 주장을 펼친 철학자가 아니라, 스승의 주장 곧 불생·불멸·불변의 to eon(=to on: 존재) 하나만이 존재하고, 이것에 대해서만 사유할 수 있고 말할 수도 있으며, to mē eon(존재하지 않는 것)에 대해서는 그럴 수도 없고 존재할 수도 없다는 스승의 주장을 간접적인 방법으로 옹호한 사람이다. 그는 '여럿(多: polla)'과 운동(kinēsis)의 성립 불가능성을, 이른바 귀류법(歸謬法: reductio ad absurdum)에 의해, 증명함으로써 스승의 주장이 옳음을 간접적으로 증명하려 한 것이다. 이를테면, 본문에서 "사람들에게 동일한 것들이 같기도 하고 같지 않아 보이게도 하며, 하나이면서 여럿으로 보이게 하는가 하면, 이번에는 정지하고 있으면서도 운동하고 있는 것들로 보이게도 하는 것"이라고 한 데서, 앞부분은 《파르메니데스》편 127e1~130d에서 '여럿(多: polla)'이 성립할 수 없음을 말하는 부분과 관련된 것이다. 이는 존재하는 것들(ta onta)이 여럿이라고 전제할 경우, 서로 모순되는 결론이 내려짐을 논증하려 한 것이다. 그리고 운동이 성립할 수 없음과 관련된 것은 "나는 화살은 운동하지 않는다(飛矢不動)"라든가, "날랜 아킬레우스는 앞선 거북이를 따라잡을 수 없다" 그리고 "경주 코스(stadion)는 주파할 수 없다"는 논리로 이 또한 운동이 가능하다는 전제는 모순되는 결론들로 귀착함을 증명하려 한 것이다. 이 논증은 '선결 문제 요구의 오류'로 일컫는 것으로 다분히 궤변 성격의 논쟁술(eristikē)이라 할 것이지만, 어쨌거나 논변술의 성격을 갖는 것임에는 틀림없다고 해서, 그를 초들어 말하고 있는 것이다.

그건 같은 것일 게야. 곧 그것으로써 누군가가 닮을 수 있는 모든 것을 닮을 수 있는 모든 것과 닮게 할 수 있으며, 또한 다른 사람이 닮게 하고서도 이를 숨길 경우에도 이를 밝힐 수 있는 그런 것 말일세.

파이드로스: 바로 어떤 뜻으로 그런 걸 말씀하시는 건가요?

소크라테스: 그건 이런 식으로 검토해 볼 경우에 분명해질 것으로 생각되네. 속임은 크게 차이를 보이는 것들에 있어서 더 일어나겠는가 아니면 작은 차이를 보이는 것들에 일어나겠는가?

파이드로스: 작은 차이를 보이는 것들에 있어섭니다.

소크라테스: 그렇지만 크게 그러는 것보다는 조금씩 반대쪽으로 옮겨 가는 경우에 더 모르게 할 걸세.

파이드로스: 어찌 그렇지 않겠습니까?

소크라테스: 그렇다면 남은 속이되, 자신은 속지 않으려는 자는 사물들[233]의 유사성과 비유사성을 정확히 구분해야만 하네.

파이드로스: 그야 필연적입니다.

---

233) 이 경우의 ta onta는 '사물들'을 뜻하고, b2에서의 ta onta는 '사실들'을, 다시 b8의 ta onta는 '사물들'을 각기 뜻하는 것으로 보는 게 옳을 것 같다. 그러나 b6의 to on은 a9 및 c1의 alētheia와 마찬가지의 뜻 곧 '진실'을 뜻하는 것으로 보는 게 옳겠다. 그런 반면에, 앞서 247d~e 및 249c에서는 to on을 형이상학 의미에서의 '실재' 그리고 ta onta를 '참으로 있는 것들' 곧 '실재들'로 옮겼다. 이런 뜻 가름은 그것들이 쓰인 문맥에서 구별할 것이지, 문맥을 떠나 독립적으로 말할 수 있는 게 아니다. 이것들은 원래는 일상적 의미의 것들로 쓰이던 것들이고, 철학적 의미의 것들로도 쓰이게 된 것은 훗날 철학적 논의를 하면서 그 틀에서도 빌려다 쓰게 되어서다. 이는 '재산'을 뜻하는 일상어 ousia가 철학적 의미의 '본질'로 쓰인 경우(245e의 해당 각주 참조)나, '모습' 또는 '종류' 따위의 뜻을 갖는 일상어 idea나 eidos가 '이데아'나 '형상'(246a~d의 해당 각주 참조)이라는 철학적 전문 용어로 쓰인 경우에도 그렇다.

소크라테스: 그럼 각각의 것의 진실(alētheia)을 모르는 자가, 자기가 모르고 있는 것의 유사성과 다른 것들에 있는 크고 작은 유사성을 구별할 수 있겠는가?

파이드로스: 그건 불가능합니다.　　　　　　　　　　　　　b

소크라테스: 그러니까 사실과 다른 판단을 하고 속은 자들의 경우에는 이들 속으로 이 상태가 어떤 유사성들을 통해서 흘러든 게 명백하네.

파이드로스: 어쨌든 그렇게 되었겠네요.

소크라테스: [문제되는] 사물들의 각각이 무엇인지도 알지 못하는 자가 그 유사성들을 이용해서 상대를 사실로부터 그 반대쪽으로 그때마다 조금씩 이끌고 감으로써 옮겨 가게 하거나 또는 그 자신이 이를 당하지 않을 만큼 기술적일 수 있겠는가?

파이드로스: 결코 그럴 수는 없습니다.

소크라테스: 그러니까 여보게, 진실은 모르고, 의견(doxa)들을 추　c
구한 자는 언변의 기술을 우습고 기술일 수 없는 것으로 제공하게 될걸세.

파이드로스: 그런 것 같습니다.

소크라테스: 그러면 자네가 지니고 있는 리시아스의 논변에서 그리고 우리가 한 논변들에서 기술일 수 없는 것들과 기술일 수 있는 것들로 우리가 주장하는 것들 중의 무언가를 찾아보기를 자넨 원하는가?

파이드로스: 아마도 무엇보다도 그럴 것입니다. 어쨌든 지금은, 충분한 본보기들은 제시하진 못하고, 추상적으로나 말하고 있으니까요.

소크라테스: 그렇기는 하지만, 진실을 아는 자가 논변들을 통해서 듣는 사람들을 놀리며 오도할 수 있는 일종의 본보기를 갖는 두 논　d
변[234)]이 운 좋게도 제시되었던 것 같네. 또한, 파이드로스여! 나로서

는 그걸 이 지역의 신들 덕분으로 보고 있네. 또한 어쩌면 무사 여신들의 대변자들인 우리 머리 위의 가수들[235]이 이 특전[236]을 영감으로서 우리에게 불어넣어 준 자들이거나. 왜냐하면 나로서는 확실히 언변 구사의 어떤 기술도 얻어 갖고 있지 않기 때문이지.

파이드로스: 말씀하시는 대로 그런 걸로 하시죠. 다만 선생님께서 말씀하시려는 것을 명확히 해 주세요.

소크라테스: 자, 그럼 리시아스의 논변 첫머리를 읽어 주게나.

파이드로스: "그대는 나의 처지에 대해서 알고 있거니와, 내가 믿듯, 이 일들이 실현되는 게 우리에게 이롭다는 걸 그댄 들었어. 그래서 이 때문에, 곧 내가 그대를 사랑하는 자가 아니라 해서, 내가 요구하는 바가 좌절되는 일이 없길 나는 기대하지. 저들[237]로서는 그땐 후회를 하니까. …"[238]

소크라테스: 멈추게. 그러면 이 사람이 뭘 잘못하고 있으며 어떤 점에서 기술일 수 없게 하고 있는지 말해야만 되지 않겠는가?

파이드로스: 네.

소크라테스: 그런데 모두에게 적어도 다음과 같은 점은 명백하지 않겠는가? 곧 이런 것들 가운데서 어떤 것들에 대해서는 우리가 동의하지만, 어떤 것들에 대해서는 이견을 갖는다는 점 말일세.

파이드로스: 선생님께서 말씀하시는 걸 제가 이해하는 걸로 생각합

---

234) 이 두 논변이 지칭하는 것들이 정확히 어느 것들을 가리키는지에 대해서는 주석들에서 이견이 많다. 여기서는 리시아스의 것을 하나로 그리고 소크라테스의 두 논변을 합쳐 다른 하나로 보기로 했다.

235) 매미들을 지칭하고 있다.

236) 언변의 재주 또는 기술을 뜻한다.

237) 사랑에 빠진 자들(hoi erōntes)를 가리킨다.

238) 230e~231a에서 파이드로스가 읽었던 부분임.

니다만, 더 자세히 말씀해 주세요.

소크라테스: 누군가가 '쇠'나 '은'이라는 낱말을 말할 경우에는, 모두가 같은 걸 생각하지 않겠나?

파이드로스: 물론 그럴 것입니다.

소크라테스: 하지만 '올바르다'거나 '좋다'는 낱말을 말할 경우는 어떤가? 서로가 갈라져서는, 우리가 서로들 반박하고 우리 스스로와도 그러질 않겠는가?

파이드로스: 분명히 그럴 것입니다.

소크라테스: 그러면 어떤 것들에 있어서는 우리가 동의하겠지만, 다른 것들의 경우에는 동의하지 않겠구먼?   b

파이드로스: 그렇습니다.

소크라테스: 그렇다면 어느 경우에 우리가 더 잘 속일 수 있겠으며, 변론술은 어느 경우에 더 위력을 발휘할 수 있겠는가?

파이드로스: 우리가 갈팡질팡할 경우에 더 그럴 것이 명백합니다.

소크라테스: 그렇다면 변론술을 추구하려는 자는 먼저 이 경우들을 방법적으로 나누어야 하며, 각 종류의 어떤 특성을 파악해야만 하네. 곧 다수자가 갈팡질팡하는 게 필연적인 경우와 그렇지 않은 경우에 있어서의 특성 말일세.

파이드로스: 그걸 파악한 자는 어쨌든 훌륭한 걸[239] 이해하게 된 거죠, 소크라테스 님!   c

소크라테스: 다음으로는, 각자에게 닥치는 것이 자신이 말하려는 것과 관련해서 어느 부류에 속하는지를 간과하지 말고 예리하게 감지해야만 하지.

---

239) 텍스트 읽기에서 eidos는 삭제하고서 읽었다.

파이드로스: 물론입니다.

소크라테스: 어떤가? 사랑은 논쟁거리가 되는 것들에 속하는 것으로 우리가 볼 것인지 아니면 그렇지 않은 것들에 속하는 것으로 볼 것인지?

파이드로스: 논쟁거리가 되는 것들에 속하는 게 틀림없습니다. 아니면 이것에 대해 방금 선생님께서 말씀하신 것을 선생님으로서는 이렇게 말씀하실 수 있을 것으로 생각하시는지요? 곧 그것은 사랑을 받는 자에게도 사랑하는 자에게도 해로운 것이라고 하셨다가, 다시금, 좋은 것들 중에서도 가장 좋은 것이라고 말입니다.

d 소크라테스: 더할 수 없이 훌륭히 말했네. 하지만 이것 또한 말하게. 실은 내가 신들린 상태로 해서 별로 기억을 못하고 있어서네. 내가 논변을 시작하면서 사랑을 정의했는지 말일세.[240]

파이드로스: 단연코, 굉장히 열성적으로 해 주셨죠.

소크라테스: 하! 자네가 말해 주고 있구먼. 아켈로오스의 요정들[241]과 헤르메스의 아들 판[242]이 언변과 관련해서는 케팔로스의 아들 리시아스보다도 기술상 얼마나 더 나은지를 말일세.[243] 혹여 내가 공연

---

240) 바로 이은 파이드로스의 대답처럼 237c~238c에서 그 나름의 필요한 정의를 내렸다.

241) 230b의 본문 및 해당 각주를 참조할 것.

242) Pan은 양치기들과 양떼의 신 곧 목신(牧神)으로, 헤르메스(Hermēs) 신과 요정 사이에서 태어났다고 하며, 펠레폰네소스 반도의 중부 지대로서 산악 지대가 많은 목가적인 아르카디아(Arcadia)가 헤르메스와 함께 그 출생지로 전한다. 위 몸통과 팔은 사람의 형상이나, 양의 다리와 귀 그리고 뿔을 가진 걸로 묘사된다. 산과 동굴 등 한적한 곳들을 좋아하며, 피리(syrinx)는 그의 고안품이라 한다. 이곳 바위에 새겨져 있었다는 돋을새김의 조각과 관련해서는 앞의 주에서 언급한 곳을 참조할 것.

243) 곧 소크라테스가 이들 신들로 해서 신들린 상태로 논변의 재주를 보

한 소리를 하고 있는 거고, 리시아스도 사랑에 대한 논변을 시작하면서 우리로 하여금 사랑²⁴⁴⁾을 대상들 중에서 그가 바랐던 한 가지 것으로 이해하지 않을 수 없도록 해서, 이후의 모든 논변을 실제로 이것에 맞추어 정리함으로써 끝을 맺었던가? 자넨 그 첫머리를 우리가 다시 읽기를 바라는가?

파이드로스: 어쨌든 선생님께 그리 생각되신다면. 그렇지만 선생님께서 찾고 계신 것은 거기에 없습니다.

소크라테스: 읽게나, 그 자신의 말을 내가 듣도록.

파이드로스: "그대는 나의 처지에 대해서 알고 있거니와, 내가 믿듯, 이 일들이 실현되는 게 우리에게 이롭다는 걸 그댄 들었어. 그래서 이 때문에, 곧 내가 그대를 사랑하는 자가 아니라 해서, 내가 요구하는 바가 좌절되는 일이 없길 나는 기대하지. 저들로서는, 욕정이 식으면, 그땐 자신들이 잘해 준 것들에 대해 후회를 하니까. …"

소크라테스: 어쨌든 이건 우리가 찾고 있는 것에 실로 많이 미치지 못하네. 그는 처음부터가 아니라 마지막에서부터 배영으로 거꾸로 논변을 해 나가려 하고 있으며, 사랑을 하는 자가 사랑받는 소년을 상대로 이미 말하기를 끝냈음 직한 것들에서 시작하고 있네. 아니면, 내가 공연한 소리를 하는 겐가, 파이드로스, 이 사람아?

파이드로스: 어쨌거나, 소크라테스 님, 그가 논변을 시작하게 되는 것은 끝부분입니다.

소크라테스: 한데, 다른 것들은 어떤가? 논변의 부분들이 아무렇게나 되는 대로 던져진 것으로 생각되지 않는가? 아니면, 두 번째로 말

여음을 파이드로스가 증언하고 있다고 해서 하는 말이다.
244) 텍스트 읽기에서 ton Erōta는 ton erōta로 읽었다.

하게 된 것이 어떤 필연성으로 해서 두 번째로 거론되어야만 했던 것으로 보이며, 또는 언급된 것들 중의 다른 것도 그런가? 내게는 이런 생각이 들었기 때문이야. 글쓴이가, 아무것도 모르는 사람으로서, 깔끔하지 못하게 생각나는 대로 말한 것이라고. 하지만, 자네는 그가 이것들을 이런 식으로 차례차례로 순서 짓게 한 논변 작성상의 어떤 필연성을 알고 있기라도 한가?

파이드로스: 선생님께서는 그분의 의도를 제가 그처럼 정확하게 능
c 히 간파할 수 있을 것으로 생각하시니, 고지식하십니다.

소크라테스: 그렇지만 어쨌거나 이건 자네가 말할 것이라 생각하네. 모든 논변은, 마치 동물처럼, 자체로 제 몸을 갖는 상태로 구성되어야만 한다고 말일세. 그래서 머리가 없어서도 안 되고 다리가 없어서도 안 되며, 중심부와 말단 부분들을 또한 가져서, 서로 그리고 전체적으로 맞추어지도록 쓰여야만 한다고.[245]

파이드로스: 어찌 그러지 않겠습니까?

소크라테스: 이제 자네 친구분의 논변이 그러한지 또는 다른지 살피게나. 그러면 자네는 그게 프리기아의 미다스[246] 묘비에 적혔다고

---

245) 《고르기아스》편 503d~504a에서도 비슷한 말을 하고 있다. '최선을 목표로 말을 하는 훌륭한 사람'도, 모든 장인도 자신들의 제작 행위나 언변에 임하는 태도는 같음을 말하고 있다.

246) Midas는 Phrygia의 전설적인 왕으로서, 그에 관해서는 몇 가지 전설이 전해 오는데, 그중의 하나가 널리 알려진 것이다. 디오니소스의 양부이며 사티로스(Satyros)들의 지도자인 실레노스(Silēnos)가 술에 취해 길을 잃고 떠도는 걸 보호하고 환대해 주었다 해서, 디오니소스가 미다스의 소원을 물었더니, 자기가 만지는 것이 다 황금으로 되게 해 달라고 한다. 그 소원을 들어주게 되니, 그가 마시거나 먹으려는 모든 음식과 사랑하는 딸마저 황금으로 바뀌게 되자, 결국 그 선물을 거두어 주길 빈 끝에, 리디아의 팍톨로스 강의 수원지로 가서 그 신통력을 씻어 털어 버림으로써 원

264c

사람들이 말하는 묘비명과 전혀 다르지 않음을 발견하게 될 걸세.

파이드로스: 그게 어떤 것이며, 무슨 일이 있은 건가요?   d

소크라테스: 그건 이런 것이네.

나는 청동 처녀이고, 미다스의 무덤 위에 놓여 있다.

물이 흐르고 나무가 크는 한,

많이도 비탄한 무덤 위 여기 이곳에 머무르며,

지나가는 이들에게 알리니라. 이곳에 미다스가 묻혀 있음을.[247]

상으로 돌아갔고, 이후로 이 강의 모래는 금의 성분을 갖게 되었다는 이야기다. 일설에는 그가 삶과 우주 등의 비밀을 Silēnos를 통해 알아내기 위해 Silēnos가 마시는 샘에다 포도주를 부어 취하게 만든 다음, 그를 결박한 상태로 이것저것 물었는데, 인간의 삶에 대해 얻은 대답은 이런 것이었단다. 인간에게 제일 좋은 것은 아예 태어나지 않는 것이고, 일단 태어난 다음에는 되도록 빨리 이 세상을 하직하는 것이라나. 또 다른 이야기 하나는 그가 당나귀 귀를 갖게 된 것과 관련된 것이다. 이는 우리 민화로도 전하는 '임금님의 귀' 이야기의 원조 격인 것이라 할 것이다. 그가 아폴론과 목신(牧神) 판(Pan)의 음악 경연에서 판 신이 승리한 것으로 판정한 탓으로, 어리석음의 상징으로 당나귀 귀를 아폴론에게서 벌로 받게 되었다는 이야기이다. 이 창피스런 귀를 터번으로 모두에게 숨길 수는 있었지만, 그의 이발사에게만은 숨길 수가 없었고, 이 이발사는 이 비밀을 도저히 속으로 품고만 있을 수가 없어, 땅 구덩이에다 대고 털어놓았는데, 이곳에서 자라난 갈대들이 바람결에 "미다스 왕은 당나귀 귀를 가졌다"는 소문을 언제까지나 퍼뜨렸다는 것이다.

247) 《디오게네스 라에르티오스》I. 89~90에는 로도스 섬 린도스(Lindos) 출신의 클레오불로스(Kleoboulos)가 남긴 것으로 전하기도 하는 이 묘비명이 실려 있는데, 이는 그 전문 6행 중에서 가운데 2행이 빠져 있는 상태의 것이다. 빠진 2행은 이러하다. "해가 떠서 빛나며, 달이 밝고,/ 강들이 흐르고, 바다가 해안을 씻어 내리는 한은."

331

e 　한데, 이것의 어떤 것이 처음에 또는 마지막에 말하게 되건 아무런 차이가 없다는 사실을 자네는 아마 알아차렸을 것이네. 내가 생각하고 있듯 말일세.

　　파이드로스: 저희의 논변을 조롱하시는 거군요, 소크라테스 님!

　　소크라테스: 그러니까 이건, 자네 마음이 무겁지 않도록, 넘겨 버리세. 그렇지만 누군가가 이를 보고서, 이 흉내를 전혀 내지 않으려 함으로써, 덕을 보게 될 그런 본보기들을 많이 가진 걸로 내게는 생각되네. 그러나 다른 논변들[248]로 넘어가세. 왜냐하면 이것들에는, 내가 생각하듯, 논변들에 대해 고찰코자 하는 사람들이 보기에 적합한 무언가가 있었기 때문이네.

265a 　　파이드로스: 바로 어떤 걸 말씀하시는지요?

　　소크라테스: 둘은 아마도 대립되는 것들이었지. 하나는 사랑에 빠진 자에게 호의를 보여야만 한다고 말하였으나, 다른 하나는 그렇지 않은 자에게 호의를 보여야만 한다고 말했으니까.

　　파이드로스: 그것도 아주 씩씩하게요.

　　소크라테스: 나는 자네가 진실을 말하는 것으로 생각했네. 곧 '미친 듯이' 말했다는 걸로 말일세. 하지만 내가 찾고 있던 게 바로 이걸세. 사랑은 일종의 광기라 우리가 말했으니까. 안 그런가?

　　파이드로스: 그럼요.

　　소크라테스: 그렇지만 광기에는 두 종류가 있고, 하나는 인간의 질병들로 인한 것이지만, 다른 하나는 버릇이 된 관례들에서 벗어나는 신적인 변환으로 해서 생기는 것일세.

b 　　파이드로스: 그렇고말고요.

---

248) 소크라테스 자신의 두 논변을 가리킨다.

소크라테스: 그런데 신적인 광기는 네 신들에 따른 네 부류로 나뉘는데, 예언적인 광기는 아폴론의 감화(epipnoia)로 보되, 밀교 의식적인 광기는 디오니소스의 그것으로, 다시 시적인 광기는 무사 여신들의 감화로 보나, 넷째 것은 아프로디테와 에로스의 감화로 보고서는, 사랑의 광기[249]를 최선의 것이라 우리는 말했네.[250] 또한 어떻게 해선지는 모르겠지만, 사랑의 감정을 비유하면서, 어쩌면 일종의 진실을

---

249) 원어는 erōtikē mania인데, 이 표현은 256d에서도 나왔다.

250) 244a 이후에서 밝힌 네 가지 광기가 여기에서는 간결하게 정리된 형태로 언급되고 있는 셈이다. 네 가지 광기들 중에서 첫째 것은 244a6~d5에서 언급된 것들로 신탁을 통한 예언이나 복점술 등이었다. 이를 여기서는 '아폴론의 감화'로 정리해 버렸다. 따라서 델피(Delphoi)의 무녀를 통한 예언, 곧 그 신탁(manteia)을 대표적인 예언의 예로 말하고 있는 것이다. 둘째 것을 여기서는 디오니소스의 밀교 의식과 관련된 광기로 말하고 있는데, 이게 거기에서는 분명치가 않다. 이에 해당되는 내용을 애써 찾아보면, 244d5~245a1의 내용이 그것일 것이다. 특히 "질병들과 고난들 중에서도 가장 큰 것들에서 벗어나는 방책을, … 정화 의식과 밀교 의식을 치르게 하여 이 광기에 관여하게 된 자로 하여금 … 당면하여 있는 나쁜 일(고난과 불행)들에서 구원을 찾아 준다"는 부분에 주목할 필요가 있겠다. 일찍부터 헬라스인들이 가졌던 민족적인 '나라 종교(state religion)'가 있었다. 그건 올림포스의 신들을 중심으로 한 것이었다. 신들의 군왕인 주신(主神) 제우스를 정점으로 하여, 각각의 신들은 그 역할에 따른 분한(分限)이 있었다. 인간 세계의 나라들에도 신분에 따른 위계와 분한이 있기는 마찬가지였다. 계급과 성별에 따른 위계질서라는 인습적인 굴레, 이런 것들에서 한꺼번에 벗어나는 체험을 가능케 하는 종교, 그 최초의 밀교(비교)가 디오니소스 밀교였고, 그런 뜻에서 그것은 최초의 구원(lysis) 종교(salvation religion)였다(이와 관련해서는 졸저 《헬라스 사상의 심층》16~21쪽을 참조하는 게 좋겠다.). 셋째 것은 무사 여신들의 감화에 의한 시적인 광기, 곧 시작(詩作) 등의 예술과 관련된 광기로서 245a에서 언급했다. 넷째 것인 사랑의 광기는 이 대화편의 주제들 중의 하나로서, 245b 이후 257b에 걸쳐서 하게 되는 것이다.

건드리기는 했겠지만, 아마도 다른 데로 일탈하기도 했을 것이나, 전

c 적으로 설득력이 없는 논변을 섞지는 않고서, 나와 자네의 주인공이며 아름다운 소년들의 감독자인 에로스를 일종의 신화적인 찬가로 적절히 그리고 상서로운 말로 우리는 칭송했네.

파이드로스: 그리고 저로서는 듣기에 적잖이 즐거웠습니다.

소크라테스: 그러면 논변이 어떻게 해서 비난받음에서 칭찬받음으로 옮겨 갈 수 있었는지 당장에 이 점을 포착토록 하세나.

파이드로스: 그러니까 어떤 뜻으로 그 말씀을 하시는지요?

소크라테스: 내가 보기엔 다른 것들은 정말로 재담으로 했던 것 같네. 그러나 우연히도 언급된 이것들 몇 가지 중에서도 두 종류인 이것

d 들의 의의를 누군가가 기술적으로 포착할 수 있다면, 반길 일이지.

파이드로스: 바로 어떤 것들인가요?

소크라테스: 여러 곳에 흩어져 있는 것들을 포괄적으로 보고서 한 종류로 모으는 것인데,[251] 이는 각각의 것을 정의함으로써, 언제고 설

---

251) 이 문장은 플라톤 철학에서 아주 중요한 의미를 갖는 것이다. 먼저 '한 종류(mia idea)'라는 표현부터 보자. 여기에서의 *idea*는 바로 다음의 파이드로스의 질문 그리고 265c 끝부분에서의 eidos와 마찬가지로 일상어로서는 종류나 모습을 뜻하며, 전문 용어로서의 이데아나 형상을 바로 뜻하지는 않는다(246a에서 해당 각주를 참조). 이는 이 대화편이 《향연》편의 경우와 마찬가지로 이들 대화편들의 구성상, 비록 내용적으로는 이데아나 형상을 말하더라도, 전문 용어로서 이것들을 쓰는 것은 삼가고 있어서다. 그렇더라도 '여러 곳에 흩어져 있는 것들을 포괄적으로 보고서 한 종류로 모으는 것', 곧 모음(synagōgē)은 바로 이어지는 곳(e) 및 266b에서 말하고 있는 '나눔(diatemnein, diairesis)'의 문제와 함께 후기 대화편들(《소피스테스》, 《정치가》)에서 본격적으로 다루게 되는 형상 결합의 문제와 연결되어 그 중요성이 크게 부각되는 대목이다. 특히 처음으로 선보인 것이라 해서다. 이와 관련해서는 졸저 《헬라스 사상의 심층》 288~292쪽, 202~228쪽 참조.

명하고자 하는 것에 대해서 명백하도록 해 두려 해서인 것일세. 좀 전에 사랑에 대해서 한 것처럼, 즉 정의된 것인 것은,[252] 그게 훌륭하게 말한 것이건 또는 잘못 말한 것이건, 이를 통해서 논변은 어쨌든 명확함과 자체의 일관성을 유지할 수 있었던 걸세.

파이드로스: 그러면 다른 종류는 무엇을 말씀하시는 겁니까, 소크라테스 님?

소크라테스: 다시 부류들에 따라, 곧 자연적으로 생긴 관절들에 따라 가를 수 있는 것, 그리고 어떤 부분도, 서툰 푸주한의 방식을 써서, 조각내지 않도록 하는 것이네. 바로 방금 두 논변이 광적인 정신 상태를 공통되는 하나의 어떤 종류로 파악했듯, 마치 한 몸에서 양쪽으로 같은 이름의 것들이 생겨, 왼쪽 것들과 오른쪽 것들로 불리듯,[253] 이처럼 제정신이 아닌 상태를 두 논변은 우리 안에 생기는 한[254] 종류로 간주했네. 한 논변[255]은 왼쪽으로 쪼개진 부분, 이 부분을 다시 쪼개기를, 그것들 안에서 일종의 '왼편 사랑'[256]으로 일컫게 되는 걸 발견하게 되어, 아주 정당하게도 비난을 하게 되기 전에는, 그만두지 않았네. 다른 논변[257]은 오른쪽의 광기의 부류들로 우리를 이끌어서, 그것과 같은 이름인 것이되, 이번에는 일종의 신적인 사랑을 발견해서 제시하고선, 이를 우리에게 가장 크게 좋은 것들의 원인으

e

266a

b

---

252) 텍스트 읽기에서 'peri Erōtos — ho estin horisthen —'을 'peri erōtos, ho estin horisthen,'으로 읽었다.

253) 왼팔과 오른팔, 왼쪽 가슴과 오른쪽 가슴처럼 말이다.

254) 텍스트 읽기에서 〈hen〉은 살려서 읽었다.

255) 곧 소크라테스의 첫 논변 237b~241d를 가리킨다.

256) 원어는 skaios erōs인데, 점술가가 북쪽을 향해 서서 왼쪽을 불길한 쪽으로 본 데서 유래한다. 따라서 이는 '불행한 사랑'으로 보면 되겠다.

257) 244a~257b에 걸친 소크라테스의 둘째 논변을 가리킨다.

로서 칭송했네.

파이드로스: 더할 수 없이 참된 말씀입니다.

소크라테스: 또한 나 자신이야말로, 파이드로스여, 바로 이것들 곧 나눔(diairesis)들과 모음(synagōgē)들의 애호가이기도 한데, 이는 내가 [제대로] 말하고 생각할 수 있게 되었으면 해서네. 또한 만약에 누군가 다른 이가 '본성상 하나이며 여럿에 걸친 것인 걸' 들여다볼 수 있는 사람이라 내가 믿게 되면, 이 사람을 나는 '그가 신이기라도 한 것처럼, 그 발자국을 뒤따라' [258] 쫓아가지. 그럴 뿐만 아니라 이를 할 수 있는 사람들을, 내가 그리 부르는 것이 옳은지 옳지 못한지는 신은 알 테지만, 어쨌든 나는 이제까지 변증술(dialektikē)[259]에 능한 이들

c (dialektikoi)이라 부르고 있지. 하지만 지금 자네와 리시아스에게서 배우고 있는 자들은 그걸 뭐라 일컬어야 하는지 말하게나. 혹시 이게 그것, 곧 논변의 기술인가? 트라시마코스도 다른 이들도 이용함으로써 자신들도 말하는 데 있어서 똑똑해졌지만, 다른 이들도 그렇게 되도록 만들어서, 이들이 자기들에게, 왕들에게 그러듯, 선물을 갖다 바치고 싶어 할[260] 그런 기술 말일세.

파이드로스: 왕 같은 사람들이긴 하나, 실은 선생님께서 물으시는 것들에 대해서는 전혀 모르는 사람들이죠. 그런데 이 종류를 변증적인(dialektikon) 것으로 일컬음으로써, 옳게 일컬으신 것으로 제게는 생각됩니다. 하지만 변론적인(rhētorikon) 종류가 아직도 우리에게서

---

258) De Vries는 호메로스의 《오디세이아》 2. 406, 3. 30 등에 나오는 "그는 신(여신)의 발자국을 쫓아갔다."는 구절을 개작한 것으로 보았다.

259) 변증술 자체에 대한 설명은 276e에서 해당 각주를 참조할 것.

260) 왕들, 특히 제왕에게 공물을 갖다 바치듯, 이들 변론가들이나 소피스테스들에게 수업료를 갖다 바치는 걸 빗대어 말하고 있다.

달아난 상태로 있는 것으로 제게는 생각되네요.

소크라테스: 무슨 뜻으로 하는 말인가? 그것들²⁶¹⁾은 부족한데도 기   d
술적으로 얻게 되는 것은 훌륭한 것이겠는가? 그렇다면야 나도 자네
도 이를 결코 무시해서는 안 되고, 변론술에서 남아 있는 것이 정말로
무엇인지 말해야만 하지.

파이드로스: 소크라테스 님, 그야 어쩌면 아주 많은 게 언변의 기술
과 관련해서 쓴 책자들 속에는 있죠.

소크라테스: 어쨌든 자네가 잘 상기시켜 주었네. 첫째로, 언변의 시
작에서는 서두(prooimion)²⁶²⁾가 발언되어야만 할 것으로 나는 생각
하네. 이걸 자네는 이 기술의 정교한 부분(ta kompsa)으로 말하겠지?

파이드로스: 네.   e

소크라테스: 둘째로는 일종의 설명(diēgēsis)과 이에 덧붙는 증언
(martyria)들이며, 셋째는 증거(tekmērion)들이고,²⁶³⁾ 넷째는 개연성
(eikos)들이네. 그리고 확인(pistōsis)과 추가 확인(epipistōsis)은 더할
수 없이 대단한 언변의 마술사인 그 비잔티온 사람²⁶⁴⁾이 말한 것으로

---

261) 모음과 나눔 같은 변증술적 절차를 지칭하는 것으로 보는 게 옳겠다.

262) prooimion은 서곡·전주곡·서시·서론, 법률의 경우에는 전문(前
文)이 되겠으나, 연설이나 논의의 서두가 되겠다.

263) R. Hachforth는 '증언'을 '직접적 증거'로, 그리고 '증거'를 '간접
적 증거'로 번역하고 있다.

264) 이 사람은 바로 다음에서 이름이 밝혀지는데, 그는 기원전 5세기 말
에 아테네에서 활동했던 비잔티움(Byzantion) 출신의 변론가였던 테오
도로스(Theodōros)를 가리킨다. 여기서 '언변의 마술사'로 옮긴 원어는
logodaidalos인데, 이는 logos+daidalos의 합성어이다. daidalos는 '금속
이나 나무로 교묘하게 만들어진'을 뜻하는 형용사이지만, 고유 명사로는
'다이달로스(Daidalos: (영)Daedalus)'이다. 그는 전설적인 조각가로,
크레테의 왕궁에 자신이 만든 미궁(labyrinthos)에 아들 이카로스와 함께

나는 생각하네.

파이드로스: 그 탁월한 테오도로스를 말씀하십니까?

소크라테스: 물론일세. 또한 논박(elenkhos)과 추가 논박(epex-elenkhos)도 고소 및 변론에서 해야만 하는 것으로 말하고 있지. 그러나 우리는 더없이 훌륭한 파로스의 에우에노스²⁶⁵⁾를 논의에 끌어들여야 하지 않겠는가? 넌지시 말함(hypodēlōsis)과 간접적인 칭찬(par-epainos)들을 최초로 그가 찾아냈지. 어떤 이들은 그가 기억을 위해서 간접적인 비난(parapsogos)들을 운문으로 지었다고들 말하지. 그는 똑똑한 사람이었으니까. 한데, 테이시아스²⁶⁶⁾와 고르기아스를 우리가 잠자코 있게 할 것인가? 진실인 것들(ta alēthē)보다는 개연적인 것들(ta eikota)을 더 존중해야만 할 것들로 보았는가 하면, 또한 말의 힘으로써 작은 것들을 큰 것들로 그리고 큰 것들은 작은 것들로 보이도 b 록 만들며, 새것들을 구식 것들로 그리고 그 반대의 것들은 신식 것들

감금되었다가, 날개를 만들어서는 이를 밀랍으로 어깨에 붙여 같이 탈출했다는 전설이 있다. 조상(彫像: agalma)의 두 다리를 자연 상태로 따로 떨어져 있게 한 것(agalma periskeles)을 만들기 시작한 조각가가 바로 다이달로스인데, 그가 만든 조상들(아마도 나무로 만든 조상들, 즉 xoana였던 듯)은 마치 살아 있는 듯해서 눈을 움직이며 걸어 다녔다고 한다. 이런 묘사는 《메논》편(97d)에도 보인다.

265) 키클라데스 섬들(Kyklades nēsoi) 중의 하나로서 인물 조각용 대리석 산지로도 이름난 Paros 출신인 Euēnos(영: Evenus)는 소피스테스이며 시인이기도 하다. 《소크라테스의 변론》편 20a~b, 《파이돈》편 60d, 61c에서도 언급되고 있다.

266) Teisias는 5세기 초반에 활동한 초기의 변론술 교사로서, 시켈리아(시칠리아)의 변론 학교를 같은 세기 말에 세웠다고 한다. 역시 시라쿠사이 출신인 코락스(Korax)의 제자였으며, 스승과 함께 법정 변론의 창시자였다. 같은 세기에 활동한 코락스는 최초의 변론술 교사였으며, 서두·본 논변·끝맺음에 대해 가르치고, 개연성에 대한 토론도 했다고 한다.

로 만들어 버리고, 모든 것과 관련해서 언어의 간결함과 무한대로 김을 찾아낸 이들을? 언젠가 이것들을 내가 말하는 걸 프로디코스[267]가 듣고서는 웃더니만, 자기만이 논변의 기술에 필요한 것들을 찾아냈다고 하면서 말하더군. [그것에] 필요한 것은 긴 논변도 아니며 짧은 논변도 아니고 적절한 길이의 논변이라고.

파이드로스: 어쨌든 더없이 지혜로운 말씀입니다, 프로디코스 님!

소크라테스: 우리가 히피아스[268]는 말하지 않을 것인가? 엘리스의 손님 또한 그에게 동의할 것이라고 내가 생각해서네.

파이드로스: 어찌 그러시지 않겠습니까?

소크라테스: 그럼 이번에는 폴로스의 '언변 편람'[269]은 우리가 어

---

267) Prodikos에 대해서는 《향연》편 177b에서 해당 각주를 참조할 것.

268) Hippias는 올림피아 북쪽의 엘리스(Elis) 출신으로, 그의 정확한 생존 연대는 알려져 있지 않으나, 소크라테스 생존 시에 이름난 소피스테스로서 활동했다. 따라서 바로 다음에 말하는 '엘리스의 손님'은 바로 그다. 플라톤의 대화편들로 알려져 오는 《대(大) 히피아스》편(285b 이후) 및 《소(小) 히피아스》편(368b 이후)에서는 그의 다재다능함과 박학다식 그리고 강기(强記) 등에 관한 언급이 보인다. 온갖 형태의 시문에도 밝고, 수학, 천문학, 음악, 미술 분야 등에서도 자신의 역량을 뽐낼 뿐만 아니라, 손가락의 반지에서부터 제 몸에 걸친 모든 것을 스스로 만들어 갖고서 올림피아 경기장에 나타났던 것으로 전해 온다. 그의 토막글들은 참고 문헌 목록에서 밝힌 Diels/Kranz의 책에 수록되어 있다.

269) Pōlos는 시켈리아(시칠리아)의 아카라가스(Akaragas) 출신으로, 고르기아스에게서 변론술을 배웠다. 《고르기아스》편에서는 거의 중반까지 소크라테스와의 대화 상대역으로 등장하고 있다. 여기에서 '언변 편람'으로 번역한 mouseia logōn이 책자(syngramata) 이름인지 아니면 바로 다음에 말하고 있는 그런 변론과 관련된 항목들과 그 내용들에 대한 이른바 '편람(便覽)' 성격의 내용들인지는 불명하다. 그리고 이의 단수 형태는 mouseion인데, 오늘날 박물관을 뜻하는 museum의 원어이다. 무사 여신들(Mousai)의 성소 곧 그 신전이나 제단 등을 뜻하는가 하면,

c 떻게 말할 것인지? 곧 낱말의 반복(diplasiologia)과 촌철살인식 표현(gnōmologia) 그리고 비유적으로 말하기(eikonologia)와 같은 것 말이네. 또한 리키므니오스[270]가 유려한 표현하기를 위해 그에게 주었다는 '리키므니오스 어휘집(語彙集)'은?

파이드로스: 그런데, 소크라테스 님, 프로타고라스의 것도 실은 더러는 그런 것들이 아니었나요?

소크라테스: 아닌 게 아니라, 여보게, 일종의 바른 표현법(ortho-epeia)이 그리고 그 밖에도 많은 훌륭한 것이 있지. 그렇지만 노령과 가난에 대해 동정심을 유발하는 언변들을 기술적으로 다루는 것은 그 칼케돈 사람[271]의 위력인 것으로 내게는 보이네. 그는 또한 많은 사람

d 을 동시에 분노케 하는 데도, 그리고 분노한 자들에게 다시 주문을 걸어 홀리게 하는 데도, 그 스스로 말하듯, 능한 사람으로 되었네. 그는 비방하는 데도 그리고 어떤 식으로건 비방에서 벗어나게 하는 데에도 막강했네. 그런데 논변의 결말은 모두에게 공통되게 의견의 일치를 보는 것 같았네. 이에 대해서 어떤 이들은 되짚는 요약(epanodos)이라는 명칭을 붙이지만, 다른 이들은 다른 명칭을 붙이네.

파이드로스: 언급된 것들에 대해 그 끝에 이르러 그 각각을 듣는 이들에게 요점적으로 상기시키는 걸 말씀하시는 거죠?

소크라테스: 그걸 말하네. 그리고 혹시 언변의 기술과 관련해서 그

플라톤의 아카데미아와 같은 곳의 도서관이나 서고 등을 가리키기도 한다.

270) Likymnios는 5세기 키오스 출신의 디티람보스 시인 겸 변론가로서, 폴로스의 스승이었다.

271) 261c에서 언급한 트라시마코스를 가리킨다. 그곳에서 해당 각주를 참조할 것.

340

밖의 다른 어떤 걸 자네가 말할 게 있는가?

파이드로스: 사소한 것이야 있지만, 말할 가치가 없습니다.

소크라테스: 그러면 사소한 것들은 제쳐 두세. 하지만 그것들은 광
명 속에서 더 보도록 하세나. 이 기술의 힘이 무엇이며 언제 그걸 갖
는지 말일세.

파이드로스: 그야 아주 강력한 힘을 갖고 있습니다, 소크라테스
님! 적어도 대중의 집회들에서는.

소크라테스: 실상 그렇지. 하지만, 여보게! 그러니까 그것들의 날
실에 틈이[272] 생겨나 있는 것으로 자네에게도 보이는지 살피게나. 내
게 그리 보이듯.

파이드로스: 지적해 주시기나 하시죠.

소크라테스: 그럼 대답해 주게나. 가령 누군가가 자네의 친구 에릭
시마코스[273]나 그의 부친 아쿠메노스에게 다가가서 이런 말을 한다고
하세. '나는 알고 있소. 이와 같은 것들을 몸에 투여함으로써, 내가 그
리하고자 한다면, 몸을 따뜻하게도 차게도 할 줄을. 그리고 그러는 게   b
좋다고 내게 생각된다면, 토하게 할 줄도. 또한 그리 생각된다면, 설
사를 시킬 줄도 그리고 그 밖의 다른 것들로 아주 많은 이런 것들을
할 줄도 아오. 그리고 이런 것들을 알고 있기에, 의사일 자격이 있다
고 그리고 이런 것들에 대한 지식을 내가 제공하게 될 다른 사람을 의
사로 만들 자격이 있다고 생각하오.' 이를 듣게 된 그들이 뭐라 말할

---

272) 이를테면, 모직 옷감에는 날실과 씨실이 있어서, 이것들로 짜여 있
  다. 이 옷감의 굵은 날실에 갈라진 틈이 생긴다면, 이 옷감에는 작지 않은
  구멍이 생길 수밖에 없음에 빗대어 하고 있는 말이다.
273) 《향연》편의 등장인물들에 대한 소개를 참조할 것. 그의 아버지인 아
  쿠메노스는 227a에서도 언급되고 있다.

것으로 자네는 생각하는가?

파이드로스: 그야 이런 걸 묻기밖에 다른 무엇을 하겠습니까? 이런 것들 각각을 누구로 하여금 언제, 그리고 어느 정도까지 하게끔 할 것인지에 대해 추가적으로 알고 있는지 말입니다.

소크라테스: 그래서 그가 이런 대답을 한다면? '어떤 식으로든 전혀. 그러나 이런 것들을 내게서 배운 당사자는 당신이 묻는 것들을

c 할[274] 수 있다고 나는 생각하오.'

파이드로스: 그들은 이 사람이 미쳤다고 말할 것이라 저는 생각합니다. 그리고 책 어딘가를 읽어 주는 걸 듣거나[275] 또는 가벼운 치료들에 우연히 접하고서는, 의술에 대해서는 아무것도 전문적으로 아는 바가 없으면서도, 의사가 된 걸로 생각하죠.

소크라테스: 가령 이번에는 누군가가 소포클레스와 에우리피데스[276]에게 다가가서 이런 말을 한다면, 어떨까? 자기가 작은 일에 대해서 아주 긴 대사를 그리고 큰 일에 대해서는 아주 짧은 대사를 지을 줄 알며, 가련한 대사들도, 다시 그 반대로 무섭고 위협적인 또는 이와

d 같은 그 밖의 대사들도 자신이 원할 때는 지을 줄 알거니와, 또한 이 것들을 자신이 가르침으로써 비극 시작(詩作)을 전수할 수 있다고 생각한다면?

파이드로스: 소크라테스 님, 이들도 웃을 것이라 저는 생각합니다.

---

274) 텍스트 읽기에서 c1의 [poiein]은 괄호를 풀고 살려서 읽었다.

275) 책이 귀했던 시대라, 누군가(특히 글을 익힌 노예)가 한 권의 책을 읽으면, 여럿이 함께 듣는데, 이때 '듣는 사람들([hoi] akouontes)'이 곧 '독자들'이다.

276) Sophoklēs와 Euripidēs는 Aiskhylos와 함께 헬라스의 3대 비극 시인 이니, 이 대목에서는 굳이 주를 달 필요까지는 없을 것 같다.

만약에 누군가가 비극을 그것들이 상호 간에 그리고 전체적으로 짜맞추어진 적절한 구성 이외의 다른 것이라 생각한다면 말입니다.

소크라테스: 그러나 그들은 거칠게 비난하지는 않고, 마치 음악인이 스스로 음악에 밝다고 믿는 사람을 만나서 하듯, 대할 것이네. 가장 높은음과 가장 낮은음을 현으로 낼 수 있다고 해서 그리 믿는 건데, 잔인하게 말하지는 않을 것이야. '아, 딱한 이여, 성마르시네요.' 하고. 하지만 음악인이기에 더욱 부드럽게 말할 게야. '보십시오. 음악에 밝은 사람으로 되려는 이가 이것들을 아는 것도 필연적이오. 하지만 당신 같은 상태에 있는 사람은 화음(harmonia)[277]에 대해 조금도 모르는 걸 막아 줄 길이 전혀 없소. 왜냐하면 당신은 화음에 앞서 필요한 지식들은 알지만, 음악 이론[278]은 모르기 때문이오.'   e

파이드로스: 지당하신 말씀입니다.

소크라테스: 그러니까 소포클레스도 자기들[279]에게 비극에 앞서는   269a
예비적인 것들을 과시해 보이는 자가 비극의 본령은 보여 주지 못하고 있다고 말할 것이며, 아쿠메노스도 의술(iatrikē) 전 단계의 것들은 과시하지만 의학(ta iatrika)은 그러지 못한다고 말할 걸세.

파이드로스: 전적으로 그럴 것입니다.

소크라테스: 아름다운 목소리의 아드라스토스[280]나 페리클레스가

---

277) 《향연》편 187b의 본문 및 해당 각주 참조.
278) 여기에서 '음악 이론'으로 번역한 것의 원어는 ta harmonika인데, 이를 LSJ의 대사전에서는 '음악 이론(theory of music)'으로 옮기고 있다. 이는 훗날의 화성학(harmonics)의 어원이 된다.
279) 앞서 268c에서 에우리피데스와 함께 소포클레스가 언급되었기 때문이다.
280) Adrastos는 Argos의 왕으로서, 아테네의 전설적인 영웅이며 왕이었던 테세우스(Thēseus)와 동시대의 인물이다. 테베의 오이디푸스가 왕

b 방금 우리가 살펴본 아주 훌륭한 기술적 고안들, 곧 간결한 표현들과 비유적으로 말하기 그리고 그 밖의 다른 하고 많은 것으로 우리가 일일이 살피면서 광명 속에서 고찰해야만 한다고 말했던 것들을 듣게 된다면, 어쩔 것이라 우리가 생각하는가? 이들이, 나와 자네처럼, 거칠음으로 해서 교양 없는 어떤 언사를, 그것들을 지어 변론술로 가르친 자들에게 호되게 말할 것이라 생각하겠는지, 또는 그들이 우리보다는 더 지혜롭기에, 이렇게 말하면서 우리 둘을 나무랄 것이라 생각하겠는지. '아, 파이드로스 그리고 소크라테스! 격하게 화를 낼 것이 아니라, 용서를 해야만 하오. 만약에 어떤 이들이 변증술을 구사할 줄²⁸¹⁾ 몰라서 도대체 변론술이 무엇인지를 정의 내릴 수 없게 되었는데도, 이 상태로 해서 변론술에 앞서 필요한 지식들은 갖고 있기에 변론술을 발견한 것으로 생각하더라도, 그리고 바로 이것들을 남들에게 가

c 르치고서는, 이들이 자신들에게서 변론술을 완벽하게 배우게 된 걸로 믿어서, 이것들 각각을 말하고 전체를 구성하는 데 있어서 설득력 있

위에서 물러난 뒤, 두 아들 폴리네이케스(Polyneikēs)와 에테오클레스(Eteoklēs)가 한 해씩 번갈아 가면서 왕위에 앉기로 약속했으나, 이 약속을 어기고 에테오클레스가 계속 왕위를 차지하려 해서, 폴리네이케스는 아르고스로 가서 아드로스의 딸과 혼인하게 되었고, 아드라스토스 왕은 사위의 왕위 계승을 돕기 위해 사위 및 여러 장수들과 함께 테베를 공격하는데, 일곱 성문들에서 벌어진 쌍방의 싸움에서 오이디푸스의 두 아들도 나머지 장수들도 다 전사하고, 그만이 준마 덕에 도망할 수 있었다. 아이스킬로스의 비극《테베를 공격한 일곱 장수들》은 이를 소재로 한 것이다. 문제의 이 구절은 Tyrtaeus, *Fragmenta*. 12, 8(TLG)에 나오는 '아드라스토스의 아름다운 목소리의 말'의 일부이다.

281) 여기서 '변증술(dialektikē)을 구사할 줄'로 옮긴 것의 원문은 dialegesthai이다. 이는 보통은 '대화함'이 되겠으나, 이 경우에는, 그다음에서 말하고 있듯, 변증술에 의한 정의 내림(horisasthai)과 관련된 것이어서, 그리 번역했다.

게 하는 것은, 일도 아니어서,[282] 자신들의 제자들이 논변들에서 스스로들 강구하게 될 것이라 믿더라도 말이오.'

파이드로스: 하지만, 소크라테스 님, 이 사람들이 변론술로 가르치고 글을 짓는 것은 이와 같은 어떤 것인 것 같거니와, 적어도 제게는 선생님께서 진실을 말씀하시는 것으로 여겨집니다. 그렇지만 진짜로 변론가이며 설득력 있는 이의 그 기술은 누가 어떻게 그리고 어디서 얻게 될 수 있을까요?

d

소크라테스: 그럴 수 있음은, 파이드로스여, 그래서 완벽한 변론자로 된다는 것은 다른 경우들과도 같겠네. 아마도 그건 필연적이기도 할 게야. 만약에 자네가 천성으로 변론가가 되기에 적합하다면, 게다가 지식과 수련도 겸비하게 된다면, 자넨 주목할 만한 변론가가 될 걸세. 이것들 중에서 어느 것이든 부족할 경우에는 이 점에서 자넨 완벽하지 못하게 될 걸세. 이런 기술에 관련되는 한, 리시아스와 트라시마코스가 가는 길은 추구할 방식이 아닌 것으로 내게는 생각되네.

파이드로스: 그럼 바로 어떤 방식으론가요?

소크라테스: 여보게, 아마도 모두들 중에서도 페리클레스[283]가 변

e

---

282) 텍스트 읽기에서 c3의 〈on〉은 살려서 읽었다.

283) Periklēs(약 495~429)는 461년 이래로 그 영향력이 가장 크게 미친 아테네의 정치가였다. 451년에서 역병으로 인한 그의 사망(429년) 시까지 그는 22년간 사실상 아테네를 지배했다. 443년부터 429년까지는 거의 연이어 군대의 지휘권까지 행사하는 장군(stratēgos)으로 선출되었다. 그의 '영향 아래서 아테네는 막강해졌고,' (Thoukydidēs, *Historiai*, II. 65. 5) 헬라스의 다른 나라들에 대해서는 제국으로 바뀌어 갔다. 아테네는 "말로는 민주 체제였으나, 실제로는 제1인자에 의한 통치가 행해졌다."(같은 책, 같은 권, 65. 9~10) 그의 이런 힘의 배경에는 그의 명예와 판단 그리고 청렴, 대중들의 자유에 대한 존중(같은 곳, 8)에 더해 뭣보다도 그의 언변의 기술이 있었다고 할 것이니, 이에 대해서는 바로 이

론술에 있어서는 가장 완벽하게 된 것 같네.

파이드로스: 어째서죠?

소크라테스: 기술(학술)들 중에서도 중요한 모든 것은 자연(phy-sis)에 대한 담화[284]와 고답적인 이야기[285]를 요구하네. 이 고상함과

어지는 각주에서 언급하는 에우폴리스의 희극 *Dēmoi*, fr.(토막 대사) 6. 6~7행이 증언하고 있다. "그는 이처럼 청중들을 홀렸으니, 연설자들 중에서는 그만이/ 그들 안에다 벌침을 남겨 놓았다."는 것이 그것이다.

284) 여기에서 '자연에 대한 담화'란 소크라테스 이전의 이른바 '자연 철학' 전반에 대해 적용되는 말이기도 하다. 그때의 많은 철학자는 자신들의 책 이름을 'peri physeōs(자연(physis)에 대하여)'라 붙였고, 이들의 탐구를 'peri physeōs historia(자연에 대한 탐구)'로 통칭했다. 그런데 여기에서 '담화'로 번역한 adoleskhia는 '쓸데없는 없는 이야기나 하기'를 뜻하는 말이다. 그런데 이 명사형 adoleskhia에 대한 사전적 뜻풀이에서 LSJ의 대사전 보정판(H. G. Liddell and R. Scott, *Greek ─ English Lexicon: Revised Supplement*, 1996)에서는 앞서의 것에 있던 I. prating, garrulity; II. keenness, subtlety, Pl. *Phdr.* 269e; III. conversation, talk …처럼 3항에 걸친 뜻풀이를 다 지우고, 오직 talk, chatter의 한 항으로만 뜻풀이를 하되, 3항에 걸친 관련 문헌들도 이 하나의 항에 몰아 놓았다. 특히 'garrulity(수다)'와 이 대화편의 바로 이 대목에 대한 'keenness, subtlety(민감함)'이란 뜻풀이가 무리한 것으로 판단해서 그리한 것 같다. 그리고 이의 동사는 adoleskheō, 그러는 사람은 adoleskhēs인데, 이는 '쓸데없는 이야기나 늘어놓는 자'이다. 소피스테스가 그런 자로 곧잘 지칭되기도 했지만, 어찌 보면, 일반인들이 보기에는 철학자들이 그리 보일 수도 있었겠다. 아닌 게 아니라 소크라테스를 그렇게 지칭한 당대의 희극 시인들이 둘이나 있었다. 에우폴리스(Eupolis)와 아리스토파네스(Aristophanēs)가 그들인데, 둘 다가 동시대의 아테네인들이었다. 에우폴리스의 작품들로는 제목들만 19편이 알려져 올 뿐 하나도 온전하게 남아 있는 건 없고, 다만 토막 대사 형태로만 많은 게(500개 가량) 전해져 온다. 희극 경연 대회에서 세 번이나 승자가 되기도 했다고 하는데, 그가 다룬 주제들은 아리스토파네스의 것들과 비슷한 것들로 알려져 온다. 그의 토막 대사 352는 이렇다. "그러나 나는 거지꼴로 쓸데없는 이

모든 면에서의 효용성은 여기 어디선가에서 유입되네. 이를 페리클레스 또한 좋은 자질에 덧보태어 가졌었지. 왜냐하면 그는 그런 사람인 아낙사고라스[286]를 우연히도 만나게 되어, 고답적인 이야기로 충만해

야기나 늘어놓는 소크라테스도 미워한다./ 그는 다른 것들은 골똘히 생각했으면서도,/ 그것으로 자기가 끼니를 해결할 수 있게 될 것에 대해서는 소홀히 했던 사람이지." 아리스토파네스의 《구름》 1484~1485에서도 주인공 스트렙시아데스는 소크라테스의 무리를 '쓸데없는 이야기나 늘어놓는 자들'로 일컬으면서, 그들이 함께 지내는 이른바 '사색하는 곳(phrontistērion)'에 불을 지르는 장면이 그리고 그의 가르침을 '쓸데없는 이야기나 하기(adoleskhia)'(1480)라고 말하는 장면이 나온다.

285) 여기서 '고답적인 이야기'로 번역한 원어는 meteōrologia인데, 이는 오늘날의 '기상학'의 어원이다. 공중에 또는 하늘 높이 떠 있는 것들, 천문학적 또는 기상학적 현상들을 ta meteōra라 하니까, 비유적인 뜻에서 '고답적인 이야기'로 옮겼다.

286) Anaxagoras(500?~428)는 이오니아(오늘날 터키의 일부인 소아시아)의 클라조메나이(Klazomenai: Klazumen: 옛날의 스미르나 곧 오늘날의 Izmir 만 남쪽 해안에 위치함) 출신으로 480/79년에 아테네로 와서 철학을 하기(philosophein) 시작했으며, 향후 30년 동안이나 이곳에 머물렀다고 한다(Mansfeld는 최근의 발표에서 456/5년에 아테네로 와서 437/6년까지 약 20년 남짓 머문 것으로 주장함). 그는 태양을 펠로폰네소스 반도보다 큰 '금속 불덩어리'라 하고, 달에는 주거 공간들과 언덕 및 골짜기들이 있다고 했다(이상은 《디오게네스 라에르티오스》 II. 7~8에 나오는 내용임). 그의 토막글 1에서는 "모든 것은 함께 있었다(Homou panta khrēmata). 그것들은 수와 작기에 있어서 무한하다." 라고 했는데, 그 뜻은 이런 것이다. 만물을 이루는 원소들로서의 '씨들(spermata)'은 무한히 많고 지극히 작다. 모든 사물에는 모든 종류의 씨앗들이 다 들어 있지만, 다만 이것들의 다양한 비율의 상호 결합과 분리로 해서 다양한 사물이 생기기도 하고 소멸되기도 한다고 했다. 또한 그는 무한히 많고 무한히 작은 이 씨들은 이 우주에서 사물들이 형성되기 이전의 태초에는 모두가 함께 뒤섞인 상태로 있었는데, 이것들이 분리해 나오면서 서로 구별되는 사물들의 형성을 보게 되었다고 한다(토막글 4 참조. Diels/Kranz, *Die Fragmente der Vorsokratiker*, II.). 그러나 정신

b

져서 지성(정신: nous)과 어리석음(anoia)[287]의 본성에 접하게 되었지. 바로 이런 것들에 대해 아낙사고라스가 많은 주장을 책자로 펴냈는데, 여기에서 그는 논변의 기술에 유용한 것을 이 기술에 끌어들였던 걸세.

파이드로스: 어찌하여 그 말씀을 하시는 거죠?

소크라테스: 바로 변론술의 경우와 똑같은 방식이 어쩌면 의술의 경우에도 적용되겠네.

파이드로스: 바로 어떻게요?

소크라테스: 양쪽 다에 있어서 그 본성(physis)[288]을 명확히 해야만 하네. 한쪽에서는 몸의 본성을, 다른 한쪽에서는 혼의 본성을 말일세. 자네가 장차 숙련[289]에 의해서만이 아니라 경험과 기술에 의해서도,

---

(지성: Nous)만은 다른 것들과 혼합하지 않고, "일체의 것들을 통할한다 (pantōn nous kratei)"고 했는데, 그것이 최초로 회전 운동을 일으켜 번져 가게 함으로써, 사물들의 결합과 분리를 가능케 했단다. 이 주장, 특히 만물을 통할한다는 Nous에 대해 젊은 시절의 소크라테스가 지대한 관심을 가졌었다가 실망했다는 고백을 《파이돈》편 97c 이후에서 우리는 만나게 된다. 페리클레스는 그의 제자였다. 그의 정적들이 그에게 골탕을 먹이기 위해서 아낙사고라스를, 그런 주장들을 빌미로 삼아, 불경 (asebeia)죄로 고소하나, 페리클레스의 변론으로 벌금과 추방의 형을 받고, 헬레스폰토스 해협의 람프사코스(Lampsakos)로 가서 정착해 여생을 보냈다. 그와 페리클레스를 겨냥해서 디오페이테스(Diopeithēs)가 432년경에 제안해서 통과시킨 것이 '디오페이테스 법령(psēphisma)'인데, 이는 종교적인 불경죄를 다루기 위한 법령이었지만, 그 후의 사면 조치에 의해서 이미 그 법적인 효력을 잃게 되었다.

287) 텍스트 읽기에서 5의 dianoias는 anoias로 읽었다. anoia는 nous의 부재를 의미한다.

288) physis에는 '본성' 이외에도 270a에서처럼 '자연', '본질' 또는 '본질적인 것', '천성', '성향' 등의 뜻들이 있다.

289) 260e의 해당 각주 참조.

몸에는 약과 영양을 제공함으로써 건강과 힘을 생기게 하되, 혼에는 언어와 관행적인 수행(修行)들을 제공함으로써, 자네가 원한다면, 납득과 함께 [사람으로서의] 훌륭함(덕: aretē)을 지니게 하고자 한다면 말일세.

파이드로스: 확실히 그럴 것 같네요, 소크라테스 님!

소크라테스: 그렇다면 혼의 본성에 대해 제대로 알게 되는 것이 그 전반의 본성[290]을 제쳐 놓고서 가능할 것이라 자네는 생각하는가?　c

파이드로스: 아스클레피오스의 후예들[291] 중의 한 사람인 히포크라테스를 어떤 점에서 신뢰해야만 한다면, 몸에 대해서도 이 방법을 제쳐 놓고서는 불가능합니다.

소크라테스: 여보게, 그 말은 실은 훌륭한 걸세. 그렇지만 히포크라테스에 더해, 그 주장을 검토함으로써, 그게 합당한지 고찰해야만 하네.

파이드로스: 동의합니다.

---

290) 여기에서 '그 전반의 본성'으로 번역한 것의 원어는 hē tou holou physis인데, 여기에서 to holon이 무엇을 뜻하느냐에 대해서 이견들이 있다. to holon이 to pan과 마찬가지로 '우주'를 뜻하는 말이기도 해서, 대뜸 그리 확대하여 이해하려고도 할 수 있겠으나, 여기서는 한 사람의 부분적인 혼이 아닌 '전체로서의 혼의 본성' 또는 '혼 전반의 본성' 정도로 보는 게 옳겠다.

291) 아스클레피오스의 아들을 Asklēpiadēs라 일컫는데, 훗날 의사들을 그의 후예라 하여 복수 형태로 Asklēpiadai라 한다. Hippokratēs도 그들 중의 한 사람이었으며, 그의 이름 아래 『히포크라테스 전집』(*Corpus Hippocraticum*)으로 묶인 글 묶음들은 60편 남짓이다. 그 자신은 소크라테스(469~399)와 거의 동시대에 활동했지만, 이 전집 속에는 기원전 3세기경까지의 것들까지도 포함된 것으로 알려져 있다. 따라서 이 가운데서 어느 것이 그리고 어디까지가 히포크라테스 자신의 것인지를 가리는 일은 거의 무망한 일인 것 같다. 《향연》편 186a에서 해당 각주를 참조할 것.

소크라테스: 그러면 자연에 대해 히포크라테스와 참된 주장이 도대체 무엇을 말하고 있는지 고찰하게. 어떤 것의 본성에 대해서든 다음과 같이 생각해야만 하지 않겠는가? 첫째로, 우리가 장차 스스로 어떤 것에 대해 전문가들로 되고 또한 남을 그런 사람으로 만들 수 있기를 바라는 그것이 단순한 것인지 또는 다양한 것인지를 고찰해야만 하네. 다음으로는 그게 단순한 것일 경우에는, 그것의 능력(힘)을, 곧 무엇에 대해서 [능동적으로] 작용할 수 있는 무슨 능력을, 또는 무엇에 의한 겪음(수동)의 무슨 능력을 그게 본성적으로 지니고 있는지 고찰해야만 하네. 그러나 그게 더 많은 형태를 갖고 있다면, 이것들의 수를 세고서는, 바로 그 단순한 하나의 경우처럼, 각각의 경우에 이를 살펴보아야만 하는데, 이것이 무엇에 대해서 무슨 [능동적] 작용을 본성적으로 하며, 또는 무엇에 의해 무엇에 있어서 무엇을 본성적으로 겪게 되어 있는지 말일세.

파이드로스: 그래야 할 것 같습니다, 소크라테스 님!

소크라테스: 어쨌든 이런 절차 없는 탐구는 마치 눈먼 자의 여정 같을 것이야. 그러나 무엇이건 전문적으로 추구하는 자를 눈먼 자나 농아인 자에다 분명코 비유해서는 안 되거니와, 만약에 누군가가 누구에게고 논변을 체계적(전문적)으로[292] 가르쳐 주고자 한다면, 그가 논변을 적용하게 될 상대 성향의 본질(ousia)을 정확하게 적시해야 할 것이네. 한데 그 상대는 아마도 혼일 게야.

파이드로스: 물론입니다.

---

292) 여기에서 '체계적(전문적)으로'라고 번역한 것의 원어는 tekhnē의 여격 형태(τέχνῃ)이다. 이를 '기술적으로'나, 아직 학문적으로 정립된 것도 아닌 터에, '학적으로'라고 번역하는 것도 어색하여, 그리 번역했다. 이는 271b8 등에서도 마찬가지다.

소크라테스: 그렇다면 그에게 있어서의 모든 열의는 이것을 겨냥하 271a
고 있네. 그가 그 안에 확신을 심어 주려 하고 있기 때문이겠지?

파이드로스: 네.

소크라테스: 그러니까 트라시마코스도 그리고 그 밖에도 변론술을
진지하게 가르치려는 자는, 첫째로 혼이 본성적으로 한 가지이고 같
은 것인지 또는 몸의 형태처럼 다양한 것인지를 아주 정확히 기술하
고 볼 수 있게 할 게 명백하네. 이를 우리는 그 본성을 밝히어 보여 주
는 것이라 말하기 때문이지.

파이드로스: 그야 전적으로 그렇습니다.

소크라테스: 그렇지만 둘째로는 혼이 무엇에 대해 무슨 작용을 본
성적으로 하거나 무엇에 의해서 무엇을 본성적으로 겪게 되는지를 밝
히어 보여 주는 것이네.

파이드로스: 물론입니다.

소크라테스: 하지만, 셋째로는 논변들과 혼의 유형들 그리고 이것 b
들의 상태들을 정리해서, 각각의 논변을 각각의 혼의 유형에 적용하
여 어떤 혼이 어떤 논변들에 의해 어떤 까닭으로 해서 필연적으로 설
득되는 반면에, 어떤 혼은 설득되지 않는지를 가르침으로써 그 모든
원인들을 설명할 것이네.

파이드로스: 그럴 경우에 그건 더할 수 없이 훌륭할 것임에 틀림없
을 것 같아 보입니다.

소크라테스: 그렇다면, 여보게, 이와는 다르게 제시해 보이게 되는
것[293]이나 말로 해 보이게 되는 것은 결코 체계적으로 논변을 하게 되
거나 저술을 하게 되는 것도 아닐세. 이 주제의 것이든 또는 다른 어

---

293) 책자나 글로 적어서 보이는 걸 뜻하겠다.

c 떤 주제의 것이든 간에 말일세. 그러나 요즘 언변의 기술들에 대한 책
자를 쓰는 사람들, 그걸 자네가 들은 바 있는 그 사람들은 영악해서,
혼에 대해 아주 잘 알고 있으면서도, 그걸 숨기지. 그러므로 이 방식
으로 말하기도 하고 쓰기도 그리하기 전에는, 이들이 체계적으로 쓰
는 걸로는 믿지 않기로 하세나.

파이드로스: 어떤 방식으로 말입니까?

소크라테스: 이를 실제 말로 표현하기는 쉽지가 않지. 그러나 만약
에 가능한 한 체계적이고자 한다면, 어떻게 써야만 하는지는 내가 말
하고 싶네.

파이드로스: 그럼 말씀하세요.

소크라테스: 말의 힘(의의: dynamis)은 혼의 이끎이기에,[294] 장차

d 변론가가 되고자 하는 이는 혼에 얼마나 많은 유형이 있는지를 아는
게 필수적이지. 그러니까 그게 이런저런 정도로 많이 있으며, 이런저
런 유형의 것들이며, 이로 인해서 어떤 이들은 이러저러한 자들이 되
고, 또 어떤 이들은 이들대로 이러저러한 자들로 되네. 그러나 이제
이것들이 이렇게 나뉘었으므로, 논변들 또한 이런저런 정도로 많은
유형이 있으며, 그 각각은 이런저런 것이지. 그래서 이와 같은 이들은
이와 같은 논변들에 의해 이런 까닭으로 해서 이와 같은 것들에 쉽게
설득되지만, 다른 이들은 이와 같은 것들로 해서 설득되기가 쉽지 않
네. 그러면 이것들을 충분히 깨닫게 되었을 것이기에, 다음으로는 이

e 것들이 실제 행위들에 있어서 행하여지는 걸 관찰하여, 예민하게 감
각적으로 따라갈 수 있어야 하거나, 아니면 함께 있으면서 들었던 그
것들보다도 그로서는 어쩌면 전혀 조금도 더 나아지지 못하거나 하는

294) 261a의 본문을 참고할 것.

거지. 그러나 그가[295] 어떤 사람이 어떤 논변에 의해 설득되는지를 충분히 말할 수 있을 때, 또한 가까이 있게 된 사람을 알아보고서 스스로에게 일러 줄 수 있을 때, 곧 이 사람이 그 사람이며, 바로 이 성향이 그때 말했던 그런 성향이며, 지금 실제로 자기 앞에 그 성향[의 사람]이 나타나 있으며, 이 성향에는 이런 것들의 설득을 위해 이런 논변을 적용해야만 한다는 것, 이 모든 걸 이미 할 수 있는 자인 그에 의해서, 이에 더해 언제 말해야만 하며 또 말하기를 멈추어야만 하는지 그때를 알게 된 자에 의해서, 또한 간결하게 말하기(brakhylogia)와 동정을 사는 말하기(eleinlogia), 격한 감정 토로(deinōsis) 그리고 또 그의 배움의 대상이었던 그 많은 유형의 논변들 각각에 대한 적절한 때(eukairia)와 부적절한 때(akairia)를 구별할 줄 아는 자에 의해서 이 논변의 기술이 훌륭하게 그리고 완벽하게 완성되지, 그 전에는 안 되네. 누군가가 이것들 중의 무엇에 있어서고 말하거나 가르치거나 또는 책을 짓기엔 부족한데도, 체계적으로 말한다고 주장한다면, 그 말에 설복되지 않는 자가 이기는 걸세. 어쩌면 책을 짓는 자는 물을 걸세. '그럼 어떻소? 파이드로스 그리고 소크라테스여, 그렇게 생각되오, 아니면,[296] 언변의 기술이 달리 어떻게 논급되는 걸 받아들여야 하겠소?' 하고 말일세.

파이드로스: 아마도 달리는 불가능할 것입니다, 소크라테스 님! 하

---

295) 이어지는 조건 절 형태의 긴 문장(272a7까지)에서 '그'로 지칭되는 주어는 이 문단의 첫머리에서 소크라테스가 말한 '장차 변론가가 되고자 하는 이'이다. 따라서 반복되는 조건 절들이 다소 길기는 하겠지만, 독자도 긴 호흡으로 따라가는 게 이해에 도움이 되겠다.

296) 텍스트 읽기에서 b3의 houtos 다음의 의문 부호(;)는 삭제하고, mē 는 ē로 고쳐 읽었다.

지만 그건 어쨌든 작은 일로는 보이지 않네요.

소크라테스: 정말일세. 실은 이 때문에 모든 주장을 요리조리 바꿔서 언변의 기술에 이르는 더 쉽고 더 짧은 길이 어디에선가 나타나 보

c 이는지 살펴야만 하네. 짧고 순탄한 길을 갈 수 있는데도, 공연히 멀고 험한 길로 길을 떠나지 않기 위해서지. 하지만 만약에 자네가 리시아스나 다른 누군가에게서 들은 게 있어서 어떻게든 어떤 도움을 받을 수 있다면, 기억을 떠올려 말하도록 애써 보게.

파이드로스: 시도를 위해서라면 그리해 볼 수는 있겠지만, 지금으로서는 제가 그럴 수가 없네요.

소크라테스: 그러면 이것들에 관여하는 어떤 사람들에게서 내가 들은 어떤 주장을 내가 말해도 되겠는가?

파이드로스: 물론입니다.

소크라테스: 파이드로스여, 이리의 처지[297]를 말하는 것조차도 어쨌든 정당하다고 하는 게야.

d 파이드로스: 선생님께서도 그리하세요.

소크라테스: 그러니까 이것들은 전혀 엄숙해할 것도 아니며 포위 공략을 하듯 멀리 높은 곳으로 갈 일도 아니라고들 말하지. 왜냐하면

---

[297] 플루타르코스(Ploutarkhos)의 《윤리서들》(Moralia) 중의 하나인 《일곱 현인들의 연회》 156A7~9에 나오는 이솝(Aisōpos) 우화로 이런 것이 있다. "양치기들이 오두막 안에서 양고기를 먹고 있는 걸 이리가 보고서는 가까이 다가가더니 말했답니다. '만약에 내가 이 짓을 했다면, 당신들에게 크나큰 소동이 벌어졌을 텐데.' 하고." 그러니까 이 경우에, 이를테면, 이리의 처지에서는 같은 먹이이고, 처지만 다를 뿐이라는 주장을 할 수 있는 일이다. De Vries는 이런 이리의 처지에서 그 나름으로 할 수 있는 일리 있는 변론을 이른바 advocatus diaboli(devil's advocate: 악마의 변론인)의 경우와 관련지어 언급하고 있다.

이 논의의 시작 단계에서[298] 말했던 것도, 장차 족히 변론가가 되고자 하는 이는 올바른 것들이나 좋은 것들과 관련된 진리(진실: alētheia)에는 전적으로 관여하지 말아야 하고, 또는 본성적으로 그렇거나[299] 양육에 의해서 그런 사람들에 대해서도 관여하지 말아야만 하기 때문이라는 거야. 법정들에서는 이런 것들의 진리는 누구에게도 전혀 관심거리가 되지 않고, 설득력이 있는 것인지가 관심거리로 된다고 해서라는 거지. 이게 개연성(to eikos)인데, 체계적으로 말하려는 자는 이것에 대해 유념해야만 한다는 게야. 또한 때로는 이미 행하여진 것들도,[300] 이것들이 행하여진 게 개연적이지 않다면, 말해서는 안 되고, 고소(katēgoria)와 변론(apologia)에서도 개연적인 것들(ta eikota)을 말해야만 해서라는 거지. 그리고 말을 할 때도, 바로 개연성이 전적으로 추구해야만 하는 것이고, 진리(진실)에 대해서는 결별을 고하는 것이라는 거야. 왜냐하면 이게 전체 논변을 통해서 이루어질 경우에, 온전한 [변론] 기술을 갖추게 해 주기 때문이라는 거지.

파이드로스: 소크라테스 님, 논변과 관련해서 전문가임을 자처하는 사람들이 말하는 바로 그것들을 어쨌든 선생님께서 말씀하셨습니다. 앞서는 그와 같은 것을 우리가 간략하게 다루었다는 걸 기억합니다만, 이와 관련되는 분들에게는 이건 아주 중대한 것이라 여겨집니다.

소크라테스: 자네는 그야말로 테이시아스[301] 자신[의 책]을 세심하게 파고들었네. 그러니까 테이시아스께서 이것도 우리에게 말씀해 주시게 하게. 그분이 말씀하시는 개연성은 대중에게 [그리] 생각(판단)

---

298) 259e~260a에서.
299) 바로 앞에서 말한 '올바르거나 좋은'을 받아서 하는 말이다.
300) 텍스트 읽기에서 e2의 auta ⟨ta⟩는 au ta로 읽었다.
301) 267a에서 해당 각주를 참조할 것.

b 되는 것[302] 이외의 다른 어떤 것이 아닌 게 아닌지 말일세.

파이드로스: 실상 다른 무엇이겠습니까?

소크라테스: 바로 이 영리하고도 기술적인 것을 그분이 발견하시고서 이런 글을 쓰신 것 같아. 만약에 약하되 용감한 어떤 자가 힘세지만 겁쟁이인 자를 흠씬 때리고선, 겉옷이나 다른 어떤 걸 빼앗았다가, 법정으로 끌려온다면, 물론 어느 쪽도 진실을 말해서는 안 된다고. 그러나 겁쟁이인 자는 그 용감한 자 한 사람에게만 맞은 게 아니라고 말하고, 다른 쪽은 단 둘이만 있었다고 하며 이를 반박하되, '어떻게 나

c 같은 자가 저런 자를 공격할 수 있겠습니까?' 하는 저 주장[303]을 이용하는 거야. 그러나 다른 쪽은 자신의 비겁함을 말하지 않고, 뭔가 다른 거짓말을 하려고 꾀하는데, 아마도 소송 상대에게 반박거리나 어떤 식으로건 제공하게 되는 거지. 그러니 다른 경우들에도 재주 있게 말한다는 것들은 이와 같은 것들이지. 안 그런가, 파이드로스?

파이드로스: 물론입니다.

소크라테스: 아, 어쨌든 감쪽같이 감춰져 있던 기술을 테이시아스나 다른 누군가[304]가 찾아낸 것으로 보이네. 사실은 그가 도대체 누구이건 그리고 어디 출신으로 일컫건 간에 말일세. 하지만, 여보게, 이 사람에게 우리가 말해 줄 것인지 아니면 말해 주지 말 것인지 —

d 파이드로스: 어떤 걸 말씀입니까?

소크라테스: 이런 것이지. '테이시아스 님! 우리가 선생을 스쳐 지

---

302) 곧 '대중이 생각(판단)하기에 그런 것'을 뜻한다.

303) 아리스토텔레스의 《변론술(수사학)》(*Rhētorikē*) B1402a18~20에서는 코락스의 변론술이 이런 걸로 이루어져 있음을 말하고 있다. 코락스에 대해서는 267a에서 해당 각주 참조.

304) 테이시아스의 스승인 코락스를 시사하는 것으로 핵퍼스는 보고 있다.

나가기 전의 이전에는 그러니까 이 개연성이 다중에겐 참인 것과의
유사성으로 해서 생기는 것이라 말했죠. 그러나 유사성들은 어느 경
우에나 진실(진리)을 아는 자가 가장 잘 찾아낼 줄 안다고 우리는 방
금[305] 말했습니다. 그래서 만약에 선생께서 언변의 기술에 대해 다른
뭔가를 말씀하신다면, 우리는 듣고 싶군요. 그러나 만약에 그렇지 않
다면, 이제껏 우리가 말한 바를 믿을 것입니다. 곧, 만약에 누군가가
자기 말을 듣게 될 사람들의 성향들을 분류해 보지 않는다면, 그리고
사물들도 부류에 따라 나누고, 한 종류에 의해서 각각의 부류에 따라
포괄할 수 없다면, 언변과 관련해서 사람으로서 가능한 한의 전문가
는 결코 되지 못할 것입니다. 그러나 이는 많은 연구 없이는 결코 획
득되지 않을 것입니다. 이 연구의 수고를 분별 있는 이는 사람들을 상
대로 하는 말하기와 행함을 위해서 해서는 안 되고, 신들을 기쁘게 하
는 걸 말할 수 있기 위해서, 모든 걸 행함도 가능한 한 그들을 기쁘게
하는 식으로 할 수 있기 위해서 해야만 하죠. 그야, 테이시아스 님, 물
론 우리보다도 더 지혜로운 이들이 말하니까요. 동료인 종들을 기쁘
게 하는 건, 부차적인 것이 아닌 한, 지성을 지닌 자가 마음 쓰려고 할
것이 아니라, 스스로도 훌륭하며 그 계통도 훌륭한 주인들[306]을 기쁘
게 하는 데나 그래야만 한다고요. 따라서 그 우회로가 길더라도, 놀라
지 마세요. 큰 것들을 위해서 돌아가는 것이지, 선생께서 생각하시듯,
그런 것이 아니니까요. 저희 주장이 말하듯, 만일에 누군가가 그리고
자 한다면, 이것들도 저 큰 것들로 해서 그야말로 더할 수 없이 훌륭

---

305) 262a에서.

306) 246a 끝 쪽을 참조할 것. 그리고 《파이돈》편 62b를 보면, "신들은
  우리의 보호자들이며 우리 인간들은 신들의 소유물들 가운데 하나이다."
  라는 종교적인 주장과 관련된 언급이 보인다.

하게 이루어질 것입니다.'

파이드로스: 적어도 제게는 아주 훌륭하게 말씀하신 걸로 여겨집니다, 소크라테스 님! 정녕 누군가가 그럴 수만 있다면요.

소크라테스: 그러나 훌륭한 것들에 대해서는 시도하는 자조차도,
b 그가 무슨 일을 겪을지라도, 그가 겪게 되는 것까지도 훌륭한 것일세.

파이드로스: 정말 그럴 것입니다.

소크라테스: 그러면 언변과 관련해서 기술의 있고 없음은 이로써 충분히 다룬 걸로 하세나.

파이드로스: 물론입니다.

소크라테스: 그러나 글쓰기와 관련된 적절함과 부적절함의 문제, 곧 이게 어떻게 되었을 때 훌륭하고 어떻게 되었을 때 부적절한지가 남은 문제이겠지?

파이드로스: 네.

소크라테스: 그렇다면 자네는 언변과 관련해서 어떻게 행하거나 말하면 신을 더없이 기쁘게 하겠는지 아는가?

파이드로스: 결코 모릅니다. 하지만 선생님께서는요?

c 소크라테스: 어쨌든 선인들의 전설은 내가 말할 수 있네만, 그 진실성은 그들이 알고 있지. 그러나 만일에 우리가 이를 찾아낸다면, 인간적인 상상들 가운데 어떤 것은 아직도 우리의 관심거리가 되겠지?

파이드로스: 우스운 걸 물으시네요? 하지만 선생님께서 들으신 것으로 주장하시는 것을 말씀해 주세요.

소크라테스: 그러니까 이집트의 나우크라티스[307] 근처에 그 고장

---

307) 기원전 570년에 파라오가 된 아마시스(Amasis)는 처음에는 헬라스인들에 대해 경계했으나, 차츰 헬라스인들을 좋아하게 되어, Naukratis로

의 옛날 신들 중에 한 신이 있었는데, 이 신의 성스러운 새를 사람들
이 이비스(Ibis)로 부른다는군. 한데, 이 신 자신에 대한 이름은 테우
트(Theuth)308)라네. 바로 이 신이 처음으로 수와 셈법과 기하학 그리
고 천문학, 더 나아가서는 서양 장기와 주사위, 특히 문자를 발견 또   d
는 발명했다는군. 한편 헬라스인들이 이집트의 테베309)로 일컬었던
나일 강 상류 쪽 지역의 대도시 주변의 전체 이집트의 그때 왕은 타무
스(Thamous)였는데, 그들은 통치자 아몬(Ammōn)으로 불렀네. 그
에게로 테우트가 와서는 그 기술들을 보여 주고서는, 다른 이집트인
들에게도 전파해야만 한다고 말했네. 그러나 왕은 그 각각이 무슨 유
익함을 지녔는지 물었고, 그가 설명해 나가니, 왕은 그가 하는 말이
훌륭한 걸로 또는 그렇지 못한 걸로 여겨지는 걸 나무라거나 칭찬했   e
네. 각각의 기술과 관련해서 찬반 양쪽으로 그야말로 많은 의견 제시
를 타무스가 테우트에게 한 걸로 전하는데, 이를 죄다 이야기하는 건
긴 이야기가 될 게야. 그러나 이야기가 문자와 관련된 것에 이르렀
을 때, 테우트가 말했네. '하지만, 왕이시여, 이 배움은 이집트인들을
더 지혜롭고 더 잘 기억하도록 만들 것입니다. 기억과 지혜의 방책310)

오는 헬라스인들에게 거주지를 제공하며, 이들의 종교적인 성소와 제단
까지 마련케 했는데, 옛날에는 이곳이 유일한 교역 거점(emporion)이었
다 한다. 헤로도토스,《역사》(Historiai) II. 178~179 참조.

308) 테우트를 여기서는 daimōn으로 말하고 있다.《필레보스》편 18b에
서는 그가 '신(theos) 또는 신과도 같은 사람(theios anthrōpos)'이라 말
하고 있다.

309) 오늘날 룩소르(Luxor)로 일컫는 지역인 것 같다.

310) 여기에서 '방책'으로 번역한 것의 원어는 pharmakon인데, 230d에
서도 나왔던 낱말이다. 이는 '치료약'이나 '독약', '미약', '물감' 또는
'치료', '구제책', '대책' 등을 뜻하기도 한다.

이 발견되었기 때문입니다.' 하고. 그러나 왕은 말했네. '아, 더할 수 없이 기술에 밝으신 테우트이시여, 기술에 속하는 것들을 세상에 내 놓을 수 있는 자와 그것들을 이용하게 될 사람들에게 얼마만큼의 해 로움과 이로움이 있을지를 판단할 수 있는 자는 다른 이입니다. 지금

문자의 아버지인 당신께서도 선의로 해서 문자가 할 수 있는 것과는 반대되는 걸 말씀하셨습니다. 이는 그걸 배우는 자들로 하여금 기억 (mnēmē)의 수련에 대한 소홀함으로 해서 그 혼들에 망각을 초래할 것이기 때문입니다. 적어 둠에 대한 믿음으로 해서, 자신들의 내부로 부터 자신들에 의해서 상기하게 되는 것이 아니라, 외부로부터 낯선 기호들에 의해 상기하게 되니까요. 따라서 당신은 기억 아닌 떠올림 (hypomnēsis)의 비방을 발견했습니다. 그러나 당신은 제자들에게 지 혜의 환상만 제공하지, 진리를 제공하지는 않습니다. 가르침은 없이

b 많이 듣게만 된 사람들은 많이 아는 자들처럼 생각하지만, 대개는 아 는 게 없는 자들이며, 같이 지내기가 어렵고, 현명하기커녕 자기들 딴 엔 현명하게 된 걸로 여기는 자들이죠.'

파이드로스: 아, 소크라테스 님, 선생님께서는 이집트에서고 어디 서고 원하시는 대로 이야기를 지어내십니다.

소크라테스: 그렇지만, 여보게, 적어도 제우스의 도도네 성역의 사 람들은 초기의 예언들을 참나무의 말씀들이라 말했네.[311] 그러니까 그때 사람들은, 자네들 젊은 사람처럼, 영리하지가 않아서, 순박함으 로 해서 참나무와 바위에서[312] 듣는 것으로도 족했네. 그것들이 진실

---

311) 244a에서 해당 각주를 참조할 것. 여기에서 말하는 '참나무의 말씀 들(dryos logoi)'은 곧 제우스의 뜻을 가리키는 것이다.

312) 도도네에서의 신탁의 예언을 신수인 참나무 잎의 살랑거림과 그 뿌

을 말하기만 한다면 말일세. 그러나 자네의 경우에는 말하는 사람이   c

리 쪽에서 솟는 샘에서 듣고서 또는 그 나무 위에 앉은 비둘기들에서 그
뜻을 읽어 냈다고 한다. 도도네는 산을 배경으로 갖는 계곡 지대이니, 이
샘 근처에는 바위들도 적잖이 있을 것이다. 따라서 도도네의 경우라면
'참나무와 바위에서 들음(dryos kai petras akouein)'은 그것 나름의 의
미를 가짐 직하다. 그러나 로뱅(Robin)은 참나무에 이어 언급된 '바위'
는 '델피의 바위'라고 단언적으로 말하고 있는데, 일리가 없지 않다. 왜
냐하면 델피는 해발 2,460미터 높이의 파르나소스(Parnassos) 산자락에
자리 잡고 있고, 비탈진 쪽은 온통 험준한 바위투성이이기 때문이다. 게
다가 이곳의 카스탈리아(Kastalia) 샘의 풍부한 물은 바위틈에서 그야말
로 샘솟듯 나온다. 그런데 '참나무와 바위'를 들먹이는 것은, '옛 이야기
의 참나무' 또는 '전설적인 참나무(drys palaiphatos)'처럼, 속담 성격의
표현으로 굳어진 것이기도 하다. 도도네의 경우와는 다른 부류의 것들은
대개 다음에서 말하는 두 부류의 의미를 갖는 것들로 정리해 볼 수 있을
것 같다. 첫째 부류의 하나로는 호메로스의 《일리아스》 22. 126에 나오는
것으로, 이는 헥토르가 나라의 명운과 자신의 목숨을 건 아킬레우스와의
결전을 앞두고 독백으로 그와의 대결에 얽힐 일들을 이것저것 주절거리
다가 불현듯, 지금은 처녀 총각이 속삭이듯, 참나무나 바위부터 시작하는
한가한 이야기나 하고 있을 때가 아님(ou … apo dryos oud' apo petrēs)
을 말하고 있는 것이다. 그 둘째 것은 헤시오도스의 《신들의 계보》 35에
나오는 것으로, 신들의 계보를 본격적으로 말하기에 앞서 늘어놓던 이런
저런 서두를 이제 그만 접겠다는 뜻을 비치면서 하는 말이 "하지만 참나무
나 바위에 관한(peri dryn ē peri petrēn) 이들 이야기는 내가 왜?"다. 하
찮고 한가하며 관련도 없는 이야기는 왜 내가 하고 있는지 자문하고 있는
것이다. 다른 한 부류의 첫째 것은 역시 호메로스의 《오디세이아》 19. 163
에 나오는 것이다. 거지꼴로 변장을 하고 20년 만에 나타난 오디세우스를
몰라보고 단순한 과객으로만 여긴 페넬로페(Pēnelopē, Pēnelopeia)가 그
의 가계와 출신지를 물으면서, 그걸 묻는 이유를 "그대는 전설의 참나무
에서 태어나지도 바위에서 태어나지도 않았을 테니까요(ou … apo dryos
oud' apo petrēs)."라고 말한다. 둘째 것은 《소크라테스의 변론》 편(34d)
과 《국가(정체)》 편(544d)에 나오는 것들이다. 앞 것은 재판관들이기도
한 배심원들 앞에서 "내가 태어난 것은 '참나무에서도 아니고 바위에서
도 아니고'(oude … apo dryos oud' apo petrēs)"라고 하면서, 자기에게

361

누구이며 어디 출신인지가 아마도 상관이 있을 게야. 왜냐하면 자네는 그게 그러한지 또는 다른지, 그것에만 주목하지는 않기 때문이지.[313]

파이드로스: 선생님께서는 옳게 꾸짖으셨거니와, 문자에 대해서는 그 테베 분[314]이 말하는 그대로인 것으로 생각됩니다.

소크라테스: 그러니까 기술을 문자로 남긴 걸로 생각하는 자도, 다시 문자로 해서 뭔가가 명확하고 확고해질 것으로서 이를 전수받게 된 자도 순박함이 넘쳐 아몬의 예언을 실은 이해하지 못하고 있는 것일 게야. 문자화된 말들(logoi gegrammenoi)은 그 문자들이 다루는 것들을 아는 자로 하여금 그걸 떠올리게 하는 것 이상의 것이라 생각해서지.

d

파이드로스: 지당하신 말씀입니다.

소크라테스: 왜냐하면, 파이드로스여, 글쓰기는 이런 고약한 점을 갖고 있어서, 참으로 그림 그리기와도 닮았기 때문이네. 그 소산(자식)들은 마치 살아 있는 것들처럼 거기에 서 있지만, 자네가 뭔가를 묻더라도, 그것들은 아주 엄숙하게 묵묵부답이지. 글로 된 말들 또한 마찬가지지. 그것들이 뭔가 생각하는 바가 있어서 말을 할 것 같다는

도, 부모가 있었듯, 아직 어린 아들을 포함해서 셋이나 되는 자식들이 있으니, 정작 그러기로 한다면, 자기도 얼마든지 동정표를 얻을 길은 있다는 뜻에서 이런 말을 하는데, 우리식으로 말해서, 아무런 감정도 없는 "목석은 결코 아니다."라는 말을 하고 있는 것이다. 뒤의 대화편에서도 비슷한 뜻으로 하는 말일 것인데, 정체(politeia)들이 그 나라들에서 살고 있는 사람의 성격들이 아닌 '참나무나 바위에서(ek dryos ē ek petras)' 곧 '목석'에서 생기는 것으로 생각하는지를 묻고 있는 것이다. 그러니까 여기에서 소크라테스(플라톤)는 '참나무와 바위'의 전설적인 속담을 도도네식의 예언 듣기에다 접목해서 말하고 있는 셈이다.

313) 텍스트 읽기에서 문장 끝의 물음표는 종지부로 바꿔 읽었다.

314) 곧 이집트의 타무스 왕 곧 통치자 아몬을 가리키는 것으로 보인다.

생각을 자네가 하게 되어, 글로 언급된 것들 중에서 뭔가를 배우고자 해서 질문이라도 하게 되면, 그건 언제나 똑같은 한 가지 것만 표현할 뿐이네. 일단 글로 적게 되면, 모든 말은 어디에고 굴러가는데, 그걸 e 이해하는 자들 곁으로 그러듯, 똑같이 전혀 상관없는 자들 곁으로도 굴러가며, 어쨌든 말해야만 할 사람들과 그러지 말아야 할 사람들을 알지(가리지) 못하네. 그게 잘못 대접을 받고 부당하게 욕을 먹게 되면, 그 아비의 도움이 늘 필요하네. 그야 그게 스스로를 방어하는 것도 스스로를 돕는 것도 할 수 없기 때문이지.

파이드로스: 그것 또한 선생님으로서는 지당한 말씀입니다.

소크라테스: 어떤가? 그것[315]과는 다르면서도 친형제 간인 말 276a (logos)이 어떤 식으로 생기며, 이것이 본성적으로 그것보다 어느 정도로 더 나으며 힘 있는지 우리가 볼까?

파이드로스: 그게 무엇이며 어떻게 해서 생기는지 말씀해 주시겠습니까?

소크라테스: 배우는 자의 혼에 앎(epistēmē)과 함께 쓰인 말은 스스로를 방어할 수도 있지만, 어떤 이들을 상대로 말을 하고 침묵을 해야만 하는지도 알고 있네.

파이드로스: 알고 있는 자의 살아 있는, 그 안에 혼이 깃들어 있는 말을 선생님께서는 말씀하시는군요. 문자로 적힌 말은 그것의 영상이라 말하는 게 정당할 것입니다.

소크라테스: 전적으로 그러하네. 그러면 이걸 말해 주게나. 지각 있 b 는 농부가, 씨앗들을 보살피고 그것들의 결실을 바라는 그가 진지한 마음으로 여름에 아도니스의 정원들[316]에 씨를 뿌려 8일 만에 아름답

---

315) 곧 글로 쓰인 말을 가리킨다.

게 되는 것들을 바라보며 기뻐하겠는지, 혹은 그가 정작 이 짓을 할 경우, 이를 실상 놀이와 축제를 위해 하는 것이겠는지? 아니면, 그가 열성을 보였던 씨앗들을 농사 기술을 이용해서 적절한 농토에 파종하고서는, 자기가 씨를 뿌린 것들이 여덟 달 만에 완숙함을 보게 되는 걸 흡족해하겠는지?

c 파이드로스: 아마도 그리하겠죠, 소크라테스 님! 이쪽은 열성으로 하겠지만, 다른 쪽은 선생님께서 말씀하시듯 달리 하겠죠.

소크라테스: 올바른 것들과 아름답고 훌륭한 것들에 대한 앎들을 지닌 자가 제 씨앗들에 대해 농부보다도 지각이 덜하다고 우리가 말하겠는가?

파이드로스: 전혀 그렇지 않을 겁니다.

소크라테스: 그렇다면 그가 진지하게 그것들을 물에, 검은 물에 갈대 펜을 통해서 뿌리면서 쓰지는 않을 것이네.[317] 스스로를 말로써 도

---

316) 신화에 의하면, Adōnis는 근친상간의 소생인데, 대단한 미남이어서, 아프로디테가 그와의 사랑에 빠져, 그를 상자 속에 숨겨, 하데스(Hadēs)의 아내 페르세포네(Persephonē)에 맡겼는데, 그 또한 이 청년을 사랑하게 된다. 이에 제우스가 중재에 나서 서로 넉 달씩 해마다 함께하도록 하고, 나머지 넉 달은 아도니스의 결정에 맡기게 한다. 그는 사냥 중에 사고로 젊어서 죽게 되었다. 그를 추모하는 축제는 아도니아(ta Adōnia)라 하는데, 5세기 아테네에서는 여인들이 한여름에 깨진 항아리 또는 단지에 씨를 뿌려 지붕 꼭대기에 놓아 두어, 빨리 싹이 텄다가, 곧 시들게 했다 한다. 아도니스의 정원들(Adōnidos kēpoi)은 이 항아리나 단지들을 뜻한다.

317) 이 문장은 몹시 은유적인 표현이어서 다소 설명이 필요할 것 같다. 이 문장에서 '그것들'은 바로 앞 문장에서 말한 앎을 지닌 자가 지니고 있는 '씨앗들'을 뜻한다. '물에, 검은 물에'는 이중적 의미를 갖는다. 우선 '물에 글쓰기'는 '물에 수결(手決)하기'처럼 공연한 짓을 하는 걸 뜻한다. 그리고 '검은 물'은 물감 잉크를 뜻한다. 갈대 펜은 그걸로 찍은 검은 잉크를 파피루스 두루마리에 글과 함께 흘려보내게 한다. 이게 말 또

364

울 수 없는, 그렇다고 진실을 족히 가르칠 수도 없는 말들과 함께 말일세.

파이드로스: 확실히 그러지 않을 것 같습니다.

소크라테스: 실상 그러지 않을 게야. 그러나 문자들의 정원에 그는 d
놀이 삼아[318] 씨앗을 뿌리고 글도 쓸 것 같네. 정작 그가 글을 쓸 때는, 망각의 노령에 이르게 될 때를 대비해, 자신을 위한 비망기(備忘記)를 축적해 가면서, 또한 같은 발자국을 좇아오는 모든 사람을 위해서도, 그것들이 [그 정원에서] 보드랍게 자라는 걸 보면서 즐거워할걸세. 다른 사람들이 다른 놀이들을 이용하며 연회로 음주를 하고, 또다른 이런 유의 수많은 다른 것들을 이용할 때, 그때 그는 그런 것들대신에 내가 말하는 것들을 갖고 놀면서 시간을 보낼 것이네.

파이드로스: 하찮은 놀이에 대비되는 아주 훌륭한 놀이를 말씀하십 e
니다, 소크라테스 님! 올바름이나 그 밖에 다른 것들로 선생님께서 말씀하시는 것들과 관련해서 말하면서 말로 놀 줄 아는 이의 놀이 말입니다.

소크라테스: 실은 그러하네, 친애하는 파이드로스! 이것들과 관련된 열의는 이런 경우에는 훨씬 더 훌륭해질 것이라 나는 생각하네. 곧, 어떤 사람이 변증술[319]을 이용해서, 적절한 혼(혼을 가진 사람)

는 앎의 씨앗 뿌리기로 비유되고 있다. 그다음의 '말로써 스스로를 도울수 없다'는 말은 일단 글로 쓰인 말들은 언제나 그대로 있기 때문에 더이상 다른 말을 보태 보충적 설명을 스스로 할 수가 없음을 뜻한다.

318) 원어 paidias kharin은 '소일 삼아' 또는 '오락거리 삼아'로 옮겨도
되겠다.

319) 원어는 hē dialektikē tekhnē인데, 그냥 dialektikē로 쓰인다. 아무래도 변증술에 대한 언급을 좀 해 두어야만 할 것 같다. 이는 헤겔의 변증법(Dialektik, dialectic)과 어원은 같으나, 이를 구별하기 위해서 플라톤

276e

을 취한 다음, 그 혼에 앎과 함께 말들을 심고 그 씨앗을 뿌린다면, 이

의 경우에는 편의상 '변증술'로 번역한다. 반면에 소크라테스의 경우에는 이를 '문답법'으로 옮기는데, 이와 관련해서는《향연》편 204a의 해당 각주에서 이미 언급했으니, 이를 참조하면 되겠지만, 여기에서는 이를 플라톤 자신의 철학과 연결 지어 설명할 필요성을 느낀다. 그의 변증술은 먼저 소크라테스의 이 문답법의 형식을 기본 바탕으로 삼는다. 그의 대화편들이 대화(dialogos, dialegesthai) 형식을 취하는 것은 그래서다. 그러나 대화에는 남과의 대화도 있지만, 자기 자신과의 무언의 내면적 대화도 있다. 이를 우리는 사고 또는 사유(dianoia)라고 한다. 앞의 경우는 대화하는 사람들의 지적인 공동 탐구(syzētēsis)인 셈이기도 하다.《향연》편 204a에서 언급한 바 있는 소크라테스의 문답법에서 일차적인 작업은 대화 상대의 무지(amathia)를 자각케 하는 것이었다. 단순히 의견(doxa: opinion)일 뿐인 것이 앎(epistēmē)일 수 없음을 논박(elenkhos)을 통해서 자각케 하는 것이다. 플라톤은 '의견'이 어디까지나 의견일 뿐, 결코 참된 앎일 수 없는 근본적 이유는 그 대상도 주관도 상대적일 수밖에 없는 감각적 지각(aisthēsis)에 근거한 것이기 때문이다. 다행히도 우리에게는 이성(logos), 아니 이의 연장선상에 있는 가장 고차적인 능력인 지성(nous)이 있다는 것이 그의 확신이다. 오관의 대상들 곧 감각에 지각되는 것들(ta aisthēta=the sensibles)도, 이를테면, 시각 대상들과 청각 대상들이 서로 달라 조각 등의 미술의 영역과 음악의 영역이 구별되듯, 하물며 이것들과는 근본적으로, 아니 존재론적 위상 자체에서, 구별될 수밖에 없는 대상들 곧 nous의 대상들이 또한, 아니 더 참된 의미에서, 존재한다는 것이다. 그것들을 '감각에는 지각되지 않는 것들(ta anaithēta=the insensibles, the supersensibles)' 곧 '지성에나 알려지는 것들(ta noēta=the intelligibles)'이라 그는 말했다. 이런 것들을 알아볼 수 있도록 하는 과정이 인식 주관의 정화 곧 순수화(katharsis=purification) 과정인데, 이와 관련해서 그는 이런 말을 하고 있다. "각자의 혼의 어떤 기관(organon)이 순수화되어(ekkathairetai), [그동안의] 다른 활동들로 인해서 소실되고 눈멀어 버린 이 기관이, 눈 만 개보다도 더 보전될 가치가 있는 이 기관이 다시 점화(點火)된다. 이것에 의해서만이 진리가 보인다."(《국가(정체)》편 527d~e) 이 단계가 변증술의 긴 여정(poreia)에서의 초입 단계를 통과한 것이다. 그러나 이에서 이어질 변증술의 본 여정에 대한 언급을 여기서 길게 할 수는 없는 일이니, 그의 간결한 한 구절을 인

366

것들은 자기들만이 아니라 이것들을 심은 사람까지도 능히 옹호할 수
있을 것이며, 그 열매 또한 거두지 못할 리가 없을 것인즉, 이것들은
씨앗을 품고 있어서, 이에서 또 다른 말들이 또 다른 성품들에서 자라   277a
나 이 씨앗을 언제까지나 불멸의 것이도록 능히 해 줄 수 있을 것이
며, 또한 이 씨앗을 지닌 이로 하여금 인간으로서 가능한 한 최대한으
로 행복하게끔 만들어 줄 걸세.

파이드로스: 실은 선생님의 그 말씀이 월등하게 훌륭합니다.

소크라테스: 이것들이 합의를 본 터라, 파이드로스여, 이제야말로
그것들에 대한 결정을 이미 내릴 수 있게 되었네.

파이드로스: 어떤 것들인가요?

소크라테스: 바로 이것들에 대해 살펴보고자 했다가 우리가 이에
이르게 된 걸세. 논변 쓰기와 관련해서 리시아스에 대한 비난을 우리
가 검토했으면 해서, 그리고 체계적(전문적)[320]으로 또는 체계(전문   b

용하는 걸로 그 아쉬움을 달래기로 하자. 이처럼 "누군가가 '변증술적 논
변'에 의해서 일체의 감각(aisthēsis)은 쓰지 않고서 '이성적 논의(이성:
logos)'를 통해서 '각각인(-ㄴ, x인) 것 자체(auto ho estin hekaston)'
로 향해서 출발하려 하고, 그래서 '좋은 것 자체(auto ho estin agathon)'
를 '지성에 의한 이해(앎) 자체(autē noēsis)'에 의해서 파악하게 되기
전에는 물러서지 않을 때, 그는 '지성에 의해서[라야] 알 수 있는 것(to
noēton)'의 바로 그 끝에 이르게 된다."(《국가(정체)》편 532a~b)《국가
(정체)》편의 이들 두 인용구를 통해서 변증술의 긴 여정의 초입과 종착
점에 대해서는 그런대로 설명을 얻은 셈이다. 이에 대한 충분한 설명은
이 대화편의 475e~540b에서 얻을 수 있을 것이다. 이제 그 중간의 구체
적인 방법론적인 절차들이 남아 있는데, 이는 우리가 알고자 하는 대상의
정의 내림(horisasthai)과 관련된 부분이다. 그 일부가 이《파이드로스》
편 265d~266c에서 언급된 부분이고, 그다음에는《소피스테스》편에서
만나게 되는 '형상들의 결합' 문제를 이해하는 것이다. 뒤의 문제와 관련
해서는 졸저《헬라스 사상의 심층》202~228쪽을 참조하는 것도 좋겠다.

성) 없이 쓰게 된 논변들 자체를 검토했으면 해서였지. 따라서 체계 (전문성)를 갖춘 것과 그렇지 못한 것이 적절히 밝혀진 것으로 내게 는 생각되네.

파이드로스: 정말로 그리 생각되었습니다. 하지만 어떻게 해서 그 랬는지 다시 떠올려 주시죠.

소크라테스: 누군가가 말을 하거나 글을 쓰는 대상들과 관련해서 그것들 각각의 진실도 알고, 그것 자체로 전체를 정의할 수 있게 되 며, 그 정의를 하고서도 다시 부류에 따라 가르기를 더 이상 가를 수 없는 것에 이르기까지 할 줄 알기 전에는, 혼의 성향에 대해서도 마찬

c 가지로 간파하고서, 각각의 성향에 맞는 종류를 찾아내서, 이처럼 할 말(logos)을 정하고 조정하여, 다양한 혼에는 다양하고 두루 어울리 는 말들을 제공하되, 단순한 혼에는 단순한 말들을 제공하기 전에는, 그러기 전에는 논변들(논의들: logoi)의 종류가 그 성격상 다르게 되 어 있는 그만큼 체계적(전문적)이게 될 수가 없네. 앞에서의 모든 논 의가 우리에게 알려 주었듯, 뭔가를 가르치기 위해서도 뭔가를 설득 하기 위해서도 말일세.

파이드로스: 그러니까 이 문제는 어쨌든 이런 식으로 밝혀졌네요.

d 소크라테스: 하지만 이번에는 그 논변들(논의들)을 말하거나 글로 쓰는 것이 훌륭한 것인지 아니면 부끄러운 것인지와 관련해서는, 그 리고 그게 어떤 식으로 행하여지면, 그 비난을 옳게 하게 되는 것이거 나 옳지 않게 하게 되는 것인지는, 좀 전에 말한 것들이 밝히지는 못

---

320) 270e의 해당 각주를 참조할 것. 바로 다음의 '체계(전문성) 없이' 의 원어는 aneu tekhnēs이고, '체계(전문성)를 갖춘 것'의 그것은 to entekhnon이다.

했는데 —

파이드로스: 어떤 것들이요?

소크라테스: 리시아스나 다른 누군가가 사적으로건 또는 공적으로건 언젠가 법률 제안을 하느라 글을 썼거나 쓰게 되어, 정치적인 글을 쓰고서는 이 글에 어떤 대단한 확고함과 명확성이 있는 것으로 여길 경우, 이 경우에 그걸 쓴 사람에겐 비난이 있게 되지. 누군가가 그걸 말하건 안 하건 간에. 올바른 것들과 올바르지 못한 것들 그리고 나쁜 것들과 좋은 것들에 대해 무지함은 깨어서건 꿈속에서건[321] 진실로 e 더할 수 없는 비난거리임을 피할 길이 없기 때문이네. 온 군중이 그걸 칭찬하더라도 그건 면치 못할 것이야.

파이드로스: 그야 면치 못하겠죠.

소크라테스: 반면에 각각의 것에 대한 문자화된 말에는 다분히 놀이(오락성: paidia)가 있는 게 필연적이라고 생각하는 자, 그리고 운문으로건 또는 산문으로건 크게 정색할 가치가 있는 말(주장)은 결코 아무것도 글로 쓰인 적이 없으며, 마치 음송 시인들이 물음이나 가르침은 없이 설득을 위해서나 말하듯, 말로도 표현된 적이 없고, 말(주장)들 중에서도 최선의 것들이 실은 알고 있는 자들의 떠올림을 위한 278a 것이 되었다고 생각하는 자, 반면에 올바른 것들과 아름다운 것들 그리고 좋은 것들과 관련해서 가르쳐지는 것들과 배움을 위해서 말하게 된 것들 그리고 진실로 혼에 쓰인 것들만에 명확하며 완벽하고 정색할 가치가 있는 것이 있다고 생각하는 자: 그런가 하면 이런 말들이

---

321) 이 표현은 일종의 관용적 형태의 표현으로 약간씩 변용된 형태로 다양하게 쓰인다. 어떤 경우에도 또는 어떤 마음 상태에서도 그러할 것임을 말할 때, 더러 쓰인다. 《필레보스》편 36c 및 65e, 《국가(정체)》편 382e 등에 보인다.

자신의 적자들인 것처럼 말해야만 하고, 처음에는, 자신 안에 있는 게
발견된다면, 제 안의 아들로, 다음으로는, 이 아들의 몇몇 소생들 그

b 리고 다른 사람들의 다른 혼들 안에 형제들이 동시에 제대로 태어난
것이라 말해야만 하는 거고. 반면에 다른 말들과는 작별을 하는 사람
— 이 사람, 이런 사람이, 파이드로스여, 나도 자네도 우리 둘 다가 그
리되기를 기원하는 그런 사람인 것 같네.

　파이드로스: 물론 저로서도 전적으로 선생님께서 말씀하시는 바대
로 바라며 기원도 합니다.

　소크라테스: 그러면 우리로서는 이제 논변과 관련된 것들로는 충
분히(놀 만큼) 논 걸로 해 두세.[322] 그리고 자네도 가서 리시아스에
게 말하게나. 우리 둘이 요정들의 샘물과 그 성소로 내려갔다가 말들

c (logoi)을 들었는데, 그건 우리에게 이렇게 일렀다고. 리시아스에게
그리고 논변(logoi)을 지은 다른 어떤 사람에게, 또한 호메로스와 음
악이 동반되지 않은 시를 짓거나 서정적 노래[323]로 시를 지은 다른 사
람에게, 셋째로는 솔론에게 그리고 누구든 정치적인 논의들에서 '법
률'로 칭하는 책자를 쓴 사람에게 말하라는 것이네. 만약에 그가 진실
이 어떤지를 알고서 이를 글로 지었다면, 그리고 자기가 쓴 것들이 논
박당할 경우에, 이를 옹호할 수 있을 뿐만 아니라, 또한 자기가 쓴 것
들을 하찮은 것들이라 스스로 말하고 이를 입증해 보일 수 있다면, 그
런 사람은 그가 지은 것들에서 따온 이름으로 불러야 할 사람이 아니

d 라, 그가 열중하고 있는 일에서 따온 이름으로 불러야 할 사람이네.

---

322) 아리스토파네스의 《테스모포리아 축제의 여인들》의 끝부분 중의
1227행에 비슷한 표현이 보인다.
323) 245a에서 해당 각주 참조.

파이드로스: 그러면 선생님께서는 이 사람에게 어떤 호칭들을 배정하십니까?

소크라테스: 파이드로스여, 나로서는 그를 현자(sophos)로 부르는 것은 지나친 것으로 여겨지고 이는 신에게만 적절한 것 같네. 그러나 지혜를 사랑하는 이(철학자: philosophos)나 또는 그런 어떤 호칭이 그에게 오히려 어울리며 한결 더 적합할 걸세.

파이드로스: 어쨌든 전혀 불합하지도 않고요.

소크라테스: 그런 반면에, 오랫동안 요리조리 맞추어 보고 서로 붙였다가 떼어 냈다 하면서 짓거나 쓴 것들[324] 말고는 이보다 더 값진 것들(timiōtera)을 갖지 못한 자는 어쩌면 시인이나 연설문 작성자 또는 법조문 작성자로 부르는 게 정당하지 않겠는가?

e

파이드로스: 물론입니다.

소크라테스: 그러면 이것들을 친구분에게 말하게나.

파이드로스: 하면, 선생님께서는 뭘 하실 건데요? 어떻게 하실 겁니까? 선생님의 친구분을 지나쳐 버려서는 안 될 텐데요.

소크라테스: 그 사람이 누군가?

파이드로스: 미남인 이소크라테스[325]죠. 그에게 무엇을 알려 줄 겁니까, 소크라테스 님? 이 사람을 우리가 뭐라 말할까요?

소크라테스: 파이드로스여, 아직 젊어, 이소크라테스는.[326] 하지만

---

324) 플라톤도 글쓰기에는 무척 꼼꼼했던 것으로 전한다. 《디오게네스 라에르티오스》 III. 37에는 이런 구절이 보인다. "에우포리온(Euphoriōn)과 판아이티오스(Panaitios)는 《국가(정체)》 편의 시작 부분이 여러 번이나 고쳐진 게 발견된 걸로 말했다."라고 하는데, 발견된 것은 그 밀랍 서판(蜜蠟書板: kēros)이었던 것 같다.

325) 260d에서 변론술에 대한 각주를 참조할 것.

326) Isokratēs(436~338)는, 여기에서 소크라테스가 예측하고 있듯, 아테

279a 그에 대해 내가 예측하는 바를 말하고 싶네.

파이드로스: 어떤 것인데요?

소크라테스: 리시아스와 얽힌 논변들 수준보다는 소질 면에서 그가 더 나은 것으로 내게는 생각되는데, 이에 더해 더 고상한 성품도 섞여 있는 것으로 생각되네. 그래서 그가 나이가 들어 가면서, 지금 그가 시도하고 있는 바로 이 논변들과 관련해서도 여태껏 논변들에 손을 댔던 아이들과는 월등히 다르더라도, 또한 더 나아가, 설령 이것들이 그에게 있어서 만족스럽지 않을 경우에도, 한결 비범한 열의가 더 큰 쪽으로 이끌고 가더라도, 조금도 놀랄 일이 아닐 걸세. 여보게, 이 사람의 마음 안에는 어떤 지혜 사랑(philosophia)이 천성으로 깃들어

b 있기 때문이지. 그러니 이것들을 내가 이곳의 신들에게서 받아서 나

네의 이름난 변론가가 된다. 그는 몸이 허약해서 정치에는 직접 나서지 않았지만, 많은 논변을 통해 시국과 관련된 여론 형성에 적잖은 영향을 미친 것으로 전한다. 그는 프로디코스, 고르기아스, 테이시아스 등에게서 논변술을 배웠으며, 30인 참주 체제를 피해 키오스(Chios)로 망명해서, 이곳에서 변론술을 가르치다가, 아테네가 민주 체제로 바뀐 뒤에 돌아와, 얼마 동안 법정 변론문 작성 일을 하다가, 392년경에 학원을 세운다. 물론 이 학원에서는 당시의 대세였던 변론술을 가르치기도 했지만, 폭넓은 뜻에서의 지혜 사랑의 교육 특히 도덕 교육에도 큰 비중을 두었다 한다. 그는 펠로폰네소스 전쟁에서 승리한 스파르타의 횡포와 독선이 결국엔 전 헬라스의 다툼과 분열만 조장하며, 심지어는 페르시아의 지원까지 받아 가며 그러니, 스파르타와 아테네의 합심으로 페르시아의 영향력을 물리치고, 헬라스 전체의 화합을 이루게 하며, 특히 아테네의 주도권 회복을 통한 온 헬라스의 자유와 번영을 쟁취하는 노력을 하도록 종용하는 연설문 책자를 내기도 했는데, 이것이 그의 대표적인 연설문 책자인《축제 연설》(Panēgyrikos)이다. 이를 그는 380년의 100회 올림피아 축제에서 대리 낭독을 하도록 꾀했던 것 같고, 많이 읽힌 것으로 전한다. 21편의 논변들이 전한다.

의 사랑하는 젊은이로서의 이소크라테스에게 알릴 것이니, 자네는 자네의 사랑하는 사람인 리시아스에게 그것들을 알리게나.

파이드로스: 그럴 것입니다. 그럼, 가시죠. 숨 막히는 더위도 한결 누그러졌으니까요.

소크라테스: 그러면 우리가 이곳의 신들에게 기원을 하고서[327] 떠나는 게 마땅하지 않겠나?

파이드로스: 물론입니다.

소크라테스: '아, 친애하는 판(Pan)이시여 그리고 이곳의 다른 신들이시여! 제가 속으로 아름다워지도록 해 주시옵소서. 그러나 제가 밖에 가진 것들은 제 안의 것들과 우애롭도록 해 주시고요. 지혜로운   c 자가 부유한 걸로 믿고 싶나이다. 황금의 양은 절도 있는 자가 감당하고 지니고 다닐 수 있을 만큼만 제게 있었으면 합니다.'

아직도 다른 뭔가가 우리에게 필요한가, 파이드로스여? 나로서는 충분히 기원을 했기 때문일세.

파이드로스: 저를 위해서도 그것들을 함께 기원해 주세요. 친구들의 것들은 공동의 것들이니까요.[328]

소크라테스: 가세나.

---

327) 텍스트 읽기에서 euxamenōi는 euxamenō로 읽었다.
328) '친구들의 것들은 공동의 것(koina ta tōn philōn)'이라는 표현은 일종의 속담 성격의 것이지만, 《디오게네스 라에르티오스》VIII. 10에 의하면, 피타고라스에서 유래했다고 한다. 《리시스》편 207c 및 《법률》편 739c와 《국가(정체)》편 424a 및 449c에도 나오는데, 이것들에서의 표현은 koina ta philōn의 형태이다. 《국가(정체)》편 제5권에서는 나라의 권력을 장악하게 되는 통치 계층에 대해 재산 및 가족의 개인적 소유를 허용하지 않는 사유(思惟) 실험을 하는데, 이 속담을 그 원칙으로 제시한 것이다.

《리시스》 편

《리시스》편(*Lysis*) 해제

훗날 사람들이 이 대화편에 대해 붙인 부제(副題)는 〈우정에 관하여〉이다. 이 대화편은 플라톤이 소크라테스 사후에 시작해서 마흔 살에 처음 시켈리아(시칠리아)를 방문한 시기(399년경~387년경)까지의 것들인 그의 초기 대화편들 중에서 비교적 끝 쪽에 속하는 것으로 추정되는 것들 중의 하나이다. 따라서 세 대화편이 함께 묶인 이 책에서 실은 《향연》편보다 먼저 읽어야 하는 게 이것이다. 사랑과 우정에 관한 한, 먼저 멍석을 깔아 놓은 것이 이 대화편이기 때문이다. 그러나 이걸 일반 독자들에게 먼저 읽도록 선뜻 권할 마음이 들지 않아, 이 책에서는 맨 뒤에 배치했다. 어떤 독자들에게는 내심 몹시 당혹스럽고 어지럼까지 일으킬지도 모를 이 대화편보다는 흥미롭고 흥분까지도 안길 시원스런, 그래서 한달음에 읽어 낼 수도 있는 대화편부터 먼저 읽는 게 책 읽기의 보람 면에서도 권할 일일 것 같아서였다. 어찌 되었건, 같은 주제이고, 다른 두 대화편의 터 닦기 또는 길 내기에 해당할 이 대화편인지라, 셋을 함께 묶는 건 합당할 것 같아, 그리했다. 비록 뒤쪽에 수록하긴 했지만, 그런 성격을 고려해서 되짚어가며 읽어 보는 것은 플라톤 철학의 형성 과정을 어느 면에서 엿볼 수 있게 해 줄 것이다. 아닌 게 아니라 C. H. Kahn은 그의 저서에서 이 대화편의 《향연》편에 대한 예기적(豫期的: proleptic) 성격의 내용을 비교적 자상하게 다루고 있다.[1]

《향연》편 및 《파이드로스》편 각각에 비해 1/3밖에 되지 않는 이 대화편은 오히려 그 대화 내용이 갈피를 잡기가 힘들고 복잡한 느낌을 주어, 독자로 하여금 몹시 혼란스럽게 하는 것이어서, 더러는 성급하게 혹평을 서슴지 않는다. 그러나 소크라테스의 행각이 동시대의 사람들이 일상적으로 말하고 생각하는 것들에 대한 캐물음을 통해 그들의 삶과 함께 우리의 삶에서도 그런 것들에 대해 근본적으로 되돌아보게 한다는 점에서, 그리고 더 나아가 그의 사상에서 태동하고 있는 플라톤 철학으로까지의 확장 가능성을 읽게 해 준다는 점에서도 이 대화편은 초기 대화편으로서의 그것 나름의 의의를 충분히 지닌다.

이 대화편의 주제가 "친구에 대해서, 그게 무엇인지(peri philou, ho estin)"(222b) 곧 "친구가 무엇인지(hoti estin ho philos)"(223b)를 알아내려는 것이지만, 이 물음이 적어도 겉보기에는 갖가지의 난문(aporia)만 거듭거듭 제기케 할 뿐, 정작 그 해답을 얻지 못하는 것으로 끝난다는 점에서는 "그것은 도대체 무엇인가?"[2]고 묻는 다른 초기 대화편들과 궤를 같이한다. 이 대화편 첫머리에서 소크라테스를 반기는 사람이 히포탈레스이고, 그가 리시스에 대한 사랑에 푹 빠져있고, 주변에선 그의 별난 구애 행동에 대해서 질려 있는 터라, 젊은이들의 소년애 곧 그 사랑(erōs)에 대한 이야기가 당장 주제로 될 것 같았지

---

1) C. H. Kahn, *Plato and the Socratic Dialogue*, pp. 264~267, 281~291.
2) 223b에서 해당 각주를 참조할 것. 그리고 그 역사적 의의와 관련해서는 역자의 《에우티프론》편 해제 및 《라케스》편 해제 등에서 웬만큼 해 두었으니, 이를 참조하는 것이 좋겠다.

만, 이는 훗날의《향연》편 및《파이드로스》편에서 심도 있는 논의의 주제로 유보된다. 그 대신에 각별한 친구 사이인 리시스와 메넥세노스의 우정 또는 우애(philia)가 조금 지나서부터 주제로 된다. 그런데 이 헬라스어 명사 'philia'에는 '우정'·'우애'의 뜻 말고도, 가족 간의 '애정' 그리고 사람 또는 어떤 사물에 대한 '좋아함' 또는 '친애'의 뜻들이 있다. 그리고 philos는 형용사로서는 누군가가 '사랑하는', 사물로서 '귀중한' 또는 '기쁘게 하는' 또는 '좋아하는' 등의 뜻이 있고, 이것이 명사로서는 남성 정관사(ho)와 함께 '친구(ho philos)'를 뜻하거나 중성 정관사(to)와 함께 '좋아함의 대상' 곧 '좋아하는 것(to philon)'을 뜻한다. 이런 여러 가지 뜻들은 어쩔 수 없이 사람들 상호 간의 관계에서 그리고 대상과의 관계에서 그 복잡함에 따른 혼란을 초래하게 마련이다.

메넥세노스가 제례 때문에 잠시 자리를 비운 사이에 소크라테스는 리시스를 상대로 그에 대한 부모의 '애정(philia)' 곧 그 '친애'와 관련된 질문을 한다. 실은 '필리아'의 여러 뜻 가운데 하나가 이것이다. 리시스의 부모는 사랑하는 자식에게 글 읽기와 쓰기 그리고 악기 다루는 것 말고는 허용하는 것들보다도 함부로 하지 못하게 단속하는 게 월등하게 많다. 전반적으로 아들의 앎의 수준 곧 '지혜로움(phronein)'이 아직은 미덥지 못해서다. "우리가 지혜로울 수 있게 되는 것들에 대해서는 모두가 우리에게 맡기게 될 걸세. … 우리가 지적 판단력(지성)을 갖추지(noun ktēsōmetha) 못하게 될 일들에 대해서는, 아무도 이것들과 관련해서 우리가 판단하는 대로 하도록 우리에게 맡기지 않고, 모두가 할 수 있는 한 방해할 것이네. 남들만이 아니라, 아버지도 어머니도 … 또한 우리 자신들도 이것들에 있어서는 다른 사람들을 따를 것이며, 우리에게도 그것들은 남의 것이 될 게야.

이것들로부터는 아무 덕도 못 볼 것이기 때문이지. … 우리는 누군가와 친구들(philoi)이 될 것이며, 누군가는 우리가 아무런 덕이 되지 못할 그런 것들과 관련해서 우리를 친애할까? … 쓸모가 없는 한, 자네조차도 아버지께서는 친애하지(philei) 않을 것이며, 다른 사람도 다른 누군들 친애하지 않을 걸세. … 만약에 자네가 지혜로워(sophos)지면, 모두가 자네와 친구들로 될 것이며, 모두가 자네와 친근한 사람들(oikeioi)이 될 걸세. 자네가 쓸모 있고 훌륭해질 것이기 때문이지. 만약에 그렇지 못할 것 같으면, 자네와는 다른 누구도, 아버지께서도, 어머니께서도 또한 친척들(hoi oikeioi)께서도 친구(philos)가 되지 않을 것이네."(210a~d) 여기에서 친구들 곧 친애하는 사람들로 되는 조건이 그 쓸모, 곧 그 유용성(utility)에 있는 것으로 주장하는 걸로 대뜸 받아들이기 쉽다. 그래서 그 천박함을 나무랄 수도 있겠다. 그러나 지혜로움이 유용성을 배제하는 것은 아니지만, 어떤 유용성을 안다고 해서 곧 지혜로운 것은 아니다. 헬라스어로 eu prattein이란 말이 있다. eu는 '잘', '훌륭하게'를 뜻하고, 그 반대되는 것은 kakōs인데, 이는 '잘못', '나쁘게', '신통치 못하게'를 뜻한다. 그리고 prattein은 '지냄', '이룸', '해냄', '함', '처리함'을 뜻한다. 그러니까 eu prattein은 '잘 지냄(해냄, 함, 이룸, 처리함)' 등을 뜻하고, kakōs prattein은 그 반대의 경우를 뜻한다. 모든 기능인은 그 기능(구실: ergon)을 잘 수행해야 기능인답다. 마찬가지로 사람은 사람 구실(ergon)을 해야만 사람답다. 사람으로서의 '훌륭함(aretē=goodness)'을, 시민적 수준에서도,[3] 알지 못하는데, 지혜롭다고 할 수가 없다. 따라서 사람 노릇을

---

3) 《파이돈》편 82b에는 '평민적이고 시민적인 훌륭함([hē] dēmotikē kai politikē aretē)'이란 표현이 보이는데, 이는 철학이나 지성(nous)을 통한 앎, 그런 지혜를 통하여 얻게 된 '훌륭함(덕)'이 아니라 습관(ethos)

제대로 하지 못하는데도 애정을 갖고 자식으로, 친구로 대접하는 것은 맹목적이거나 동정해서일 것이다.

그 사이에 메넥세노스가 돌아와서는 친구인 리시스 곁의 그 자리에 앉는다. 소크라테스는 자신도 이들처럼 일찍부터 친구 갖기를 갈구했지만, 여의치 못했는데, 어린 나이의 이들이 빨리도 제대로 된 친구를 갖게 된 것이 참으로 행복하고 부러운 일이라며, 그런 경험을 가진 그에게 여러 경우의 친구 관계에 대해 질문을 해 댄다. 메넥세노스는 논쟁적이고 반박하기를 좋아하며 크테시포스에게서 그런 훈련까지 받았다. 이를 의식하고서, 소크라테스는 이른바 친구들 사이의 있을 수 있는 여러 형태의 관계들에 대해 질문을 한다. 우정이란 처음부터 상호 관계를 전제로 성립하는 것이다. 짝사랑이 연인 관계가 아니듯이 말이다. 그러나 앞서 언급했듯, philia 및 philos는 다양한 뜻을 갖는 것이기 때문에, 그 다양한 관계들에 대한 의문이 제기될 수 있다. 그래서 사람과 사람 사이, 사람과 사물 사이의 일방적인 친애의 경우를 다양하게 상정해 볼 수 있겠다. 메넥세노스의 논쟁적인 성향을 고려해서, 여러 가지 경우를 들어가며, 질문 공세를 편다. 친애하는 쪽과

과 단련(수련: meletē)을 통해서 생기는 것이라는 뜻이다. 마찬가지로 사람의 훌륭한 상태(덕)들 가운데 하나인 '올바름'이 무엇인지를 모르는데 진정한 의미에 있어서 올바름을 실천한다는 것은 엄밀한 의미에서 불가능한 일이다. 그래서 '철학이나 지성(nous)을 통한 앎'이 없는 절제나 올바름은 '사람들이 그리 일컫는 이른바 절제나 올바름'일 뿐이다. 《국가(정체)》편 430c에서는 '시민적 용기(politikē andreia)'가, 500d에서는 '평민적 훌륭함(덕)(dēmotikē aretē)'이 언급되고 있는데, 이것들이 그래도 그런 '훌륭함(덕)'이라 불릴 자격이 있는 것은 철학적인 앎에 근거하여 제정된 법률을 통하여 교육받은 시민들이 구현하여 갖게 된 것이기 때문이다. 이와 관련해서는 《국가(정체)》편 430b~c 및 이와 관련된 역자의 각주를 참조할 것.

친애함을 받는 쪽 중의 어느 한쪽만으로는 친구가 될 수 없다. 심지어는 미워하는 자를 친애할 경우도 있다. 결국 "친애하는 자들이 친구가 되지도 않고, 친애함을 받는 자들도 되지 않는다면, 곧 친애하는 자들도 친애함을 받는 자들도 친구가 되지 않는다면," 이 논의는 갈 길을 잃고 만다(211d~213e).

다시, 메넥세노스를 쉬게 하고, 탐구적인 리시스를 상대로 대화를 한다. "닮은 것이 닮은 것과 언제나 우애롭기(친구이기) 마련이다."라는 지혜로운 자의 말을 갖고 생각해 본다. 이는 지혜로운 자의 말이니, 훌륭한 사람들을 두고 하는 말이겠고, 이들의 경우에는 맞을 것도 같다. 그러나 이들의 훌륭함이 충족한 경우의 것이라면, 이야기는 다르다. 왜냐하면 그런 경우의 것이라면, 그 주인공은 혼자서도 자족할 것이므로, 다른 사람인 친구의 필요성을 느끼지 않을 것이라 한다. 하지만 이는 잘못된 상정이다. 모자람이란 없이 충분히 훌륭하고 지혜로운 자는 신이지, 사람이 아니다. 그렇다고 아주 무지한 자가 지혜 사랑을 하는 것도 아니다. 그 중간자가 지혜를 사랑한다. 전적으로 충족한 자는 사람이 아니다. 따라서 양쪽 다가 비록 부족할지라도, 둘다가 사람으로서 공유하는 친근한 가치가 있고, 이것이 훌륭한 것, 특히 아리스토텔레스가 말하듯, 사람으로서의 훌륭함(덕: aretē)이며[4], 저마다 이에 이르고자 추구하며, 서로가 이에 가까워짐을 제 일처럼 반기며 격려하며 확인해 주는 관계야말로 지속적인 진정한 친구 관계일 것이다. 그런 관계야말로 "친구는 또 다른 자신이다(heteros autos ho philos estin)."[5]라는 그의 말에도 손색이 없는 것일 것이다. 그런

---

4) 《니코마코스 윤리학》 8. 3, 1156b6~13.
5) 같은 책, 9. 9, 1170b6~7.

가 하면, "도공은 도공에 대해서 악의를 품으며, 가인도 가인에 대해, 거지도 거지에 대해 시샘한다."고 한다. 이런 관점에서 본다면, 오히려 "가장 닮지 않은 것들이 친애(우의: philia)로 가득 차게 되는 게 필연적이다. 가난한 자는 부자와, 허약한 자는 의사와 도움을 위해서 친구가 되지 않을 수 없으니" 말이다. "그러니까 닮은 것이 닮은 것과 친구가 된다는 것은 아주 먼 이야기고, 바로 그 반대되는 것이 그 친구라고 주장하는 거지. … 마른 것은 습함을, 찬 것은 뜨거움을, 쓴 것은 달달함을, 날카로운 것은 둔함을, 빈 것은 채움을, 충만한 것은 범을 열망하기 때문이다."(215c~e)

그런데 이 대화편의 219b 이후에서 우리는 하나의 주목할 만한 언급을 대하게 된다. 친애하는 것(to philon)은 '무엇인가를 위한 (heneka tou)' 것이고, '무언가 때문(dia ti)'인 것이라는 주장을 만나게 되어서다. 그러나 이는 무한히 소급되는 것이 아니라, '으뜸으로 친애하는 것(prōton philon)'이 그 시발점(archē)이다. "진실로 친애하는 것은 이른바 … 모든 친애들(philiai)이 거기로 종결되는 것인 바로 그것이다." 그리고 그것은 '좋은(훌륭한) 것(to agathon)'이겠다 (이상 218d~220c). 그러나 이 언급을 플라톤이 《국가(정체)》편 제7권에서 집중적으로 말하고 있는 모든 것의 궁극적 원리로서의 '좋음 자체(to agathon auto)'를 앞질러 말하고 있는 것으로 보려는 성급하고 흥분하길 잘하는 사람들도 있는 것 같다. 그러나 이는 아직 그런 거창한 이야길 하고 있는 건 아니다. 그건 바로 219d~220a에서 말하고 있는 그런 것일 뿐이다. 이를테면, 아들을 끔찍이 여기는 아버지가 독을 잘못 마신 아들을 위해서 온갖 방법을 다 쓰며, 독 제거와 관련되는 모든 것을 귀중하게 여기는 경우에, 아들의 무사함이 바로 그런 하나의 것이다.

그리고 끝 쪽에서 친애 또는 우애(philia)의 원인으로 욕구(epithymia)가 제시된다. 욕구는 친애(우애) 및 사랑과 함께 친근한 것(to oikeion)에 대한 것이라 말한다.

이상으로 이 대화편에서 논의된 것들을 중점적으로 정리해 보면서, 문제점이 무엇인지도 함께 생각해 보았다. 이 모임을 파하게 되면서 소크라테스는 말한다. "언급된 모든 것을 되짚어 보기를 요구하네. 왜냐하면 만약에 친애함을 받는 자들도, 친애하는 자들도, 닮은 자들도, 닮지 않은 자들도, 훌륭한 이들도, 친근한 자들도, 또한 우리가 다루었던 그 밖의 것들도, 실은 내가 그 많음으로 해서 나로서는 아직 기억하고 있지도 못하는데, 만약에 이것들 중의 어느 것도 친애하는 것(philon)이 아니라면, 나는 더 이상 무슨 말도 할 수가 없네. … 사람들은, 우리가 서로 친구들이라고 생각하고 있겠지만, … 우리는 친구가 무엇인지를 아직도 알아내지 못하고 있는 처지라고 말할 것이야."(222e~223b)

384

목 차

끝나고 모든 것을 맡길 것임을 말함(209b~d)

   3. 각 분야의 전문가에게 그 분야의 일을 맡기는 것도 같은 이치임을 말하는데, 이는 결국 그 이로움이나 유용성 때문이며, 그 친애함을 보증하는 것도 이것이라는 데 귀착됨(209d~210d)

III. 메넥세노스가 돌아와 리시스와 함께 소크라테스와 대화함(211a~213e)

   1. 둘은 막역한 친구인데, 어떻게 한 사람이 다른 사람의 친구가 되는지 물음(211a~212a)

   2. 친구 사이의 가능한 관계들에 대해 고찰하다가, 길을 잃음(213d)

IV. 리시스를 상대로 우정(친애: philia)에 대해 대화함(213e~216a)

   1. "닮은 것이 닮은 것과 언제나 우애롭기(친구이기: philon) 마련이다"는 옛말을 검토함(214a~216b)

   2. 이 옛말은 어쩌면 반은 맞고, 반은 틀린 것일지도 모름. 못된 자들은 서로 더 닮을수록 더 적대적으로 될 것이므로(214c)

   3. 서로 닮은 훌륭한 사람들이 친구일 가능성. 그러나 훌륭한 사람들의 자기 충족성, 곧 부족함이 없으니, 뭔가를 좋아하지도 서로에 대한 필요성도 느끼지 못하니, 중히 여길 친구도 없을 것임(214c~215c)

   3. 닮은 것들은 서로 시샘하고, 닮지 않은 것들이 오히려 서로 친애함. 도공은 도공에 대해, 가인은 가인에 대해 시샘하나, 가난한 자와 부자, 환자와 의사는 서로 우호적임. 그러나 닮은 것이 닮은 것과도, 반대되는 것이 반대되는 것과도 친구가 아님을 메넥세노스와 확인함(215d~216b)

V. 훌륭하지도 나쁘지도 않은 것이 언젠가 훌륭한 것의 친구가 되지 않겠는

가 하는 생각을 해 봄(216c~218c)

    1. 몸은 그 자체로는 좋은 것도 나쁜 것도 아니나, 질병으로 해서 의술과 친애하는 사이가 됨. 이는 질병이라는 '나쁨의 나타나 있게 됨(parousia)'으로 해서임(217a~b)

    2. 이미 지혜롭지도 아주 무지하지도 않은 자가 지혜 사랑(philosophia)을 함(218a~b)

VI. 으뜸으로 친애하는 것(prōton philon)에 생각이 미침(218d~220e)

    1. 친구이겠는 자는 '무언가를 위해서(heneka tou)' 그리고 '무언가 때문 (dia ti)'임(218d~219c)

    2. 친애하는 모든 것의 시발점(archē)은 으뜸으로 친애하는 것이며, 그것들 모두는 거기로 종결됨(219d~220e)

VII. 욕구(epithymia)가 친애(우애: philia)의 원인임(221a~222d)

    1. 성향상 친근한 것(to oikeion)에 대한 것이 사랑·친애(우애)·욕구임 (221e~222a)

    2. 좋은 것, 친근함, 닮음의 상호 관계(222b~d)

VIII. 친애하는 것이, 친구가 무엇인지는 여전히 알아내지 못한 채, 모임은 파하고 … (212e~223b)

* 이 목차는 원전에 있는 것이 아니라, 논의 진행의 내용들을 미리 참고할 수 있도록, 편의상 순서에 따라 나열한 것일 뿐임.

대화자들

소크라테스(Sōkratēs): 이 대화편에서 그는 이제 하게 되는 대화와 자신이 가졌던 어느 날의 대화를 누군가에게 들려주는 화자 곧 내레이터 노릇을 하고 있다. 그의 생존 연대는 469~499인데, 여기에서는 223b에서 스스로 노인으로 밝히고 있다. 그와 달리 다른 대화자들은 다 젊다.

히포탈레스(Hippothalēs): 달리 알려진 바는 없고, 리시스를 소년 애인(ta paidika)으로 극성스럽게 사랑하는 자(erastēs)로 등장한다. 따라서 리시스보다는 연장인 청년이겠다.

크테시포스(Ktēsippos): 《파이돈》편(59b)에서 소크라테스의 최후의 날을 지켜본 문하생 중에 한 사람으로 언급되며, 《에우티데모스》편(273a)에는 그가 파이아니아(Paiania) 부락 출신으로서, 젊음으로 인한 방자함만 아니라면, 천성이 아주 훌륭하디훌륭한 젊은이라는 소크라테스의 인물평이 있다. 211c에서는 사촌 동생인 메넥세노스를 그의 제자(mathētēs)로 언급하는 걸로 보아, 이들 중에서는 비교적 연장

389

인 것 같다.

메넥세노스(Menexenos): 역시 《파이돈》 편(59b)에서 소크라테스의 최후의 날을 지켜본 문하생 중에 한 사람으로 언급되며, 그의 이름은 플라톤의 짧은 대화편 하나에도 붙여져 있지만, 그 비중은 미미하다. 오히려 《리시스》 편에서 대화의 주된 인물들 중에 한 사람으로 등장하는 셈이다. 바로 앞의 크테시포스와는 사촌 간(206d)이다. 소크라테스의 막내아들과 이름이 같다.

리시스(Lysis): 이 대화편의 제목에 붙여진 이름이고, 메넥세노스와는 나이를 갖고 서로 누가 더 많은지를 다툴 지경이라니, 거의 동갑인 셈인 막역한 사이의 친구라, 이들 사이의 우정(친애: philia)이 그 주제가 되는 셈이다. 그는 외모가 출중한 데다 집안도 아주 좋아 모두가 선망하는 그런 소년인 셈이다. 그런 그에게 히포탈레스의 마음이 꽂혀 있다.

아카데미아에서 곧장 리케이온[1]으로 바로 성벽[2] 아래로 성벽의 바 203a
깥 길을 가고 있었네. 한데, 내가 파놉스[3]의 샘이 있는 성문에 이르렀
을 때, 이곳에서 나는 히에로니모스의 아들 히포탈레스와 파이아니
아[4]의 크테시포스 그리고 이들과 함께 무리를 지어 서 있는 다른 젊
은이들을 만나게 되었네. 내가 다가가는 걸 히포탈레스가 보고서는
물었네. "소크라테스 님, 바로 어디로 가시고 있는 것이며 어디서 오
시는 건가요?" 하고. b

---

1) Akadēmeia(또는 Akadēmia) 및 Lykeion과 관련해서는 《파이드로스》
   편 255b에서 '김나시온(gymnasion)'에 대한 주석을 달면서 함께 어느 정
   도 언급했다.
2) 여기서 말하는 성벽(teikhos)과 관련해서는 《파이드로스》 편 첫머리
   (227a)에서 해당 각주를 참조할 것.
3) Panops가 무엇을 뜻하는 명칭인지는 불명하다. 영웅의 이름이거나 이
   지역의 신령일 것으로 추정하기도 하지만(D. Bolotin), 달리 알려진 게
   없다.
4) Paiania는 아테네의 둘째 크기의 부락(dēmos)으로, 히메토스(Hymēttos)
   산 넘어 서쪽에 있었다. 아테네의 부락들과 관련해서는 《파이드로스》 편
   235d의 '아르콘들'에 대한 각주에서 해당 부분을 참조할 것.

"아카데미아에서 곧장 리케이온으로 가고 있는 중이네." 내가 대답했네.

"바로 이리로 저희에게로 곧장 오세요. 가까이 오시지 않겠어요? 확실히 그러실 만 할 겁니다." 그가 말했네.

"어디로 말인가? 그리고 자네들 누구 곁으로 말인가?" 내가 물었네.

"이리로요." 하고 성벽 맞은편의 일종의 담과 열려 있는 문을 내게 가리켜 보이면서, 그가 말했네. "이곳에서 저희 자신들과 아주 많은 잘생긴 젊은이들이 시간을 보내고 있습니다."

"그런데 이곳은 뭐 하는 곳이며, 소일거리는 무엇인고?"

"최근에 지은 레슬링 도장5)이죠. 소일거리는 대부분은 담론(logoi)인데, 이를 저희가 선생님과 함께 갖는다면 즐겁겠습니다." 그가 말했네.

"그런다면 좋겠군. 한데, 이곳에선 누가 가르치나?" 내가 물었네.

"그야 선생님 벗인 분이시고 선생님 칭찬을 하시는 분인 미코스6)

---

5) 원어는 palaistra인데, '레슬링 도장'을 뜻한다. 레슬링을 위해 중앙의 안뜰에 마련된 고운 모래판과 그 둘레로 탈의실과 몸을 씻기 위한 시설 따위를 갖춘 체육관인 셈이다. 앞에서 말한 '김나시온'과 구별되는 것은 기본적으로 달리기 경주장(dromos) 등이 이에는 없다는 점이겠는데, 우선 그 시설의 규모 면에서 차이가 난다. 올림피아의 경우에는, 이 도장의 반대편에 멀리 경주장이 떨어져 있어서, 전혀 별개의 공간으로 분리되어 있다. '김나시온'의 경우와 마찬가지로, 이 도장에서도 5세기 이후로는 체육 이외에도, 바로 이어지는 204a의 문장들에서도 언급하고 있듯, 글 읽기나 말하기 등의 기본 교육의 일부를 담당하기도 했던 것 같다.

6) Mikkos는 달리 알려진 바가 없다. 여기에서 소크라테스의 hetairos로 그리고 그에 대해 칭찬을 하는 사람으로 언급되고 있고, 소크라테스는 그를 소피스테스로서 '충분히 실력을 갖춘' 것으로 언급하는 것으로 보아,

님이세요." 그가 말했네.

"맹세코, 그분은 어쨌든 평범한 분은 아니시고, 충분히 실력을 갖추신 소피스테스이시지." 내가 말했네.

"그럼 따라오셔서, 이곳에[7] 있는 젊은이들을 보시겠습니까?" 그가 말했네.

"우선 내가 무슨 이유로 들어가기까지 하며 그리고 그 잘생긴 젊은 b 이는 누군지 듣고 싶구먼."

"그야 저희 각자가 보기에 각기 다르죠, 소크라테스 님!" 그가 말했네.

"그러면, 히포탈레스, 자네의 경우에는 누군가? 그를 내게 말해 주게나."

그 또한 질문을 받고서는 얼굴이 붉어졌네. 그래서 내가 말했네. "히에로니모스의 자제인 히포탈레스여, 자네가 누군가를 사랑하고 있는지 또는 아닌지, 그건 결코 말할 것 없네. 내가 알고 있으니까. 자네는 사랑을 하고 있을 뿐만 아니라, 이미 멀리 사랑의 진행을 본 터이니까. 내가 다른 것들에서는 변변찮고 쓸모가 없지만, 이건 어쩌면 신 c 에게서 내게 주어진 것일 게야. 곧 사랑하는 자와 사랑받는 자를 대뜸 알아볼 수 있다는 것은."

그는 이 말을 듣고서는 한층 더 많이 얼굴이 붉어졌네. 그래서 크테

당시의 그 많은 소피스테스 중의 한 사람인 것은 분명하나, 소크라테스의 그런 평가와는 달리, 역사에 남을 만한 인물은 아니었던 것 같다. hetairos를 여기서는 편의상 넓은 뜻에서의 '벗'으로 옮겼다. 말벗이나 길벗도 벗이니까. 대개 '벗', '전우', '동료', '동지', '제자' 등을 뜻하는 말이다. 물론 '친구(philos)'와는 그 친밀감에서 차이가 있다고 볼 수 있겠다.

7) 텍스트 읽기에서 autothi [autou]는 동어 반복이므로, 뒤의 [autou]는 그대로 삭제하고서 읽었다.

시포스가 말했네. "히포탈레스, 아무튼 재밌어. 얼굴이 붉어지고 소크라테스 님께 그 이름을 대길 네가 머뭇거리니. 하지만 선생님께서 너와 잠시나마 함께 시간을 보내시게 되면, 네가 자꾸 [그 이름을] 말하는 걸 들으시다 지쳐 버리게 되실 게야. 어쨌든, 소크라테스 님, 저희

d 의 귀들은 먹먹해졌고, '리시스'로 가득 차 있습니다. 그리고 사실 그가 술이라도 조금 마시는 경우에는, 저희에게는 잠에서 깰 때조차도 리시스의 이름을 듣는 것으로 믿기 쉽습니다. 또한 그가 대화로 이야기를 할 때도, 두렵기는 하지만, 아주 두려울 정도는 아닙니다. 그러나 그가 시나 지은 글을 우리에게 쏟아 부을 때는 그렇죠. 그리고 이보다 더 두려운 것은, 그가 사랑하는 소년에 대해 경이로운 목소리로 노래까지 하는 것인데, 이를 듣는 저희가 참아야 한다는 것입니다. 그러나 지금은 그가 선생님의 질문을 받고 얼굴이 붉어져 있습니다."

e 그래서 내가 말했네. "리시스는 연소자인 것 같네. 그 이름을 듣고도 내가 몰랐다는 걸로 판단해서지."[8]

"그건 사람들이 그의 이름을 그다지 말하지 않고, 아직도 부친 쪽 이름으로 불리고 있어섭니다. 그의 부친께서 아주 많이 알려진 탓이죠. 그 소년의 외모[9]를 선생님께서 모르시는 것과는 거리가 멀다는 것은 제가 잘 알고 있으니까요. 외모 한 가지만으로도 알아보기엔 충분하실 테니까요." 그가 말했네.

---

8) 이 발언을 통해서도 우리는 소크라테스가 당시의 젊은이들과 얼마나 많이 접촉하고 있었는지, 그리고 그들을 지적으로 일깨우기 위해서 얼마나 진력하고 있었는지도 확인할 수 있을 것 같다.

9) 원어는 eidos인데, *idea*와 마찬가지로 '형태', '모양', '모습', '외관', '외모', '용모', '성질', '특성', '종류', '부류', '종(種)' 등 여러 가지 뜻이 있고, 우리가 알고 있는 전문 용어로서의 '형상'이나 '이데아'는 그 한 가지 뜻일 뿐이다.

"누구의 자제인지 말하기나 하지." 내가 말했네.

"아익소네스의 데모크라테스[10]의 장남입니다." 그가 말했네.

"됐네, 히포탈레스! 모든 면에서 얼마나 고귀하고 당당한 사랑을 자네가 찾아낸 건가! 자, 내게도 이 사람들에게 자네가 보여 준 것들을 보여 주게나. 사랑을 하는 자(erastēs)가 자기가 사랑하는 소년([ta] paidika)과 관련해서 당사자에게나 남들에게 말해야 할 것들을 자네가 알고 있는지 내가 알고자 해서네." 내가 말했네. 205a

"소크라테스 님, 이 친구가 말하는 것들 중에서 어떤 것에라도 선생님께서는 무게를 실어 주기라도 하시는 겁니까?" 그가 물었네.

"이 사람이 말하는 자를 자네가 사랑하고 있다는 것(to eran)조차도 부인하는 건가?" 내가 물었네.

"그거야 제가 부인하지 않지만, 제 사랑하는 소년에 대해 시를 짓지도 않고, 산문을 짓지도 않는다는 겁니다." 그가 말했네.

"그는 온전한 마음 상태가 아니고, 헛소리를 하며 미친 상태에 있습니다." 크테시포스가 말했네.

그래서 내가 말했네. "히포탈레스여, 나는 자네가 그 젊은이에 대해서 지은 어떤 운율 시나 노래 또는 다른 어떤 글을 듣길 요구하는 게 아니고, 자네의 그 생각에 대해서 듣고자 하네. 자네가 사랑하는 그 소년에게 어떤 식으로 처신을 하는지 알기 위해서지." b

---

10) Aixōnē는 아테네의 서쪽 해안 지대에 있던 부락(dēmos) 이름이다. 이 부락민(Aixōnea)들은, '독설을 해 댄다'는 뜻을 갖는 헬라스어 aixōneuomai의 어원이 이에서 유래했듯, 입버릇이 사납고 잘난 체하기로 유명했던 것 같은데, 이와 관련된 언급이 《라케스》편(197c)에 보인다. Dēmokratēs라는 인물에 대해서는 여기에서 말하고 있는 것과는 달리, 따로 알려진 것이 없다.

"그건 이 친구가 말씀드릴 게 틀림없습니다. 왜냐하면 그가 정확히 알고 있기도 하고, 기억도 하고 있을 것이기 때문입니다. 그가 말하는 대로, 저한테서 정말 귀가 먹먹하도록 늘 들었다면 말입니다." 그가 말했네.

"신들에 맹세코, 그야 물론입니다." 하고 크테시포스가 말했네. "실은 그게 우습기도 하고요, 소크라테스 님! 사랑을 하는 자이면서 남들과 달리 그 소년에 마음을 쓰는 사람이, 어떤 소년도 말하지 못할, 개인 특유의 것을 아무것도 가진 게 없다는 것이 어찌 우습지 않겠습니까? 하지만 데모크라테스와 이 소년의 할아버지 리시스[11]에 대해서는 그리고 그 조상 모두에 대해서는 또한 그 부와 말 사육[12] 그리고 또 피티아 경기와 이스트미아 경기 및 네메아 경기[13]에서 4두마 전차[14]와

---

11) 선대의 사람들이 후손에게, 특히 할아버지가 손자에게 그 이름을 물려주는 것은 가장 일반적인 관례였다.

12) 말 사육(hippotrophia)은 부자에게나 가능한 일이었다. 아리스토파네스의《구름》에는 아들이 말에 미쳐 빚에 쪼들리게 된 아버지의 신세 한탄이 절절히 그려져 있다.

13) 피티아 경기([ta] Pythia [hiera])는 델피(Delphoi)에서의 경기를 말하는데, 기타라(kithara) 등의 탄주 경연을 겸했다 한다. 주로 제우스를 기리는 올림피아 경기 다음으로, 그 규모가 큰 것이 아폴론을 기리는 이 경기 또는 축제이다. 처음에는 8년마다 개최하다가, 나중엔 4년마다 열렸는데, 이곳의 지형 곧 파르나소스 산자락의 경사진 지형 탓으로 아폴론 신전 위쪽으로 서북쪽의 경주장, 역시 이 신전 아래쪽 신전인 Athena Pronaia 근처의 김나시온과 레슬링 도장, 해안 지대에 인접한 평원에서의 경마장 등으로 분산되어 있었다. 이스트미아 경기(ta Isthmia)는 코린토스의 이스트모스(Isthmos)에서 그리고 네메아 경기(ta Nemea)는 이 코린토스와 아르고스(Argos) 사이에 있는 산림 지역에서 열렸는데, 이것들은 올림피아 경기(ta Olympia)의 매 주기 사이에 열린 범헬라스적인 축제 경기들이었다.

14) 원어는 tethrippoi인데, 곧 [to] tethrippon harma(4두마 전차, four-

경마에 의한 우승들도 온 나라가 노래하는데, 이것들을 시로 짓고 말하기도 하며, 이것들에 더해 이것들보다도 더 옛것들도 그렇습니다. 최근에는 헤라클레스의 접대를 일종의 시로 저희에게 이야기했으니까요. 이들의 조상이 헤라클레스와의 친족 관계로 해서 헤라클레스를 영접했다는 건데, 그 자신이 제우스와 그 부락 수장의 딸 사이에서 태어났다는 거죠. 이를 노파들이 노래하고 있거니와, 그 밖에도 많은 그런 것이 있습니다, 소크라테스 님! 이것들이 이 자가 말하며 노래하면서, 저희로 하여금 듣도록 강요하고 있는 것이죠." d

이를 듣고서, 나 또한 말했네. "더없이 웃기는 히포탈레스여! 자네는 승리하기도 전에, 자네에 대한 칭송의 노래를 지어서 노래하는가?"

---

horse chariot)'를 뜻한다. 물론 이 전차는, 208a에서 밝히고 있듯, teth-trippoi hamillai(사두마 전차 경주)용이겠다. harma(전차: chariot)와 hamaxa(짐마차: wagon)를 혼동하는 경우가 더러 보인다. 각국의 여러 번역서들에서도 이 혼란스러움이 보인다. 그리고 페르시아인들이 이용했다는 harmamaxa는 둘을 절충한 '포장 수레'였던 것 같다. 헤로도토스의《역사》VII. 41에는 페르시아의 크세르크세스(Xerxes) 대왕이 전차에서 이 '하르마막사'로 옮겨 타는 장면이 나온다. 그런데《법률》편 834b를 보면, 가상의 식민지 마그네시아(Magnēsia)에서는 이 전차 경주의 사치스러움과 관련해서 이런 언급을 하고 있다. "우리에게는 전차(harma)를 이끄는 말들을 키우는 사람도, 이것들과 관련되는 어떤 언급할 만한 명예욕이 누군가에게 일게 되는 일도 전혀 없을 것인지라, 이 고장 것도 아닌 것의 시합을 제도화한다는 것은 지각 있는 일로 보이지도 않을 것이고, 실제로도 지각 있는 일이 아닐 것입니다. 그러나 아직 젖니를 갈지 않은 망아지들, 다 자란 말들과 아직 젖니를 갈지 않은 것들의 중간인 것들 그리고 바로 이들 다 자란 말들을 이용한 필마단기로 하는 시합을 제도화한다면, 우리는 이 고장의 자연에 맞는 승마 놀이를 하게 하는 것일 겁니다."

"저에 대해서 한 게 아닙니다, 소크라테스 님! 그런 시는 짓지도 노래도 하지 않은 걸요." 그가 말했네.

"어쨌든 자네는 그리 생각하고 있군." 내가 말했네.

"그럼 그건 어떻게 된 건가요?" 그가 물었네.

e "뭣보다도 이 노래들은 자네에게 연관되어 있네. 왜냐하면 이와 같은 자인 소년 애인(ta paidika)을 자네가 취하게 되면, 자네가 말한 것들과 노래한 것들은 자랑스러운 것[15]이 될 것이며, 진실로 승리자에 대한 것과도 같은 찬미의 노래가 될 것이기 때문이지. 그런 소년 애인을 얻게 되어서네. 그러나 만약에 그가 자넬 피해 버리게 되면, 그 소년 애인과 관련해서 하게 된 말과 칭송이 크면 클수록, 그만큼 더 큰 아름다운 것들과 좋은 것들을 앗기게 되어, 자네로서는 더없이 웃음

206a 거리가 된 걸로 여겨질 걸세. 그러니까, 이보게, 누구든 사랑과 관련된 것들(ta erōtika)에 있어서 지혜로운 자는 자기의 사랑을 받는 자를 취하기 전에는 칭찬하지 않네. 미래가 어떻게 될지 두려워서야. 그와 동시에, 잘생긴 자들은 누군가가 이들을 칭찬하고 추어올리기라도 하면, 자만과 거만함으로 그득해지지. 그리 생각지 않는가?" 내가 말했네.

---

15) 여기서 '자랑스러운 것'으로 옮긴 것의 원어는 kosmos이다. 이 말은 기본적으로는 '질서'를 뜻하는 말이고, 이에서 질서가 가져다주는 아름다운 품행이나 아름다운 현상 등을 뜻하는 말로도 그 의미가 확장되었다. 그래서 '조신한 품행'이나 '명예'를 뜻하는가 하면, 호메로스 시대부터도 여인들이나 말의 장신구를 뜻하기도 했다. 그런가 하면, 피타고라스는 '우주'를 뜻하는 말로도 이를 썼는데, 이는 이 우주가 알고 보면 '아름다운 질서 체계'라 해서였다. 이의 동사형은 kosmein인데, 이는 '정렬 정돈함', '질서 지음', '다스림', '장식함', '영예롭게 함' 등을 뜻한다. 화장품을 뜻하는 영어 cosmetics의 어원은 이에서 유래한다.

"저로서야 그리 생각하죠."

"그러므로 거만해지는 그만큼, 그들은 붙잡기가 더 힘들어지지 않겠는가?"

"그럴 것 같습니다."

"만약에 사냥을 하면서 사냥감이 놀라게 해서 잡기가 더 힘들어지게 만든다면, 그러니까 그가 어떤 종류의 사냥꾼일 것이라 자네에겐 생각되는가?"

"변변찮은 사냥꾼일 게 명백합니다." b

"또한 실은 말과 노래로 홀리지는 않고 사나워지도록 만드는 것은 큰 무교양과 거칠음¹⁶⁾이겠지?"

"제겐 그리 생각됩니다."

"그러니, 히포탈레스여, 조심하게나. 자네가 시작(詩作: poiēsis)으로 해서 이것들 모두에 자신이 책임을 지게 만들지는 않도록 말일세. 그럴진대 시작(詩作)으로 제 자신을 해치는 사람을, 스스로에게 해로운 자인데도, 도대체 훌륭한 시인이라고 자네가 동의하고 싶어 하지는 않을 것이라 나는 생각하네."

"맹세코, 그러지는 않을 것입니다. 그건 크게 불합리할 것이기 때문입니다. 그러나 바로 이 때문에, 소크라테스 님, 제가 선생님과 상의 c 코자 합니다. 또한 혹시 다른 것이라도 있다면, 누군가가 무슨 대화를 하거나 무엇을 행함으로써 소년 애인에게 사랑받게 되겠는지 조언해주세요." 그가 말했네.

"말하기가 쉽지 않네. 그러나 만약에 자네가 그로 하여금 나와 대화

---

16) amousia를 '무교양과 거칠음'으로 옮겼다. 무사(Mousa) 여신들이 관장하는 영역의 것들이 부족하거나 없는 상태를 뜻한다.

를 갖게끔 한다면, 아마도 자네에게 내가 보여 줄 수 있을 게야. 이 사
람들이 자네가 말하고 노래하는 것들로 주장하고 있는 것들 대신에
그와 대화해야 할 것들을 말일세." 내가 말했네.

"그야 전혀 어려울 게 없지요. 여기 있는 크테시포스와 함께 이리로
들어오셔서 앉아서 대화를 하신다면, 그 또한 선생님께로 접근할 것
이라 저는 생각하니까요. 소크라테스 님, 실은 그가 유별나게 듣기를
d 좋아하거니와, 마침 같은 시간에 헤르메스의 축제[17]를 거행하고 있어
서, 같은 곳에서 청년들과 소년들이 뒤섞여 있지요. 따라서 그들이 선
생님께 접근할 것입니다. 만약에 그러지 않을 경우에는, 그가 크테시
포스와는 친근한데, 이 사람의 사촌인 메넥세노스로 해섭니다. 그야
메넥세노스와는 누구보다도 가장 벗하는 사이이니까요. 따라서 만약
에 당자가 다가오지 않을 경우에는, 그땐 크테시포스로 하여금 그를
부르게 하세요." 그가 말했네.

"그래야 하겠네." 내가 말했네. 그와 동시에 나는 크테시포스를 붙잡
e 고, 레슬링 도장으로 접근했네. 다른 사람들은 우리 뒤를 따라왔고.

우리가 들어갔을 때, 우리는 소년들이 제물을 바치고서 제물과 관
련된 제례를 이미 거의 마치고서, 동물의 마디 뼈로 만든 주사위 놀이
를 하고 있는 걸 목격했네. 모두가 성장을 한 상태였네. 아니 그러기
보다 많이는 바깥뜰에서 놀고 있었는가 하면, 더러는 탈의실 구석에
서 온갖 마디 뼈 주사위들로 홀짝 놀이를 하고 있었는데, 몇몇 상자
에서 그것들을 골라서 하는 것이었네. 그런가 하면 다른 사람들은 이

---

17) 원어는 [ta] Hermaia [hiera]로서, '헤르메스 신(Hermēs)의 축제'를
뜻한다. 헤르메스는 제우스와 요정 마이아(Maia) 사이의 아들로, 제우스
의 뜻을 전하는 전령신의 구실을 하는가 하면, 체육을 후원하는 신이기도
해서, 김나시온들에는 그의 상이 흔히 세워져 있었다 한다.

들을 구경하면서 빙 둘러 서 있었네. 바로 이들 중에 리시스도 있었는
데, 그는 청소년들 속에서 화관을 두르고서 서 있었으며, 그 외모가
출중하여, 잘생겼다는 소리만 들을 만한 게 아니라, 훌륭하디훌륭하
다[18]는 소리를 들을 만했네. 그리고 우리는 맞은편으로 옮겨 가서 앉
았네. 이곳이 조용했기 때문이었네. 그리고선 우리는 뭔가 이야기를
나누고 있었네. 그러니까 리시스가 몸을 자주 돌려서는 우리를 살피
고 있었는데, 가까이 오고 싶어 하는 게 명백했네. 따라서 그동안 곤
혹스러워하며 혼자 가까이 오는 걸 주저하고 있었는데, 그때 메넥세
노스가 놀이를 하던 중에 뜰 쪽에서 이리로 들어오더니만, 나와 크테   b
시포스를 보고서는, 우리 옆에 앉으려 왔네. 그래서 그를 보고서는 리
시스가 뒤따라와서 메넥세노스와 함께 같이 앉았네. 물론 다른 사람
들도 다가왔네. 특히 히포탈레스도 왔는데, 많은 사람이 옆에 서 있는
걸 보았으므로, 이들을 가림 막으로 삼아, 리시스가 자기를 보지 못할
것으로 생각하는 곳으로 가까이 갔네. 그에게서 미움을 받지 않을까
두려워서였지. 그는 이렇게 가까이 서서 들었네.

그리고 나는 메넥세노스를 바라보고서 말했네. "데모폰의 자제여,

---

18) 원어 kalos [te] kàgathos는 kai agathos를 kàgathos로 모음 축합(母音縮
合: crasis)하여 kalos와 합성한 관용어이다. 헬라스어로 kalos(beautiful,
fine)는 '아름다운', '훌륭한' 등을 뜻하고, agathos(good)는 '좋은', '훌
륭한' 등을 뜻하며, kai는 영어 and에 그리고 te kai는 영어 and also에 해
당된다. 이 두 낱말 자체의 쓰임과 관련해서는《향연》편 201c의 각주에
서 이미 웬만큼 언급했으므로, 이를 참조하는 것이 좋다. 그런데 이 합
성어를 '훌륭하디훌륭한'으로 번역하는 것과 관련해서도 역시《향연》편
222a의 해당 각주에서 상당히 긴 설명을 했으므로, 이를 참조하는 게 좋
겠다. 하지만 이 경우에, 곧 리시스라는 젊은이에게도 이런 거창한 수식
어가 적합한지에 대해서는 반론이 제기될 수 있겠다. 그러나 그 나이 또
래의 범위 내로 한정해서 말한다면, 그리 말하지 못할 일도 아닐 것이다.

c 자네들 둘 중에서 어느 쪽이 더 연장자인가?"

"저희는 다투죠." 그가 말했네.

"그렇다면 어느 쪽이 더 고귀한지도 말다툼을 하겠군." 내가 말했네.

"그야 물론입니다." 그가 말했네.

"또한 더 나아가서는 어느 쪽이 더 잘생겼는지에 대해서도, 마찬가지겠네."

그래서 양쪽 다가 웃었네.

"하지만 자네들 중에 어느 쪽이 더 부유한지는 묻지 않겠네. 자네들은 친구들[19]이니까. 안 그런가?" 내가 말했네.

"물론입니다." 둘이 말했네.

"그야 적어도 친구들의 것들은 공동의 것들[20]이라고들 말하니까, 이 점에서는 어쨌든 둘 사이에는 차별이 날 게 아무것도 없겠네. 우정(친애: philia)과 관련해서는 둘이 정녕 진실을 말하고 있다면 말일세."

둘이 동의했네.

d 그다음으로 나는 이들 중에서 어느 쪽이 더 올바르며 더 지혜로운지 막 물을 참이었네. 그런데 그 사이에 누군가가 와서는 메넥세노스를 일으켜 세우고선, 체육 교사(paidotribēs)가 부른다고 말했네. 제례를 치르게 되어서인 것 같이 내게는 여겨졌네. 그래서 그는 갔네. 그러나 나는 리시스에게 질문을 했네. "리시스여, 아마도 아버지와 어머

---

19) 여기서 '친구들'은 둘을 가리키는 philō이고, 단수는 philos이며 일반적인 복수는 philoi이다.

20) 이 속담과 관련해서는 《파이드로스》편 279c의 마지막 각주를 참조할 것.

니께선 자넬 몹시 사랑하시겠지?[21]" 내가 물은 걸세.

"물론입니다." 그가 대답했네.

"그러니까 그분들이야 자네가 최대한 행복해지기를 바라시지 않겠나?"

"어찌 그러시지 않겠습니까?"

"그러나 노예 노릇을 하고 있는 사람이 그리고 자신이 하고 싶어 하는 걸 아무것도 할 수 없는 사람이 행복한 걸로 자네에겐 생각되는가?" e

"맹세코, 제게는 그리 생각되지 않습니다."

"따라서, 아버지와 어머니께서 자넬 사랑하시고 자네가 행복해지기를 바라신다면, 자네가 행복해지도록 그분들께서 애쓰실 것이라는 건 모든 면에서 명백하네."

"실상 어찌 그렇지 않겠습니까?" 그가 말했네.

"그렇다면 그분들께선 자네가 하고자 하는 것은 허락하시며, 자네가 하고 싶어 하는 것에 대해 전혀 꾸짖지도 않으시며 막지도 않으시는가?"

"실은, 단연코, 저를 그러시죠, 소크라테스 님! 사실 몹시도 많이 막으시고요."

"어찌 하는 말인가?" 하고 내가 물었네. "자네가 행복하기를 바라시면서, 자네가 하고자 하는 건 막으신다? 다음 것에 대해서도 대답해 주게나. 전차 경주가 벌어질 때, 만약에 자네가 아버지의 전차들[22] 중에서 어떤 것에 올라 말고삐들을 쥐고서 몰고 싶어 한다면, 그분들 208a

---

21) 여기에서 '사랑한다'는 말의 원어는 philein인데, '애정을 갖고 대함' 또는 '친애함'을 뜻하며, '미워함(misein)'과 반대되는 뜻이겠다.

22) 205c를 참조할 것.

께서는 자네에게 그걸 허락지 않고 막고자 하시겠지?"

"맹세컨대, 진정 허용치 않고자 하실 겁니다." 그가 말했네.

"하지만 누굴 그러도록 하실까?"

"아버지에게서 보수를 받는 어떤 전차몰이가 있습니다."

"어찌 하는 말인가? 자네보다는 오히려 고용된 자에게 그가 말들과 관련해서 하고자 하는 것이 무엇이든 하도록 맡기시며, 이에 더해 바

b 로 이 일에 대해 돈까지 지불하시는가?"

"물론이죠." 그가 말했네.

"그러나 한 쌍의 노새를 통제하는 건 자네에게 맡기시며, 매를 쥐고서 그것들을 때리고 싶어 할 경우에도 허용하실 것이라 나는 생각하네."

"어째서 허용하시겠습니까?" 그가 물었네.

"그럼, 뭔가? 이것들을 매질하는 건 아무에게도 허용되지 않는 건가?"

"그야 노새 마부에게는 물론 허용됩니다." 그가 말했네.

"자유민보다도 노예인 자에게?"

"노예에게요." 그가 말했네.

"또한 그분들께선, 내게 그리 보이듯, 아들인 자네보다도 노예를 더 알아주시며, 당신들의 것들을 자네보다도 오히려 그에게 맡기시고, 또한 그가 원하는 것은 하도록 허용하시면서도, 자네는 막으시는 건

c 가? 그리고 더 나아가서 이것도 내게 대답해 주게나. 자네가 스스로 자신을 단속하는 건[23] 허용하시는가, 아니면 이것 또한 자네에게 맡

---

[23] 원어는 arkhein인데, 일반적인 경우라면 '다스리는 것'이라 하는 것이 옳겠으나, 이 경우에는 다소 격이 맞지 않고, 우리말로는 아무래도 거창

기지 않으시는가?"

"사실인즉, 어떻게 맡기시겠습니까?" 그가 반문했네.

"하지만 누가 자넬 단속하는가?"

"여기 이 학동 수행자(paidagōgos)[24]가요." 그가 말했네.

"그는 노예가 아닌가?"

"그야 물론이죠. 어쨌든 저희 노예입니다." 그가 말했네.

"정말 실색할 일이야, 자유민이면서 노예의 단속을 받는다는 것은. 이번에는 이 학동 수행자가 무엇을 하느라 자넬 단속하는고?" 내가 물었네.

"선생님에게로[25] 데리고 가는 게 틀림없습니다." 그가 대답했네.

"이들 선생님들 또한 자넬 단속하는 게 아니겠는가?"

"물론 전적으로 그러십니다."

d

"그렇다면 아버지께서는 아주 많은 주인들과 단속자들을 자진해서 자네에게 붙여 놓으신 거네. 그렇지만 이번에는 집으로 어머니에게로 가서, 그분이 모직물을 짜실 때, 자네가 그분께 복된 아들이 되기 위해, 털실과 관련해서 또는 베틀의 도투마리와 관련해서, 자네가 원하는 것이면, 무엇이나 자네가 하도록 허용하시겠는가? 바디나 북 또는 모방적과 관련되는 기구들 중의 어느 걸 자네가 만지는 걸 어쩌면 조

한 느낌을 주는 것 같아, 고심 끝에 이 번역어를 써 보았다. 이하에서 '단속을 받음'이나 '단속자들'도 같은 이유로 그리 옮긴 것들이다.

24) '학동 수행자(學童隨行者)'에 대해서는 《향연》편 183c에서 해당 각주를 참조할 것.

25) 당시의 교육은 공교육이 아니어서, 청소년이 배우러 다니는 것은 사적인 일이었고, 따라서 그곳은 개인이 운영하는 사적인 시설 곧 그런 학관(學館)이거나 집이었을 것이다. 따라서 여기에서 '선생님에게로'는 그런 '장소'로 가는 걸 뜻한다.

금이라도 막지는 않으시겠기 때문이네."

그러자 그가 웃으면서 말했네. "맹세컨대, 소크라테스 님! 어쨌든

e 막으실 뿐만 아니라, 만지려고만 해도, 때리기까지 하시려 할 겁니다."

"그럴 수가! 자네가 아버지나 어머니께 옳지 못한 짓을 한 것도 아 닌데 말인가?" 내가 말했네.

"단연코, 제가 그랬을 리가 없죠." 그가 말했네.

"하지만 무엇 때문에 이분들께선 자네가 행복해지는 걸 그리고 자 네가 하고 싶어 하는 걸 이처럼 극성스럽게 막으시며, 언제나 자넬 온 종일 누구에겐가 노예 노릇을 하게끔 하며 또한 한마디로 자네가 하 고자 하는 것은 거의 아무것도 못하게 양육하시는가? 그래서 자네에 겐 그처럼 많은 재물이 있는데도 그 덕을 못 보고, 자네보다도 오히려

209a 그들 모두가 그것들을 단속하는데, 이처럼 귀골인 자네의 몸인데도, 이것조차도 자네 아닌 다른 사람이 키우며 보살피네. 하지만, 리시스 여, 자네는 아무도 단속하지 못하며, 자네가 하고자 하는 것들 중에서 아무것도 하지 못하네."

"아마도 아직은 나이가 차지 않아서겠죠, 소크라테스 님!" 그가 말 했네.

"데모크라테스의 자제여, 그게 자넬 막는 건 아닐 게야. 내가 그리 생각하듯, 아버지께서도 어머니께서도 적어도 이만큼은 자네에게 맡 기시면서, 나이가 찰 때까지 기다리시진 않겠기 때문일세. 왜냐하면 두 분께서는 누군가가 자신들에게 글을 읽거나 써 주기를 바라실 땐,

b 내가 생각하기론, 집안 누구보다도 맨 먼저 자넬 이 일에 지정할 것이 기 때문이지. 안 그런가?"

"그야 물론입니다." 그가 말했네.

"그러니까 자네로선 이 경우엔 문자들 중에서 무슨 글자든 원하는 것을 처음에 쓰고, 또한 둘째 것도 그리 쓸 수 있네. 읽는 것도 마찬가지로 할 수 있고. 또한, 내가 그리 생각하듯, 자네가 리라를 쥘 땐, 아버지께서도 어머니께서도 자네가 현들 중에서 어느 걸 조이거나 풀어 주거나²⁶⁾ 원하는 대로 하는 걸 막지 않을 것이며, 리라를 맨손으로 켜든 또는 채²⁷⁾를 갖고 켜든 이 또한 막지 않을 것이네. 혹시라도 두 분께서 막으실까?"

"물론 그러시지 않을 겁니다."

"그러면 리시스여, 이 경우에는 막지 않으시면서, 방금 우리가 말한 것들의 경우에는 막으신 까닭이 도대체 무엇이겠는가?" c

"이것들은 제가 알지만, 저것들은 모르기 때문이라 저는 생각합니다."

그래서 내가 말했네. "됐네, 이 사람아! 그러니까 아버지께서는 모

---

26) 현(chordē)을 조이거나(epiteinai) 풀어 주는 것(aneinai)은 다음과 같이 해서다. 리라(lyra)의 공명 상자 하단의 줄 걸이(chordotonon)에 걸어 고정시킨 일곱 가닥의 현들을 공명 상자 위의 기러기발(magas)에 걸치게 한 다음, 리라 상단 가까이에서 그 양쪽 팔 끝에 연결된 가로대에 매단다. 일단 여기에 맨 7현의 각각은 이곳에 달려 있는 각각의 줄감개(kallops)로 팽팽하게 조이거나 풀어 주게 되는데, 현의 조임과 풀어 줌은 이를 말하는 것이다. 리라 및 이와 같은 계열인 키타라(kithara)는 7세기경부터는 7현을 갖게 되었으며, 그 각각의 생김새는 역자의 《플라톤의 국가(정체)》의 부록 그림들 중에서 확인할 수 있겠다. 이 둘의 형태상의 두드러진 차이점은 리라가 주로 사발 모양으로 된 공명 상자를 가졌고 그 밑면이 거북의 등으로 만들어졌거나 나무로 만들어졌을 경우에도 그런 모양으로 만들어 칠을 한 데 반해, 키타라는 그 공명 상자가 나무이고 전체적으로도 더 정교하게 만들어졌다는 점이다. 따라서 그 울림이나 정교함으로 해서 전문적이고 공적인 연주에는 키타라가 주된 악기로 이용되었던 것 같다.
27) 나무나 상아 따위의 뿔로 만든 작은 채(plēktron)였다고 한다.

든 걸 맡기실 자네 나이를 기다리고 계신 게 아니라, 당신보다도 지혜
로움(phronein)²⁸⁾에 있어서 자네가 더 낫다고 믿게 되시는 날, 그날
에는 당신과 당신의 것들을 자네에게 맡기실 거네."

"저로서도 그리 생각합니다." 그가 말했네.

"됐네. 어떤가? 그러니까 이웃에도, 자네와 관련해서 아버지께 적
용되었던 것과 똑같은 기준(horos)이 적용되지 않겠는가? 이 사람이
d 가정 경영과 관련해서 지혜로움에 있어서 자네가 자기보다도 더 낫다
고 믿게 될 때에는, 이 사람이 자네에게 자신의 가정을 경영하는 걸
맡길 것이라 자네는 생각하는가, 아니면 자신이 관할할 것이라 생각
하는가?" 내가 말했네.

"제게 맡길 것으로 생각합니다."

"어떤가? 아테네인들이 자네가 충분히 지혜로운 걸로 감지하게 될
때는, 자신들의 일들을 자네에게 맡길 것으로 생각지 않는가?"

"저야 그러죠."

"맹세코, 그럼 대왕²⁹⁾은 어떨까? 아시아³⁰⁾의 통치권이 그의 것이
되는 맏아들에게, 고기가 삶겨지고 있는 동안에,³¹⁾ 소스에 무엇이건

---

28) 명사형인 phronēsis는 특히 실생활에서의 '지혜', '사려 분별', '생각'
등을 뜻한다. phronein은 그 동사 형태(부정사)이다.

29) 당시의 헬라스인들이 말하는 '대왕(ho mega basileus)'은 페르시아의
왕을 가리킨다. 키로스(Kyros: 재위 기간 559~527) 때부터, 페르시아는
제국을 이루었으므로, 그 왕은 그리 불리었다. 훗날 알렉산드로스 대왕이
그리 불리듯. 중국식으로 말하면, '황제'인 셈이다.

30) 헬라스인들이 한때는 아프리카의 리비아에서 남동쪽까지를 아시아에
포함시켰으나, 5세기의 헤로도토스 시대부터는 아시아에서 아프리카를
떼어 냈으니, 이후로 아시아는 주로 페르시아를 중심으로 한 소아시아를
가리키는 말이다. 한때는 페르시아가 아프리카의 일부를 점령한 적도 있
기는 하지만.

원하는 걸 넣도록 오히려 맡기고자 하겠는가? [마침] 그의 곁에 이르러, 우리가 그의 아들보다는 고기 요리 준비와 관련해서는 더 훌륭하게 판단한다는 걸 그에게 보여 주고자 하는데도, 그런 우리에게보다도 말일세." 내가 말한 걸세.

"우리에게 맡길 게 명백합니다." 그가 말했네.

"또한, 바꿔 말하면, 조금이라도 그가 넣는 걸 허용치 않을 게야. 그러나 우리에 대해서는, 만약에 우리가 소금을 한 움큼이나 쥐고서 넣고자 해도, 넣도록 허용할 게야."

"어찌 허용하지 않겠습니까?"

"그의 아들이 눈이 나빠진다면, 그래 그가 자신의 눈을 건드리는 걸, 의사가 아니라고 생각하면서도, 허용하겠는가, 아니면 막겠는가?"

"막을 겁니다."

"그가 우리를 적어도 의술에 밝은 자들이라 생각할 경우에는, 설령 우리가 그의 두 눈을 뜨게 하고서 재를 뿌리려 하더라도, 막으려 하지 않을 것이라 나는 생각하네. 우리가 생각하는 것이 옳다고 믿고서 말일세."

"진실을 말씀하십니다."

"그러니까 다른 모든 것 또한 자신과 아들에게보다도 우리에게 더 맡기려 하겠지? 자기들보다는 우리가 더 지혜로운 걸로 그에게 여겨지는 것들과 관련해서는 말일세."

"그건 필연적입니다, 소크라테스 님!" 그가 말했네.

---

31) 텍스트 읽기에서 209d8의 [emballein]은 군더더기라, 삭제하고서 읽었다.

"그러니까 실상은 이러하네, 친애하는 리시스여! 우리가 지혜로울
b 수 있게 되는 것들에 대해서는 모두가 우리에게 맡기게 될 걸세. 헬라
스인들이고 이방인들[32]이고 간에, 남자들이고 여자들이고 간에 말일
세. 또한 이것들에 있어서는 우리가 원하는 것은 무엇이나 할 수 있
을 것이며, 아무도 자진해서 우릴 방해하지는 않을 것이네. 또한 우리
는 이것들에 있어서 자유로울 것이며, 다른 사람들을 지배하기도 할
것이며, 이것들은 우리 것이 될 것이네. 이것들에서 우리가 이득을 볼
것이기 때문이지. 그러나 우리가 지적 판단력(지성)을 갖추지[33] 못하
게 될 일들에 대해서는, 아무도 이것들과 관련해서 우리가 판단하는
대로 하도록 우리에게 맡기지 않고, 모두가 할 수 있는 한 방해할 것
c 이네. 남들만이 아니라, 아버지도 어머니도 그리고 이들보다 더 가까
운 뭔가가 있다면, 그마저도 그럴 것이며, 또한 우리 자신들도 이것들
에 있어서는 다른 사람들을 따를 것이며, 우리에게도 그것들은 남의
것이 될 게야. 이것들로 해서는 아무 덕도 못 볼 것이기 때문이지. 실
상이 이러하다는 데 자넨 동의하는가?" 내가 말했네.

"동의합니다."

"그렇다면 우리는 누군가와 친구들(philoi)이 될 것이며, 누군가가
우리가 아무런 덕이 되지 못할 그런 것들과 관련해서 우리를 친애할

---

32) 원어 barbaroi는 헬라스 말을 쓰지 않는 민족들을 가리키는 말로서,
처음엔 메디아(Mēdia)인들을, 나중엔 페르시아인들을 가리켰다.

33) '지적 판단력(지성)을 갖추게 되다'는 noun ktēsōmetha를 그리 옮
긴 것이다. nous는 철학적 의미에서는(특히 플라톤 및 아리스토텔레스
의 경우에는) '지성'을 뜻하지만, 일반적으로 noun ekhein([to] have)은
'지각이 있다' 또는 '마음이 어디에 가 있다'를 뜻한다. 이에 비해 noun
ktēsōmetha에서 원형인 ktaomai는 '획득하다' 또는 '얻어 갖게 되다'라
는 뜻이다.

까?"

"그리되지 않을 게 확실합니다." 그가 말했네.

"이제 그러니까, 쓸모가 없는 한, 자네조차도 아버지께서는 친애하지(philei) 않을 것이며, 다른 사람도 다른 누군들 친애하지 않을 걸세."

"그러지 않을 것 같습니다." 그가 말했네.

"그러므로, 소년이여, 만약에 자네가 지혜로워지면, 모두가 자네와 d 친구들(philoi)로 될 것이며, 모두가 자네와 친근한 사람들(oikeioi)[34] 이 될 걸세. 자네가 쓸모 있고 훌륭해질 것이기 때문이지. 만약에 그렇지 못할 것 같으면, 자네와는 다른 누구도, 아버지께서도, 어머니께서도 또한 친척들(hoi oikeioi)께서도 친구(philos)가 되지 않을 것이네. 그러면, 리시스여, 누군가가 아직 지혜롭지 못한 것들에 대해 당당할 수 있겠는가?"

"어찌 그럴 수 있겠습니까?" 그가 말했네.

"그래서 만약에 자네가 선생이 필요하다면, 아직 자네는 지혜롭지 못한 걸세."

"정말입니다."

"따라서 자네가 아직 분별력이 없다면(aphrōn), 자넨 당당하지 못하네."

"단연코, 그렇지 못한 걸로 제게는 생각됩니다, 소크라테스 님!" 그가 말했네.

---

34) 이의 oikeios는 '같은 가족의', '집안의', '친족의' 등이 그 일차적 의미이나, '친근한', '친밀한' 등의 뜻도 있다. 221e 이후에 to oikeion(친근한 것)이 특별한 사항으로 언급되고 있다.

e 그리고 나는 그가 말하는 걸 들으면서, 히포탈레스 쪽을 바라보고 있었으며, 하마터면 실수를 할 뻔 했네. 이런 말을 할 생각이 났기 때문이지. 곧, "히포탈레스여, 소년 애인(ta paidika)과는 이렇게 대화를 해야만 돼. 저자세로 겸손해지되, 자네가 하듯, 으스대고 버릇없게 만들지는 않도록 말일세." 하고. 그런데 그가 우리가 말한 것들로 해서 괴로워하며 혼란스러운 상태가 된 걸 목격하고서는, 그는 가까이 서 있으면서도, 리시스의 눈에 띄지 않기를 바라고 있다는 걸 상기하게 되었네. 그래서 나는 스스로를 다잡고서는 그 말을 억제했네. 그리

211a 고 그 사이에 메넥세노스가 다시 와서는, 리시스 곁에 앉았는데, 거긴 그가 일어섰던 그 자리였네. 그래서 리시스는 무척 장난스럽고 사랑스럽게 메넥세노스가 눈치 못 채게 작은 소리로 내게 말했네. "소크라테스 님, 제게 하시는 바로 그 말씀을 메넥세노스에게도 해 주세요." 하고.

그래서 내가 말했네. "그건 자네가 그에게 말하지, 리시스! 자네가 아주 열중해서 들었으니까."

"그야 전적으로 그랬죠." 그가 말했네.

"그러면 그것들을 최대한 상기하도록 시도해 보게. 이 사람에게 명
b 확하게 모든 걸 말할 수 있게 말일세. 그러나 만약에 그것들 중에서 어떤 걸 자네가 잊을 경우에는, 다시 내게 물어보도록 하고. 다음번의 첫 만남에서 말일세." 내가 말했네.

"그야 그럴 것입니다, 소크라테스 님! 아주 열성으로 할 테니까, 그리 아세요. 그렇지만 이 사람에게는 다른 걸 말씀해 주세요. 저도 듣게끔 말씀입니다. 집으로 갈 시각이 될 때까지요." 그가 말했네.

"하긴 그거야 해야겠지. 어쨌든 자네가 그러라고까지 하니. 하지만 만약에 메넥세노스가 나를 반박하려 들 경우에는, 나를 도우도록 유

넘하게. 혹시 자넨 그가 논쟁적이라는 사실을 모르고 있나?" 내가 말했네.

"맹세코, 그야 적어도 익히 알고 있죠. 실은 그 때문에 선생님께서
그와 대화하시길 제가 바라기도 하고요."

"내가 우습게 되기를 바라선가?" 내가 물었네.

"맹세코, 그게 아니라, 이 사람을 벌주셨으면 해섭니다." 그가 말했네.

"어떻게 그럴 수 있겠나? 그건 쉽지가 않아. 저 사람은 대단하거든, 크테시포스의 제자이기도 하고. 게다가 실은 크테시포스 자신이 와 있네, 안 보이는가?" 내가 말했네.

"아무도 개의치 마시고, 소크라테스 님, 자, 이 사람과 대화해 주세요." 그가 말했네.

"대화는 해야겠지." 내가 말했네.

그래서 이런 말을 우리끼리 하고 있는데, 크테시포스가 말했네. "왜 두 분께서만 대화의 성찬을 즐기시고, 저희와는 나누지 않으시는 겁 니까?" 하고.

"하지만 나눠야지. 이 사람이 내가 말하는 것들 중에서 어떤 걸 이 해하지 못하지만, 메넥세노스는 알고 있는 걸로 생각한다고 말하면 서, 날더러 그에게 물어보라고 하네." 내가 말했네.

"그럼, 왜 묻지 않으십니까?" 그가 말했네.

"하지만 물을 것이네. 그리고 메넥세노스여, 내가 자네에게 묻는 건 대답해 주게. 실은 소싯적부터 나는 어떤 소유(ktēma)를 갈망해 왔네. 다른 사람이 다른 걸 갈망하듯이. 어떤 사람은 말들을 소유하길 갈망 하지만, 어떤 사람은 개들을, 어떤 사람은 황금을, 어떤 사람은 명예
를 갈망하니까. 그러나 나는 이것들에 대해서는 덤덤하지만, 친구들

413

211e

을 가짐(ktēsis)에 대해서는 아주 열성적이고, 또한 내게 훌륭한 친구가 생기기를 바라지. 세상에서 제일 좋은 메추라기나 수탉이 생기는 것보다도 더 말일세.[35] 맹세코, 나로서는 그러네. 말이나 개보다도 더 말일세. 그러나 나는, 맹세컨대,[36] 다레이오스의 [그 많은] 황금[37]을 획득하게 되는 것보다도 월등히 앞서 벗(hetairos)을 맞아들일 것이라 나는 생각하네. 다레이오스 자신보다도[38] 더 말일세. 이처럼 나는 벗을 좋아하는 사람(philetairos)이네. 따라서 자네들, 곧 자네와 리시

212a 스를 보고서, 나는 넋이 나갔으며, 둘이 이처럼 젊은데, 이 소유를 빨

---

35) 아리스토파네스의 《새들》 705~708을 보면, 사랑받는 소년들이 자기를 사랑하는 자들과의 관계를 끝내려 하다가도 이런 가금들로 해서 또 꾐임에 빠지는 장면에 대한 묘사가 보인다. Dover의 *Greek Homosexuality*에도 수탉을 갖고 수작을 벌이는 도자기 그림이 보인다. 아마도 싸움닭처럼 잘 싸우는 놈을 갖고 싶어 해서였던 것 같다.

36) 바로 앞의 '맹세코'는 '제우스에 맹세코([nai] ma [ton] Dia, nē [ton] Dia)'의 유형인데, 이 경우의 '맹세컨대'는 '개에 맹세코(nē ton kyna)'이다. 앞 것은 헬라스인들의 가장 흔한 맹세 유형이다. 이 경우의 개는 이집트의 Anubis 신을 가리키는데, 이 신이 개의 머리, 즉 재칼(jackal)의 모습을 하고 있기 때문이다. 이런 맹세와 관련해서는 《파이드로스》편 228b에서 해당 각주를 참조할 것.

37) '다레이오스의 [그 많은] 황금'에서 '[그 많은]'은 그 뜻을 분명히 해둘 필요성 때문에 역자가 보충한 것이다. 그리고 여기에서 말하는 Dareios가 I세(재위 기간: 521~486)인지 아니면 II세(재위 기간: 424~404)인지가 불명하지만, 이 왕은 동시대의 인물, 곧 II세로 보는 게 옳을 것 같다. 490년의 마라톤 전투에서 패하고, 4년 뒤에 죽은 타계의 인물보다는 말이다. 그리고 6세기에 이미 제국이 된 큰 덩치의 나라를 지배하는 대왕이니, 그 부도 대단했을 것은 빤한 일이겠다. 《알키비아데스》 I 편 123a~b에 페르시아 왕의 황금과 관련된 언급이 보인다.

38) 텍스트 읽기에서 e7의 mallon 〈de〉의 〈de〉는 이유 없이 필사본에 덧보태려 한 것이어서 삭제하고서 읽었다. 더구나 그 윗줄의 mallon ē와 이곳의 mallon ē는 같은 용법으로 반복되고 있는 것이다.

리도 그리고 쉽게 할 수 있어서, 자네는 이 사람을 그리고 이 사람은 반면에 자네를 친구(philos)로 빨리도 제대로 얻게 된 것을 행복한 일이라 여기네. 그러나 나는 이 소유에 이처럼 한참 미치지 못하여, 어떤 식으로 한 사람이 다른 사람의 친구가 되는지를 모르기도 하고, 바로 이 점에서 자네가 경험이 있으니, 자네에게 묻고 싶네." 내가 말했네.

"그러니 내게 말해 주게. 누군가가 누군가를 친애할 때, 어느 쪽이 어느 쪽의 친구로 되는지, 친애하는 쪽(ho philōn)이 친애함을 받는 쪽(ho philoumenos)의, 아니면 친애함을 받는 쪽이 친애하는 쪽의 친구로 되는지. 아니면 아무런 차이도 없는 건지?" **b**

"제게는 아무런 차이가 없는 것으로 여겨집니다." 그가 말했네.

"어떻게 하는 말인가? 한쪽만이 다른 쪽을 친애하는 경우에도, 그래도 양쪽이 서로의 친구로 되는가?" 내가 물었네.

"제게는 그리 생각됩니다." 그가 대답했네.

"어떤가? 친애하는 자가 자신이 친애하는 자한테서 그에 응하는 친애함을 받지는(antiphileisthai) 못할 수가 있는가?"

"있지요."

"어떤가? 그러니까 친애하는 자가 미움을 받기까지 할 수도 있겠지? 이를테면, 때로는 사랑을 하는 자들이 사랑받는 소년들과의 관계에서 아마도 겪겠듯이. 왜냐하면 더할 수 없이 친애하는데, 어떤 이들은 친애함을 받지 못하는 것으로 여겨지는가 하면, 어떤 이들은 미움 **c** 까지 받는 것으로 여겨지니까. 혹시 자네에겐 이게 진실이 아닌 것으로 생각되는가?"

"진실이고말고요." 그가 말했네.

"그러니까 이런 경우에 한쪽은 친애하고, 다른 쪽은 친애함을 받는 게 아닌가?" 내가 물었네.

"네."

"그러면 어느 쪽이 어느 쪽의 친구인가? 친애하는 쪽이 친애함을 받는 쪽의 친구인가? 친애함을 받기도 하건, 또는 미움받기까지 하든 말일세. 아니면 친애함을 받는 쪽이 친애하는 쪽의 친구인가? 또는 이번에는, 양쪽 다가 서로를 친애하지 않는다면, 이 경우엔 어느 쪽도 어느 쪽의 친구도 아닌 건가?"

"어쨌든 그건 그런 것 같습니다."

d   "그렇게 되면, 우리에게 앞서 생각되었던 바와는 지금은 다르게 생각되는 거네. 왜냐하면 그땐 한쪽이 친애하면, 양쪽 다가 친구들인 걸로 생각되었기 때문이야. 그러나 지금은 양쪽 다가 친애하지 않으면, 어느 쪽도 친구가 아니야."

"그런 것 같습니다." 그가 말했네.

"그러니까 친애하는 자에 대해 이에 대응하여 친애하지 않는 자는 전혀 친구가 아닌 게야."

"아닌 것으로 여겨집니다."

"그렇다면 말들이 대응해서 사랑해 주지 않는 자들은 말들을 사랑하는 자들이 아니며, 메추리들을 사랑하는 자들도, 또한 개들을 사랑하는 자들도, 포도주를 사랑하는 자들도, 신체 단련을 사랑하는 자들도 마찬가지며, 지혜 사랑을 하는 자들도 지혜가 이들을 대응해서 사랑해 주지 않는다면, 마찬가지일세. 아니면 이들 각각은, 이것들이 실
e   은 친구들이 아닌데도, 사랑하여, 그 시인[39]이 잘못 말하는 것인지.

---

39) 여기서 말하는 시인은 이른바 일곱 현인 중의 한 사람인 솔론(Solōn) 이다. 그에 대해서는 《향연》편 209d에서 해당 각주를 참조할 것.

그 시인은 말했네.

　복이 많은 것인가, 그에게는 아이들도 친구들이고,
　통발인 말들과 사냥개들 그리고 다른 나라 손님도 친구들이면?

　"제게는 그리 생각되지 않습니다." 그가 말했네.
　"그가 진실을 말하는 것으로 자네에게는 생각되는가?"
　"네."
　"그렇다면 친애함을 받는 자는 그를 친애하는 자에겐 친구인 것 같네, 메넥세노스여! 그가 친애하건 또는 미워하기까지 하더라도 말일세. 이를테면, 최근에 태어난 아이들조차도, 이들 중의 일부는 결코 친애하지도 않고, 일부는 엄마나 아빠한테서 야단을 맞을 때는, 미워 213a 하기까지 하지만, 그렇더라도 미워하는 그 시간에도 부모에게는 뭣보다도 가장 사랑스럽네(philtata)."
　"제게는 그런 걸로 생각됩니다." 그가 말했네.
　"그러니까 이 주장에 따르면, 친애하는 자(ho philōn)가 친구가 아니라, 친애함을 받는 자(ho philoumenos)가 친구(philos)이네."
　"그런 것 같습니다."
　"또한 미움을 받는 자가 따라서 적이지, 미워하는 자가 적인 게 아닐세."
　"그런 것 같습니다."
　"그렇다면 많은 이가 적들한테서 친애함을 받지만, 친구들한테서는 미움을 받으며, 적들에게는 친구들이지만, 친구들에게는 적들이네. b 만약에 친애함을 받는 자(to philoumenon)는 친구(philon)이나 친애하는 자(to philoun)는 아니라면 말일세.[40] 그렇지만 이건, 이 사람아, 굉장한 불합리(alogia), 아니 그보다도 불가능하기까지 한 것이라 나는 생각하네. 친구에게는 적이고 적에게는 친구라는 건."

"선생님께서 진실을 말씀하시는 것 같습니다, 소크라테스 님!" 그가 말했네.

"따라서, 이게 불가능하다면, 친애하는 자는 친애함을 받는 자의 친구일 게야."

"그리 보입니다."

"그렇다면 미워하는 자는 다시 미움받는 자의 적이겠고."

"필연적입니다."

"그러니까 우리로선 이전 것들의 경우와 같은 것들에 동의하는 게 필연적이게 되었네. 곧, 종종 친구 아닌 자의 친구, 심지어는 적인 자의 친구도 종종 있다고. 누군가가 친애하지 않는 자를 친애하거나 심지어는 미워하는 자를 친애할 경우에는 말일세. 그런가 하면 적이 아닌 자의 적 또는 심지어 친구인 자의 적도 종종 있다고. 미워하지 않는 자[41]를 누군가가 미워하거나 심지어는 친애하는 자를 미워할 경우에는 말 일세."

"그런 것 같습니다." 그가 말했네.

"만약에 친애하는 자들이 친구가 되지도 않고, 친애함을 받는 자들도 그리되지 않는다면, 곧 친애하는 자들도 친애함을 받는 자들도 친

---

40) 바로 앞 a에서 "친애하는 자(ho philōn)가 친구가 아니라, 친애함을 받는 자(ho philoumenos)가 친구(philos)이네"는 명사들이 모두 남성(ho)으로서 사람을 가리키나, 여기에서는 모두 중성(to)으로서 짐승들 또는 일반 현상을 총칭해서 지칭하며, 그런 차원에서 말하게 되는 것인데, 이후에는 그런 차원에서 대체로 말하게 된다. 이를테면 [ho] philos는 '친구'를 말하나, [to] philon은 '친애하는 것'을 말한다.
41) 텍스트 읽기에서 c2의 ⟨mē⟩ misoun에서 mē misoun으로 읽었다.

구가 되지 않는다면, 그럼 우리는 무얼 해야 하지? 하지만 이 경우들 이외에도 서로 친구들로 되는 다른 어떤 사람들은 여전히 있다고 우리는 말할 것인가?" 내가 말했네.

"단연코, 소크라테스 님, 저로서는 전혀 길을 찾지 못하겠습니다." 그가 말했네.

"메넥세노스, 우리가 전혀 옳지 못한 방식으로 탐구해 온 것은 아닌   d 가?" 내가 말했네.

"제겐 그리 생각됩니다, 소크라테스 님!" 하고 리시스가 말했는데, 그는 그리 말함과 동시에 얼굴이 붉어졌네. 왜냐하면 그에게서 이 말은 본의 아니게 불쑥 나온 것 같기 때문인데, 이는 우리가 하게 된 대화 내용에 그가 아주 정신을 집중하고 있은 탓이었던 게야. 내내 이런 상태로 듣고 있었던 게 명백하네.

그래서 나는 메넥세노스를 쉽게 해 주고 싶기도 하고, 그의 지혜 사랑이 반갑기도 해서,[42] 리시스 쪽으로 방향을 바꿔, 이런 식으로 대화하기를 시작했네. 그래서 내가 말했네. "아, 리시스! 자네가 진실을   e 말한 것으로 내게는 생각되네. 만약에 우리가 옳게 고찰을 했다면, 우리가 결코 이처럼 헤매게 되지는 않았을 것이라고 말한 것은. 이 길로는 더는 가지 마세나. 내게는, 마치 일종의 힘든 길처럼, 이 탐구도 보이기 때문이네. 우리가 들어섰던 그 길목으로 되돌아가야 할 것으로 내게는 생각되네. 시인들을 따라 고찰함으로써 말이네. 이들은 우리   214a 에게 있어서 마치 지혜의 아버지들 그리고 선도자들과도 같기 때문이

---

42) 여기서 말하는 '그'는 물론 리시스이고, 그들의 대화에 대한 그런 몰입은 곧 지혜 사랑(philosophia)의 방증이라고 보아 소크라테스가 반기고 있다.

네. 이들은 친구들에 대해서, 이들이 어떤 사람들인지를 밝히면서, 예사롭게 말하지는 않은 게 틀림없네. 그들은 신 자신이 이들을 서로에게로 이끌어 친구들로 만들어 준다고 말하네. 그들은, 내가 하듯, 대강 이런 말을 하네.

언제나 진실로 신은 닮은 자를 닮은 자에게로 데려다주고[43]

b 친밀하게 만든다는 거야. 혹시 자넨 이들 운율 시를 만나지 못했는가?"

"저야 만났죠." 그가 말했네.

"그렇다면 자넨 가장 지혜로운 자들의 바로 이런 걸 말하는 글들도 만나지 않았겠는가? 곧, '닮은 것이 닮은 것과 언제나 우애롭기(친구이기) 마련이다'[44]라고. 한데, 이들은 아마도 자연(physis)과 우주(to holon)에 대해 대화도 하고 글도 쓰는 사람들[45]일 게야."

"진실을 말씀하십니다." 그가 말했네.

"그렇다면 그들이 하는 말은 훌륭한가?" 내가 물었네.

---

43) 호메로스의 《일리아스》 17. 218에 나오는 시구를 일부만 바꾼 것인데, 이와 관련해서는 《향연》편 195b의 해당 각주에서 자세히 언급했다.

44) 헬라스어 원문은 to homoion tō homoiō anankē aei philon einai인데, 여기에서 핵심은 to homoion tō homoiō(닮은 것이 닮은 것과)인데, 이는 격언처럼 쓰이는 것이기도 하다. 이와 관련해서도 역시 바로 앞의 주에서 밝힌 《향연》편의 같은 각주를 참고할 것. 물론 이 경우의 '닮음(to homoion=the like)'은 외형적인 것이 아니라, 질적인 것이며, '같음(the same)'을 의미하기도 한다.

45) 이를테면, 엠페도클레스(Empedoklēs: 약 483/2~423년경)는 사물들을 이루는 요소들로 물·불·공기·흙 네 가지를 내세우며, 이것들의 상호 결합과 분리의 원인을 친화력(philotēs)과 불화(neikos)로 말했다.

"아마도 그럴 것입니다." 그가 대답했네.

"아마도 그 반은 그렇겠고, 어쩌면 전부까지도 그렇겠지만, 우리는 이해가 안 돼. 왜냐하면 못된 자(ho ponēros)는 어쨌든 못된 자와 가까이 접근할수록 그리고 더 교제할수록, 그만큼 더 적대적이 되는 것으로 우리에게는 생각되기 때문이야. 해치니까. 한데, 해치는 자들과 해를 입는 자들은 아마도 친구들이 되기가 불가능할 게야. 그렇지 않은가?" 내가 말했네.

c

"네." 그가 대답했네.

"그러니까 그 말의 반은 이런 식으로 진실이 아니야. 만약에 못된 자들이 정말로 서로 닮았다면 말일세."

"참된 말씀입니다."

"그러나 그들은 훌륭한 사람들(hoi agathoi)⁴⁶⁾이 서로 닮고 친구들이라 말하는 것으로 생각되네. 하지만 나쁜 사람들(hoi kakoi)은, 이들에 대해서는 말하는 그대로, 서로 닮지도 저들 자신들과도 닮지(같지) 않고, 충동적이며 불안정하네. 그러나 그 자신이 자신과도 같지(닮지) 않고 다른 자는 좀처럼 남과 닮거나 친구가 될 수 없을 것이네. 자네에게도 그리 생각되지 않는가?"

d

"제겐 그리 생각됩니다." 그가 대답했네.

"그러니까 여보게, 그들은 이를 수수께끼로 말한 것으로 내게는 생각되네. 닮은 것이 닮은 것과 우애롭다(친구이다)고 말한 자들은 훌

---

46) 이는 '선한 사람들'로 옮길 수도 있는 말이지만, 215a6 이후에서 보듯, 사람으로서의 충족함(hikanotēs=sufficiency)과 연관해서 하는 말이므로, 곧 [사람으로서의] 훌륭함(aretē=goodness)의 관점에서 하는 말이기에, 그리 옮겼다. '나쁜 사람(ho kakos)'도 [사람으로서의] 나쁜 상태(kakia=badness) 곧 그 부족함의 관점에서 하는 말이다.

룡한 사람만이 훌륭한 사람과만 친구이나, 나쁜 사람은 훌륭한 사람
과도 나쁜 사람과도 결코 참된 우정(친애: philia)에 이르지 못한다고
말일세. 동의하는가?"

그가 수긍했네.[47]

"그러고 보니 이미 우리는 누구누구가 친구들인지 확인하게 되었
네. 이 논의는 훌륭한 사람들이 그들임을 우리에게 알려 주고 있기 때

e   문일세."

"전적으로 그리 생각되네요."

"내게도 그리 생각되네. 그렇지만 이에는 어쨌든 뭔가 불만스런 점
이 있네. 그러면, 맹세코, 자, 무엇이 미심쩍은지 보세나. 닮은 자는
닮은 자와, 닮은 한, 친구인데, 이런 자는 이런 자에게 유익한가? 아

---

47) 원어는 kataneusen이다. 그냥 neuō도, 여기에 머리를 덧붙여 neuō
kephalēn도 또는 epineuō도 '수긍함' 곧 '동의 표시로 머리를 끄떡임'
을 뜻한다. 그런데 때로는 이 동의를 눈썹으로 하는 경우도 있다. 이를테
면, 《일리아스》 1. 524~528d를 보면, 아들 아킬레우스의 부탁을 받고 올
림포스로 제우스를 찾아가서 간청하는 테티스(Thetis)에게 그 청을 들어
주기로 약속하는 대목에서 머리를 끄떡여 동의하는 장면과 눈썹으로 동
의의 표시를 하는(epeneuse ophrysi) 장면이 묘사되어 있다. 그런데 이
와 반대로 거부 또는 거절하는 걸 ananeuō라 하는데, 그 의사 표시가 헬
라스인들의 경우에 별나다. 고개를 뒤로 천천히 젖히는 짓을 반복하는
데, 옛날 사람이나 요새 사람이나 이는 마찬가지로 하는 짓이다. 한데, 요
새 사람들은 강하게 거부 의사를 밝힐 때는, 고개를 뒤로 젖히는 것에다
팔을 뒤로 젖혀 보이면서 혀까지 찬다. 옛날의 헬라스인들도 그렇게까지
별난 짓을 했는지는 확인할 수 없는 일이다. 그런데 이 거부 표시도 눈썹
으로 표시하기도 했다. 이를테면, 오디세우스가 외눈박이 거인 키클롭스
(Kyklōps)의 동굴에서 빠져나온 뒤 희생된 동지들로 슬퍼하는 동지들에
게 슬퍼하지 말라는 뜻으로 한 눈짓을 ophrysi ananeuon(《오디세이아》
9. 468)라 했다. 우리말에 눈을 치뜨거나 내리뜨는 게 그런 것이겠지만,
이에는 여러 가지 뜻이 있어서, 일의적으로 말할 수는 없겠다.

니, 그보다는 이렇게 보세나. 무엇이건 간에 닮은 것은 무엇이건 간에 닮은 것에 무슨 이로움을 갖게 하거나 무슨 해를 입힐 수 있는가? 스스로가 스스로에게 그럴 수는 없는 것으로 말일세.[48] 또는 제 자신으로 해서는 겪게 되지 않을 것으로 무엇을 겪게 될까? 서로 아무런 도움을 줄 수 없는 바로 그런 것들을 어떻게 서로가 좋아할 수 있겠는가? 그게 가능할까?" 내가 말했네.

215a

"불가능합니다."

"좋아할 수 없는데, 어떻게 친구일 수 있겠나?"

"결코 될 수 없습니다."

"그렇다면 닮은 자는 닮은 자에게 친구가 아닐세. 그러나 훌륭한 자가, 훌륭한 한, 훌륭한 자에게 친구이겠고, 닮은 한에서가 아닐세."

"아마도 그렇겠습니다."

"어떤가? 훌륭한 사람은, 그가 훌륭한 한, 그만큼 스스로에 대해 자족하지 않겠는가?"

"네."

"그러나 어쨌든 충족한 자는 그 충족함(hikanotēs)으로 해서 어떤 것도 부족함이 없네."

"어찌 그렇지 않겠습니까?"

"무언가가 부족하지 않은 자는 무언가를 좋아하지도(agapōē) 않을 게야."

"그러지 않고말고요."

b

"좋아하지 않는 자는 친애하지도 않을 거고."

---

48) 곧 스스로는 자신에게 이로운 것을 강구하거나 자해하는 짓을 할 수 없고, 친구를 통해서만 그럴 수 있는 걸 묻고 있는 것이다.

"않을 게 확실합니다."

"어쨌든 친애하지 않는 자는 친구가 아닐세."

"아닌 것으로 보입니다."

"그렇다면 우리 경우에 훌륭한 사람들이 훌륭한 사람들과 어떻게 애당초에 친구가 되겠는가? 이들이 떨어져 있는데도 서로 동경하지 않는다면 말일세. 그건 서로 떨어져 있으면서도, 자족하기 때문이지. 이들은 가까이 있어도 서로에 대한 필요를 느끼지 않겠지? 바로 이런 사람들이 서로를 중히 여길 무슨 방도가 있겠는가?"

"전혀 없습니다." 그가 말했네.

c "그렇지만 서로를 중히 여기지 않고서는 친구들이 아닐 걸세."

"정말입니다."

"그러니 생각해 보게나, 리시스! 우리가 어디에서 길을 잘못 들게 되었는지를. 어쨌거나 우리가 전체적으로 속은 건가?"

"그게 어떻게?" 그가 말했네.

"언젠가 누군가가 말하는 걸 이미 들었는데, 방금 상기하게 되었네. 닮은 것이 닮은 것과 그리고 훌륭한 자들이 훌륭한 자들과 가장 적대적이라는 거야. 특히 헤시오도스를 증인으로 끌어들여, 이렇게 말한 거네.

또한 도공은 도공에 대해서 악의를 품으며, 가인도 가인에 대해,

d 거지도 거지에 대해 [시샘한다].[49)]

---

49) 헤시오도스의 《일과 역일》 25~26에 나오는 내용의 일부이고, 그 전문은 이러하다. "또한 도공은 도공에 대해서, 목수도 목수에 대해서 악의를 품으며,/ 거지도 거지에 대해서, 가인도 가인에 대해서 시샘한다." 그는 불화 또는 다툼(eris)에는 두 가지가 있다고 하면서, 그 하나는 나쁜 전쟁

또한 다른 모든 것에 있어서도 이처럼 가장 닮은 것들이 서로에 대
해[50] 시샘과 이기기를 좋아함 그리고 적대감으로, 반면에 가장 닮지
않은 것들은 친애(우의: philia)로 가득 차게 되는 게 필연적이라고 말
했네. 왜냐하면 가난한 자는 부자와, 허약한 자는 의사와 도움을 위해
서 친구가 되지 않을 수 없으며, 모든 모르는 자야말로 아는 자를 좋
아하며(agapan) 친애하지(philein) 않을 수 없게 된다 해서지. 특히
그 주장[51]에 대해 한결 더 당당하게 반론을 펴길, 그러니까 닮은 것이   e
닮은 것과 친구가 된다는 것은 아주 먼 이야기고, 바로 그 반대되는
것이 그 친구라고 주장하는 거지. 가장 반대되는 것이 가장 반대되는
것에 더할 수 없이 친구라는 거야. 그런 것을 각기 열망하지, 닮은 것
을 열망하지는 않기 때문이라는 거야. 마른 것은 습함을, 찬 것은 뜨
거움을, 쓴 것은 달달함을, 날카로운 것은 둔함을, 빈 것은 채움을, 충
만한 것은 빔을 열망하기 때문인데, 다른 것들도 이처럼 같은 이치로
그런다는 거야. 말하자면, 반대되는 것은 반대되는 것에 양식이야.[52]

과 싸움을 조장하는 것이지만, 다른 하나는 알고 보면 선의의 경쟁을 유
도하는 것으로 오히려 칭찬할 것이라 말한다(같은 책, 11~15). 여기에서
말한 것들은 선의의 경쟁과 관련된 사례들이다. 본문에서 [시샘한다]는
원문을 참작해서 덧붙였다.
50) 텍스트 읽기에서 d3의 〈pros〉는 덧보태어 읽었다.
51) '닮은 것이 닮은 것과 언제나 우애롭기(친구이기) 마련이다' 는 주장
을 가리킨다.
52) 이런 주장을 편 사람은 이를테면, 헤라클레이토스(Hērakleitos: 약
540~약 480)이다. "싸움은 만물의 아버지요." "다툼은 정의이다"라는
그의 말은 얼핏 들으면 자연의 모든 현상을 투쟁 관계로만 보는 것 같지
만, "모든 것은 흐름의 상태에 있고," 이 흐름을 관통하는 것은 공통된 이
법(Logos)이라고 본다. 오름길과 내리막길이 사실은 하나의 길이고, 활
쏘기는 활의 몸체와 시위를 최대한 서로 반대 방향으로 당긴 끝에 활을
발사하는 것이다. 현악기의 탄주도 마찬가지 현상이다. 자연 현상들은 이

닮은 것은 닮은 것에 아무런 혜택도 주지 못한다는 거지. 그럴뿐더러, 여보게, 실은 이를 말하는 사람이 세련된 것으로 생각되네. 훌륭하게 말했기 때문이야. 한데, 자네들에겐 그가 말하는 게 어떻게 생각되는가?" 내가 말했네.

"그리 말하는 걸 듣는 바로는 어쨌든 훌륭하네요." 메넥세노스가 말했네.

"그러면 반대되는 것이 반대되는 것에 더할 수 없이 친구라고 우리가 말할까?"

"물론입니다."

"됐네. 괴이하지 않은가, 메넥세노스? 이들 아주 영리한 자들, 곧 논쟁적인 자들은 우리에게 대뜸 얼씨구나 하고 공격해 댈 것이며, 또한 미움이 친애(우의)에 대해 가장 반대되는 게 아닌지 묻겠지? 이들에게 우리는 뭐라 대답할 것인가? 그들이 진실을 말한다는 데 동의할 게 필연적이지 않은가?" 내가 말했네.

"필연적입니다."

"그렇다면 적대적인 것은 우호적인 것에 대해 또는 우호적인 것은 적대적인 것에 대해 친구인지 그들은 물을 것이야."

"어느 쪽도 아닙니다." 그가 대답했네.

"그러나 올바른 것이 올바르지 못한 것에 대해서는, 또는 절제 있는 것이 무절제한 것에 대해서는, 또는 훌륭한 것이 나쁜 것에 대해서는?"

른바 4원소들의 반복되는 교체 속에서 일어나는 것들이다. 이를 그는 "불은 공기의 죽음을 살고, 공기는 불의 죽음을 산다. 그리고 물은 흙의 죽음을 살고, 흙은 물의 죽음을 산다."라고 말했던 것이다.

"제게는 그렇지 않을 것으로 생각됩니다."

"하지만 실은, 정녕 반대됨에 따라 어떤 것이 어떤 것에 대해[53] 우호적이라면, 이것들 또한 우호적일 게 필연적이네." 내가 말했네.

"필연적이네요."

"그러고 보니 닮은 것이 닮은 것과도, 반대되는 것이 반대되는 것과도 친구가 아닐세."

"아닌 것 같아 보이네요."

"그러나 더 나아가 이 점 또한 고찰해 보도록 하세. 우호적인 것(친 c 애하는 것: to philon)은 사실은 이것들 중의 어떤 것도 아니고, 훌륭하지도 나쁘지도 않은 것이 이처럼 언젠가 훌륭한 것의 친구가 되는 것임을 오히려 우리가 미처 모르고 있는 것이 아닌지 말일세."

"어떻게 하시는 말씀인지?" 그가 물었네.

그래서 내가 말했네. "하지만, 맹세코, 모르겠네. 정말로 내 자신이 논의의 당혹스러움(aporia)[54]으로 해서 어지럽기도 하거니와, 옛 속담대로 아름다운 것(to kalon)이 친구인 것[55] 같네. 그것은 보드랍고

---

53) 텍스트 읽기에서 b7의 [philō]는 삭제하고서 읽었다.

54) 여기에서 '당혹스러움'으로 옮긴 aporia는 어원상으로는 poros가 없는 상태를 뜻한다. poros는 '강이나 바다 따위를 건널 길이나 방도 또는 방책'을 뜻하는데, 이에서 더 나아가 '어떤 일의 이룸과 관련된 방도나 방책 그리고 수단'을 뜻한다. 따라서 aporia는 장소적인 '통과'나 '헤쳐 나감' 또는 '어떤 일의 어려움', 더 나아가 '수단이나 방도 또는 해결책이 없는 상태', 곧 그런 '당혹스런 사태나 처지 또는 그런 당혹감, 당황스러움, 어찌할 바를 모르는 상태'를 뜻하는가 하면, 또한 '그런 처지에 놓이게 하는 문제 자체', 곧 '그런 사태를 겪게 하는 난문(難問) 자체'를 뜻하기도 한다.

55) 에우리피데스의《박코스 여신도들》881에 "무엇이나 아름다운 것은 언제나 친구이네.(ho ti kalon philon aei)"라는 시구가 보인다. 그리고 테

매끄러우며 윤택 있는 것과 어쨌든 닮았네. 이 때문에 아마도 그것은

d 우리에게서 쉽게 빠져나가기도 하고 들어오기도 하는데, 그런 성질의 것이어서야. 실은 훌륭한 것(to agathon)을 나는 아름답다고 주장해. 한데, 자네는 그리 생각지 않는가?" 내가 말했네.

"저로서야 그리 생각하죠."

"그러면 내가 예언해서 말하는데, 아름답고 훌륭한 것(to kalon te kai agathon)의 친구는 훌륭한 것도 아니고 나쁜 것도 아닐세. 내가 말하면서 예언하는 것에 대해 경청하게나. 말하자면, 세 가지 것들이 있는 것으로 내게는 생각되네. 곧, 훌륭한(좋은) 것(to agathon)과 나쁜 것(to kakon), 그리고 훌륭하지도 나쁘지도 않은 것. 자네에겐 어떤가?"

"제게도 그리 생각됩니다." 그가 대답했네.

"또한 훌륭한 것이 훌륭한 것에 대해서도, 나쁜 것이 나쁜 것에 대해서도, 훌륭한 것이 나쁜 것에 대해서도 친구가 아닌 것으로. 앞서의

e 논의가 이를 허용치 않았듯이 말일세. 따라서 남는 것은, 정녕 어떤 것에 어떤 것이 친구이려면, 훌륭한 것도 아니고 나쁜 것도 아닌 것이 훌륭한 것의 또는 그것과 같은 그런 것(훌륭한 것도 나쁜 것도 아닌 것)의 친구인 것이네. 왜냐하면 나쁜 것에 어떤 것이 친구가 되는 경우는 확실히 없겠기 때문이네."

"진실입니다."

"그렇지만 닮은 것이 닮은 것에 대해서도 친구가 아니라고 방금 우

오그니스(Theognis)의 *Elegiae* 1. 17(TLG)에는 "무엇이나 아름다운 것은 친구이다. 허나 아름답지 않은 것은 친구가 아니다(hotti kalon, philon esti · to d' ou kalon ou philon esti)."가 아름다운 말(kalon epos)로 인용되고 있다.

리는 말했네. 안 그런가?"

"네."

"그렇다면 훌륭하지도 않고 나쁘지도 않은 것에 그것과 같은 그런 것이 친구가 되지는 않을 걸세."

"그러지 않을 것으로 보입니다."

"그러니까 훌륭한 것에 대해서는 훌륭하지도 나쁘지도 않은 것이, 그것에 대해서만 이것만이 친구가 되네." 217a

"그게 필연적인 것 같습니다."

"그러고 보니, 여보게들, 지금 말한 것이 우리에게 있어서 훌륭히 선도하고 있네. 어쨌든, 가령 우리가 건강한 몸을 생각해 본다면, 의술도 어떤 혜택도 필요하지 않네. 그것으로 충분하기 때문이어서, 건강하면 그 건강으로 해서 의사에게는 아무도 친구가 아닐세. 그렇겠지?" 내가 말했네.

"아무도 아니죠."

"그러나 환자는 질병으로 해서 친구일 것으로 나는 생각하네."

"어찌 그렇지 않겠습니까?"

"질병은 물론 나쁘지만, 의술은 유익하고 좋은 것이지." b

"네."

"하지만 몸은 짐작컨대 그 자체로는 좋은 것도 나쁜 것도 아닐 게 야."

"그렇습니다."

"그렇지만 몸은 질병 때문에 의술을 반기고 친애하지(philein) 않을 수 없게 되네."

"그런 것으로 제게는 생각됩니다."

"그렇다면 나쁘지도 좋지도 않은 것이 좋은 것의 친구로 되는 것은

429

나쁨의 '나타나 있게 됨(parousia)' 56)으로 해서네."

"그런 것 같습니다."

"하지만 그건 이것이 지금 갖고 있는 그 나쁨으로 해서 나쁘게 되기 전의 일이었던 게 명백하네. 이는 물론 나쁜 것으로 되고 나서는 어쨌든 좋은 것에 대해 57) 뭔가 더는 욕구하지도 친구가 되지도 않을 것이기 때문이네. 나쁜 것이 좋은 것에 대해 친구이기는 불가능하다고 우리가 말했으니까."

c

"사실 불가능합니다."

"그러면 내가 하는 말을 고찰해 보게나. 내가 말하는 것은 어떤 것들은, 이것들 또한 이것들에 나타나 있게 된 것과 같은 그런 것들인 반면, 어떤 것들은 그렇지 않다고 하는 것이니까. 이를테면, 누군가가 어떤 색깔로 무엇이든 58) 칠을 하고자 할 경우에, 칠이 되는 것에는 올리게 되는 칠이 아마도 나타나 있을 걸세."

"물론입니다."

"그러면 칠이 된 것이 그 색깔에 있어서는 올린 칠과 그땐 같은 그런 것인가?"

---

56) '나타나 있게 됨(parousia)'은 영어로는 presence(불어로는 présence, 독일어로는 Anwesenheit)로 옮기는 것이다. 이는 《파이돈》편에서 이데아 또는 형상(形相: eidos)과 사물들의 관계 맺음의 방식과 관련해서 쓰는 표현들 가운데 하나이다. 비록 여기에서는 형상이나 이데아와는 무관한 논의의 틀에서 사용한 표현이지만, 기본적인 생각의 틀은 같다고 볼 수 있겠다. 그리고 parousia를 '나타나 있음'아닌 '나타나 있게 됨'으로 옮기는 것은 그것이 이미 끝난 경우들만의 것이 아니라, 그것이 미래의 경우에도 얼마든지 '나타나 있게 됨'을 나타낼 수 있는 표현이어야 하겠기 때문이다. 《파이돈》편 100b~d 참조.

57) 텍스트 읽기에서 c1의 [hou]는 삭제하고서 읽었다.

58) 역시 텍스트 읽기에서 c5의 [ti]는 삭제하고서 읽었다.

"이해하지 못하겠습니다." 그가 말했네.

그래서 내가 말했네. "그럼 이런 식으로. 가령 누군가가 금발인 자네의 머리카락을 백연으로 칠한다면, 그때 그것들은 백발일까 아니면 그리 보이는 걸까?"

"그리 보이는 것이겠죠." 그가 말했네.

"또한 더 나아가 이것들에는 흼(백색)이 나타나 있게 되는 것이겠고."

"네."

"그렇더라도 그것들은 어쩌면 조금도 더 희지 않고, 흼(백색)이 나타나 있게 되었는데도, 어떤 점에서는 그것들은 희지도 검지도 않네."

"진실입니다."

"하지만, 여보게, 이것들에 노령이 같은 이 색깔을 데리고 올 때, 바로 그때에야, 거기에 나타나 있는 것과 같은 바로 그런 것으로 되는데, 곧 흼의 나타나 있게 됨(parousia)에 의해서 흰 것들이 되는 걸세."

"어찌 그렇지 않겠습니까?"

"그래서 지금 내가 이걸 묻는 거네. 어떤 것에 어떤 것이 나타나 있게 되면, 나타나 있게 된 것과 같은 것을 갖게 된 것은 그와 같은 것이 되는가? 아니면, 그게 어떤 방식으로 나타나 있게 될 경우에는, 그렇게 되지만, 그렇지 않을 경우에는, 그렇게 되지 않는 건가?"

"오히려 뒤쪽입니다." 그가 말했네.

"또한 그래서 나쁘지도 훌륭하지도 않은 것이 때로는 나쁨이 나타나 있게 되었는데도, 아직은 나쁘지 않지만, 이미 그런 것이 된 경우도 때로는 있네."

"물론입니다."

"그러니까 나쁨이 나타나 있게 되었는데도 아직 나쁘지 않은 경우

218a

에는, 이 나타나 있게 됨(parousia)이 이것으로 하여금 훌륭함을 욕구
하도록 만들고 있는 것일세. 그러나 나쁜 것으로 만드는 '나타나 있게
됨'은 그것에서 훌륭함에 대한 욕구와 함께 그 우정을 빼앗고 있는 것
이네. 왜냐하면 그것은 아직도 나쁜 것도 훌륭하지도 않은 것이 아니

라, 나쁜 것이기 때문이네. 그러나 훌륭함에는 나쁨이 친구가 아니었
지."

"실상 아니었죠."

"바로 이 때문에 우리는 말하네. 이미 지혜로운 이들은 더 이상 지
혜 사랑을 하지[59] 않는다고. 이들이 신들이든 또는 인간들이든 간에.
또한 나쁜 사람들이 될 정도의 무지함(agnoia)의 상태에 있는 그런 자
들도 지혜 사랑을 하지 않는다고. 나쁜 사람과 무지한 자는 아무도 지
혜 사랑을 하지 않기 때문이라고. 그러니까 이 나쁨, 곧 무지를 지니
게 된 자들이 남지만, 이들은 아직은 이것으로 해서 지각이 없지도 않
고 무지하지도 않으며, 자신들이 알지 못하는 것들은 모른다고 여전

히 생각하는 사람들이지. 바로 이 때문에 훌륭하지도 어쩌면 나쁘지
도 않은 자들이 지혜 사랑 또한 하지만, 나쁜 사람들은 지혜 사랑을
하지 않으며, 훌륭한 사람들 또한 하지 않아. 반대되는 것도 반대되는
것의 친구가 아니고, 닮은 것도 닮은 것의 친구가 아닌 것으로 앞서의
논의에서 우리에게는 밝혀졌네. 혹시 기억들 못하는가?"

"물론 기억합니다." 둘이 말했네.

"그러면 이제, 리시스 그리고 메넥세노스여, 우리가 그 무엇보다도

---

59) 앞에서도 나왔지만, 지혜 사랑 또는 철학은 헬라스어로 philosophia
이고, 지혜 사랑을 함 또는 철학함은 philosophein이다. 《향연》편 204b,
《파이드로스》편 249a에서 해당 각주들을 참조할 것.

무엇이 친구이고 무엇이 아닌지[60]를 찾아냈네. 우리는 이를, 곧 혼의 경우에도 몸의 경우에도 그리고 모든 경우에도, 나쁘지도 훌륭하지도 않은 것이 나쁨의 나타나 있게 됨으로 해서 훌륭한 것의 친구이게 된다고 말하니까." 내가 말했네. 둘은 전적으로 그렇다고 말하고 그게 그러하다는 데 동의했네.

특히 내 자신이 몹시 기뻐했네. 마치 어느 사냥꾼처럼, 내가 사냥한 것에 흡족해하면서 말일세. 이윽고 어디에선지 모르겠으나, 우리가 동의하게 된 것들이 참된 게 아니지 않을까 하는 더할 수 없이 이상한 의심이 내게 들었으며, 곧바로 무거운 마음이 되어, 말했네. "이런, 리시스 그리고 메넥세노스여! 우리가 꿈에 부자가 된 것 같구먼." 하고.

"특히 무엇 때문인가요?" 메넥세노스가 물었네.

d

"친구에 관해서 우리가, 마치 아는 체하는 자의 그런 어떤[61] 주장들을 만난 게 아닌지 두렵다네." 내가 말했네.

"어째서죠? 그가 물었네.

"이렇게 고찰해 보세. 친구이겠는 자는 누군가에게 친구인가 또는 아닌가?" 내가 물었네.

"그야 필연적이죠." 그가 대답했네.

"그러면 그건 아무것을 위해서도 그리고 아무것 때문도 아닌가, 아니면 무언가를 위해서(heneka tou) 그리고 무언가 때문(dia ti)인가?"

"무언가를 위해서 그리고 무언가 때문입니다."

"어떤 사물, 곧 그것을 위해서 친구가 친구에게 친애하게 되는 것인

---

60) 텍스트 읽기에서 b8의 ou를 Bordt와 Dorion은 hou로 읽고 있다. 이 읽기를 따르면, '아닌지'는 '무엇의 친구인지'로 된다.
61) 텍스트 읽기에서 [pseudesin](거짓된)은 삭제하고서 읽었다. 군더더기라 생각해서다.

그것은 친애하는 것인가, 아니면 친애하지도 싫어하는 것도 아닌 것 인가?"

"제대로 따라갈 수가 없네요." 그가 말했네.

"그럴 것 같기도 하네. 하지만 이런 식으로 말하면 아마도 자네가 따라올 것이고, 나 또한 내가 말하는 바를 더 잘 알게 될 것으로 생각 하네. 방금 우리가 말했듯, 환자는 의사의 친구일세. 안 그런가?" 내 가 말했네.

"네."

"그러니까 질병 때문에 건강을 위해서 의사의 친구인 게 아닌가?"

"네."

"그러나 질병은 어쨌든 나쁜 것인가?"

"어찌 아니겠습니까?"

"건강은 어떤가? 나쁜 것인가 또는 좋은 것인가 아니면 그 어느 쪽 도 아닌 것인가?" 내가 물었네.

"좋은 것입니다." 그가 대답했네.

"그리고 보니, 우리가 이런 말을 한 것 같네. 몸은 좋은 것도 나쁜 것도 아니고, 질병 때문에, 그러나 이것은 그 나쁨 때문에, 의술의 친 구이고, 의술은 좋은 것이라고. 반면에 건강을 위해서 의술은 그 우의 (친애: philia)를 받아들이는데, 건강은 좋은 것이네. 안 그런가?"

"네."

"한데, 건강은 친애하는 것인가(philon) 또는 친애하지 않는 것인 가?"

"친애하는 것입니다."

"그러나 질병은 싫어하는 것이네."

"물론입니다."

"그러니까 나쁘지도 좋지도 않은 것은 나쁜 것과 싫어하는 것 때문   b
에 좋은 것과 친애하는 것을 위해서 좋은 것의 친구인 걸세."

"그런 것 같습니다."

"그러므로 친애하는 것(to philon)은 친애하는 것을 위해서 친애하
는 것의[62] 친구인데, 이는 싫어하는 것 때문이네."

"그런 것 같습니다."

"됐네." 하고 내가 말했네. "여보게들! 우리가 여기에 이르렀으니,
우리가 아주 속게 되는 일이 없도록 주의하세나. 실은 친애하는 것이
친애하는 것의 친구가 되었다는 주장에 대해서 나는 작별을 고하거니
와, 닮은 것이 어쨌든 닮은 것의 친구가 된다는 것도 불가능한 것이라
우리는 말하네. 그렇더라도 다음 걸 우리는 고찰하세. 지금 말한 것이
우릴 아주 속아 넘어가게 하는 일이 없도록 말일세. 의술은 건강을 위   c
해 친애하는 것이라 우리는 말하네."

"네."

"그렇다면 건강도 친애하는 것인가?"

"물론입니다."

"따라서 만약에 그것이 친애하는 것이라면, 무엇인가를 위해서네."

"네."

"앞서의 동의에 따르게 되면, 바로 어떤 친애하는 것을 위해서네."

"물론입니다."

"그러니까 그 친애하는 것도 역시 친애하는 것을 위한 것이겠지?"

"네."

"그렇다면 우리는 우리가 이런 식으로 논의를 진행함으로써 지쳐

---

62) 텍스트 읽기에서 b3의 〈tou philou〉는 살려서 읽었다.

435

버리거나, 아니면 더 이상 다른 친애하는 것으로 돌아가지 않고, 으뜸으로 친애하는 것(prōton philon)인 그것[63]에 이르게 될 그 시발점

d (archē)으로 돌아가는 게 필연적이겠지? 다른 모든 것을 우리가 친애하는 것들이라 말하는 것도 그것을 위해서고.”

“필연적입니다.”

“바로 이게 내가 주장하고 있는 것이야. 친애하는 것들이라 우리가 말한 모든 것은 그것을 위한 것이니, 마치 그것의 어떤 영상들(eidōla)과도 같은 것들이 우릴 속이지 못하도록 하되, 저 처음 것이 참으로 친애하는 것일 거라고. 우리가 이렇게 생각해야 할 것이기 때문이지. 누군가가 무엇인가를 중히 여길 경우에, 이를테면, 때로 아버

e 지가 아들을 다른 모든 재물에 비해 더 귀히 여길 경우에, 바로 이런 사람이 아들을 무엇보다도 중히 여기기 위해, 그래 다른 어떤 것도 중히 여기겠는가? 이를테면, 아들이 독미나리 즙[64]을 마신 것을 감지했

---

63) ‘으뜸으로 친애하는 것(prōton philon)인 그것’의 원어는 ekeino ho estin prōton philon이고, ‘으뜸으로 친애하는 것인 것’은 ho estin prōton philon이다. 이 ‘으뜸으로 친애하는 것’을 플라톤이 《국가(정체)》편에서 말하는 궁극적 원리(archē)로서의 ‘좋음(to agathon)’이나 아리스토텔레스에 있어서 모든 인간 활동의 최종적 목표인 행복과 연관 지어 보려는 사람들이 더러 있는 것 같으나(C. H. Kahn, *Plato and the Socratic Dialogue*, p. 288 참조), 이는 그런 거창한 것을 말하려는 것이 아니라, 다음 220b에서 말하고 있듯, ‘진실로 친애하는 것은 이른바 이들 모든 친애들(philiai)이 거기로 종결되는 것인 바로 그것인 것’이라 말하고 있는 것일 뿐이다.

64) 헬라스어로는 kōneion이라 일컫는 것이다. 이를 라틴어로 음역(音譯)해서 *conium*(영어로는 hemlock)이라 하는가 하면, 순수 라틴어로는 *cicuta*라 한다. 특히 얼룩이 지고 지저분해 보인다고 해서 *conium maculatum*(spotted hemlock) 또는 *cicuta virosa*라 하는데, 이를 우리말로는 ‘독미나리’로 일컫고 있는 것 같다. 소크라테스가 감옥에서 마시게

는데, 포도주가 아들을 구할 것이라 생각한다면, 아버지는 이걸 중히 여기겠지?"

"물론입니다." 그가 대답했네.

"그러면 포도주가 그 안에 담길 용기도 그러지 않겠는가?"

"물론입니다."

"그런데 그때 아버지는 도기 잔을 아들보다는 조금도 더 중히 여기지도, 또는 작은 잔 석 잔의 포도주를 아들보다도 더 중히 여기지도 않을까? 어쩌면 이런 것이겠지. 이 모든 열의는 이것들 곧 무언가를 위해서 준비하게 된 것들을 향한 것이 아니라, 그걸 위해서 이런 모든 것들이 준비된 그것을 향한 것인 거지. 우리는 종종 말하지 않는가, 우리가 금은을 중히 여긴다고. 그러나 진실은 조금도 더 그런 게 아니고, 우리가 중히 여기는 것은 저것, 정작 그게 어떤 것으로 드러나건, 그것을 위해서 황금도 그리고 모든 준비물도 준비되는 저것이네. 그래, 우리는 이렇게 말하겠지?"

"물론입니다."

"그러니까 친애하는 것(to philon)의 경우에도 이치는 같은 게 아니겠는가? 왜냐하면 우리가 친애하는 것들이라 말하는 것들은 우리에게 있어서는 다른 어떤 친애하는 것을 위한 것인데, 표현상 그리 말하는 것으로 보이네. 그러나 진실로 친애하는 것은 이른바 이들 모든 친애들(philiai)[65]이 거기로 종결되는 것인 바로 그것인 것 같아." b

"그런 것 같습니다." 그가 말했네.

"그러니까 어쨌든 '진실로 친애하는 것'[66]은 다른 어떤 친애하는

된 것도 이 식물로 짜낸 즙으로 알려져 있다.

65) 이는 단수인 philia(친애)의 복수이다.

것을 위해 친애하는 것이 아닌 거지?"

　"정말입니다."

　"사실 이로써, 친애하는 것은 어떤 친애하는 것을 위해 친애하는 것이 아닐까라는 의문에서 벗어나게 했네. 하지만 좋은(훌륭한) 것(to agathon)이 친애하는 것이겠지?"

　"제겐 그리 생각됩니다."

　"그렇다면 나쁜 것 때문에 좋은 것이 친애함을 받게 되겠으며, 그
c 건 이런 것이네. 만약에 우리가 방금 말하고 있던 것들인 셋 중에서, 곧 좋은 것과 나쁜 것 그리고 좋지도 나쁘지도 않은 것 중에서, 둘은 남지만, 나쁜 것은 치워 없어지게 되어, 어떤 것과도, 곧 몸과도 혼과도 또는, 우리가 그것들 자체로는 나쁘지도 않고 좋지도 않다고 우리가 말하는 바로 그런, 다른 것들과도 접촉을 하지 않는다면, 그땐 좋은 것이 우리에게 전혀 유용하지가 않고, 쓸모없는 것이 되겠지? 만약에 우리에게 더는 해를 입히는 것이 없다면, 우리는 어떤 유익함(도
d 움)도 전혀 필요하지 않을 것이고, 이렇게 되면, 나쁜 것 때문에 우리가 좋은 것을 좋아하고 친애했다는 사실이 명백해질 테니까. 좋은 것은 나쁜 것의 치료약이지만, 나쁜 것은 질병이어서야. 질병이 없다면, 치료약도 전혀 필요하지 않네. 좋은 것은 그 본성이 이런 것이며, 나쁜 것 때문에 나쁜 것과 좋은 것 사이에 있는 우리에 의해서 친애함을 받지만, 이것은 저를 위해서는 아무런 필요함도 없겠지?"

　"그런 것 같습니다." 그가 말했네.

　"그러니까 우리에게 있어서 친애하는 것은 그것으로 다른 모든 것
e 이 종결되는 그것인데, 다른 친애하는 것을 위해 친애하는 것이라 우

---

66) 원어는 to tǭ onti philon이다.

리가 말하는 것들과는 전혀 닮아 보이지 않네. 이것들은 친애하는 것을 위해서 친애하는 것들로 불리지만, 진실로 친애하는 것은 그 본성상 그것과는 정반대인 것으로 보이네. 그것은 싫어하는 것을 위해서 우리에게 친애하는 것으로 나타난 것이지, 싫어하는 것이 떠나 버리면, 그것은 우리에게 그리 보이듯, 더는 친애하는 것이 아니네."

"지금 말씀하셨듯이, 아닐 것이라 제게는 생각됩니다." 그가 말했네.

그래서 내가 말했네. "나쁜 것이 사라진다면, 맹세코, 배고픔도 더는 없을 것이며 목마름도 또한 이런 유의 다른 어떤 것도 없을 것인가? 아니면, 사람들 그리고 다른 동물들이 있는 한, 배고픔은 있을 것
이나, 그렇더라도 적어도 해롭지는 않겠는지? 특히 목마름과 그 밖의 욕구들은, 나쁜 것이 사라진 터라, 나쁜 것들이 아닌 건가? 아니면 도대체 그때 무엇이 있거나 없을 것인지에 대한 물음은 우스운 것인가? 실상 누가 그걸 알겠는가? 그렇지만 우린 적어도 이건 알고 있네. 지금도 굶주리고 있는 사람은 해를 입을 수 있지만, 혜택을 입을 수도 있다는 걸. 안 그런가?"

"물론입니다."

"그러면 목마른 자와 이런 유의 다른 모든 것에 대해 욕구하는 자는 때로는 그 욕구함이 유익할 수도 있지만, 때로는 해로울 수도 있고, 때로는 그 어느 쪽도 아닐 수도 있는가?"

"충분히 그럴 수 있습니다."

"그런데 만약에 나쁜 것들이 사라진다면, 나쁘지 않은 것들이 나쁜 것들과 함께 사라지는 것이 어떤 점에서 적절하겠는가?"

"전혀 그렇지 않습니다."

"그렇다면 좋지도 않고 나쁘지도 않은 욕구들은, 나쁜 것들이 사라

질지라도, 존속할 것이네."

"그리 보입니다."

"그렇다면 욕구하는 자와 사랑하는 자가 자신이 욕구하고 사랑하는 이것을 친애하지 않을 수 있겠는가?"

"그럴 수 없을 것으로 제게는 생각됩니다."

c "따라서, 비록 나쁜 것들이 사라질지라도, 친애하는 어떤 것들은 있을 것이네."

"네."

"나쁜 것이 친애하는 어떤 것의 있음의 원인(aitia)이라면, 그것이 사라지게 되면, 다른 것이 다른 것에 친애하는 것일 수가 없을 게야. 원인이 사라지고 나면, 바로 그 원인이 되어 주었던 그 상대되는 것은 아마도 더 이상 존속할 수 없을 것이기 때문이지."

"옳은 말씀입니다."

"그러므로 우리는 동의한 것일세. 친애하는 것(to philon)은 무언가를 친애함(philein)이며 그리고 무언가 때문에 그러는 것이라고. 또한 우리는 그때 어쨌든 좋지도 나쁘지도 않은 것이 나쁜 것 때문에 좋은 것을 친애하는 것(친애함: philein)[67]이라 생각했지?"

"정말입니다."

d "그러나 지금은 친애함(philein)과 친애함을 받음(pileisthai)의 다른 어떤 원인이 나타난 것 같네."

"그런 것 같습니다."

---

67) 여기에서 말하는 '친애하는 것(philein)'이란 동사적 의미의 부정사 (不定詞)이고, 이 문장 첫머리의 '친애하는 것(to philon)'은 명사로서 '친애하는 대상'을 뜻한다.

"그러니까 사실은, 방금 우리가 말했듯, 욕구(epithymia)가 친애(우애: philia)의 원인이며, 욕구하는 쪽은 그것이 욕구하는 그 대상과 그리고 욕구하는 그때에 친애하는 사이(philon)이지만, 그 이전에 우리가 친애하는 사이라(philon einai) 말한 것은 일종의 헛소리였네. 마치 길게 엮어 놓은 시처럼."

"그런 것 같습니다." 그가 말했네.

"그러나 실은 어쨌거나 욕구하는 쪽이 부족해하는 것, 이걸 욕구하네. 안 그런가?" 내가 말했네.

"네."

"그러니까 부족한 쪽이 부족해하는 그것에 대해 친애하겠지?"

"그리 생각됩니다."

"뭔가를 앗기게 되면, 그게 부족하게 되네."

"어찌 그렇지 않겠습니까?"

"그런데 친근한 것(to oikeion)[68]에 대한 것이, 그리 보이듯, 사랑(erōs)과 친애(우애, 우정: philia) 그리고 욕구(epithymia)인 것 같네, 메넥세노스 그리고 리시스여!" 둘이 동의했네.

"그러면 자네들 둘이 만약에 서로 친구들이라면, 어떤 식으로건 성향(physis)에 있어서 자네들끼리는 친근할 것이야."

"바로 그렇습니다." 둘이 말했네.

"그리고 만약에 누군가 한쪽이 그러니까 다른 쪽을 동경한다면,[69] 여보게들, 또는 사랑한다면, 그가 사랑받는 자와 어떤 식으로건 친근

---

68) 원어 oikeion은 '친족인', '친밀한' 등을 뜻하는 말이고, 곧이어 c4에서 말하게 되는 allotrion(낯선, 남인)과 반대되는 말이다.

69) 여기에서 '동경한다'는 말은 '욕구한다'는 말과 원어상으로는 같은 말(epithymei)이다.

하지 않을 경우에는, 곧 혼의 면에서나 혼의 어떤 성품 면에서 또는 생활 방식이나 그 용모[70]에 있어서 그렇지 못했다면, 결코 동경하지도 사랑하지도 친애하지도 않았을 것이야." 내가 말했네.

"물론입니다." 하고 메넥세노스가 대답했네. 그러나 리시스는 침묵했네.

"됐네. 사실인즉 성향에 있어서 친근한 것(to physei oikeion)은 친애하는 게(philein) 필연적임이 우리에게 있어서 밝혀졌네." 내가 말했네.

"그런 것 같습니다." 그가 말했네.

"따라서 사랑하는 자인 체하는 자가 아닌 진정으로 사랑을 하는 자(ho gnēsios erastēs)로서는 그의 사랑을 받는 소년(ta paidika)에게서 친애함을 받게 되는 것이 필연적이네."

b   그래서 리시스와 메넥세노스는 다소 힘들게 수긍했지만, 히포탈레스는 온갖 표정의 희색이 만면했네.[71]

그러고는 내가 말했네. 논의를 검토해 보고자 해서였지. 만약에 어떤 점에서 친근함(to oikeion)이 닮음(to homoion)과 다르다면, 내게 그리 생각되듯, 리시스 그리고 메넥세노스여, 친구(philos)에 대해, 그게 무엇인지 뭔가 말할 수 있을까 해서야. 그러나 만약에 닮음과 친근함이 같은 것이면, 앞서의 주장 곧 닮은 것은 닮은 것에 대해 그 닮음과 관련해서는 전혀 무용하다고 한 주장을 폐기하기가 쉽지 않네.

---

70) 원어는 eidos이다. 이와 관련해서는 204e의 각주를 참조할 것.
71) 아마도 206c에서 소크라테스가 리시스의 사랑을 얻기 위해서 히포탈레스가 어떤 대화를 하며 어떻게 처신해야만 할 것인지를 알게 해 줄 것이라 했던 언질에 대한 해답을 얻었다고, 그리고 자신의 진정 어린 구애가 결국엔 그 응답을 얻게 될 것이라 생각해서였을 것이다.

무용한 것이 친애하는 것(philon)이라고 동의하는 것은 엇가는 것이기 때문이지. 그러니까 자네들은, 우리가, 마치 논의에 취한 사람들처럼, 친근함과 닮음은 다른 것이라는 데 동의하고 그리 주장하자고 하겠지?" 내가 말했네.

"물론입니다."

"그러면 좋은 것(to agathon)은 모든 것에 친근하지만, 나쁜 것(to kakon)은 낯선(allotrion) 걸로 또한 우리가 볼 것인지? 또는 나쁜 것은 나쁜 것에 친근하고, 좋은 것에는 좋은 것이 친근하지만, 좋지도 않고 나쁘지도 않은 것에는 좋지도 않고 나쁘지도 않은 것이 친근한 걸로 볼 것인지?"

"그처럼 그 각각은 그 각각에 친근한 것으로 자기들에겐 생각된다고 둘은 말했네."

"그러면, 여보게들, 친애(우애: philia)와 관련해서 처음에 우리가 버렸던 주장들에 다시 우리가 빠졌구먼. 왜냐하면 올바르지 못한 자는 올바르지 못한 자와, 나쁜 사람은 나쁜 사람과, 훌륭한 사람이 훌륭한 사람과의 경우보다도, 조금도 못지않게 친구(친애할: philos)일 것이기 때문이네." 내가 말했네.

"그런 것 같습니다." 그가 말했네.

"그러나 이 경우는 어떤가? 좋은 것과 친근한 것은 같은 것이라 우리가 말한다면, 훌륭한 사람은 훌륭한 사람과만 친구라 말할 수밖에?"

"물론입니다."

"하지만 이것 또한 우리 자신들을 반박하는 것으로 우리가 생각했던 것일세. 혹시 기억하지 못하는가?"

"기억합니다."

"그렇다면 우리가 논의를 여전히 하는 게 무슨 소용이 있겠는가?

혹시 아무 소용이 없다는 게 명백한가? 그러면, 마치 법정들에서 똑똑한 사람들이 하듯, 언급된 모든 것을 되짚어 보기를 요구하네. 왜냐하면 만약에 친애함을 받는 자들도, 친애하는 자들도, 닮은 자들도, 닮지 않은 자들도, 훌륭한 이들도, 친근한 자들도, 또한 우리가 다루었던 그 밖의 것들도, 실은 내가 그 많음으로 해서 나로서는 아직 기억하고 있지도 못하는데, 만약에 이것들 중의 어느 것도 친애하는 것(philon)72)이 아니라면, 나는 더 이상 무슨 말도 할 수가 없네."

이런 말을 하고선, 나는 연장자들 중에서 다른 누군가를 충동질하기로 이미 마음먹고 있었네. 그런데 이윽고, 마치 수호신들처럼, 학동 수행자들이, 곧 메넥세노스의 수행자와 리시스의 수행자가 그들의 형제들을 데리고 다가와서, 이들을 불러서는 집으로 가도록 일렀네. 이미 늦었기 때문이었네. 그렇더라도 처음엔 우리와 주변에 서있던 사람들이 그들을 쫓아 버리려 했네. 그러나 이들은 우릴 전혀 괘념치 않고, 서툰 헬라스 말로 말하며 화를 내며 전혀 못지않게 불러댔고, 헤르메스의 축제에서 약간의 술까지 마신 터라 다루기가 난감할 것이라 우리에겐 생각되었기에, 결국 이들에게 져서 모임을 해산했네. 그렇더라도 이들이 이미 떠나고 있는 터라, 내가 말했네. "리시스 그리고 메넥세노스여, 방금 늙은이인 나와 자네들이 우스운 꼴이 되었네. 막 떠나가고 있는 사람들이 말할 것이기 때문이지. 우리가 서로 친구들이라고 생각하고 있겠지만, — 나 자신도 자네들의 일원으로 스스로 보아선데, — 우리는 친구가 무엇인지를73) 아직도 알

72) d의 philos는 문법상 남성인 반면에, 이곳에서의 philon은 중성이다.
73) hoti estin ho philos(친구가 무엇인지)는 ho philos hoti estin으로 어

444

아내지 못하고 있는 처지라고.

순 형태가 바뀔 수도 있는 것이며, 또는 여기에 강조 용법으로 pote(도 대체)를 추가해서 ho philos hoti pot' estin으로도 표현될 수도 있는 것이다. 이를테면, 《국가(정체)》편(354b)에서의 to dikaion hoti pot' estin(올바름 또는 올바른 것은 도대체 무엇인지), 《라케스》편(199e)에서의 andreia hoti estin(용기는 무엇인지), 또는 《에우티프론》편(15c)에서의 ti esti to hosion(경건함은 무엇인가)처럼 말이다. 이처럼 "그것은 도대체 무엇인가?"라는 물음을 통해 캐묻는 것은 어떤 것의 속성(pathos)이 아닌 본질(ousia)이다. "그것은 도대체 무엇인가?"라는 소크라테스의 물음에서 시작되는 어떤 것에 대한 '의미 규정(horos)'의 작업은 어떤 것에 대한 '의미 규정 형식(logos=formula)'을 갖추는 것을 요구하는데, 이에는 무엇보다도 그것의 본질(ousia) 또는 본질적 특성이 적시되어 있어야만 한다. 이를 통해서 어떤 사물의 '무엇임'이 확실히 드러날 수 있게 되었을 때에야, 우리는 그 사물에 대한 이해에 제대로 접근할 수 있게 된다고 할 수 있을 것이기 때문이다. 어떤 사물의 '무엇임'(그것의 무엇임)을 훗날 아리스토텔레스는 그 특유의 조어(造語)로 to ti ēn einai(τὸ τί ἦν εἶναι)라고 말했는데, 그의 경우에 이는 흔히 '본질'을 지칭하는 것이기도 하다. 그의 이 복합적인 조어는 이처럼 소크라테스의 이 물음의 행각에서 시작되는 근 한 세기의 역사를 담고 있는 것이기도 하다. 아리스토텔레스의 이 용어와 관련해서는 졸저 《헬라스 사상의 심층》 31~33쪽을 참조할 것.

관련 사진

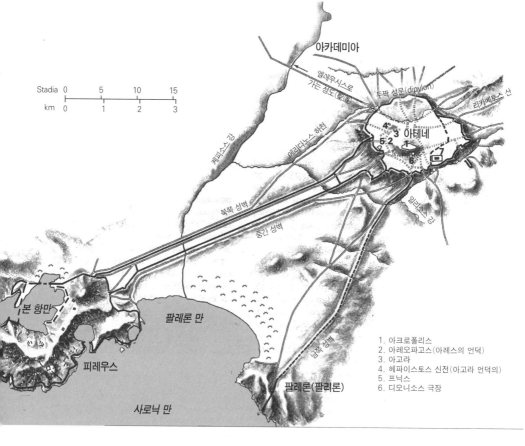

Stadia 0   5   10   15
km   0   1   2   3

아카데미아

엘레우시스로 가는 성도(聖道)

두짝 성문(dipylon)

리카베토스 산

아테네

4
3 아테네
5 2
1
6

케피소스 강

에리다노스 하천

북쪽 성벽

중간 성벽

일리소스 강

본 항만

피레우스

팔레론 만

남쪽 성벽

1. 아크로폴리스
2. 아레오파고스(아레스의 언덕)
3. 아고라
4. 헤파이스토스 신전(아고라 언덕의)
5. 프닉스
6. 디오니소스 극장

사로닉 만

팔레론(팔리론)

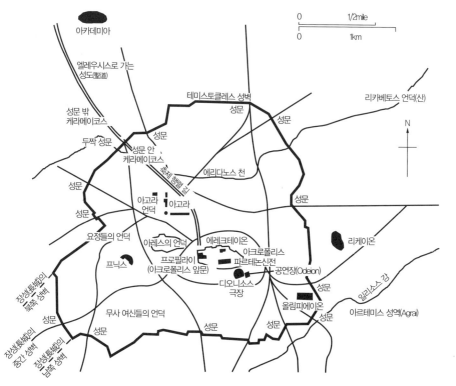

아카데미아

0   1/2mile
0   1km

엘레우시스로 가는
성도(聖道)

테미스토클레스 성벽

성문

리카베토스 언덕(산)

성문 밖
케라메이코스

성문

N

두짝 성문

성문 안
케라메이코스

에리다노스 천

아고라
언덕

아고라

성문

요정들의 언덕

아레스의 언덕

에레크테이온

리케이온

프닉스

프로필라이
(아크로폴리스 앞문)

아크로폴리스
파르테논신전

공연장(Odeion)

디오니소스
극장

올림피에이온

일리소스 강

장성(長城)의
북쪽 성벽

무사 여신들의 언덕

성문

아르테미스 성역(Agrai)

성문

장성(長城)의
중간 성벽

장성(長城)의
남쪽 성벽

성문

테미스토클레스 성벽의 유적 ▶

한 침상에 두 사람씩 자리 ▶
잡은 심포시온의 장면.

참고 문헌

1. 《향연》, 《프로타고라스》, 《리시스》의 원전 · 주석서 · 역주서

Bordt, M., *Platon, Lysis: Platon, Werke,* V 4, Göttingen: Vandenhoeck & Ruprecht, 1998.

Brisson, L., *Platon: Le Banquet,* Paris: Flammarion, 1998.

Brisson, L., *Platon: Phèdre,* Paris: Flammarion, 1995.

Buchwald, W., *Platon: Phaidros,* München: Ernst Heimeran Verlag, 1964.

Burnet, J., *Platonis Opera,* II, III, Oxford: Clarendon Press, 1901, 1903.

Bury, R. G., *The Symposium of Plato,* 2nd. ed., Cambridge: W. Heffer and Sons Ltd., 1973.

Croiset, A., *Platon: Œuvres Complètes,* Tom. II, *Hippias Majeur–Charmi-de–Lachès–Lysis,* Paris: Les Belles Lettres, 1972.

De Vries, G. J., *A Commentry on the Phaedrus of Plato,* Amsterdam: Adolf M. Hakkert, 1969.

Dover, K., *Plato: Symposium,* Cambridge University Press, 1980.

Fowler, H. N., *Plato, I, Phaedrus, etc.,* Loeb Classical Library, Cambridge, Mass.: Harvard University Press, London: W. Heinemann, 1914.

Hackforth, R., *Plato's Phaedrus*, Cambridge University Press, 1952.

Heitsch, E., *Platon, Phaidros*: Platon, Werke, III 4, Göttingen: Vandenhoeck & Ruprecht, 1997.

Lamb, W. R. M., *Plato, III, Lysis, Symposium, Gorgias*, Loeb Classical Library, Cambridge, Mass.: Harvard University Press, London: W. Heinemann, 1925.

Moreschini, C. & Vicaire, P., *Platon: Œuvres Complètes*, Tom. IV-3, *Phèdre*, Paris: Les Belles Lettres, 1985.

Rowe, C. J., *Plato: Phaedrus*, Warminster: Aris & Phillips, 1986.

Rowe, C. J., *Plato: Symposium*, Warminster: Aris & Phillips, 1998.

Vicaire, P., *Platon: Œuvres Complètes*, Tom. IV-2, *Le Banquet*, Paris: Les Belles Lettres, 1989.

2. 《향연》, 《프로타고라스》, 《리시스》의 번역서

Allen, R. E., *The Dialogues of Plato*, Vol. II: *Symposium*, Yale University Press, 1991.

Brisson, L.(ed.), *Platon: Œuvres Complètes*, Paris: Flammarion, 2008. 여기에 수록된 L. -A. Dorion의 *Lysis* 번역.

Cooper, J. M. & Hutchinson, D. S.(edd.), *Plato: Complete Works*, Indianapolis/Cambridge: Hackett Publishing Company, 1997. 여기에 수록된 S. Lombardo의 *Lysis* 번역 및 A. Nehamas와 P. Woodruff의 *Pha-*

edrus 번역.

Hamilton, W., *Plato: Phaedrus & Letters VII and VIII*, Penguin Books, 1973.

Hamilton, W., *Plato: The Symposium*, Penguin Books, 1951.

Nehamas, A. & Woodruff, P., *Plato: Symposium*, Indianapolis/Cambridge: Hackett Publishing Company, 1989.

Robin, L. & Moreau, M. J., *Platon: Œuvres Complètes*, I, II, Éditions Gallimard, 1950.

Schleiermacher, F. / Hofmann, H. / Kurz, D., *Platon Werke*, I, III, V, Darmstadt: Wissenschaftliche Buchgesellscaft, 1977, 1974, 1983.

Waterfield, R., *Plato: Symposium*, Oxford University Press, 1994.

3. 기타 참고 문헌

Autenrieth, G., *Homeric Dictionary*, (tr. R. Keep), Exeter: Duckworth, 1984.

Benardete, S., *The Rhetoric of Morality and Philosophy*: Plato's *Gorgias* and *Phaedrus*, The University of Chicargo Press, 1991.

Bowen, A. J., *Xenophon: Syposium*, Warminster: Aris & Phillips Ltd., 1998.

Brandwood, L., *A Word Index to Plato*, Leeds: W. S. Maney and Son Ltd., 1976.

Brownson, C. L., *Xenophon: Hellenica*, I, II, Loeb Classical Library, Cambridge, Mass.: Harvard University Press, London: W. Heinemann, 1918, 1921.

Burkert, W., *Ancient Mystery Cult*, Cambridge, Mass. and London: Harvard University Press, 1987.

Burkert, W., *Greek Religion*, Oxford: Basil Blackwell, 1985.

Burnet, J., *Plato's Euthyphro, Apology of Socrates and Crito*, Oxford: Clarendon Press, 1924.

Burnet, J., *Platonis Opera*, IV, V, Oxford: Clarendon Press, 1902, 1907.

Bywater, L., *Aristotelis Ethica Nicomachea*, Oxford: Clarendon Press, 1894.

Campbell, D. A., *Greek Lyric*, II, III, Loeb Classical Library, Cambridge, Mass.: Harvard University Press, London: W. Heinemann, 1991.

Cornford, F. M., *The Unwritten Philosophy and Other Essay*, Cambridge University Press, 1950.

Crombie, I. M., *An Examination of Plato's Doctrines*, I, London/New York: Routledge & Kegan Paul, 1962.

Denniston, J. D., *The Greek Particles*, Oxford: Clarendon Press, 1966.

Diels/Kranz, *Die Fragmente der Vorsokratiker*, I, II, Weidmann, 1954.

Dodds, E. R., *Plato: Gorgias*, Oxford: Clarendon Press, 1959.

Dover, K. J., *Greek Homosexuality*, London: Duchworth, 1978.

Dover, K. J., *Aristiphanes: Cloud*, Oxford: Clarendon Press, 1968.

Dover, K. J., *Greek Popular Morality/ In the Time of Plato and Aristotle*, Univ. of California Press, 1974.

Duke, Hicken, Nicoll, Robinson et Strachan(edd.), *Platonis Opera*, I, Oxford: Clarendon Press, 1995.

Eupolis, *Fragmenta*, TLG.

Evelyn-White, *Hesiod and The Homeric Hymns and Homerica*, Loeb Classical Library, Cambridge, Mass.: Harvard University Press, London: W. Heinemann, 1914.

Ferrari, G. R. F., *Listening to the Cicadas*: A Study of Plato's *Phaedrus*, Cambridge University Press, 1987.

Friedländer, P., *Plato*, 2, (tr. Meyerhoff), New York: Pantheon Books, 1964.

Friedländer, P., *Plato*, 3, (tr. Meyerhoff), London: Routledge & Kegan Paul, 1969.

Godley, A. D., *Herodotus*, I, III, Loeb CLassical Library, Cambridge, Mass.: Harvard University Press, London: W. Heinemann, 1926, 1922.

Grant, M. & Kitzinger, R.(edd.), *Civilization of the Ancient Mediterranean: Greece and Rome*, I, New York: Charles Scribner's Sons, 1988.

Griswold Jr., C., *Self-Knowledge in Plato's Phaedrus*, Yale Unversity Press, 1986.

Gulick, G. P., *Athenaeus, Deipnosophistae*, VI, Loeb Classical Library, Cambridge, Mass.: Harvard University Press, 1950.

Guthrie, W. K. C., *A History of Greek Philosophy*, Vol. 4, Cambridge University Press, 1975.

Halperin, D. M., *One Hundred Years of Homosexuality and Other Essays on Greek Love*, New York/London: Routledge, 1990.

Henderson, J., *Aristophanes*, I, Loeb Classical Library, Cambridge, Mass.: Harvard University Press, London: W. Heinemann, 1998.

Hicks, R. D., *Diogenes Laertius*, I, II, Loeb Classical Library, Cambridge, Mass.: Harvard University Press, London: W. Heinemann, 1925.

Hornblower, S. & Spawforth, A.(edd), *The Oxford Classical Dictionary* (3rd ed.), Oxford Universiy Press, 1999.

Howatson, M. C.(ed), *The Oxford Companion to Classical Literature*, Oxford University Press, 1990.

Kahn, C. H., *Plato and the Socratic Dialogue*, Cambridge University Press, 1996.

Kerényi, C., *Eleusis*, Princeton University Press, 1991.

Kraut, R.(ed.), *The Cambridge Companion to Plato*, Cambridge University Press, 1992.

Liddell, Scott & Jones, *Greek–English Lexicon: Revised Supplement*, Oxford: Clarendon Press, 1996.

Liddell, Scott & Jones, *Greek–English Lexicon*: With a Supplement, Oxford: Clarendon Press, 1968.

Macdowell, D. M., *Aristophanes: Wasps*, Oxford: Clarendon Press, 1971.

Marchant, E. C. & Todd, O. H., *Xenophon, Memorabilia and Oeconomicus: Symposium and Apology*, Loeb Classical Library, Cambridge, Mass.: Harvard University Press, London: W. Heinemann, 1923.

Norlin, G., *Isocrates*, I, Loeb Classical Library, Cambridge, Mass.: Harvard University Press, London: W. Heinemann, 1928.

Ploutarkhos, *Moralia: Septem sapientium convivium*, TLG.

Price, A. W., *Love and Friendship in Plato and Aristotle*, Oxford: Clarendon Press, 1989.

Rackham, H., Aristotle, XX, *The Athenian Constiution* and *The Eudemian Ethics*, Loeb Classical Library, Cambridge, Mass.: Harvard University Press, London: W. Heinemann, 1952.

Robinson, T. M. & Brisson, L.(edd), *Plato: Euthydemus, Lysis, Charmides*: Proceedings of The II Symposium Platonicum, Sankt Augustin: Academia Verlag, 2000.

Rogers, B. B., *Aristophanes*, II, III, Loeb Classical Library, Cambridge, Mass.: Harvard University Press, London: W. Heinemann, 1924.

Ross, W. D., *Aristotelis Ars Rhetorica*, Oxford: Clarendon Press, 1959.

Ross, W. D., *Aristotelis Politica*, Oxford: Clarendon Press, 1957.

Rossetti, L.(ed.), *Understanding the Phaedrus*: Proceedings of The II Symposium Platonicum, Sankt Augustin: Academia Verlag, 1992.

Sandys, J. E., *The Odes of Pindar*, Loeb Classical Library, Cambridge, Mass.: Harvard University Press, London: W. Heinemann, 1937.

Shorey, P., *What Plato Said*, The University Chicargo Press, 1933(reprint 1978)

Slings, S. R., *Platonis Respublica*, Oxford: Clarendon Press, 2003.

Smith, C. F., *Thucydides*, I, II, III, IV, Loeb Classical Library, Cambridge, Mass.: Harvard University Press, London: W. Heinemann, 1928, 1930, 1921, 1923.

Stanford, W. B., *The Odyssey of Homer*, Books I-XII, London: St Martin's Press, 1965.

Stanford, W. B., *The Odyssey of Homer*, Books XIII-XXIV, London: St Martin's Press, 1965.

Theognis, *Elegiae*, TLG.

Thompson, H. A. & Wycherley, *The Agora of Athens*, Princeton: The American School of Classical Studies at Athens, 1972.

Tyrtaeus, *Fragmenta*, TLG.

Way, A. S., *Euripides*, III, IV, Loeb Classical Library, Cambridge, Mass.: Harvard University Press, London: W. Heinemann,1912.

Wilamowitz-Moellendorff, U. von, *Platon: Sein Leben und seine Werke*, Berlin: Weidmann, 1959.

Willcock, M. M., *The Iliad of Homer*, Books I-XII, London: St Martin's Press, 1978.

Willcock, M. M., *The Iliad of Homer*, Books XIII-XXIV, London: St Martin's Press, 1984.

Ziegler, K. & Sontheimer, W., *Der Kleine Pauly*, 1-5, München: Deutscher Taschenbuch Verlag, 1979.

김영균 옮김, 쿡시(Thomas, L. Cooksey) 지음, 《플라톤의 『향연』 입문》, 서광사, 2013.

박종현 지음, 《희랍 사상의 이해》, 종로서적, 1982.(절판)

박종현 지음, 《헬라스 사상의 심층》, 서광사, 2001.

박종현 지음, 《적도(適度) 또는 중용의 사상》, 아카넷, 2014.

박종현 편저, 《플라톤》(개정·증보판), 서울대학교 출판부, 2006.(절판)

박종현·김영균 공동 역주, 《플라톤의 티마이오스》, 서광사, 2000.

박종현 역주, 《플라톤의 네 대화편: 에우티프론, 소크라테스의 변론, 크리톤, 파이돈》, 서광사, 2003.

박종현 역주, 《플라톤의 필레보스》, 서광사, 2004.

박종현 역주, 《플라톤의 국가(政體)》(개정 증보판), 서광사, 2005.

박종현 역주, 《플라톤의 법률》: 부록 《미노스》, 《에피노미스》, 서광사, 2009.

박종현 역주, 《플라톤의 프로타고라스/라케스/메논》, 서광사, 2010.

고유 명사 색인

1. 《향연》(*Symposion*) 편은 Stephanus(약자로는 St.) 판본 III권 곧 St. III. p. 172a에서 시작해 223d로 끝난다. 그리고 《파이드로스》(*Phaidros*) 편은 St. III. 227a~279c이고, 《리시스》(*Lysis*) 편은 II권 곧 St. II. 203a~223b이다. 《향연》 편과 《리시스》 편의 쪽수 표시가 일부 겹침으로, 《리시스》 또는 [이후 《리시스》]로 일괄해서 표시했다.

2. 스테파누스 쪽수 앞의 * 표시는 그곳에 해당 항목과 관련된 주석이 있음을 뜻한다.

[ㄱ]

가니메데스(Ganymēdēs) *255c
가이아(Gaia, Gē) *178b
고르기아스(Gorgias) *198c, 261c, 267a
고르고(Gorgō[n])(복수는 Gorgones) *229d
글라우콘(Glaukōn) *172c

[ㄴ]

나우크라티스(Naukratis) *274c
네메아 경기(ta Nemea) *205c
네스토르(Nestōr) *221c, *261b, c

[ㄷ]

다레이오스(Dareios) *258c, 《리시스》*211e(그의 황금)

델리온(Dēlion) *220e
델피(Delphoi) 235d
델피의 명문(to Delphikon gramma) *229e
도도네(Dōdōnē) *244a, 275b
디오니소스(Dionysos) *176a, *177e
디오티마(Diotima) *201d~212b
디케(Dikē) *249a

[ㄹ]

라케스(Lachēs) *221a, b
리기스인들(Lygyoi) *237a
리시아스(Lysias) *227a~235b
리케이온(Lykeion) [이후 《리시스》] *203a, b
리쿠르고스(Lykourgos) *209d, 258c
리키므니오스(Likymnios) *267c

459

460

461

내용 색인

465

258d

나쁨(나쁜 상태: kakia) 181e, 253d, 256b

나타나 있게 됨(parousia) [이후 《리시스》] *217b, d, e, 218c

남녀추니(androgynos) *189e, 191d

낱말(이름: onoma) *244b

넥타르(nektar) *203b, *247e

논박(elenkhos) 267a

논변의 기술(ho logōn tekhnē) 266c, 270a, 272a

농사(geōrgia) 187a

능력(기능: dynamis) 202e

[ㄷ]

다중(hoi polloi) 216b, 249d

단속(arkhein) *《리시스》 208c

단순히(haplōs) *206a

닮은 것이 닮은 것에(ho homoios tǭ homoiǭ) *195b, [이후 《리시스》] 214a, b, d, e, 215a, c, 216a, b, e, 222b

닮음(homoiotēs) *253b, c

당혹스러움(aporia) *《리시스》 216c

대립적인 것들(ta enantia) 186d

대왕(ho megas basileus) *《리시스》 209d

더불어 열광함(synebakkheusa) *234d

도편 또는 굴 껍데기의 뒤집힘(ostrakou peristrophē) *241b

돈(khrēmata) 184a, b, 185a

디티람보스(dithyrambos) *238d, 241e

[ㄹ]

레슬링 도장(palaistra) [이후 《리시스》] *204a, 206e

리듬(rhythmos) 187c

리라(lyra) 187a, 《리시스》 209b

[ㅁ]

말 사육(hippotrophia) *《리시스》 205c

망각(lēthē) 208a

맹세(horkos) 183b, *236d, e

맹세코 *228b

명성(kleos) 208c

명예(timē) 216b, 253d, 《리시스》 211e

모로 기대 눕기(kataklisis, kataklinein) *174e

모방(mimēsis) 248e

모상(eikōn) 250b

모음(synagōgē) *265d, 266b

모형나무(agnos) *230b

몸(sōma) 181b, 183e, 186a, 196b,

468

시치미 떼기(eirōneia) *216e

신, 신들(theos, theoi) 177a,
　179b~d, 180a, b, 186e, 190b,
　193a, d, 197b, d, e, 201a, 202d,
　e, 203a, b, 204a, 215c, 219c,
　242c, 244e, 246e, 247a, *247a(올
　림포스의 12신), 250b, 251a,
　252d, 253a~c, 262d, 265b,
　266b, 273e, 274c, 279b, [이후
　《리시스》] 204c, 214a, 218a

신들린 상태(entheos) *179a, 180b,
　*249d, e, 253a, 263d

신적인 섭리(theia moira) 244c

신적인 것(to theion) 206d

실재(to on) 247d, e, 248a, b

[ㅇ]

아르콘들(arkhontes) *235d

아름다운 것 자체(auto ho estin
　kalon) *211d

아름다움 자체(auto to kalon) 211c,
　*d, e, *250e(auto to kallos)

아름다움(kallos) 201a, b, 210b~e,
　211a, c, 212a, 218e, 238c, 249d,
　250b~d, 251b~e, 254b, 255c

아울로스(aulos) *176e, 215b, c, 216c

앎(epistēmē) *202a, 208a, 210d,
　(참된 앎) 247c, d, e, 276a, c

암브로시아(ambrosia) *203b, *247e

애정(philia) *179c, *182c, 184b,
　192b

언변의 기술(hē tōn logōn tekhnē)
　*260d, 262c, 266d, 267d, 271c,
　272b, 273d

언변의 마술사(logodaidalos) *266e

언제나 한 가지 보임새(단일한 모습)
　인 것(moneides aei on) *211b

여성 동성애자(hetairistria) *191e

연설문 쓰기(logographia) 257e,
　258b

염치(aidōs) 253d, 256a

영(신령: daimōn) *202d, 203a,
　204b

영상(eidōlon) 212a, 250d, 《리시스》
　219d

영웅(hērōs) 179b, 180a

영적인 것(to daimonion) 202e

영적인 사람(daimonios anēr) 203a

예언(manteia) *202e

예언가(mantis) 242c

예언술(mantikē) 188b, d, 197a,
　202e, 244b

온 우주(pas ouranos) *245e, 246b, c

올림피아 경기(Olympias, ta Olympia)
　256b

올바름(정의: dikaiosynē) 188d,
　196c, 209a, 250a, 276e

옳은 판단(바른 의견: orthē doxa)
　*202a